채한태
명품헌법
최종 동형모의고사

탁월한 적중률! 합격의 동반자!

메가 공무원

머리말 PREFACE

「명품헌법 최종 동형모의고사」는 객관식 헌법 시험 문제 출제 방향에 적응할 수 있도록 문제를 다양한 유형으로 구상하여 만든 문제집이다.

최신 헌법재판소의 판례 중에서 출제가 예상되는 판례 등을 문제화하였다. 또한, 최근 개정 법률을 완벽하게 반영하였다.

본서는 문제를 통하여 헌법이론을 총정리할 수 있도록 하였고, 경찰(순경·특채), 7급 국가직, 지방직, 행정고시, 법원행시, 법원직, 법무사, 국회 8·9급, 소방간부, 교정 승진 및 각종 승진시험, 비상계획관의 객관식 시험문제 출제방식에 적응할 수 있도록 필수의 문제유형만을 골라 만든 문제집이다.

탁월한 **적중률!** 합격의 **동반자!** 채한태 법학박사의 **명품헌법**

본서의 특징은 아래와 같이 요약할 수 있다.

- **첫째** 출제가 예상되는 기본적인 내용을 엄선하여 수록하였다.
- **둘째** 새로운 문제유형에 적응하기 위해서 박스문제를 많이 수록하였다.
- **셋째** 출제가 예상되는 내용을 문제로 유형화하여 실전에 대비하도록 하였다.
- **넷째** 최근 개정법률과 헌법재판소의 최신 주요 판례를 반영하여 문제화하였다.

본서의 출간에 항상 성원해 주시는 Daum 채한태헌법교실 카페의 4만여 명의 회원 및 메가스터디교육(주) 편집부 직원 여러분께 감사드린다. 앞으로도 헌법과 관련하여 동영상강의 및 양질의 수험자료들을 채한태헌법교실(https://cafe.daum.net/cht016)을 통해 수시로 업데이트 해드릴 것을 약속하는 바이다.

수험생 여러분의 합격을 기원하는 바이다.

다산공무원시험 합격연구소
채한태 법학박사 배상

합격자 추천 후기

RECOMMENDATION

2024년 7급 국가직 합격
김○○

채한태 박사님께서 어려운 법과목을 쉽게 설명해주셔서 합격한 것 같아요. 감사합니다!!

2024년 7급 지방직 합격
박○○

교수님 명품헌법 수업을 듣고 많은 도움이 돼서 고맙다는 인사드려요. 방대한 판례를 도표로 정리해주셔서 시간 절감 되었어요.

2024년 비상계획관 합격
김○○

명품헌법 기본서와 헌법 종합 기출문제집으로 박사님 수업을 인강으로 반복적으로 수강하여 합격을 했습니다. 박사님 감사드립니다.

2024년 국회 8급 합격
김○○

메가공무원 국회 면접 과정까지 잘 지도해 주셔서 입법부 공무원이 되었습니다.

2024년 순경 합격
김○○

경찰헌법으로 인강으로 수업을 듣고 고득점으로 합격을 했어요.

2024년 9급 선관위직 합격
김○○

방대한 공직선거법 출제내용을 요약해주어 단기간에 총정리하여 합격했습니다. 감사드려요.

2024년 9급 선관위직 합격
이○○

공직선거법 최근기출문제를 쉽게 정리하여 고득점으로 합격하게 되어 감사해요.

2024 경정승진 합격
박○○

명품헌법 기본서와 헌법 종합 기출문제집으로 공부하여 좋은 결과를 이루었습니다. 채박사님 감사드려요.

2024 순경직 상반기 순경 공채 필기 합격
김○○

명품헌법으로 공부하여 단기간에 총정리하여 고득점 하였습니다. 적극적으로 추천해요.

**2023년 경찰(순경직)
서울경찰청
김○○**

헌법을 처음 공부할 때는 기본강의 이후 기출문제만 반복하다 보니 일정 수준 이상의 점수를 벗어나기가 어려웠습니다.
단순 기출 반복이 아닌 적용된 법이나 원리의 이해를 바탕으로 지문 하나하나의 쟁점을 파악하며 문제 푸는 연습을 하였습니다. 그 결과 모의고사에서도 여러 차례 50점 만점을 받을 수 있었고 헌법이라는 과목에 자신감이 생겼습니다. 특히 앞서 말씀드린 것처럼 매일 전과목을 공부하고 기록하는 방법은 채한태 교수님께서 강조하여 말씀해 주신 방법이기에 반드시 지켜야겠다는 생각으로 매일매일 전과목을 공부했습니다. 채한태 교수님이 면접의 노하우를 지도해 주셔서 면접에서도 합격을 할 수 있습니다. 감사합니다.

**2023년 9급 선관위직 합격
이○○**

명품공직선거법 시리즈 강의를 통해서 고득점으로 합격하였습니다. 감사합니다.

**2023년 국회(속기직)
문○○**

헌법은 채한태 박사님 기본강의 들었습니다.
이해하면 외워지는 스타일이라 기출 풀 때 초반 문제 다지기에 집중했습니다. 저는 법 과목은 일단 기본서를 정독하고 판례에 저만의 코멘트를 달며 저의 언어로 법을 이해하며 학습했습니다. 법 과목은 해설도 난해한 용어로 적혀 있고, 두 번 꼬아서 말을 하기에 회독 시 이해 시간을 줄이기 위해 제가 이해한 내용대로 옆에 열심히 필기해 놓으며 저의 것으로 만들려고 노력했습니다. 처음엔 시간이 많이 걸리는 과목이지만 개인적으로 헌법이 제일 재밌는 것 같습니다. (박사님의 훌륭하신 강의 덕분에 95점 받았습니다)
공부는 입력도 중요하지만 출력은 더더욱 중요합니다. 꼭 하프, 모고 등 출력의 과정을 거치시고 자신의 학습수준을 점검하셔서 더욱 효율적으로 공부하시기 바랍니다. 자신이 공부할 때 어떤 스타일인지 메타인지를 키우셔서 적용하시면 빠르게 합격하실 거라 생각합니다.
헌법 시작부터 합격까지 면접도 채한태 박사님의 도움으로 합격을 할 수 있었습니다. 자소서는 채한태 박사님께 첨삭 지도받았습니다. 부족한 부분을 잘 캐치해 주셔서 더 완성도 높은 자소서와, 면접 마인드를 배울 수 있었습니다. 대단히 감사드립니다!
오직 국회만 바라보고 준비해서 많은 부담감이 있었으나 면접일 2일 전부터 이러한 마음을 내려놓고 마인드컨트롤에 집중하였습니다. 긴장을 많이 하는 편이라 인데놀 복용하였습니다. 면접 당일 준비한 답변들 마음속으로 중얼거리며 연습하였습니다. 저는 긴장을 조금이라도 낮추기 위해 면접장 문 열고 들어갔을 때 제가 면접 씬을 찍는 배우라 생각하고 현실의 압박을 내려놓으려 했습니다. 면접관님들께서 미소를 띠며 질문해 주셔서 저도 똑같이 미소를 띠고 답변했습니다.

합격자 추천 후기

RECOMMENDATION

(면접 때 안 웃으셔도 되지만, 전 인상이 안 웃으면 화나 보인다고 해서 미소를 신경썼습니다) 준비해 간 답변들이 채한태 박사님께서 지도해 주신 것과 같이 '국회사랑, 공직자 마인드, 나라사랑'에 중점을 둔 답변이라서 정말 제가 국회를 사랑하고, 합격한다면 정말 나라와 국민을 위해 헌신하여 일하겠다는 의지와 모습을 최대한 보여드렸습니다.

국회 면접은 제로베이스라고 알고 있었고, 면접장에서 만난 다른 면접자분들 인상이 훌륭하셔서 여기서 돋보이지 않으면 끝이겠구나 판단하였고 최선을 다해서 쉬운 질문이더라도 저라는 사람을 보여드릴 수 있는, 특히 평정표에서 점수를 얻을 수 있는 답변을 하였습니다. 또한 면접관님께서 질문하실 때 눈을 쳐다보고 살짝 고개를 끄덕이는 등 집중하는 시그널, 긍정적인 모습을 보여드리려 노력했습니다.

끝까지 포기하지 않고 왔더니 합격하게 되었습니다. 사실 아직도 실감은 안 나지만 괴로웠던 모든 과정이 끝났다는 게 너무 기쁘고 벅찹니다! 꿈을 이루기까지 많이 힘드시겠지만 조금만 더 힘내시고 꼭 합격하시길 바라겠습니다.

채한태 박사님께 다시 한번 존경과 감사의 말씀 올립니다. 박사님의 자소서 첨삭 지도가 면접 준비 방향을 잡는 데 정말 많은 도움이 되었습니다. 감사드립니다.

2023년 7급 국가직
김○○

명품헌법으로 공부하여 단기간에 고득점으로 합격하였습니다. 다양한 사례와 방대한 판례를 공식으로 만들어 주셔서 감사드립니다.

2023년 7급 대구시 지방직
이○○

명품헌법 시리즈를 구해서 반복적으로 공부하여 합격하게 되었습니다. 명품헌법은 정리가 잘 되어 있어 시간을 줄일 수 있습니다.

2023년 상반기 비상계획관
김○○ 대령

채한태 박사님께서 헌법재판소 판례비교 정리를 잘해주셔서 단기간에 총정리하여 좋은 결과가 왔습니다. 감사드려요.

2023년 국회8급
이○○

명품헌법 종합기출문제집 특강과 헌법 기출지문 OX 4700제로 헌법고득점을 하였습니다. 채한태교수님의 도표정리가 많은 도움이 되었습니다.

2023년 상반기 순경직 순경 공채필기 합격
최○○

명품헌법으로 공부하고 고득점하여 꿈을 이루었습니다. 최신판례와 시사적인 내용을 신속하게 정리하여 주어 많은 도움이 되었습니다.

탁월한 **적중률!** 합격의 **동반자!** 채한태 법학박사의 **명품헌법**

| 2023 사무관 승진합격 김○○ | 명품헌법 채한태 박사님의 강의는 전체적인 개요와 도표를 통한 설명은 자신감을 높일 수 있었습니다. 단기간에 고득점을 할 수 있습니다. 감사드립니다. |

| 2023 경정승진 합격 이○○ | 방대한 헌법재판소의 판례를 체계적으로 정리해 주시고 판례공식을 알려주어 부담을 줄일 수 있었습니다. 채한태 박사님 강의를 통해서 목표를 이루었습니다. |

| 2023 국가직 경찰행정 김○○ | 실제 면접과 질문이 똑같아서 놀랐어요. 저는 2023년 국가직 경찰행정에 합격했습니다. 작년에 지방직에서 면탈한 이후 (심지어 점수도 커트라인보다 무려 3점이나 높았습니다 ㅠㅠ) 잔뜩 면접에 겁을 먹은 상태였습니다. 직장도 다녀보고 말은 잘한다고 생각했는데 면접에서 떨어지니 낙오자 느낌이 있었지만 교수님 수업 듣고 합격을 하였습니다. 감사드립니다. |

| 2023년 지방직 9급 강○○ | 제가 지원한 지역은 필기합격이 되었어도 선발인원보다 많이 뽑혀 면접에 엄청난 부담감과 압박감을 느껴 채한태 교수님의 면접강의를 수강하였습니다. 첫 수업 자기소개서 작성에 대한 수업에서 작성법과 공무원면접에서 가장 중요한 요소 5가지를 말해주신 것에 지도 해주신 것을 잘 적용하여 무난하게 합격을 하였습니다. |

| 2023 서울시 지방직 9급 장○○ | 2023년 서울특별시 일반행정 9급 최종합격했습니다!! 필기 공부만 할 때는 면접은 식은 죽 먹기라고 생각했으나 필기 합격 후 마주한 면접은 저에겐 또 다른 난관이었습니다. 아무 것도 모르는 상태로 메가면접학원에 등록하였고 채한태 선생님을 만났습니다. 채한태 선생님 지도 덕분에 합격을 할 수 있었습니다. |

| 2023 지방직 9급 ○○○ | 면접관의 마음을 알 수 있는 수업이다. 면접 공부 혼자 2주간 기출 봐도 붙는다지만 요즘은 리스크를 안고 간다고 생각한다. 공무원에게 적극행정을 요구하는 이 시기에 혼자 준비는 어렵다고 생각해 메가면접센터에 등록했다. 채한태 교수님께서는 평정표에 나와있는 요소들을 하나하나 풀어주시면서 여기에 어떠한 답을 해야 하는지 정확하게 짚어주셨다.
단순히 '열심히 하겠습니다, 국가와 국민, 시민 위해 일하겠습니다.'가 아니라 5개의 평정요소를 만족하며 자신을 어필 할 수 있는 답을 공무원 행동강령과 이해충돌방지법 부정청탁금지법을 통해 알려주신다. 그러면서 지금까지 내가 돌아보지 못한 윤리관도 깨닫게 되었다. 그리고 공직자가 진정으로 갖추어야 할 덕목을 깨우쳐주셨다. |

합격자 추천 후기

RECOMMENDATION

이 수업은 나에게 인생의 교훈까지 알려준 수업이었다. 그리고 교수님께서는 항상 학생들의 어려움을 들어주셨고 각 수강생들의 성향, 스펙을 보시며 그에 맞는 솔루션을 주셨다. 면접이란 것이 처음이고 자기 생각을 정리하는 게 서투신 분들이 합격을 원하시고 또한 참된 인재로서의 마인드까지 함양하시고자 한다면 채한태 교수님을 추천드립니다.

2023 서울시 7급
이○○

존경하는 채한태 교수님께. 안녕하세요. 저는 교수님의 면접 특강과 연천 봉사활동에 참여하여 많은 것을 배우고 감동 받았습니다. 면접 준비에 있어서 교수님의 세심한 피드백과 가르침 덕분에 많은 도움을 받았습니다. 이에 대해 깊은 감사의 말씀을 전하고 싶어 편지를 드립니다.
오늘 서울시 7급 필기 결과가 나왔는데 합격하지 못하여 매우 송구스럽게 생각하고 있습니다. 그러나 그 결과에 상관없이, 교수님의 지도와 가르침으로 얻은 것들은 저에게 큰 자산이 되었습니다. 자기소개서, 지원동기에 대해서 꼼꼼히 봐주시고 5분 스피치를 잘 할 수 있도록 도와주셔서 감사합니다. 뿐만 아니라 봉사활동과 공모전 등 다양한 기회를 알려주시고 참여할 수 있도록 독려해 주셔서 감사합니다.
지금은 필기 시험에 합격하지 못했지만 앞으로 이를 바탕으로 앞으로 더욱 열심히 노력하여 훌륭한 공무원이 되도록 노력하겠습니다. 교수님께서는 제게 멘토가 되어주셨고, 그 은혜에 저는 깊은 감사를 표합니다. 앞으로도 교수님의 가르침을 몸소 실천하며 발전하는 모습을 보여드리겠습니다.

2023년 창원시 지방직 9급
최○○

채한태 교수님 정말 감사합니다. 다 교수님 덕분입니다. 이번에 면접 준비하면서 헌법에서는 예전부터 유명하신 교수님 뵙게 되어서 굉장히 좋았습니다. 공무원 강의로 유명하신 교수님 직접 뵌 적은 처음입니다. 든든합니다. 대단히 감사합니다.

2023 서울시 일반행정직 지방직 9급
장○○

선생님 안녕하십니까!! 면접반 수강생 장○○입니다!! 선생님의 가르침 덕분에 많이 부족한 제가 감사하게도 이번 서울특별시 일행직 9급 공무원에 합격하였습니다 ㅎㅎ 면접이 다소 막막할 때도 있었지만 선생님의 가르침으로 합격할 수 있었습니다! 다시 한 번 진심으로 감사드리며 서울특별시에 선한 영향력을 미치는 공무원이 되도록 노력하겠습니다!! 감사합니다!!

2023 지방직 9급
이○○

교수님 이번 부산공○○에서 면접수업 들은 이○○입니다!!! 교수님께서 잘 가르쳐주셔서 덕분에 무사히 합격할 수 있어서 정말로 감사합니다!!!!!! 사실 저는 다른 분들보다 경력이나 자격증이 없어서 준비하면서 걱정이 많이 되었었습니다. 하지만 교수님께서 공모전과 봉사활동들을 알려주셔서 면접을 볼때 이러한 것들을 위주로 많이 말할 수 있었습니다…!!!!! 다시 한번 정말로 감사드립니다!!!

탁월한 **적중률**! 합격의 **동반자**! 채한태 법학박사의 **명품헌법**

2023 경남교육청 전원 합격1조 조장
박○○

교수님 안녕하십니까. 경남 교육청 면접강의 수강한 박○○입니다. 교수님 덕택에 최종합격했습니다. 오늘 경남 교육청 결과 발표가 나왔고 전원합격 3조 모두 최종합격했습니다! 처음부터 끝까지 도와주셔서 감사합니다! 많은 도움을 주셔서 정말 감사드립니다!^^

2022 경기도 지방직 일반행정 9급
임○○

안녕하십니까. 교수님 덕분에 경기도 고양 일반행정 9급에 합격한 임○○입니다.
1. 강의 전 준비기간에 지역사랑을 실천하기
나는 지방직 시험일 약 7일후 채한태 선생님의 면접 설명회를 들었다. 채한태 선생님의 지방직 면접 설명회에서 '면접 준비기간을 주는 이유는 지역에 대한 사랑을 보여달라는 뜻이다' 선생님의 말씀을 들었다. 그리하여 지역 공공기관에서 봉사활동도 하고 지역 문화재 탐방을 하는 등 강의 한 달 전부터 면접 이야깃거리를 쌓아갔다.
2. 믿고 따라가는 면접 강의
국가직 면접위원이셨던 채한태 선생님의 노하우를 담아 면접의 A~Z까지 알려주셨다. 공직가치의 9개 요소부터 무엇을 중요시해야 하는지, 예를 들어 애국심을 표현하려면 어떻게 해야 하는지, 창의성을 기르려면 어떻게 해야 하는지 포인트 별로 알려주셨다. 또한 면접위원으로 지원자의 인상도 중요하게 생각하셔서 수업시간에 인사하는 방법, 남성 지원자라면 넥타이, 코로나 시국에 맞추어 마스크까지 세심하게 살펴 주셨다.
3. 신속한 피드백
면접강의가 끝나고, 지역별로 각 조를 나눠서 활동을 이어갔다. 조별로 활동을 하면서, 조별 활동을 통해 모의 면접을 한 후 피드백을 선생님께 요청하면 선생님께서는 신속하게 피드백을 해 주셨다. A4용지에 피드백을 해 주셨으며, 개선점을 말씀해주시는 모습은 지금도 잊을 수 없다.
또한 모의면접을 통해 통찰력 있는 질문을 해 주셔서 본 면접을 대비하는데 도움이 되었다. 신속한 피드백은 수험생 입장에서 매우 도움이 되며 채한태 선생님의 가장 큰 강점이다.

2022년 상반기 서울지방경찰청 순경 공채 합격
서○○

순경준비하던 수험생으로서 시작이 가장 힘든 과목이었습니다. 채한태 교수님 명품 헌법을 들으면서 시작하였습니다. 적지 않은 시험 범위에 걱정이 많이 되었지만, 채한태교수님이 차근차근 명쾌하게 설명해 주시면서 출제예상 판례와 이론 위주의 수업은 시간을 절약해야 하는 저에게 큰 도움이 되었습니다.
첫 2회전을 돌렸어도 여전히 기출을 바로 풀기에는 무리였으나, 올해 1월쯤 시작한 〈명품헌법 기출지문 4700제 OX〉를 풀고 나서 완전히 달라졌습니다. 문제가 이해가 되고 보이기 시작하였습니다. 그래서 짧은 기간 내 6회전을 바로 돌렸고, 그제서야 헌법 종합 기출문제가 쉽게 풀리기 시작하였습니다. 마지막 달에 해주신 예상 판례 특강을 통

합격자 추천 후기

RECOMMENDATION

해서 마지막 복습 정리를 하여서 출제예상 문제에 좀 더 집중할 수 있었습니다. 많은 수험생 여러분도 채한태 교수님 헌법 커리큘럼을 믿고 따라오시면 합격 점수는 보장해 주실 겁니다.

2022년 상반기 비상계획관 합격 김○○ 대령

채한태 박사님 명품헌법 기본심화 강의와 헌법재판소판례 특강을 통해서 방대한 헌법을 정복하였습니다.

2022년 국회 8급 합격 이○○

명품헌법 시리즈특강을 통해서 고득점을 할 수 있었습니다. 국회직 면접까지 박사님이 지도해 주셔서 최종합격할 수 있었습니다.

2022년 법원서기보 합격 박○○

법과목 중에서 헌법분량이 많지만 채한태 선생님이 요약정리해 주셔서 고득점하였습니다.

2022년 9급 선관위직 필기 합격 이○○

명품 공직선거법 교재와 채한태샘 강의 듣고 합격을 했습니다. 도표정리가 많은 도움이 되었어요.

2022년 9급 선관위직 필기 합격 김○○

방대한 공직선거법 조문을 잘 정리해 주셔서 단기간에 고득점했습니다.

2021년 7급 국가직 합격 김○○

국가공무원 7급 시험을 준비하고 있는 수험생입니다. 박사님의 명품헌법 기본강의, 기출강의, 최신판례 강의, 모의고사 강의 등을 통해서 헌법 만점을 얻었습니다. 이번 2차 시험에서 헌법 만점을 받을 수 있었습니다. 좋은 가르침에 진심으로 감사드립니다.

2021년 비상계획관 합격 김○○

채한태 박사님 명품헌법 기본서·종합기출문제집·헌법재판소판례특강을 메가공무원 홈페이지에서 인터넷 강의를 통해 반복적으로 수강하였습니다. 독학으로 알아내기 어려웠던 명쾌한 부분들을 짚어주신 덕분에 고득점으로 합격을 했습니다.

탁월한 **적중률!** 합격의 **동반자!** 채한태 법학박사의 **명품헌법**

2021 경찰승진 합격 최○○	박사님의 헌법재판소 판례강의와 기본이론 명품헌법강의는 주제별로 총정리가 잘 되어 있기에 단기간에 원하는 목표를 얻을 수 있었습니다.
2021 법원직 합격 이○○	비전공자에게 법적인 마인드 함양과 법해석의 방법을 선생님께서 쉽고 자세하게 설명해 주셔서 법원직 헌법 과목에서 좋은 점수를 득점할 수 있었습니다.
2021 국회직 합격 정○○	헌법이론과 시사적인 내용을 하나로 연결하여 이해하기 쉽게 설명을 해주신 덕분에 단기간에 헌법을 쉽게 이해할 수 있었습니다.
2020년 상반기 비상계획관 합격 조○○	사실 저는 현직에 근무하면서 학습시간의 부족으로 퇴근 후 학습시간은 주로 헌법과 법령 위주로 공부하여 면접에 많은 시간을 투자할 시간을 가지지는 못했습니다. 면접과 관련한 기본적 지식은 제가 다녔던 비상계획관 학원 강의를 통해 배운 내용을 주요 키워드 위주로 정리 암기하였으며 면접 PT 작성요령, 답변 방법, 자세, 기타 면접 노하우 등은 채한태 박사님께서 운영하는 면접 특강을 2회 수강하면서 가르쳐 주신 방법을 전적으로 믿고 면접 당일 그대로 적용하려 노력하였으며 그 결과 첫 시험치고는 괜찮은 면접 성적을 얻었다고 생각합니다. 채한태 박사님께 문자로 질문하였고 박사님의 친절하신 답변이 많은 도움이 되었습니다. 박사님과의 면접 실습을 통한 저의 약점 보완은 제게 커다란 도움이 되었습니다. 박사님의 노하우 담긴 조언과 개별적인 눈높이 교육은 정말 큰 도움이 되리라 믿습니다. 박사님의 도움이 커다란 힘이 되었음에 깊은 감사를 드립니다.
2020년 국가직 7급 합격 이○○	경찰 간부후보생 시험 합격 후 경찰 승진 준비를 하면서 채한태 박사님 책을 보게 되었습니다. 기초가 부족하고 헌법을 처음 접해 보는 사람에게 무조건 추천해 드리고 싶습니다. 시간이 되신다면 박사님 강의를 병행하면서 짧은 시간에 큰 효과를 거둘 수 있습니다. 박사님 책을 보면서 더욱 수험생 혹은 승진 대상자들을 배려하는 세심한 설명과 자세한 자료를 보면서 매년 더욱 만족하고 있습니다.
2019년 선거직 9급 합격 박○○	저는 법학 전공이 아니지만 공직선거법을 채한태 박사님 강의를 듣고 고득점했어요. 중요 내용을 도표로 정리해 주는 최적화된 강의 감사해요.

합격자 추천 후기 RECOMMENDATION

2019년 선거직 7급 합격 김○○
명품 공직선거법의 기본서와 단원별 객관식 문제집으로 공부하여 합격의 영광을 얻게 되었어요. 면접까지도 채한태 박사님이 지도해 주셔서 최종 합격했어요. 감사드려요.

2019년 국가직 7급 합격 김○○
채한태 박사님의 명품헌법 강의를 듣고 헌법에 대한 이해와 자신감을 가지게 되었습니다. 헌법에 대해서 어려움을 가지고 계신 분들은 채한태 박사님의 강의를 통해서 해결할 수 있습니다.

2019년 국회직 8급 합격 이○○
어려운 헌법 과목을 가장 이해하기 쉽게 가르쳐 주십니다. 핵심정리와 암기 공식을 제시하여 헌법이 고득점 과목이 되었습니다.

2018년 비상계획관 합격 김○○
명품헌법 기본서와 채한태 박사님 강의로 방대한 헌법을 단기간에 해결하여 비상계획관 시험에서 합격의 영광을 얻게 되었어요. 질문할 때마다 친절하게 도와주셨던 채한태 박사님 고맙습니다.

2018년 소방간부후보생 합격 이○○
공대생이라 법 과목이 너무나 힘들었으나 쉽고 명쾌하게 강의하시는 채한태 교수님 명품헌법 덕분에 합격할 수 있었습니다.

2018년 법원직 합격 김○○
채한태닷컴에서 동영상으로 명품헌법 기본강의를 반복적으로 공부하여 합격했습니다. 명품헌법 교재는 중요 내용의 밑줄 처리와 색감 처리가 잘 되어 있어 가독성이 탁월합니다. 동영상으로 강의 듣기에도 편리합니다.

2018년 국회직 8급 합격 이○○
합격한 선배님의 추천으로 명품헌법 기본서로 강의를 듣고 합격하였습니다. 중요 내용의 도표 정리와 기출문제의 반복적인 설명 등을 채한태 교수님이 잘해주셔서 헌법에서 고득점을 하였습니다.

2018년 서울시 7급 합격 박○○
명품헌법과 헌법 종합 기출문제집을 반복적으로 공부하여 단기간에 고득점을 하였습니다. 복잡한 헌법재판소 판례가 주제별로 잘 정리되어 보기에 편했습니다. 실전에서도 문제 푸는 데 많은 도움이 되었습니다.

탁월한 **적중률**! 합격의 **동반자**! 채한태 법학박사의 **명품헌법**

**2017년 국가직 7급
출입국관리직 합격
김○○**

추상적이고 방대한 양의 헌법에 처음엔 힘이 들었지만 채교수님의 체계적인 강의 덕분에 어려운 헌법 용어 및 개념들을 쉽게 이해할 수 있게 되었으며 또한 핵심적인 부분만을 가르쳐주시는 수험적합적 강의 덕분에 짧은 시간에 무리 없이 고득점을 확보할 수 있었다고 생각합니다.

**2017년 국가직 7급
외무영사직 합격
이○○**

채한태 교수님 강의가 최고라고 생각합니다. 강의는 기본강의 들어보시면 판례도 비슷한 판례를 비교해서 정리도 잘해주시고, 체계도 잘 잡아주십니다. 저는 특히 강의에서 테마별·주제별로 정리해 주시는 부분이 가장 마음에 들었습니다. 그거 그대로 단권화할 때 써먹으시면 됩니다.

**2017년 서울시 7급 합격
김○○**

채한태 박사님의 명품헌법 강의를 통해 어디에서도 배울 수 없었던 남다른 팁과 정리표, 1:1 관리 등으로 실전 감각을 유지할 수 있었고 가벼운 마음으로 자신감 있게 합격할 수 있었습니다.

**2015년 상반기
비상계획관 합격
오○**

간결하고 명쾌하며 풍부한 시사 상식을 접목시키는 박사님의 명품 강의는 시간 가는 줄 모르고 헌법 공부에 몰입할 수 있게 해 주었습니다. 저는 헌법 용어와 개념이 취약했기 때문에 채한태 명품헌법 기본서를 충실하게 공부하며 기출문제집, 모의고사 문제집에 시간을 많이 투자했습니다. 저자가 다른 여러 헌법 서적을 보라는 조언들이 있었지만 저는 부화뇌동하지 않았습니다. 채한태 명품헌법의 강의가 가장 알차고, 기본서는 가장 충실하며, 언제든지 궁금한 점이 있으면 답변을 받을 수 있었기에, 저는 꾸준히 강의를 듣고 기본서를 중심으로 공부하면서 문제집을 공략하였습니다. 든든한 언덕이 되어 주신 채한태 박사님으로부터 헌법을 배울 수 있었던 것은 행운이었습니다.

**2014년 서울시 7급
일반행정직
최연소(당시 21세) 합격
김○○**

채한태 교수님 강의 덕분에 기본 개념부터 충분히 인지할 수 있었고 특히 채한태 교수님 카페에 가입하며 메일로 최신 판례를 받아볼 수 있었던 점이 도움이 됐습니다. 헌법은 최신판례가 많이 반영되기 때문에 수험생들이 최신판례 공부를 철저히 한 뒤 시험에 임하는 것이 좋을 것 같습니다. 또한 헌법은 비슷한 개념이 많이 나오는 편인 만큼, 유사 개념들을 표로 정리해 특징을 정리하고 헷갈리는 부분들을 점검할 수 있어서 마무리까지 많은 도움이 됐습니다.

합격자 추천 후기

RECOMMENDATION

**2014년 교정직 7급
최연장(당시 51세) 합격
조○○**

성실한 강의. 헌법의 핵심과 출제경향을 꿰뚫는 강의. 채한태 박사님의 강의를 직접 확인하신다면 헌법에 대한 시야는 확 달라질 것입니다.

**2014년 국가직 7급
세무직 차석 합격
박○○**

법에 대해서 아무것도 몰랐던 저도 채한태 선생님의 명품헌법을 보고 헌법을 정복할 수 있었습니다. 채한태 선생님의 체계적인 강의와 더불어 이 책을 함께 보신다면 여러분 또한 합격의 길로 들어서실 수 있습니다.

**2014년 국가직
우정사업본부 합격
조○○**

말이 필요하겠습니까. 결과가 보여줍니다. 국가직 헌법 고득점의 1등 공신 역할은 명품헌법이었습니다.

**2014년 국회사무처 8급 합격
박○○**

헌법의 기본이론을 강의를 들으면서 총정리하고 반복하여 공부하여 정복했습니다. 최신판례특강과 모의고사 문제풀이를 통해서 마무리 정리하여 효과를 보았습니다.

**2014년 비상계획관 합격
오○○**

채한태 박사님의 헌법 강의를 듣지 않았으면, 앞으로 6개월은 더 학습을 해야 할 상황이었습니다. 무조건 특강이든, 수업이든 참석했습니다. 강의는 기본이지만 간간이 들려주시는 시사성 있는 멘트들은 웃음을 자아냈고, 봉사활동 등 말씀을 들으며 많이 배웠습니다. 공부야 시험 보고 나면 합격으로 끝나지만 인생은 오래가니까. 헌법 공부하시는 분들~ 명품을 믿고 그리고 추가 공부!

**2013년 외무영사직
수강생**

이번에 시험 보면서 교수님이 적중률이 정말 높다는 것을 새삼 실감했어요. 헌법이 어려웠다고 한 학생들은 처음 보는 게 많아서 그랬다고 하는데 저는 교수님 덕분에 처음 보는 문제는 하나도 없었던 거 같아요. 봤던 문제, 중요하다고 하셨던 문제가 다 나와서 시간 절약이 많이 된 과목이었어요. 정말 감사드립니다!

탁월한 **적중률!** 합격의 **동반자!** 채한태 법학박사의 **명품헌법**

**2013년 국가직 7급
일반행정직 합격
홍○○**

2013년 외무영사직 수강생법 과목을 처음 접해본 저에게 채한태 박사님의 명품헌법은 그야말로 명쾌한 해답으로 다가왔습니다. 정확하고 깔끔한 강의! 합격생으로서 감히 여러분께 추천드립니다.

**2013년 국가직 7급
일반행정직 합격
소○○**

헌법은 당연히 100점을 맞고 합격했습니다. 합격하고 나서 생각해보니 헌법이란 과목을 채한태 박사님께 배운 것은 큰 행운이었습니다. 헌법은 화학과를 나온 저에게도 합격할 때까지 항상 효자 과목이었습니다. 박사님 감사합니다!

**2013년 국가직 회계직 합격
김○○**

제가 수험 2년차에 명품헌법을 처음 접하고 나서 "헌법이 쉽다"라고 감히 생각할 수 있었습니다. 풍부한 사례를 통해 추상적인 헌법을 생활 속에 숨 쉬게 해줍니다. 믿고 따라가신다면 합격의 전략과목 중 하나가 헌법이 될 것입니다. 꼭 합격하시길 바랍니다.

**2013년 외무영사직 합격
신○○**

법 공부를 처음 접했던 저에게 헌법은 굉장히 낯선 과목이었습니다. 채한태 쌤 수업을 들으면서 시사를 예로 들면서 명료하게 진행하시는 것을 느꼈고 헌법 공부를 재밌게 할 수 있었습니다. 더하여 언제나 합격할 수 있다는 자신감을 심어주신 쌤께 진심으로 감사드립니다. 명품헌법 + 채한태 쌤 강의를 통해 훌륭한 공무원이 되기 위한 첫걸음을 시작하시길 바라며, 합격을 기원합니다.

**2013년 외무영사직 합격
임○○**

수험공부를 하면서 가장 좋았던 책을 꼽으라면 고민 없이 명품헌법을 꼽을 수가 있습니다. 정리와 요약이 잘 되어 있고, 기출문제 표기도 들어 있어서 다른 책을 볼 필요가 없었습니다. 명품헌법 한 권에 단권화를 하여 시험 당일까지 들고 다니시면 무적의 파트너를 만난 기분이실 것입니다. 헌법 공부는 시작부터 마무리까지 명품헌법 한 권으로 잡아낼 수 있으니 걱정 마시고 명품헌법을 나만의 책으로 만들어 보세요.

합격자 추천 후기

RECOMMENDATION

**2013년 국가직 7급
일반행정직 합격
심○○**

명품헌법은 헌법을 처음 접하는 수험생도 체계적이고 효율적으로 공부할 수 있도록 합니다. 강의만 믿고 따라가시면 헌법 고득점은 보장되어 있습니다. 믿고 따라가십시오! 합격의 문이 열립니다!

**2012년 7급년 국가직
일반행정직 합격
이○○**

헌법은 단연 만점으로 합격했습니다. 비(非)법대생인 저도 이해하기 쉽고 체계적으로 공부할 수 있게 해준 명서입니다. 특히 기출 표시는 2회독부터 그 진가를 발휘하더군요. 정말 유용했습니다. 명품헌법에 있던 문장들을 그대로 시험장에서 봤을 때의 그 희열을 잊지 못할 것입니다. 명품헌법! 경험한 만큼 자신 있게 추천드립니다.

**2012년 국가직 7급
세무직 합격
권○○**

명품헌법 덕분에 저의 전략 과목이었던 헌법은 당연하게 100점 맞고 최종 합격하였습니다. 이해를 시켜주는 교재였기 때문에 처음 공부하는 헌법이 막막하지 않았고, 뜬구름 잡는 듯한 느낌이 없었습니다. 법 과목은 기본기가 중요하다는 것이 공부를 할수록 무슨 말인지 알겠더군요. 앞으로도 계속 예비 공무원들의 합격 길라잡이로서 명성을 이어나갈 것을 확신합니다.

**2012년 서울시 7급
일반행정직 합격
박○○**

9급 합격 후 이제 그만 현실에 안주하고 싶던 즈음에 친구의 권유로 박사님께 상담받고 조금 더 도전하자 스스로를 다독이며, 주저 없이 명품헌법을 선택하여 최종 합격까지 무난히 올 수 있었습니다. 돌이켜 생각해 보아도 정말 다행입니다. 처음 공부할 때와는 달리 목표의식이 다소 희박해졌을 때인데 명품헌법을 선택하고 시행착오 없이, 더불어 헌법 공부도 짧지만 강렬하게 할 수 있었습니다. 남들보다 빨리 헌법 고득점을 원하신다면 명품헌법 추천해 드립니다.

**2010년 국가직 7급
세무직 합격
이○○**

명품헌법은 헌법의 사용설명서!! 헌법을 어디서부터 어떻게 시작해야 할지 모를 때 나의 지침서가 되어 주었기 때문에~ 기본서 위주로 공부한 나한테 꼭 맞는 맞춤서였습니다~ 쉽지만 속이 꽉 찬~ 단권화를 위한 필수 기본서!! 강추합니다~~^^

탁월한 **적중률!** 합격의 **동반자!** 채한태 법학박사의 **명품헌법**

**2010년 국가직 7급
세무직 합격
김○○**

저는 처음부터 헌법은 시행착오 없이 바로 명품헌법으로 공부하였습니다. 기본서를 선택하기 위해 여러 가지 책을 살펴보고 강의도 청취해 보았습니다. 그중에서 명품헌법의 틀이 체계적으로 잡혀있었고, 헷갈리기 쉬운 것들이나 같이 묶어서 외우면 편리할 것들이 잘 정리되어 좋았습니다. 이 점에서는 명품헌법을 공부하신 분들은 누구나 인정하더군요. 그리고 다른 책들과는 달리 불필요하다고 생각되는 내용이 없더군요. 명품헌법 보시고 고득점하세요.

**2010년 국가직 7급
세무직 합격
권○○**

시간이 부족한 7급 수험생에게 헌법은 특히 효율적으로 공부할 필요성이 있는 과목입니다. 명품헌법은 난해한 법 이론과 법조문 및 판례가 보기 쉽게 집필되어 있으며, 사이사이에 핵심요약 정리가 되어 있어 공부하기 편리합니다. 명품헌법 교재와 함께 교수님의 명품 강의는 합격을 위한 필수죠! 간명하게 이해시켜 주신 뒤에 핵심정리 및 암기 공식을 제공. 그리고 매시간마다 치러지는 쪽지시험, 매주 있는 모의시험을 통해 헌법이 효자 과목이 되었던 것 같습니다.

**2010년 비상계획관 합격
정○○**

명품헌법 교재는 법 공부를 처음 공부하는 초학자도 단기간에 쉽게 이해할 수 있도록 정리가 잘 되어 있습니다. 시험 합격하는 데 큰 힘이 되어 준 명품 교재입니다.

**2010년 비상계획관 합격
강○○**

채한태 박사님 헌법 강의의 가장 큰 특징은 헌법을 처음 접한 사람도 박사님의 강의를 한 번만 들으면 자신감을 가지고 공부를 할 수 있도록 과목의 구성이 체계적이며, 단계적으로 헌법을 공부할 수 있도록 지도해 주시며, 무엇보다 어렵고 낯선 헌법 과목을 가장 이해하기 쉽게 가르치시며, 혼신의 불타는 열정을 가지고 한 가지라도 더 알려주고자 하는 대한민국 최고의 명품 강사이십니다. 박사님의 명품헌법 책자 발간을 다시 한번 축하드립니다.

차례

CONTENTS

PART 1 문제편

제01회	동형모의고사	22
제02회	동형모의고사	32
제03회	동형모의고사	45
제04회	동형모의고사	56
제05회	동형모의고사	67
제06회	동형모의고사	81
제07회	동형모의고사	92
제08회	동형모의고사	102
제09회	동형모의고사	110
제10회	동형모의고사	118
제11회	동형모의고사	125
제12회	동형모의고사	133
제13회	동형모의고사	140
제14회	동형모의고사	147
제15회	동형모의고사	154
제16회	동형모의고사	163
제17회	동형모의고사	170
제18회	동형모의고사	178
제19회	동형모의고사	185
제20회	동형모의고사	192
제21회	동형모의고사	200
제22회	동형모의고사	208
제23회	동형모의고사	215
제24회	동형모의고사	223

탁월한 **적중률!** 합격의 **동반자!** 채한태 법학박사의 **명품헌법**

PART 2 정답 및 해설편

제01회 동형모의고사	234
제02회 동형모의고사	240
제03회 동형모의고사	249
제04회 동형모의고사	256
제05회 동형모의고사	262
제06회 동형모의고사	272
제07회 동형모의고사	280
제08회 동형모의고사	283
제09회 동형모의고사	287
제10회 동형모의고사	290
제11회 동형모의고사	293
제12회 동형모의고사	297
제13회 동형모의고사	301
제14회 동형모의고사	304
제15회 동형모의고사	307
제16회 동형모의고사	310
제17회 동형모의고사	313
제18회 동형모의고사	316
제19회 동형모의고사	319
제20회 동형모의고사	321
제21회 동형모의고사	325
제22회 동형모의고사	329
제23회 동형모의고사	333
제24회 동형모의고사	337

PART 1

문제편

탁월한 **적중률!** 합격의 **동반자!** 채한태 법학박사의 **명품헌법**

제 01 회 동형모의고사

01 2017.3.10. 선고된(2016헌나1) 박근혜 대통령 탄핵심판에 관한 헌법재판소의 결정과 관련하여 바르게 배열한 것은?

> ㉠ 헌법은 공무원을 '국민 전체에 대한 봉사자'로 규정하여 공무원의 공익실현의무를 천명하고 있고, 이 의무는 국가공무원법과 공직자윤리법 등을 통해 구체화되고 있다.
>
> ㉡ 피청구인의 행위는 최서원의 이익을 위해 대통령의 지위와 권한을 남용한 것으로서 공정한 직무수행이라고 할 수 없으며, 헌법, 국가공무원법, 공직자윤리법 등을 위배한 것이다.
>
> ㉢ 재단법인 미르와 케이스포츠의 설립, 최서원의 이권 개입에 직·간접적으로 도움을 준 피청구인의 행위는 기업의 재산권을 침해하였을 뿐만 아니라, 기업경영의 자유를 침해한 것이다. 그리고 피청구인의 지시 또는 방치에 따라 직무상 비밀에 해당하는 많은 문건이 최서원에게 유출된 점은 국가공무원법의 비밀엄수의무를 위배한 것이다.
>
> ㉣ 피청구인의 헌법과 법률 위배행위는 재임기간 전반에 걸쳐 지속적으로 이루어졌고, 국회와 언론의 지적에도 불구하고 오히려 사실을 은폐하고 관련자를 단속해 왔으며 그 결과 피청구인의 지시에 따른 안종범, 김종, 정호성 등이 부패범죄 혐의로 구속 기소되는 중대한 사태에 이르게 하였으며 이러한 피청구인의 위헌·위법행위는 대의민주제 원리와 법치주의 정신을 훼손한 것이다.
>
> ㉤ 국회의 의사절차에 헌법이나 법률을 명백히 위반한 흠이 있는 경우가 아니면 국회 의사절차의 자율권은 권력분립의 원칙상 존중되어야 하고, 국회법 제130조 제1항은 탄핵소추의 발의가 있을 때 그 사유 등에 대한 조사 여부를 국회의 재량으로 규정하고 있으므로, 국회가 탄핵소추사유에 대하여 별도의 조사를 하지 않았다거나 국정조사결과나 특별검사의 수사결과를 기다리지 않고 탄핵소추안을 의결하였다고 하여 그 의결이 헌법이나 법률을 위반한 것이라고 볼 수 없다.

① ○-○-○-○-○
② ○-○-○-×-×
③ ×-○-○-○-×
④ ×-○-○-×-×

02 최근 개정된 국회법에 관한 기술 중에서 옳은 것은?

㉠ 2월, 3월, 4월, 5월, 6월 1일과 8월 16일에 임시회를 집회한다.
㉡ 모든 임시회의 회기는 30일로 한다.
㉢ 국회의원 체포동의안이 72시간 이내에 표결되지 아니하는 경우에는 그 이후에 최초로 개의하는 본회의에 상정하여 표결한다.
㉣ 위원회는 필요한 경우 청원을 심사하는 과정에서 청원인·이해관계인 및 학식·경험이 있는 자로부터 진술을 들을 수 있고, 청원의 회부일부터 90일 이내에 이를 심사하도록 한다.

① ㉠, ㉡
② ㉠, ㉡, ㉢
③ ㉠, ㉢, ㉣
④ ㉡, ㉢, ㉣

03 헌법재판소 판례에 관한 기술 중에서 틀린 것은?

㉠ 변호사는 공무원으로서 직무상 취급하거나 취급하게 된 사건의 수임을 기간의 제한 없이 또는 공익 목적으로 수임하는 경우에도 제한하는 것은 직업수행의 자유와 평등권을 침해하지 않는다.
㉡ 법률에 의해서 설치된 국가기관인 국가경찰위원회에게는 권한쟁의 심판의 당사자능력이 인정되지 아니한다.
㉢ '법무부장관으로 하여금 변호사시험 합격자의 성명을 공개하도록 하는 변호사시험법 제11조 중 명단공고 부분에 대한 심판청구를 기각하였다.
㉣ 비례대표국회의원선거 기탁금조항은 그 입법목적이 정당하고, 기탁금 요건을 마련하는 것은 입법목적을 달성하기 위한 적합한 수단에 해당된다. 정당에 대한 선거로서의 성격을 가지는 비례대표국회의원선거는 인물에 대한 선거로서의 성격을 가지는 지역구국회의원선거와 근본적으로 그 성격이 다르고, 비례대표 기탁금조항은 공직선거법상 허용된 선거운동을 통하여 선거의 혼탁이나 과열을 초래할 여지가 지역구국회의원선거보다 훨씬 적다고 볼 수 있음에도 지역구국회의원선거에서의 기탁금과 동일한 고액의 기탁금을 설정하고 있어 최소성원칙과 법익균형성원칙에 위반되지 아니한다.

① ㉠
② ㉡
③ ㉢
④ ㉣

04 정당과 정당해산에 관한 기술 중에서 옳은 것은? (다툼시 판례에 따름)

① 정당해산심판절차에서는 정당해산심판의 성질에 반하지 않는 한도에서 「헌법재판소법」 제40조에 따라 민사소송에 관한 법령이 준용될 수 있지만, 민사소송에 관한 법령이 준용되지 않아 법률의 공백이 생기는 부분에 대하여는 헌법재판소가 정당해산심판의 성질에 맞는 절차를 창설할 수 있다.
② 헌법 제8조 제4항에서 말하는 민주적 기본질서의 위배란, 정당의 목적이나 활동이 우리 사회의 민주적 기본질서에 대하여 실질적인 해악을 끼칠 수 있는 구체적 위험성을 초래하는 경우뿐만 아니라 민주적 기본질서에 대한 단순한 위반이나 저촉까지도 포함하는 넓은 개념이다.
③ '정당의 목적이나 활동이 민주적 기본질서에 위배될 때'라는 헌법 제8조 제4항의 정당해산 요건이 충족되면, 헌법재판소는 해당 정당의 위헌적 문제성을 해결할 수 있는 다른 대안적 수단이 있는 경우라 하더라도 강제적 정당해산결정을 할 수 있다.
④ 헌법재판소는 위헌정당해산결정으로 정당이 해산되는 경우 정당해산결정의 실효성을 위해 지역구 의원이냐 비례대표 의원이냐를 불문하고 해산된 정당 소속의 국회의원과 지방의회의원은 그 자격을 상실한다고 결정하였다.

05 탄핵대상에 해당하는 공직자는 모두 몇 명인가?

> ㉠ 원자력안전위원회 위원장
> ㉡ 방송통신위원회 위원장
> ㉢ 고위공직자범죄수사처장
> ㉣ 서울지방법원 소속의 부장판사
> ㉤ 헌법재판소의 재판관
> ㉥ 경찰청장
> ㉦ 감사위원

① 4명 　　　　　　　　② 5명
③ 6명 　　　　　　　　④ 7명

06 최근 헌법재판소의 판례에 관한 기술 중에서 틀린 것은?

① 국민주권주의는 모든 국가권력이 국민의 의사에 기초해야 한다는 의미로, 사법권의 민주적 정당성을 위한 국민참여재판을 도입한 근거가 되고 있으나, 그렇다고 하여 국민주권주의 이념이 곧 사법권을 포함한 모든 권력을 국민이 직접 행사하여야 하고 이에 따라 모든 사건을 국민참여재판으로 할 것을 요구한다고 볼 수 없다. 따라서 국민참여재판의 대상을 제한하는 심판대상조항이 국민주권주의에 위배될 여지는 없다.
② 헌법 제27조 제1항의 재판을 받을 권리는 신분이 보장되고 독립된 법관에 의한 재판의 보장을 주된 내용으로 하므로 국민참여재판을 받을 권리는 헌법 제27조 제1항에서 규정하는 재판받을 권리의 보호범위에 속하지 아니한다.
③ 정부가 온실가스 배출량을 2030년까지 2018년 국가온실가스 배출 대비 36% 이상의 범위 내에서 대통령령으로 정하는 비율만큼 감축하는 것을 중장기 국가온실가스 목표로 하도록 규정한 탄소중립녹색성장기본법은 헌법에 합치되지 아니한다.
④ 분할연금제도 그 자체가 위헌인 것은 아니며, 배우자의 국민연금 가입기간 중의 혼인기간이 5년 이상인 자에게 분할연금 수급권을 부여하면서, 분할연금을 산정함에 있어 법률혼 관계에 있었지만 실질적인 혼인관계가 존재하지 않았던 기간을 전혀 고려하지 않고 일률적으로 혼인기간에 포함시키도록 하여 노령연금 수급권자가 구체적 사정에 따라 그 분할연금액을 다툴 수 있는 예외 규정을 두고 있지 않는다 하더라도 헌법에 위배되지 아니한다.

07 헌법재판소에서 위헌결정한 것은?

㉠ 근로자 훈련비용을 부정수급한 사업주에 대하여 부정수급액 상당의 추가징수 및 지원·융자의 제한을 병과하여 명하는 것
㉡ 국민건강보험법상 지역가입자에 대한 보험료 산정시 소득 외에 재산 등의 요소를 추가적으로 고려하는 것
㉢ 공기업의 모든 직원을 형법상 뇌물죄 적용에 있어서 공무원으로 의제하는 것
㉣ 시행 당시 공개·고지 명령에 포함되지 않았던 사람들을 이후에 소급하여 성폭력사범 신상정보·공개·고지제도

① ㉠, ㉡
② ㉡, ㉢
③ ㉡, ㉢, ㉣
④ 없음

08 통신자유에 관한 기술 중에서 옳은 것(○)과 틀린 것(×)을 바르게 배열한 것은?

㉠ 누구든지 정보통신망을 이용하여 '공포심이나 불안감을 유발하는 문언을 반복적으로 상대방에게 도달하도록 하는 내용의 정보'를 유통할 수 없으며, 이를 위반하여 '공포심이나 불안감을 유발하는 문언을 반복적으로 상대방에게 도달하게 한 자'를 처벌하는 것은, 죄형법정주의 명확성원칙에 위배되지 아니하고, 과잉금지원칙에 위반하여 표현의 자유를 침해하였다고 보기 어렵다.
㉡ 미결수용자가 교정시설 내에서 규율위반행위 등을 이유로 금치처분을 받은 경우 금치기간 중 서신수수·접견·전화통화를 제한하는 것은 통신의 자유를 침해하지 아니한다.
㉢ 국가기관의 감청설비 보유·사용에 대한 관리와 통제를 위한 법적·제도적 장치가 마련되어 있을지라도, 국가기관이 인가 없이 감청설비를 보유·사용할 수 있다는 사실만 가지고 바로 국가기관에 의한 통신비밀 침해행위를 예상할 수 있으므로 국가기관이 감청설비의 보유 및 사용에 있어서 주무장관의 인가를 받지 않아도 된다는 것은 통신의 자유를 침해한다.
㉣ 신병훈련소에서 교육훈련을 받는 동안 신병의 전화사용을 통제하는 육군 신병교육 지침서는 통신의 자유를 필요한 정도를 넘어 과도하게 제한하고 있는 것은 아니다.
㉤ 통신비밀보호법은 누구든지 이 법과 형사소송법 또는 군사법원법의 규정에 의하지 아니하고는 우편물의 검열 또는 전기통신의 감청을 하거나 공개되지 아니한 타인간의 대화를 녹음 또는 청취하지 못하고, 이에 위반하여 불법검열에 의하여 취득한 우편물이나 그 내용 및 불법감청에 의하여 지득 또는 채록된 전기통신의 내용은 재판 또는 징계절차에서 증거로 사용할 수 없다.
㉥ 본인확인제는 정보통신서비스 제공자에게 게시판 이용자의 본인확인정보를 수집하여 보관할 의무를 지우고 있는데 본인확인정보는 개인의 동일성을 식별할 수 있게 하는 정보로서 개인정보자기결정권의 보호대상이 되는 개인정보에 해당하고, 정보통신서비스 제공자의 직업수행의 자유를 제한하는 것이다.

① ○-○-×-○-○-○
② ○-○-×-×-○-○
③ ×-×-○-○-×-×
④ ×-×-○-×-×-×

09 재외선거인에 관한 기술 중에서 틀린 것은?

① 재외선거인은 대외기관을 선출할 권리가 있는 국민으로서 대의기관의 의사결정에 대해 승인할 권리가 있고, 국민투표권자에는 재외선거인이 포함된다.
② 국민투표는 선거와 달리 국민이 직접 국가의 정치에 참여하는 절차이므로, 국민투표권은 대한민국 국민의 자격이 있는 사람에게 반드시 인정되어야 하는 권리이다.
③ 주민등록이 되어 있지 않고 국내거소신고도 하지 않은 재외국민인 재외선거인의 국민투표권을 제한하는 국민투표법 제14조 제1항의 관련부분은 재외선거인의 국민투표권을 침해하여 헌법에 합치되지 않는다.
④ 재외국민선거인의 임기만료지역구국회의원선거권을 인정하지 않은 것은 선거권을 침해하는 것이다.

10 신체자유와 관련된 기술 중에서 옳은 것은? (다툼시 판례에 따름)

㉠ 미결수용자가 변호인의 조력을 받을 기회가 충분히 보장되었다고 인정될 수 있는 경우라도 미결수용자 또는 그 상대방인 변호인이 원하는 특정 시점에 접견이 이루어지지 못한 경우에는 변호인의 조력을 받을 권리가 침해된 것이다.
㉡ 변호인이 되려는 자의 접견교통권은 헌법상 기본권으로 보장되어야 한다.
㉢ 일정 기간 수사관서에 출석하지 않았다는 사유로 관세법 위반 압수물품을 별도의 재판이나 처분 없이 국고에 귀속시키도록 한 법률규정은 적법절차의 원칙에 위배된다.
㉣ 공판단계에서 피고인에 대하여 법관이 영장을 발부하는 경우에도 형식상 검사의 신청이 필요하며, 그렇지 아니한 경우에는 적법절차의 원칙에 위배된다.
㉤ 형사상 자기에게 불리한 진술이라면 진술거부권은 형사 절차에 한정하지 않고 행정절차나 국회에서의 조사절차 등에서도 인정된다.

① ㉠, ㉡, ㉢
② ㉠, ㉢, ㉤
③ ㉡, ㉢, ㉤
④ ㉡, ㉣, ㉤

11 국무총리에 관한 기술 중에서 틀린 것은? (다툼시 판례에 따름)

① 국가보훈처를 국가보훈부로 격상하고 국가보훈부장관은 국무위원으로 한다.
② 헌법재판소에 따르면 국무총리는 단지 대통령의 첫째가는 보좌기관으로서 행정에 관하여 독자적인 권한을 가지지 못하고 대통령의 명을 받아 행정각부를 통할하는 기관으로서의 지위만을 가진다.
③ 행정기관 소속 5급 이상 공무원 및 고위공무원단에 속하는 일반직 공무원은 소속장관의 제청으로 인사혁신처장과 협의를 거친 후 국무총리를 거쳐 대통령이 임용한다.
④ 국무총리 소속으로 인사혁신처를 두고, 인사혁신처에는 장관 1명과 차관 1명을 두되, 장관은 국무위원으로 보한다.

12 선거에 관한 기술 중에서 옳은 것(○)과 틀린 것(×)을 바르게 배열한 것은?

㉠ 지방의회의원 선거구획정에 관하여 국회 및 시·도의회의 광범한 재량이 인정된다고 하여도, 선거구획정이 헌법적 통제로부터 자유로울 수는 없으므로 그 재량에는 평등선거의 실현이라는 헌법적 한계가 존재한다.
㉡ 누구든지 선거일 전 90일부터 선거일까지 선거운동을 위하여 인공지능기술 등을 이용하여 만든 실제와 구분하기 어려운 딥페이크 영상을 제작·편집·유포·상영 또는 게시하는 행위를 하여서는 아니 된다.
㉢ 대통령령으로 정하는 언론인의 선거운동 자체를 금지하고 위반 시 처벌하는 것으로 선거운동의 주체를 제한하는 법률규정은 언론이 공직선거에 미치는 영향력과 언론인이 가져야 할 고도의 공익성과 사회적 책임성에 근거하므로 언론인의 선거 운동의 자유를 침해하지 아니한다.
㉣ 전임자의 임기가 만료된 후에 실시하는 대통령선거와 궐위로 인한 대통령선거의 경우 그 임기는 당선이 결정된 때부터 개시된다.
㉤ 사회복무요원의 경우 선거운동의 내용 및 방법, 근무시간 중에 이루어지는지 여부를 불문하고 일체의 선거운동을 금지하는 것은 과도하다고 볼 수 있어 선거운동의 자유를 침해한다.

① ○-○-×-○-○
② ○-○-×-○-×
③ ×-×-○-○-×
④ ×-×-○-○-○

13 감사원의 권한에 해당하는 것은?

㉠ 법원공무원에 대한 직무감찰권
㉡ 법원예산에 대한 회계검사권
㉢ 서울특별시에 대한 회계검사권
㉣ 서울특별시 공무원에 대한 징계권
㉤ 경기도청에 대한 합목적성, 합헌성 및 합법성 심사권

① ㉠, ㉡
② ㉠, ㉡, ㉢
③ ㉡, ㉢, ㉤
④ ㉢, ㉣, ㉤

14 최근 개정 시행된 법원조직법상 법원의 종류에 해당하지 않는 것은 몇 항목인가?

㉠ 대법원	㉡ 고등법원
㉢ 특허법원	㉣ 지방법원
㉤ 가정법원	㉥ 행정법원
㉦ 회생법원	㉧ 군사법원

① 1항목 ② 2항목
③ 3항목 ④ 5항목

15 권한쟁의심판에 대한 설명으로 옳은 것은? (다툼이 있는 경우 판례에 의함)

㉠ 권한쟁의심판은 그 사유가 있음을 안 날부터 60일 이내에, 그 사유가 있는 날부터 180일 이내에 청구하여야 한다.
㉡ 헌법상 국가에게 부여된 임무 또는 의무를 수행하고 그 독립성이 보장된 국가기관이라면 오로지 법률에 근거하여 설치되었더라도 권한쟁의심판 청구의 당사자능력이 인정된다.
㉢ 제3자 소송담당을 명시적으로 허용하는 법률의 규정이 없는 현행법 체계하에서는 국회의 구성원인 국회의원은 국회의 조약에 대한 체결비준 동의권의 침해를 주장하는 권한쟁의심판을 청구할 수 없다.
㉣ 지방의회 의원과 그 지방의회의 대표자인 지방의회 의장 간의 권한쟁의심판은 헌법 및 「헌법재판소법」에 의하여 헌법재판소가 관장하는 지방자치단체 상호간의 권한쟁의심판의 범위에 속한다.
㉤ 국가기관 상호간의 권한쟁의 심판에 관하여 규정하고 있는 헌법재판소법 제62조 제1항 제1호의 국회, 정부, 법원 및 중앙선거관리위원회 상호간의 권한쟁의 심판은 열거적 규정으로 해석한다.

① ㉠, ㉢ ② ㉡, ㉢
③ ㉣, ㉤ ④ 없음

16 위헌법률심사에 관한 기술 중에서 옳은 것은? (다툼시 판례에 따름)

㉠ 법률이 재판의 전제가 되는 요건을 갖추고 있는지의 여부는 제청법원의 견해를 존중하는 것이 원칙이므로 헌법재판소는 직권으로 조사할 수 없다.
㉡ 위헌법률심판제청을 신청한 당사자는 당해 법원이 제청신청을 기각한 결정에 대하여 항고할 수 없다.
㉢ 헌법재판소는 관습법도 위헌법률심판의 대상이 된다고 보고 있으며, 대법원도 관습법이 헌법재판소의 위헌법률심판 대상이 된다고 인정하고 있다.
㉣ 법원이 법률의 위헌여부 심판을 헌법재판소에 제청할 때에는 제청서에 제청법원의 표시, 사건 및 당사자의 표시 및 피청구인을 적어야 한다.
㉤ 헌법재판소는 위헌법률심판에서 결정유형으로 각하결정, 기각결정, 합헌결정, 변형결정, 위헌결정을 사용하고 있다.
㉥ 헌법재판소법상 군사법원도 위헌제청을 할 수 있다.

① ㉠, ㉡
② ㉡, ㉥
③ ㉡, ㉢, ㉣
④ ㉣, ㉤, ㉥

17 최근 헌법재판소의 판례에 관한 기술 중에서 틀린 것은?

① 국립대학교 총장은 교육공무원으로서 국가공무원의 신분을 가진다. 전북대학교 총장후보자에 지원하려는 사람에게 기탁금을 납부하도록 하는 조항은 기탁금을 납입할 수 없거나 그 납입을 거부하는 사람들의 공무담임권을 제한하며, 총장후보자 지원자에게 기탁금 1,000만원을 납부하도록 한 전북대학교 총장임용후보자 선정에 관한 규정 조항은 침해의 최소성과 법익균형성에 반하여 공무담임권을 침해한다.
② 가정폭력처벌법상 피해자보호명령에 우편을 이용한 접근금지 규정을 두지 아니하는 것은 헌법상평등원칙에 위배되지 아니한다.
③ 형사소송법상 즉시항고 제기 기간을 3일로 제한한 것은 지나치게 짧은 것으로 재판청구권을 침해하는 것이다.
④ 부부가 공동으로 사용한 가재도구라고 하더라도, 부부의 일방이 혼인 전 자신의 비용으로 구매한 것은 그 일방의 특유재산이라 할 수 없으므로 그 일방이 가재도구를 망가뜨렸다면 형법상 재물손괴죄가 성립한다.

18 법원(法院)에 대한 설명으로 옳지 않은 것은? (다툼시 판례에 따름)

① 법관이 중대한 신체상 또는 정신상의 장해로 직무를 수행할 수 없을 때에는, 대법관인 경우에는 대법원장의 제청으로 대통령이 퇴직을 명할 수 있고, 판사인 경우에는 인사위원회의 심의를 거쳐 대법원장이 퇴직을 명할 수 있다.
② 상급법원의 재판에 있어서의 판단은 동종 사건에 관하여 하급심을 기속하는 것이므로, 하급심은 사실판단이나 법률판단에 있어서 상급심의 선례를 존중하여야 한다.
③ 헌법상 고등법원을 반드시 설치해야 하는 것은 아니다.
④ 군판사의 임기는 5년으로 하고 연임할 수 있다.

19 다음 중에서 부령을 발할 수 없는 국무위원은?

㉠ 행정안전부장관	㉡ 환경부장관
㉢ 법무부장관	㉣ 국방부장관
㉤ 국가보훈부장관	㉥ 인사혁신처장
㉦ 부총리인 교육부장관	

① 1인
② 2인
③ 3인
④ 4인

20 甲과 乙은 2022.3.9. 대통령선거과정에서 특정후보의 지지유무를 놓고 주먹다툼을 한 후 쌍방 간에 상해혐의로 고소를 하였다. 검사는 甲에 대해서는 기소유예처분을, 乙에 대해서는 혐의 없음의 불기소처분을 하였다. 이에 관한 헌법소원 제기 유무에 대한 기술에서 틀린 것은?

① 만약 甲이 고소하지 않은 상태에서 수사기관의 인지에 의해 수사가 개시되었다면 고소하지 아니한 피해자 甲은 乙에 대한 혐의 없음 처분에 대하여 헌법소원을 제기할 수 있다.
② 고소인 甲은 검사의 乙에 대한 혐의 없음 처분에 대하여 검찰청법상 항고를 거친 후 고등법원에 재정신청을 할 수 있다.
③ 甲은 자신에 대한 기소유예처분이 자의적이라고 주장하면서 위의 기소유예처분에 대한 헌법소원을 제기할 수 있다.
④ 만약에 검사가 甲과 乙의 상해에 대하여 진정사건으로 수리하여 내사종결처분을 했다면 내부적 사건처리방식에 지나지 아니하므로 헌법소원 대상이 될 수 없다.

제 02 회 동형모의고사

01 재산권에 관한 설명 중 옳은 것(○)과 옳지 않은 것(×)을 올바르게 조합한 것은? (다툼이 있는 경우 헌법재판소 판례에 의함)

> ㉠ 「사립학교교직원 연금법」상 퇴직급여 및 퇴직수당을 받을 권리는 사회적 기본권의 하나인 사회보장수급권에 해당하고, 헌법 제23조에 의하여 보장되는 재산권에 해당한다.
> ㉡ 위원회의 보상금 등의 지급 결정에 동의한 때 재판상 화해의 성립을 간주하는 것은 유족의 재판청구권을 침해하지 아니한다.
> ㉢ 배우자의 상속공제를 인정받기 위한 요건으로 배우자상속재산분할기한까지 배우자의 상속재산을 분할하여 신고할 것을 요구하면서 위 기한이 경과하면 일률적으로 배우자의 상속공제를 부인하고 있는 조항은 배우자인 상속인의 재산권을 침해한다고 볼 수 없다.
> ㉣ 구 「태평양전쟁 전후 국외 강제동원희생자 등 지원에 관한 법률」에 규정된 위로금 등의 각종 지원은 태평양전쟁이라는 특수한 상황에서 일제에 의한 강제동원희생자와 그 유족이 입은 고통을 치유하기 위한 시혜적 조치이며, 이러한 시혜적 급부를 받을 권리 역시 헌법 제23조에 의하여 보장되는 재산권에 해당한다.
> ㉤ 학교안전공제회가 관리·운용하는 학교안전공제및사고예방기금은 헌법 제23조 제1항에 의하여 보호되는 재산권으로 볼 수 없다.
> ㉥ 행정기관이 개발촉진지구 지역개발사업으로 실시계획을 승인하고 이를 고시하면 고급골프장 사업과 같이 공익성이 낮은 사업에 대해서까지도 시행자인 민간개발자에게 수용권한을 부여하는 규정은 헌법 제23조 제3항에 위반된다.

① ㉠ (○), ㉡ (×), ㉢ (○), ㉣ (○), ㉤ (×), ㉥ (×)
② ㉠ (○), ㉡ (○), ㉢ (×), ㉣ (×), ㉤ (○), ㉥ (○)
③ ㉠ (○), ㉡ (×), ㉢ (×), ㉣ (○), ㉤ (○), ㉥ (○)
④ ㉠ (×), ㉡ (○), ㉢ (○), ㉣ (×), ㉤ (×), ㉥ (×)

02 국민주권과 선거에 관한 기술 중에서 틀린 것은? (다툼시 헌법재판소와 대법원 판례에 의함)

① 헌법 제1조는 "대한민국은 민주공화국이다.", "대한민국의 주권은 국민에게 있고 모든 권력은 국민으로부터 나온다."라고 규정하여 국민주권의 원리를 천명하고 있는바, 그 중요한 의미는 국민의 합의로 국가권력을 조직한다는 것이다.
② 국민주권의 원리는 기본적 인권의 존중, 권력분립제도, 복수정당제도와 함께 헌법 제8조 제4항이 의미하는 민주적 기본질서의 주요한 요소이다.
③ 국민주권의 원리는 헌법의 해석기준으로 작용하므로 그에 기하여 곧바로 국민의 개별적 기본권을 도출할 수 있다.
④ 개표 행위는 선거일의 지정, 선거인명부의 작성, 후보자 등록, 투·개표 권리, 당선인 결정 등 여러 행위를 포괄하는 집합적 행위인 선거관리라는 일련의 과정에서 하나의 행위에 불과한 것이어서, 그 자체로는 국민의 권리의무에 영향을 미치지 아니하는 공권력 작용의 준비행위 또는 부수적 행위이다. 따라서 개표행위는 투표결과를 집계하기 위한 단순한 사실행위에 불과하여 그 자체 헌법소원심판의 대상이 되는 공권력 행사에 해당한다고 볼 수 없다.

03 국군·전투경찰에 관한 내용과 계엄에 관한 기술 중에서 옳지 않은 것은 몇 항목인가?

㉠ 대통령의 국군통수권 행사는 헌법과 법률이 정하는 바에 따르도록 하여 군통수에도 법치주의를 관철하고 있다.
㉡ 군에 대한 문민통제의 원칙상 국방부장관에게 군사작전권인 군령권을 부여하고, 합동참모의장에게 군을 조직·유지·관리하는 양병권인 군정권을 부여하고 있다.
㉢ 국군의 조직과 편성은 법률로 정하도록 하고 있다.
㉣ 안전보장에 관한 조약과 강화조약은 물론 선전포고, 국군의 외국파견 또는 외국군대의 대한민국영역 안에서의 주류에 대해서도 국회의 동의를 얻도록 하고 있다.
㉤ 군사에 관한 중요사항, 합동참모의장과 각군 참모총장의 임명은 국무회의의 심의를 반드시 거치도록 하고 있다.
㉥ 국내 정치에 군을 동원할 목적으로 계엄선포권이 남용될 수 있기 때문에, 이를 통제하기 위하여 대통령에게는 국회에 계엄선포를 통지할 의무를 부과하고, 국회에는 계엄승인권을 부여하고 있다.
㉦ 헌법 제12조 제1항의 적법절차원칙은 형사소송절차에 국한되지 않고 모든 국가작용 전반에 대하여 적용되므로, 전투경찰순경의 인신구금을 내용으로 하는 영창처분에 있어서도 적법절차원칙이 준수되어야 하는데, 전투경찰순경에 대한 징계처분으로 영창을 규정하고 있는 조항이 헌법에서 요구하는 수준의 절차적 보장 기준을 충족하지 못했다고 볼 수 없으므로 적법절차원칙에 위배되지 아니한다.

① 1항목
② 2항목
③ 3항목
④ 4항목

04 조세에 관한 설명 중에서 틀린 것은?

㉠ 조세평등주의의 한 내용인 수직적 조세정의는 상이한 경제적 능력을 가진 사람은 상이한 액수의 조세를 부담하여야 한다는 것으로 최저생계를 위하여 필요한 경비는 과세대상에서 제외할 것을 요구한다.
㉡ 수직적 조세정의에 따라 소득세에는 누진세율이 적용되어야 하므로, 금융소득을 다른 소득과 분리하여 누진세율이 아닌 단일세율로 과세하는 것은 조세평등주의에 위반된다.
㉢ 조세평등주의는 사실적 결과에 있어서도 부담의 평등을 원칙적으로 실현할 수 있는 조세징수절차를 요구한다.
㉣ 양도소득세의 감면요건을 정하면서, 조합설립인가를 받은 조합과 달리 도시환경정비사업을 시행하는 토지소유자에 대해서는 사업시행인가를 받아야만 과세특례규정상의 사업시행자에 해당하도록 규정한 것은 조세평등주의에 위반되지 아니한다.
㉤ 기업의 내부정보를 가진 최대주주등이 주식 등을 특수관계인에게 증여하거나 취득하게 한 후 일정한 기간 내에 상장법인과 합병을 실시하여 상장이익이 발생한 경우, 그 합병에 따른 상장이익에 증여세를 과세하도록 규정한 것은 재산권을 침해하고, 조세평등주의와 과세요건 명확주의에 위배된다.

① ㉠, ㉡
② ㉡, ㉤
③ ㉢, ㉣
④ ㉣, ㉤

05 정당과 선거에 관한 최신 헌법재판소 판례 입장이 아닌 것은?

① 정당의 당원협의회 사무소 설치를 금지하고 위반시 처벌하는 내용의 정당법 조항들은, 정당의 조직 중 시·도당의 하부조직에 속하는 국회의원지역구나 자치구·시·군, 읍·면·동별로 당원협의회를 설치할 수는 있으나 그 활동을 위한 공간적 거점인 사무소 등을 일체 둘 수 없도록 함으로써 정당활동의 자유를 제한하고 있기는 하나, 과잉금지원칙에 반하여 정당활동의 자유를 침해하지는 않는다.
② 공직선거의 개표사무를 보조하기 위하여 투표지를 구분하거나 계산에 필요한 기계장치 등을 이용할 수 있도록 한 것이 현저히 불합리하거나 불공정하여 선거권을 침해하였다고 볼 수 없다.
③ 정당에 대한 후원을 금지하고 위반시 형사처벌하는 것은, 입법목적의 정당성은 인정되나 수단의 적합성과 침해최소성 원칙에 위배되고 법익 균형성도 충족되었다고 보기 어려우므로 과잉금지원칙과 정당활동의 자유와 국민의 정치적 표현의 자유를 침해한다.
④ 선거범죄에 대한 재정신청 절차에서 검찰항고를 거치도록 한 것은 신속한 재판을 받을 권리를 침해하는 것이다.

06 성적 자기결정권과 일반적 행동자유권에 관한 설명 중 옳지 않은 것은? (다툼이 있는 경우 헌법재판소 판례에 의함)

㉠ 일반 공중의 사용에 제공된 공공용물을 그 제공 목적대로 이용하는 일반사용 내지 보통사용에 관한 권리는 일반적 행동자유권의 보호영역에 포함되지 않는다.
㉡ 정보통신망을 통하여 공중이 게임물을 이용할 수 있도록 서비스하는 게임물 관련사업자로 하여금 게임물 이용자의 회원가입시 본인인증을 할 수 있는 절차를 마련하도록 한 조항은 인터넷게임 이용자의 일반적 행동자유권을 침해하지 않는다.
㉢ 16세 미만 청소년에게 오전 0시부터 오전 6시까지 인터넷 게임의 제공을 금지하는 '강제적 셧다운제'를 규정한 것은 여가와 오락 활동에 관한 청소년의 일반적 행동자유권을 침해하지 않는다.
㉣ 헌법 제10조로부터 도출되는 일반적 인격권에는 개인의 명의에 관한 권리도 포함될 수 있는바, '명예'란 사람이나 그 인격에 대한 사회적 평가, 즉 객관적·외부적 가치평가를 말하는 것이지 단순히 주관적·내면적인 명예감정은 이에 포함되지 않는다.
㉤ 성매매를 형사처벌하여 성매매 당사자(성판매자와 성구매자)의 성적 자기결정권, 사생활의 비밀과 자유 및 성판매자의 직업선택의 자유를 제한하고 있으나 과잉금지원칙에 위반되지 않으며, 불특정인에 대한 성매매만을 금지대상으로 규정하고 있는 것이 평등권을 침해한다고 볼 수도 없다.
㉥ 개인의 성행위 그 자체는 사생활의 내밀영역에 속하고 개인의 성적 자기결정권의 보호대상에 속한다고 할지라도, 그것이 외부로 표출되어 사회의 건전한 성풍속을 해칠 때에는 마땅히 법률의 규제를 받아야 한다.

① ㉠
② ㉠, ㉡
③ ㉡, ㉢, ㉣
④ ㉣, ㉤, ㉥

07 공무담임권에 대한 설명 중 옳지 않은 것은 몇 항목인가? (다툼이 있는 경우 헌법재판소 판례에 의함)

㉠ 공무담임권은 각종 선거에 입후보하여 당선될 수 있는 피선거권과 공직에 임명될 수 있는 공직취임권을 포함한다.
㉡ 국회의원선거의 기탁금 제도 및 공무원 시험의 응시연령 제한은 모두 공무담임권의 제한 문제와 관련된다.
㉢ 지방자치단체의 장이 공소제기된 후 구금상태에 있는 경우 부단체장이 그 권한을 대행하도록 한 규정은 공무원 권한(직무)의 부당한 정지에 해당하여 공무담임권을 침해한다.
㉣ 재판연구원 및 검사의 신규임용에 있어 서류전형 이후 법학전문대학원 졸업예정자에게만 필기전형이나 실무기록평가를 치르게 하는 것은 사법연수원 수료자의 공무담임권을 침해할 가능성이 없다.
㉤ 대통령선거 예비후보자등록을 신청하는 사람에게 대통령선거 기탁금의 100분의 20인 6,000만원을 기탁금으로 납부하도록 정한 공직선거법 조항은 공무담임권을 침해하지 않는다.

① 1항목
② 2항목
③ 3항목
④ 4항목

08 최신 헌법재판소 판례 중에서 위헌 결정한 것은?

㉠ 수석교사 임기 중에 교장 자격을 취득할 수 없도록 하는 것
㉡ 정보통신서비스 제공자가 주민등록번호 수집 이용하는 것을 금지하고 예비적으로 인정하는 것
㉢ 선거운동기간 중 인터넷 게시판 등에 정당·후보자에 대한 지지·반대 정보를 게시하려고 하는 경우 실명 확인을 받게 하는 것
㉣ 강제추행죄로 벌금형이 확정된 경우 체육지도자의 자격을 필수적으로 취소하도록 하는 것
㉤ 민간어린이집에는 보육교직원 인건비를 지급하지 않는 것
㉥ 통신매체이용음란죄로 유죄판결이 확정된 자는 신상정보 등록대상자로 규정하는 것

① ㉠, ㉡
② ㉢, ㉣
③ ㉤, ㉥
④ ㉢, ㉥

09 죄형법정주의와 명확성원칙에 관한 기술 중에서 옳은 것은? (다툼시 헌법재판소 판례에 따름)

㉠ 공익을 해할 목적으로 전기통신설비에 의하여 공연히 허위의 통신을 한 자를 형사처벌하는 법률조항은 죄형법정주의 명확성원칙에 위반된다.
㉡ 구 「특정범죄 가중처벌 등에 관한 법률」 제5조의4 제6항 중 '제1항 또는 제2항의 죄로 두 번 이상 실형을 선고받고 그 집행이 끝나거나 면제된 후 3년 이내에 다시 제1항 중 「형법」 제329조에 관한 부분의 죄를 범한 경우에는 그 죄에 대하여 정한 형의 단기의 2배까지 가중한다.' 부분은 죄형법정주의의 명확성원칙에 위반되지 아니한다.
㉢ 예시적 입법형식이 명확성원칙에 위반되지 않으려면 예시한 구체적인 사례(개개 구성요건)들이 그 자체로 일반조항의 해석을 위한 판단지침을 내포하는 것으로 충분하고, 일반조항 자체가 그러한 구체적인 예시들을 포괄할 수 있는 의미까지 담고 있어야 하는 것은 아니다.
㉣ 아동·청소년대상 성범죄 또는 성인대상 성범죄(이하 "성범죄"라 한다)로 형을 선고받아 확정된 자로 하여금 그 형의 집행을 종료한 날부터 10년 동안 의료기관을 개설하거나 위 기관에 취업할 수 없도록 한 조항은, 10년 동안 일률적으로 의료기관에 대한 취업을 금지하여 과도한 제한으로서 직업선택의 자유를 침해하나, "성인대상 성범죄" 부분은 불명확하다고 볼 수 없어 헌법상 명확성 원칙에 위배되지 않는다.
㉤ 전시·사변 등 국가비상사태에 있어서 전투에 종사하는 자에 대하여는 각령이 정하는 바에 의하여 전투근무 수당을 지급하도록 하는 것은 명확성원칙에 위배되지 아니한다.

① ㉠, ㉡, ㉢
② ㉠, ㉣, ㉤
③ ㉡, ㉢, ㉣
④ ㉢, ㉣, ㉤

10 헌법재판소 판례에 관한 것 중에서 옳은 것(○)과 틀린 것(×)을 바르게 배열한 것은?

㉠ 각하 또는 기각결정을 받지 아니하였다면 국가인권위원회의 권고조치 등을 통해 침해된 권리에 대해 구제받을 가능성이 있었을 것이라는 이익은 단순한 간접적인 이익이 아니라 국가인권위원회법이 정한 절차 및 그에 따른 효과를 향유할 수 있는 법률상 이익이다. 그러므로 국가인권위원회가 한 진정에 대한 각하 또는 기각결정은 항고소송의 대상이 되는 행정처분이므로, 헌법소원심판을 청구하기 전에 먼저 행정심판이나 행정소송을 통해 다투어야 하므로, 그러한 사전 구제절차 없이 청구된 헌법소원심판은 보충성 요건을 충족하지 못하여 부적법하다.
㉡ 게임물 관련 사업자에게 게임물 이용자의 회원가입 시 본인인증을 할 수 있는 절차를 마련하도록 하면서 인증방법에 대하여 구체적으로 정하고 있는 것과 청소년의 회원가입 시 법정대리인의 동의를 확보하도록 하면서 동의확보의 방법에 대하여 구체적으로 정하고 있는 것은 일반적 행동의 자유 및 개인정보자기결정권을 침해하는 것이다.
㉢ 청소년유해매체물을 제공하려는 자에게 상대방의 나이 및 본인 여부를 확인하도록 의무를 부과하고, 그 본인확인 방법으로 공인인증서, 아이핀, 휴대전화 등을 통한 인증방법을 정하고 있는 것은 헌법에 위반되지 않는다.
㉣ 전문과목을 표시한 치과의원은 그 표시한 전문과목에 해당하는 환자만을 진료하여야 한다고 규정한 의료법 제77조 제3항은 치과전문의들의 직업수행의 자유와 평등권을 침해한다.
㉤ 월급근로자로서 6개월이 되지 못한 자를 해고예고제도의 적용예외 사유로 규정하고 있는 근로기준법 조항은 근무기간이 6개월 미만인 월급근로자의 근로의 권리를 침해하고 평등원칙에도 위배되어 위헌이다.
㉥ 국적 이탈하려는 모든 복수국적자에게 외국에 주소가 있을 것을 일률적으로 요구하는 국적법 규정은 국적이탈 자유를 침해하지 아니한다.
㉦ 변호사시험 성적 공개를 금지한 변호사시험법 제18조 제1항 본문은 알 권리(정보공개청구권)를 침해하여 헌법에 위반된다.

① ○-○-○-○-○-○-○
② ○-×-○-○-○-○-○
③ ×-○-○-○-○-×-×
④ ×-×-○-○-○-○-○

11. 법원에 관한 기술 중에서 옳은 것은? (다툼시 판례에 따름)

㉠ 상급법원 재판에서의 판단은 모든 하급심을 기속한다.
㉡ 법관이 중대한 신체상 또는 정신상의 장해로 직무를 수행할 수 없을 때에는, 대법관인 경우에는 대법원장의 제청으로 대통령이 퇴직을 명할 수 있고, 판사인 경우에는 법관인사위원회의 심의를 거쳐 대법원장이 퇴직을 명할 수 있다.
㉢ 대법관회의는 대법관 전원의 과반수 출석과 출석인원 과반수의 찬성으로 의결한다.
㉣ 법관에 대한 징계처분은 정직, 강등, 감봉, 견책의 4종류이다.
㉤ 대법원은 예산안 편성권을 가진다.
㉥ 형사재판에 피고인으로 출석하는 수형자에 대하여 사복착용을 불허하는 것은 공정한 재판을 받을 권리, 인격권, 행복추구권을 침해하므로 헌법에 합치되지 아니한다.
㉦ 민사재판에 당사자로 출석하는 수형자에 대하여 사복착용을 불허하는 것은 공정한 재판을 받을 권리, 인격권, 행복추구권을 침해하지 않는다.

① ㉠, ㉡, ㉢
② ㉡, ㉥, ㉦
③ ㉢, ㉣, ㉥
④ ㉣, ㉥, ㉦

12. 최근 헌법재판소에서 위헌 결정한 것은?

㉠ 혼인 종료 후 300일 이내에 출생한 자녀를 예외 없이 전남편의 친생자로 추정하는 것
㉡ 사립대 교원이 국회의원에 당선된 경우 임기개시일 전까지 그 직을 사직하도록 하는 규정
㉢ 고위공직자 범죄 수사처를 설치 운영하는 것
㉣ 성범죄등록대상자의 등록정보를 20년 동안 보존관리 하는 것
㉤ 2회 이상 음주운전 시 가중처벌하는 규정

① ㉠, ㉡, ㉢
② ㉠, ㉣, ㉤
③ ㉡, ㉣, ㉤
④ ㉢, ㉣, ㉤

13 인간다운 생활을 할 권리에 관한 기술 중에서 틀린 것은?

㉠ 헌법 제34조 제1항은 입법부와 행정부에 대하여 국민소득, 국가의 재정능력과 정책 등을 고려하여 가능한 범위 안에서 최대한으로 모든 국민이 물질적인 최저생활을 넘어서 인간의 존엄성에 맞는 건강하고 문화적인 생활을 누릴 수 있도록 하여야 한다는 행위의 지침, 즉 행위규범으로 작용한다.

㉡ 사인 간의 법률관계에서 계약갱신을 요구할 수 있는 권리 또한 인간다운 생활을 할 권리의 보호대상에 포함되므로, 상가 임대인으로 하여금 재건축사업 진행단계에 상관없이 갱신거절권을 행사할 수 있도록 한 규정은 상가 임차인의 인간다운 생활을 할 권리를 제한한다.

㉢ 국가가 인간다운 생활을 보장하기 위한 헌법적 의무를 다하였는지 여부가 사법심사의 대상이 된 경우에는, 국가가 생계보호에 관한 입법을 전혀 하지 아니하였다든가 그 내용이 현저히 불합리하여 헌법상 용인될 수 있는 재량의 범위를 명백히 일탈한 경우에 한하여 헌법에 위반된다.

㉣ 보건복지부장관이 2002년도 최저생계비를 고시함에 있어 장애로 인한 추가지출비용을 반영한 별도의 최저생계비를 결정하지 않은 채 가구별 인원수만을 기준으로 최저생계비를 결정한 것은 생활능력 없는 장애인가구 구성원의 인간다운 생활을 할 권리를 침해한다.

㉤ 독립유공자예우에 관한 법률 제8조가 독립유공자의 유족으로서 보상받을 권리가 유족등록을 신청한 날이 속하는 달부터 발생하도록 정한 것은, 독립유공자 등의 파악의 용이성, 국가의 재정 형편, 독립유공자의 유족 등의 상당수는 이미 다른 법률에 의해 보호받고 있던 점 등을 이유로 한 것으로서 자의적인 기준에 의한 것이 아니므로 헌법에 위반되지 않는다. 한편 '5·18 민주화운동 관련자 보상 등에 관한 법률'과 '독립유공자예우에 관한 법률'은 입법목적이나 적용대상이 다르고, 보상금의 성격도 다르므로, 두 법률의 적용을 받는 자들을 동일한 비교대상으로 볼 수는 없다.

① ㉠, ㉡
② ㉡, ㉢
③ ㉡, ㉣
④ ㉣, ㉤

14 감사원에 관한 기술 중에서 헌법재판소의 견해와 상이한 것은?

㉠ 지방자치단체의 사무와 그에 소속한 지방공무원의 직무는 감사원의 감찰사항에 포함되며, 감사원의 감찰권에는 공무원의 비위사실을 밝히기 위한 비위감찰권뿐 아니라 공무원의 근무평정·행정관리의 적부심사분석과 그 개선 등에 관한 행정감찰권까지 포함된다.

㉡ 「감사원법」을 살펴보면, 감사원의 직무감찰권의 범위에는 인사권자에 대하여 징계를 요구할 권한이 포함되고 지방자치단체의 사무의 성격이나 종류에 따른 감사기준의 구별을 찾아볼 수 없다.

㉢ 중앙정부와 지방자치단체는 서로 행정기능과 행정책임을 분담하면서 중앙행정의 효율성과 지방행정의 자주성을 조화시켜 국민과 주민의 복리증진이라는 공동목표를 추구하는 협력관계에 있으므로, 지방자치단체의 자치사무에 대한 감사원의 감사를 합법성 감사에 한정하지 않으면 그 목적의 정당성과 합리성을 인정할 수 없다.

② 감사원의 인사·조직 및 예산편성상 독립성의 존중, 감사위원의 임기 및 신분의 보장, 겸직 및 정치운동의 금지는 감사원의 직무상·기능상의 독립성과 중립성을 보장하기 위한 제도적 장치이다.
⑩ 사립대학 결산 시 독립한 공인회계사의 감사증명서 등을 첨부하도록 한 외부감사조항은 사학 운영의 자유를 침해한다고 볼 수 없다.

① 1항목
② 2항목
③ 3항목
④ 4항목

15 국회에 관한 기술 중에서 틀린 것은? (다툼시 판례에 따름)

㉠ 교섭단체에 속하는 의원의 경우와는 달리, 교섭단체에 속하지 아니하는 의원의 발언시간 및 발언자 수는 의장이 각 교섭단체대표의원과의 협의를 하여 정하고 직권으로 정할 수 없다.
㉡ 교섭단체에 한하여 정책연구위원을 배정하는 것이 교섭단체를 구성하지 못한 정당에 대한 불합리한 차별은 아니다.
㉢ 당론과 다른 견해를 가진 소속 국회의원을 당해 교섭단체의 필요에 따라 다른 상임위원회로 전임하는 조치는 정당 내부의 사실상 강제로서 특별한 사정이 없는 한 헌법상 용인될 수 있는 범위 내에 해당한다.
㉣ 무소속 의원은 물론 교섭단체를 구성하지 못한 여러 정당의 소속 의원들이 「국회법」상의 요건을 갖추어 하나의 교섭단체를 구성하는 것도 가능하다.
㉤ 25세 이상의 국민에게 국회의원 피선거권을 부여하고 있는 공직선거법 제16조 제2항, 25세 이상의 국민에게 지방의회의원 등 피선거권을 부여하고 있는 공직선거법 제16조 제3항은 피선거권, 공무담임권 등을 침해하지 않는다.

① ㉠, ㉡
② ㉡, ㉢
③ ㉢, ㉣, ㉤
④ 없음

16 선거에 관한 헌법재판소 판례 입장과 상이한 것은?

① 지역농협은 사법인에서 볼 수 없는 공법인적 특성을 많이 가지고 있으므로, 지역농협의 조합장선거에서 조합장을 선출하거나 조합장으로 선출될 권리, 조합장선거에서 선거운동을 하는 것도 헌법에 의하여 보호되는 선거권의 범위에 포함된다.
② 선거구 획정에 있어서 인구편차 상하 33⅓%, 인구비례 2 : 1의 기준을 넘어 인구편차를 완화하는 것은 지나친 투표가치의 불평등을 야기하는 것으로, 이는 대의민주주의의 관점에서 바람직하지 아니하고, 국회를 구성함에 있어 국회의원의 지역대표성이 고려되어야 한다고 할지라도 이것이 국민주권주의의 출발점인 투표가치의 평등보다 우선시 될 수는 없다.
③ 투표용지의 후보자 게재순위를 국회에서의 다수의석순에 의하여 정하도록 규정한 공직선거법 제150조 제3항 전단, 제5항 제1호 본문과 투표용지의 후보자 기호를 위 순위에 따라 "1, 2, 3" 등의 아라비아 숫자로 표시하도록 규정한 공직선거법 제150조 제2항 본문 전단에 대한 나머지 청구인들의 심판청구를 모두 기각한다.
④ 선거일 전 180일부터 선거일까지 선거에 영향을 미치게 하기 위한 간판·현판·현수막 설치 등의 설치를 금지하는 시설물설치금지조항은 정치적 표현의 자유 등을 침해한다.

17 최신 헌법재판소의 판례에 대한 기술 중에서 잘못된 것은?

① 외교부장관의 허가 없이 여행금지국가를 방문한 사람을 처벌하는 여권법(2014. 1. 21. 법률 제12274호로 개정된 것) 제26조 제3호가 헌법에 위반되지 않는다는 결정을 선고하였다.
② 사회복무요원에게 현역병의 봉급에 해당하는 보수를 지급하는 것은 평등권을 침해하지 않는다.
③ 중학교 역사 및 고등학교 한국사 과목의 교과용도서를 국정도서로 지정한 교육부장관 고시 등의 위헌확인을 구하는 사건에서, 역사교과서를 국정도서로 정한 교육부장관 고시는 시행되기도 전에 관련 고시가 재개정됨으로써 폐지되어 권리보호이익이 인정되지 아니하고 헌법적 해명의 필요성 등 예외적인 심판의 이익도 인정되지 아니하여 부적법하다.
④ 대한민국 국적을 갖고 있지 아니한 국외강제동원 희생자의 유족을 위로금 지급대상에서 제외하는 것은 현저히 자의적이거나 불합리한 것으로서 평등원칙에 위배된다.

18. 최근 헌법재판소에서 위헌 결정한 항목은?

㉠ 고소득 전문직 사업자에게 현금영수증 발급 의무를 부과하는 것
㉡ 부정청탁금지법상 배우자 위법 행위 시 신고의무규정
㉢ 행정소송법상 국가를 상대로 한 소송에는 가집행선고를 금지하는 것
㉣ 국회의원 재직기간이 1년 미만인 사람에 대하여 연로회원지원금을 지급하지 않도록 하는 규정
㉤ 인수자가 없는 시체를 생전의 본인의 의사와 무관하게 해부용 시체로 제공될 수 있도록 하는 규정
㉥ 학사학위를 취득한 자에 한하여 법학전문대학원의 입학자격을 부여하는 것

① ㉠, ㉡
② ㉡, ㉢
③ ㉢, ㉤
④ ㉤, ㉥

19. 재산권에 관한 다음 설명 중 가장 옳지 않은 것은? (다툼이 있는 경우 헌법재판소 결정에 의함)

① 영화관 관람객이 입장권 가액의 100분의 3을 부담하도록 하는 영화상영관 입장권 부과금 제도는, 영화라는 특정 산업의 진흥에 직접적 근접성 및 책임성과 효용성이 인정되는 집단은 영화산업의 종사자들임에도 불구하고 영화관 관람객에 대해 부과하는 것으로서, 재정조달목적 부담금의 헌법적 허용한계를 벗어나 영화관 관람객의 재산권을 침해하는 것이다.

② 개발사업자는 개발사업을 통해 이익을 얻었다는 점에서 개발사업 지역에서의 학교시설 확보라는 특별한 공익사업에 대해 밀접한 관련성을 가지고 있을 뿐만 아니라 이에 대해 일정한 부담을 져야 할 책임도 가지고 있는바, 개발사업자에 대한 학교용지부담금 부과는 평등원칙에 위배되지 아니하고, 개발사업자의 재산권을 과도하게 침해한다고 볼 수도 없다.

③ 공익사업을 수행하는 자는 동일한 토지소유자에 속하는 공단의 토지의 일부가 취득되거나 사용됨으로 인하여 잔여지의 가격이 감소하거나 그 밖의 손실이 있는 때에는 원칙적으로 국토교통부령으로 정하는 바에 따라 그 손실을 보상하여야 한다.

④ 개발제한구역 지정 당시의 상태대로 토지를 사용·수익·처분할 수 있는 이상, 구역지정에 따른 단순한 토지이용의 제한은 원칙적으로 재산권에 내재하는 사회적 제약의 범주를 넘지 않는다.

20 최근 개정된 공직선거법의 내용에 관한 기술 중에서 옳은 것(○)과 틀린 것(×)을 바르게 배열한 것은?

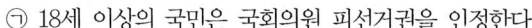

> ㉠ 18세 이상의 국민은 국회의원 피선거권을 인정한다.
> ㉡ 국회의원선거구획정위원회는 선거관리위원회에 두되, 직무에 관하여 독립의 지위를 가진다.
> ㉢ 국회의원선거구획정위원회는 중앙선거관리위원회위원장이 위촉하는 9명의 위원으로 구성하되, 위원장은 위원 중에서 호선한다.
> ㉣ 정당이 비례대표국회의원선거 및 비례대표지방의회의원선거에 후보자를 추천하는 때에는 그 후보자 중 100분의 50 이상을 여성으로 추천하되, 그 후보자명부의 순위의 매 홀수에는 여성을 추천하여야 한다.
> ㉤ 정당이 임기만료에 따른 지역구국회의원선거 및 지역구지방의회의원선거에 후보자를 추천하는 때에는 각각 전국지역구총수의 100분의 30 이상을 여성으로 추천하도록 노력하여야 한다.
> ㉥ 감염병 격리자등이 선거권을 행사할 수 있도록 격리자등에 한하여는 투표소를 오후 6시에 열고 오후 7시 30분에 닫는다.

① ○-○-○-○-○-○
② ○-×-○-○-○-○
③ ×-×-○-○-○-○
④ ×-○-○-○-○-×

제 03 회 동형모의고사

01 2014.12.19. 헌법재판소의 결정으로 해산된 통합진보당 사건과 정당제도에 관한 설명 중 옳은 것(○)과 틀린 것(×)을 바르게 나열한 것은? (다툼시 판례에 따름)

> ㉠ 정당해산심판절차에 민사소송에 관한 법령을 준용할 수 있도록 규정한 헌법재판소법 제40조 제1항은 정당설립과 활동의 자유 및 정당의 공정한 재판받을 권리를 침해하는 것이다.
> ㉡ 정당해산심판에서 가처분에 관한 근거 규정인 헌법재판소법 제57조 가처분 조항은 정당활동의 자유를 침해하는 것이다.
> ㉢ 외국인인 국립대 교수는 정당의 당원이 될 수 있다.
> ㉣ 통합진보당이 북한식 사회주의를 실현한다는 숨은 목적을 가지고 내란을 논의하는 회합을 개최하는 등 활동을 한 것은 헌법상 민주적 기본질서에 위배된다.
> ㉤ 위헌정당의 해산을 명하는 비상상황에서는 국회의원의 국민 대표성은 희생될 수밖에 없으므로 통합진보당 소속 국회의원의 의원직은 상실된다.

① ○-○-○-○-○
② ○-○-×-×-○
③ ×-×-○-○-○
④ ×-×-×-○-○

02 다음 중 공직선거법에 관한 기술 중에서 옳은 것으로만 묶은 것은?

㉠ 대통령 및 비례대표국회의원은 전국을 단위로 하여 선거한다.
㉡ 광주광역시 지방공단직원의 당내경선에서 경선운동을 금지하는 것은 표현자유를 침해하는 것이다.
㉢ 육군훈련소에서 군사교육을 받고 있었던 청구인 윤ㅇㅇ에 대하여 제19대 대통령선거 대담·토론회의 시청을 금지한 행위가 헌법에 위반된다.
㉣ 인터넷언론사는 선거운동기간 중 당해 홈페이지 게시판 등에 정당·후보자에 대한 지지·반대 등의 정보를 게시하는 경우 실명을 확인받는 기술적 조치를 하는 것은 위헌이다.
㉤ 18세 미만의 자는 선거운동을 할 수 없다.

① ㉠, ㉡, ㉢
② ㉡, ㉢, ㉣
③ ㉠, ㉡, ㉢, ㉣
④ ㉠, ㉡, ㉣, ㉤

03 문화국가원리에 관한 기술 중에서 옳은 것을 모두 고르면? (다툼시 판례에 따름)

㉠ 우리나라는 제헌헌법 이래 문화국가의 원리를 헌법의 기본원리로 채택해 왔으며, 이 원리의 구체적인 실현을 위해서는 국가가 어떤 문화현상도 특별히 선호하거나 우대하는 경향을 보이지 않는 불편부당의 원칙에 입각한 정책이 바람직하다.
㉡ 건설공사 과정에서 매장문화재 발굴로 인하여 문화재 훼손 위험을 야기한 건설공사 시행자에게 원칙적으로 발굴경비를 부담시키는 것은 재산권을 침해하는 것으로 헌법에 위반된다.
㉢ 문화국가원리의 특성은 문화의 개방성 내지 다원성의 표지와 연결되므로, 국가는 엘리트 문화를 제외한 서민문화·대중문화의 가치를 인정하고 정책적인 배려의 대상으로 하여야 한다.
㉣ 문화국가원리에서 도출되는 가족제도에 관한 전통·전통문화는 적어도 가족제도에 관한 헌법이념인 개인의 존엄과 양성의 평등에 반하는 것이어서는 안 된다.

① ㉠, ㉡
② ㉡, ㉢
③ ㉠, ㉣
④ ㉢, ㉣

04 헌법상 경제질서에 관한 기술 중에서 옳지 않은 것은? (다툼시 판례에 따름)

① 헌법 제119조 제2항의 사회적 시장경제질서 규정은 국가가 경제영역에서 실현하여야 할 목표의 하나로서 "적정한 소득의 분배"를 들고 있지만, 이로부터 반드시 소득에 대하여 누진세율에 따른 종합과세를 시행하여야 할 구체적인 헌법적 의무가 조세입법자에게 부과되는 것이라고 할 수 없다.

② 우리 헌법 제23조 제1항, 제119조 제1항에서 추구하고 있는 경제질서는 개인과 기업의 경제상의 자유와 창의를 최대한도로 존중·보장하는 자본주의에 바탕을 둔 시장경제질서이므로 국가적인 규제와 통제를 가하는 것도 보충의 원칙에 입각하여 어디까지나 자본주의 내지 시장경제질서의 기초라고 할 수 있는 사유재산제도와 아울러 경제행위에 대한 사적자치의 원칙이 존중되는 범위 내에서만 허용될 뿐이라 할 것이다.

③ 탁주의 공급구역제한제도에 의한 탁주제조업자와 다른 상품제조업자 간의 차별은 탁주의 특성 및 중소기업을 보호하고 지역경제를 육성한다는 헌법상의 경제목표를 고려한 합리적 차별로서 평등원칙에 위반되지 아니하고, 탁주의 공급구역제한제도로 인하여 부득이 다소간의 소비자선택권의 제한이 발생한다고 하더라도, 이를 두고 행복추구권에서 파생되는 소비자의 자기결정권을 정당한 이유 없이 제한하고 있다고 볼 수 없다.

④ 금융위원회가 시중은행을 상대로 가상통화거래를 위한 가상계좌의 신규제공을 중단하도록 한 조치는 공권력 행사에 해당한다.

05 지방자치제도에 관한 기술 중에서 옳은 것으로만 묶은 것은?

㉠ 일정구역에 한하여 당해 지역 내의 지방자치단체인 시·군을 모두 폐지하여 중층구조를 단층화하는 것은 입법자의 선택범위에 들어가는 것이다.

㉡ 국내거소신고인명부에 1세 이상 계속하여 올라 있는 국민으로서 해당 지방자치단체의 관할구역에 국내거소신고가 되어 있는 18세 이상의 국민과 「출입국관리법」 제10조에 따른 영주의 체류자격 취득일 후 3년이 경과한 18세 이상의 외국인으로서 해당 지방자치단체의 외국인등록대장에 올라 있는 사람도 그 구역에서 선거하는 지방자치단체의 의회의원 및 장의 선거권이 있다.

㉢ 우리 헌법은 법률이 정하는 바에 따른 '선거권'과 '공무담임권' 및 국가안위에 관한 중요정책과 헌법개정에 대한 '국민투표권'만을 헌법상의 참정권으로 보장하고 있다. 따라서 지방자치법 제13조의2에서 규정한 주민투표권은 그 성질상 위에서 본 선거권, 공무담임권, 국민투표권과는 다른 것이어서 이를 법률이 보장하는 참정권이라고 할 수 있을지언정 헌법이 보장하는 참정권이라고 할 수는 없다.

㉣ 자치단체의 폐지에 대한 이해관계자들의 참여, 즉 의견개진의 기회부여는 문제가 된 사항의 본질적 내용과 그 근거에 관하여 이해관계인에게 고지하고 그에 관한 의견의 진술기회를 부여함으로써 그 진술된 의견이 국회에 입법자료를 제공하는 기능에서 나아가, 입법자는 그 의견에 구속된다.

① ㉠, ㉡
② ㉠, ㉡, ㉢
③ ㉡, ㉢, ㉣
④ 없음

06 공무원에 관한 기술 중에서 옳지 않은 것은?

① 직업공무원제도를 확립하고자 하는 목적은 정권교체가 이루어지더라도 국가업무의 계속성이 보장되도록 하고 혼란을 방지하고자 하는 데 있다.
② 공직선거법 제9조의 '공무원'이란, 원칙적으로 국가와 지방자치단체의 모든 공무원, 즉 좁은 의미의 직업공무원은 물론이고, 적극적인 정치활동을 통하여 국가에 봉사하는 정치적 공무원을 포함한다. 다만, 국회의원과 지방의회의원은 정당의 대표자이자 선거운동의 주체로서의 지위로 말미암아 선거에서의 정치적 중립성이 요구될 수 없으므로, 공선법 제9조의 '공무원'에 해당하지 않는다.
③ 공무원이었던 자가 명예퇴직수당을 지급받은 후 재직 중 사유로 금고 이상의 형을 받은 경우에는 직무관련성이 없는 경우나 과실범 등의 경우를 모두 포함하여 명예퇴직수당을 필요적으로 환수토록 한 것은 그 명예퇴직공무원의 재산권을 침해하고, 합리적인 이유가 있는 차별이라 볼 수 없어 평등원칙에도 위반된다.
④ 공무원이 선거에서 특정정당 또는 특정일을 지지하기 위하여 타인에게 정당가입을 권유하는 행위를 하면 차별하는 것은 헌법에 위배되지 아니한다.

07 국제평화주의에 관한 기술 중에서 옳지 않은 것은?

① 국회는 상호원조 또는 안전보장에 관한 조약, 중요한 국제조직에 관한 조약, 우호통상항해조약, 주권의 제약에 관한 조약, 강화조약, 국가나 국민에게 중대한 재정적 부담을 지우는 조약 또는 입법사항에 관한 조약의 체결·비준에 대한 동의권을 가진다.
② 어업조약, 무역조약, 행정협정, 문화교류협정과 국가간의 단순한 행정협조적 또는 기술적 사항에 관한 내용으로 하는 조약을 체결·비준하는 경우에는 국회의 동의 없이 체결가능하다. 어업조약은 1980년 10월에 개정된 제5공화국 헌법의 국회동의사항규정에서 삭제한 바 있다.
③ 대통령이 국회의 동의 없이 조약을 체결·비준하였다 하더라도 국회의원들의 심의·표결권을 침해하는 것은 아니다.
④ 국회의 구성원인 국회의원은 국회의 조약에 대한 체결·비준 동의권의 침해를 주장하는 권한쟁의심판을 청구할 수 있다.

08. 법치주의에 관한 기술 중에서 옳은 것(○)과 틀린 것(×)을 바르게 나열한 것은? (다툼시 판례에 따름)

⊙ 오늘날 법률유보원칙은 단순히 행정작용이 법률에 근거를 두기만 하면 충분한 것이 아니라, 국가공동체와 그 구성원에게 기본적이고도 중요한 의미를 갖는 영역, 특히 국민의 기본권실현과 관련된 영역에 있어서는 국민의 대표자인 입법자가 그 본질적 사항에 대해서 스스로 결정하여야 한다는 요구까지 내포하고 있다.
ⓒ 의료기관 시설에서의 약국개설을 금지하는 입법을 하면서 1년의 유예기간을 두어 법 시행 후 1년 뒤에는 기존의 약국을 더 이상 운영할 수 없게 한 것은 신뢰보호원칙에 위반되지 않는다.
ⓒ 신법이 피적용자에게 유리한 경우에는 시혜적인 소급입법이 가능하지만 이를 입법자의 의무라고는 할 수 없고, 소급입법을 할 것인지의 여부는 입법재량의 문제로서 그 판단은 일차적으로 입법기관에 맡겨져 있다. 입법자는 입법목적, 사회실정, 법률의 개정이유나 경위 등을 참작하여 시혜적 소급입법을 할 것인가 여부를 결정할 수 있고, 그 판단은 존중되어야 하며, 그 결정이 합리적 재량의 범위를 벗어나 현저하게 불공정한 것이 아닌 한 헌법에 위반된다고 할 수 없다.
㉣ 임대주택의 분양전환가격 자율화 기준을 강화하는 법 개정을 하면서, 이 법 시행 당시 종전의 규정에 따라 분양전환계획서를 제출한 임대사업자에 대하여는 적용하지 않도록 한 것은 신뢰보호원칙에 위반되지 않는다.

① ○-○-○-○
② ○-○-×-×
③ ×-×-○-○
④ ×-×-×-×

09. 국적에 관한 기술 중에서 옳지 않은 것은?

① 대한민국의 국민이 아닌 자로서 대한민국의 국민인 부 또는 모에 의하여 인지(認知)된 자가 일정 요건을 모두 갖추면 법무부장관에게 신고함으로써 대한민국 국적을 취득할 수 있다.
② 복수 국적자가 병역준비역에 편입된 때부터 3개월이 지난 경우 병역의무 해소 전에는 대한민국 국적에서 이탈할 수 없는 것은 헌법에 위배된다.
③ 출생이나 그 밖에 국적법에 따라 대한민국 국적과 외국 국적을 함께 가지게 된 자는 대한민국의 법령 적용에서 대한민국 국민으로만 처우한다.
④ 법무부장관은 출생에 의하여 대한민국 국적을 취득한 복수국적자가 국가안보, 외교관계 및 국민경제 등에 있어서 대한민국의 국익에 반하는 행위를 하여 대한민국의 국적을 보유함이 현저히 부적합하다고 인정하는 경우에는 청문을 거쳐 대한민국 국적의 상실을 결정할 수 있다.

10 헌법개정에 관한 기술 중에서 옳은 것(○)과 틀린 것(×)을 바르게 배열한 것은?

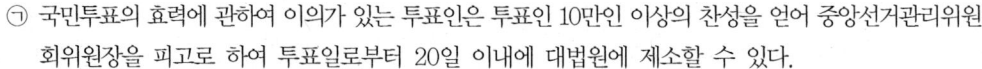

㉠ 국민투표의 효력에 관하여 이의가 있는 투표인은 투표인 10만인 이상의 찬성을 얻어 중앙선거관리위원회위원장을 피고로 하여 투표일로부터 20일 이내에 대법원에 제소할 수 있다.
㉡ 대법원은 국민투표무효소송에 있어서 국민투표에 관하여 국민투표법 또는 국민투표법에 의하여 발하는 명령에 위반하는 사실이 있는 경우라도 국민투표의 결과에 영향이 미쳤다고 인정하는 때에 한하여 국민투표의 전부 또는 일부의 무효를 판결한다.
㉢ 현행 헌법에서는 국민은 헌법개정발의를 할 수 없으나, 1954년 제2차 개헌에서는 50만명 이상이 서명시에는 헌법개정을 발의할 수 있었다. 그러나 국민의 헌법개정발의제도는 1962년 제5차 개헌에서 삭제되었다.
㉣ 헌법개정안에 대한 국회의결은 재적의원 3분의 2 이상의 찬성을 얻어야 한다. 헌법개정안의 의결정족수는 재적의원 3분의 2 이상의 찬성을 얻어야 한다는 점에서 대통령에 대한 탄핵소추의결, 국회의원의 자격심사, 국회의원에 대한 제명과 동일하다.
㉤ 개헌안이 국민투표에서 확정되면 대통령은 즉시 공포하여야 하며, 개헌안에 대해 거부권을 행사할 수 없다.

① ○-○-○-○-○
② ○-○-×-○-○
③ ×-×-×-○-○
④ ○-×-○-×-○

11. 북한에 관한 내용 중에서 틀린 것으로만 모두 묶은 것은? (다툼시 판례에 따름)

㉠ 헌법재판소는 북한을 대화와 협력의 동반자인 동시에 반국가단체라는 두 가지의 상반된 존재로 인식하고 있다.
㉡ 헌법재판소는 남북한이 UN에 동시가입하였다 하더라도 그것만으로 곧 다른 가맹국과의 관계에 있어서도 당연히 국가로 승인된 것은 아니라고 판시한 바 있다.
㉢ 헌법재판소는 국가보안법과 남북한교류협력에관한법률은 입법목적과 규제대상이 다르므로, 상호 모순되지 않는다고 보았다.
㉣ 우리나라 헌법이 "대한민국의 영토는 한반도와 그 부속도서로 한다."라는 영토조항을 두고 있는 이상 대한민국의 헌법은 북한지역을 포함한 한반도 전체에 그 효력이 미치고 따라서 북한지역은 당연히 대한민국의 영토가 되므로, 북한을 외국환거래법 소정의 '외국'으로, 북한의 주민 또는 법인 등을 '비거주자'로 인정하기는 어렵지만, 개별 법률의 적용 내지 준용에 있어서는 남북한의 특수관계적 성격을 고려하여 북한지역을 외국에 준하는 지역으로, 북한주민 등을 외국인에 준하는 지위에 있는 자로 규정할 수 있다.
㉤ 북한은 헌법 제3조의 영토조항에 근거하여 대한민국의 영토이지만, 북한의 의과대학은 헌법 제3조의 영토조항에도 불구하고 국내대학으로 인정될 수 없어, 북한의 의과대학을 졸업한 탈북의료인의 경우 의사면허시험 응시의 자격이 되는 국내대학 의학사 학위를 받은 자에 해당하지 아니한다.

① ㉠, ㉡, ㉢
② ㉡, ㉢, ㉣
③ ㉠, ㉡, ㉢, ㉣, ㉤
④ 없음

12. 선거와 관련된 기술 중에서 옳지 않은 것은? (다툼시 판례에 따름)

① 국회의원 지역선거구 획정시 최대선거구와 최소선거구의 인구편차율은 3 : 1을 초과해서는 아니되며, 또한 선거구 간 인구편차가 평등원칙을 위반하지 않으려면 평균인구수 기준 상하 50%의 편차범위 내에 있어야 한다는 것이 헌법재판소 판례의 태도이다.
② 자치구·시·군의회의원 선거구의 획정은 인구비례의 원칙과 의원의 지역대표성 및 인구의 도시집중으로 인한 도시와 농어촌간의 극심한 인구편차 등을 참작하여 결정하되, 해당 선거구의 의원 1인당 인구수를 그 선거구가 속한 자치구·시·군 의회의원 1인당 평균인구수와 비교하여 평균인구수로부터 상하 50%의 인구편차는 허용된다.
③ 전국 동시 지방선거의 운동과정에서 후보자들이 확성장치를 사용할 수 있도록 허용하면서도 그로 인한 소유규제 기준을 정하지 아니하는 것은 헌법에 위배된다.
④ 공직선거법 제53조 제1항 제4호에 의하여 그 직을 유지한 채 공직선거에 입후보할 수 없는 상근임원과 달리, 한국철도공사의 상근직원은 그 직을 유지한 채 공직선거에 입후보하여 자신을 위한 선거운동을 할 수 있다. 선거의 공정성과 형평성의 확보라는 입법목적에 비추어 볼 때, 한국철도공사의 상근직원에게 자신을 위한 선거운동이 허용됨에도 타인을 위한 선거운동이 전면적으로 금지되는 것은 과도한 제한이다.

13 기본권 주체에 관한 헌법재판소 판례내용으로 옳지 않은 것은?

① 인간의 권리로서 외국인에게도 주체성이 인정되는 일정한 기본권에 관하여 불법체류 여부에 따라 그 인정 여부가 달라지는 것은 아니다.
② 직장 선택의 자유는 인간의 존엄과 가치 및 행복추구권과도 밀접한 관련을 가지는 만큼 단순히 국민의 권리가 아닌 인간의 권리로 보아야 할 것이므로 외국인도 제한적으로라도 직장 선택의 자유를 향유할 수 있다고 보아야 한다.
③ 단체와 그 구성원을 서로 별개의 독립된 인격체로 인정하고 있는 현행의 우리나라 법제 아래에서는 헌법상 보장된 기본권을 직접 침해당한 사람만이 원칙적으로 헌법소원심판절차에 따라 권리구제를 청구할 수 있는 것이고, 단체의 구성원이 기본권을 침해당한 경우 단체가 구성원의 권리구제를 위하여 그를 대신하여 헌법소원심판을 청구하는 것은 원칙적으로 허용될 수 없다.
④ 등록취소된 정당이 사단으로서의 실질을 유지하더라도 정당법상의 등록요건을 구비하지 못하였기 때문에 헌법소원의 청구인능력이 인정되지 않는다.

14 다음 중 헌법재판소의 판례에 관한 내용으로 옳지 않은 것은?

① 성인대상 성범죄로 형을 선고받아 확정된 자는 그 형의 집행을 종료한 날부터 10년 동안 아동·청소년 관련 학원을 개설하거나 위 기관에 취업할 수 없도록 한 것은, 입법목적이 정당하고 적절한 수단이 될 수 있으므로 10년 동안 일률적인 취업제한을 부과하는 것은 침해의 최소성 원칙과 법익의 균형성 원칙에 위배되지 아니한다.
② 상습절도범과 상습장물취득범을 가중처벌한 특정범죄 가중처벌 등에 관한 법률조항들은 형법 조항과 똑같은 구성요건을 규정하면서 법정형만 상향 조정하여 형사특별법으로서 갖추어야 할 형벌 체계상의 정당성과 균형을 잃어 헌법에 위반된다.
③ 2018학년도 수능시험의 문항 수 기준 70%를 EBS 교재와 연계하여 출제한다는 2018학년도 대학수학능력시험 시행기본계획은 학생들의 자유로운 인격발현권을 침해하지 않는다.
④ 전동킥보드의 최고속도는 25km/h를 넘지 않아야 한다고 규정한 구 '안전확인대상생활용품의 안전기준' 부속서 32 제2부 5.3.2.는 소비자의 자기결정권 및 일반적 행동자유권을 침해하지 않는다는 이유로 심판청구를 기각하는 결정을 선고하였다.

15. 다음 중 헌법재판소에서 위헌 결정(헌법불합치 포함)한 것은 모두 몇 항목인가?

㉠ 경찰에 관한 직무를 행하는 자가 그 직무를 행하며 형사피의자에 대하여 폭행을 가한 때의 법정형을 폭행죄보다 무겁게 정한 것
㉡ 금고 이상의 실형을 선고받고 그 집행이 끝나거나 집행이 면제된 날로부터 3년이 지나지 아니한 사람은 행정사가 될 수 없도록 규정한 행정사법 조항
㉢ 공연히 사실을 적시하여 사람의 명예를 훼손한 경우 형사처벌을 하는 것
㉣ 친생부인의 소의 제척기간을 '친생부인의 사유가 있음을 안 날부터 2년 내'로 제한한 민법 조항
㉤ 금고 이상의 형의 선고유예를 받고 그 기간 중에 있는 자의 임용결격사유규정

① 1항목
② 2항목
③ 3항목
④ 없음

16. 신체의 자유에 관한 기술 중에서 옳지 않은 것은? (다툼시 판례에 따름)

① 법원에 의한 범죄인인도결정은 신체의 자유에 밀접하게 관련된 문제이므로 인도심사에 있어서 적법절차가 준수되어야 할 것이다. 그런데 범죄인인도심사를 단심제로 규정한 것이 적법절차의 원칙에 위배되는 지 여부에 관한 범죄인인도법 제3조 위헌소원에서 다투는 것은 단심제를 규정하고 불복을 허용하지 않는다는 점이므로, 이 사건 조항이 범죄인인도심사를 단심제로 하는 것이 적법절차에 어긋나는지가 쟁점이라고 할 것이다. 일반적으로 심급제도는 사법에 의한 권리보호에 관하여 한정된 법발견, 자원의 합리적인 분배의 문제인 동시에 재판의 적정과 신속이라는 서로 상반되는 두 가지의 요청을 어떻게 조화시키느냐의 문제이므로 기본적으로 입법자의 형성의 자유에 속하는 사항이다.
② 임의동행의 형식으로 수사기관에 연행된 피의자에게도 변호인 또는 변호인이 되려는 자와의 접견교통권은 당연히 인정된다고 보아야 하고, 임의동행의 형식으로 연행된 피내사자의 경우에도 이는 마찬가지이다.
③ 헌법 제12조 제4항 본문에 규정된 변호인의 조력을 받을 권리는 형사절차에서 피의자 또는 피고인의 방어권을 보장하기 위한 것으로서 출입국관리법상 보호 또는 강제퇴거의 절차에도 적용된다고 보기 어렵다.
④ 공주교도소장이 청구인을 경북북부제1교도소로 이송함에 있어서 4시간 정도에 걸쳐 포승과 수갑 2개를 채운 행위로 인하여 제한되는 신체의 자유 등에 비하여 도주 등의 교정사고를 예방함으로써 수형자를 이송함에 있어 안전과 질서를 보호할 수 있는 공익이 더 크다 할 것이므로 위 행위는 신체의 자유 및 인격권을 침해한 것으로 볼 수 없다.

17 사생활 비밀의 자유에 관한 기술 중에서 옳은 것으로만 묶은 것은? (다툼시 판례에 따름)

㉠ 변호사의 업무와 관련된 수임사건의 건수 및 수임액이 변호사의 내밀한 개인적 영역에 속하는 것이라고 보기 어렵고, 따라서 변호사의 수임사건의 건수 및 수임액을 보고하게 하는 것은 사생활의 비밀과 자유를 침해하는 것이라 할 수 없다.
㉡ 자신의 주민등록표를 열람하거나 그 등·초본을 교부받는 경우 소정의 수수료를 부과하고 있는 것은, 수수료 부과 자체의 정당성이 인정되고 소요되는 비용에 비하여 그 수수료 액수가 과다하다고 볼 수 없으므로 개인정보자기결정권, 재산권, 평등권을 침해하지 않는다.
㉢ 국민기초생활보장법상의 급여신청자에게 급여신청자의 수급자격 및 급여액의 정도를 파악하기 위하여 금융거래정보의 제출을 요구할 수 있도록 한 보장법시행규칙 조항은 급여신청자의 개인정보자기결정권을 침해하지 않는다.
㉣ 자살자의 성명이나 초상을 공개하는 것은 공익우선이론에 의하여 인정된다.

① ㉠, ㉡
② ㉡, ㉢
③ ㉠, ㉡, ㉢
④ ㉠, ㉡, ㉢, ㉣

18 다음 중 소관 상임위원회에서 인사청문을 행하는 후보자는 모두 몇 명인가?

㉠ 고위공직자범죄수사처장　　㉡ 국세청장
㉢ 검찰총장　　　　　　　　　㉣ 특별감찰관
㉤ 금융위원회 위원장　　　　　㉥ 한국은행총재
㉦ 감사원장

① 3명
② 5명
③ 6명
④ 7명

19. 다음 중 국정감사 대상기관으로만 묶은 것은?

㉠ 특별시·광역시·도(국가위임사무와 국가가 예산을 지원하는 사업)
㉡ 한국은행
㉢ 농업협동조합 중앙회
㉣ 수산업협동조합 중앙회
㉤ 시·군·자치구(본회의가 특히 필요하다고 의결한 경우)
㉥ 헌법재판소

① ㉠, ㉡, ㉢
② ㉡, ㉢, ㉣
③ ㉢, ㉣, ㉤, ㉥
④ 모든 항목

20. 헌법재판소의 판례에 관한 기술 중에서 틀린 것은?

① 후보자의 선거운동에서 독자적으로 후보자의 명함을 교부할 수 있는 주체를 후보자의 배우자와 직계존비속으로 제한한 공직선거법 제93조 제1항 제1호 중 제60조의3 제2항 제1호에 관한 부분은 선거운동의 자유와 평등권을 침해하지 않는다.
② 후보자의 배우자가 그와 함께 다니는 사람 중에서 지정한 1명도 명함교부를 할 수 있도록 한 공직선거법 제93조 제1항 제1호 중 제60조의3 제2항 제3호 가운데 '후보자의 배우자가 그와 함께 다니는 사람 중에서 지정한 1명' 부분은 배우자의 유무라는 우연적인 사정에 근거하여 합리적 이유 없이 배우자 없는 후보자와 배우자 있는 후보자를 차별 취급함으로써 배우자 없는 청구인의 평등권을 침해한다.
③ 통신의 비밀과 자유, 사생활의 비밀과 자유는 성질상 일신전속적인 것이 아니므로 승계되거나 상속될 수 있다.
④ 청원경찰의 사회적 책임 및 청원경찰직에 대한 국민의 신뢰를 제고하고, 청원경찰로서의 성실하고 공정한 직무수행을 담보할 수 있을 것이나, 청원경찰이 저지른 범죄의 종류나 내용을 불문하고 범죄행위로 금고 이상의 형의 선고유예를 받게 되면 당연히 퇴직되도록 규정하는 것은 그것이 달성하려는 공익의 비중에도 불구하고 청원경찰의 직업의 자유를 과도하게 제한하므로 법익의 균형성 원칙에 위배된다. 그러므로 청원경찰이 금고 이상의 형의 선고유예를 받은 경우 당연 퇴직되도록 규정한 것은 과잉금지원칙에 반하여 직업의 자유를 침해한다.

제 04 회 동형모의고사

01 탄핵소추에 관한 헌법재판소의 판례 내용 중에서 옳은 것으로만 묶은 것은?

㉠ 헌법재판소는 사법기관으로서 원칙적으로 탄핵소추기관인 국회의 탄핵소추의결서에 기재된 소추사유에 의하여 구속을 받는다. 따라서 헌법재판소는 탄핵소추의결서에 기재되지 아니한 소추사유를 판단의 대상으로 삼을 수 없다.
㉡ 탄핵소추의결서에서 그 위반을 주장하는 '법규정의 판단'에 관하여 헌법재판소는 원칙적으로 구속을 받지 않으므로, 청구인이 그 위반을 주장한 법규정 외에 다른 관련 법규정에 근거하여 탄핵의 원인이 된 사실관계를 판단할 수 있다.
㉢ 검사 이정섭 탄핵에 관련하여 소추사유 중에서 감염병 예방 위반 및 위장전입 부분은 직무집행과 관련된 것이 아니어서 탄핵사유가 될 수 없다.
㉣ 헌법은 탄핵사유를 "헌법이나 법률에 위배한 때"로 규정하고 있는데, '헌법'에는 명문의 헌법규정뿐만 아니라 헌법재판소의 결정에 의하여 형성되어 확립된 불문헌법도 포함된다. '법률'이란 단지 형식적 의미의 법률 및 그와 등등한 효력을 가지는 국제조약, 일반적으로 승인된 국제법규 등을 의미한다.
㉤ 국회의 탄핵소추절차는 국회와 대통령이라는 헌법기관 사이의 문제이고, 국회의 탄핵소추의결에 의하여 사인으로서의 대통령의 기본권이 침해되는 것이 아니라, 국가기관으로서의 대통령의 권한행사가 정지되는 것이다.
㉥ 2022. 10. 29. 서울 용산구 이태원동에서 발생한 다중밀집으로 인한 인명 피해사고와 관련하여 행정안전부장관의 재난 예방·재난 대응 및 사후 발언을 함에 있어서 헌법이나 법률을 위배했다는 이유로 국회가 탄핵심판 청구한 사안은 헌법재판소에서 기각 결정하였다.

① ㉠, ㉡, ㉢
② ㉠, ㉡, ㉢, ㉣, ㉤
③ ㉡, ㉢, ㉣, ㉤, ㉥
④ 모든 항목

02 국회의원의 면책특권에 관한 기술 중에서 옳은 것(○)과 틀린 것(×)을 바르게 나열한 것은? (다툼시 판례에 따름)

㉠ 국회의원의 발언이란 의제와 관계되는 의사표시를 말하는 것으로 토론·연설·질문·진술 등을 들 수 있다. 국회의원의 표결이란 의제에 관한 찬반의사표시를 말한다. 표결방법은 제한이 없고, 표결행위에서 기권하거나 퇴장하는 행위도 포함된다. 문서행위도 직무와 관련이 있는 경우에는 포함된다.
㉡ 국회의원의 면책특권은 국회 외에서 책임지지 아니함을 말한다. 그러나 국회 내에서의 징계책임은 부과가능하다는 것이 통설적인 견해이다. 면책특권은 책임면제의 성격을 가지는 것으로 형법상의 명예훼손죄 등으로 소추받지 아니하는 것을 의미한다.
㉢ 면책특권을 인정하더라도 정치적 책임, 소속정당에 의한 징계처분이나 국회에서 국회법에 따라 징계하는 것은 가능하다. 국회 내에서 행한 발언을 다시 원외에서 발표하거나 출판하는 것은 면책되지 아니한다.
㉣ 발언내용이 허위라는 점을 인식하지 못하였더라도 발언내용에 다소 근거가 부족하거나 진위여부를 확인하기 위한 조사를 제대로 하지 않았다면 직무수행의 일환으로 이루어진 것이라도 이는 면책특권의 대상이 되지 아니한다.

① ○-○-○-○
② ○-○-×-×
③ ○-○-○-×
④ ×-×-○-○

03 국회에 관한 기술 중에서 옳지 않은 것은? (다툼시 판례에 따름)

① 국회의원의 보유주식과 직무 사이의 이해충돌을 방지하기 위하여 국회의원 및 그 이해관계인이 직무관련성이 인정되는 주식을 보유하고 있는 경우 당해 국회의원으로 하여금 그 보유주식을 매각 또는 독립된 지위에 있는 수탁자에게 백지신탁하도록 강제하는 것은 국회의원의 재산권과 평등권을 침해하지 않고, 연좌제 금지원칙에 위배되는 것도 아니다.
② 국회의원은 그 직무 외에 영리를 목적으로 하는 업무에 종사할 수 없다. 다만, 국회의원 본인 소유의 토지·건물 등의 재산을 활용한 임대업 등 영리업무를 하는 경우로서 국회의원의 직무수행에 지장이 없는 경우에는 그러하지 아니하다.
③ 국회의원이 당선 전부터 본인 소유의 토지·건물 등의 재산을 활용한 임대업 등 영리업무를 하는 경우로서 국회의원의 직무수행에 지장이 없는 영리업무에 종사하고 있는 경우에는 임기개시 후 1개월 이내에, 임기 중에 위의 영리업무에 종사하는 경우에는 지체 없이 이를 국회의장에게 서면으로 신고하여야 한다.
④ 국회의원은 국회의장으로부터 종사하고 있는 영리업무가 국회의원으로서 종사가능한 영리업무에 해당하지 아니한다는 통보를 받은 때에는 지체 없이 그 영리업무를 휴업 또는 폐업하여야 한다.

04 사면권 행사에 관한 기술 중에서 옳지 않은 것은? (다툼시 판례에 따름)

① 여러 개의 형이 병과된 사람에 대하여 그 병과형 중 일부의 집행을 면제하거나 그에 대한 형의 선고의 효력을 상실케 하는 특별사면이 있은 경우, 그 특별사면의 효력이 병과된 나머지 형에까지 미치는 것은 아니므로, 징역형의 집행유예와 벌금형이 병과된 신청인에 대하여 징역형의 집행유예의 효력을 상실케 하는 내용의 특별사면이 그 벌금형의 선고의 효력까지 상실케 하는 것은 아니다.
② 특별사면으로 형 선고의 효력이 상실된 유죄의 확정판결도 재심청구의 대상이 될 수 있다.
③ 형사소송법 제326조 제2호 소정의 면소판결의 사유인 사면이 있을 때란 일반사면이 있을 때를 말한다.
④ 특별사면이란 특정한 형의 선고를 받은 범죄자에 대하여 그 형의 집행을 면제하는 것을 말한다. 특별사면은 국회의 동의 없이 가능하며, 법무부장관 산하의 사면심사위원회와 국무회의의 심의를 거친 후 대통령이 행한다. 특별사면은 대통령이 단지 자신의 권한으로써 명할 수 있지만, 일반사면은 국회의 동의를 얻어야 할 뿐만 아니라 법무부장관의 부령의 형식으로만 가능하다.

05 대통령 자문기관에 관한 설명으로 옳지 않은 것은?

① 헌법 제127조 제1항에 "국가는 과학기술의 혁신과 정보 및 인력의 개발을 통하여 국민경제발전에 노력하여야 한다. 대통령은 이를 달성하기 위하여 필요한 자문기구를 둘 수 있다."라고 규정하고 있으므로, 국가과학기술자문회의는 헌법상 자문기구에 해당한다.
② 헌법 제91조 제1항에 의하여 국가안전보장에 관련되는 대외정책·군사정책과 국내정책의 수립에 관하여 국무회의의 심의에 앞서 대통령의 자문에 응하기 위하여 국가안전보장회의를 둔다.
③ 국가안전보장회의는 일종의 국무회의 전심기관으로, 대통령은 관계부처의 장을 출석케 하여 의견을 진술하게 할 수 있다. 국가안전보장회의는 필수적 자문기구로, 의장은 대통령이며 의장이 회의를 소집하고 주재한다.
④ 헌법 제93조에 의해 국민경제의 발전을 위한 중요정책의 수립에 관하여 대통령의 자문에 응하기 위하여 국민경제자문회의를 둘 수 있다. 국민경제자문회의의 조직·직무범위 기타 필요한 사항은 법률로 정한다. 관련법인 국민경제자문회의법을 1999년 제정하였다.

06 국무총리에 관한 기술 중에서 옳은 것(○)과 옳지 않은 것(×)을 바르게 나열한 것은? (다툼시 판례에 따름)

> ㉠ 국무총리는 국회재적의원 과반수의 출석과 출석의원 과반수의 찬성을 얻어서 대통령이 임명하며, 국무총리는 인사청문특별위원회의 인사청문회를 거쳐 국회 본회의의 동의를 얻어 대통령이 임명한다. 헌법 제86조 제3항에서는 "군인은 현역을 면한 후가 아니면 국무총리에 임명될 수 없다."라고 하여 문민주의 원칙을 규정하고 있는데 이는 군국주의를 예방하기 위함이다.
> ㉡ 국무총리의 헌법상 지위와 관련하여 헌법재판소는 대통령의 보좌기관으로서의 지위를 강조하고 있다.
> ㉢ 국무총리제를 최초로 규정한 것은 제헌헌법이며 현행 헌법과 달리, 제헌헌법에서 국무총리는 국회의 승인을 얻어서 대통령이 임명하였다.
> ㉣ 국무총리가 사고로 직무를 수행할 수 없는 경우에는 부총리가 그 직무를 대행하고, 국무총리와 부총리가 모두 사고로 직무를 수행할 수 없는 경우에는 대통령의 지명이 있으면 그 지명을 받은 국무위원이, 지명이 없는 경우에는 정부조직법에 규정된 순서에 따른 국무위원이 그 직무를 대행한다.

① ○-○-○-○
② ○-○-○-×
③ ×-×-○-○
④ ×-×-○-×

07 감사원에 관한 기술 중에서 옳지 않은 것은?

① 감사원은 감사원법 규정에 의해서 감사원장을 포함하여 5인 이상 11인 이하의 감사위원으로 구성되며, 현재 감사위원의 수는 7인으로 구성되어 있다.
② 감사원장은 국회의 동의를 얻어 대통령이 임명하고, 감사위원은 감사원장의 제청으로 대통령이 임명한다. 감사원장과 감사위원의 임기는 4년이고, 1차에 한하여 중임할 수 있다.
③ 감사원장의 직무대행은 감사위원으로 최장기간 재직한 감사위원이 직무를 대행한다. 다만, 재직기간이 동일한 감사위원이 2인 이상일 때에는 연장자가 그 직무를 대행한다.
④ 감사위원은 탄핵·금고 이상의 형의 선고를 받은 경우 및 장기의 심신쇠약으로 직무를 수행할 수 없게 된 때를 제외하고는 그 의사에 반하여 면직되지 아니한다.

08 군사법원에 관한 기술 중에서 옳지 않은 것은? (다툼시 판례에 따름)

① 군사법원에 관할관을 두고 군검찰관에 대한 임명, 지휘, 감독권을 가지고 있는 관할관이 심판관의 임명권 및 재판관의 지정권을 가지며 심판관은 일반장교 중에서 임명할 수 있도록 규정하였다고 하여 바로 그 자체가 군사법원의 헌법적 한계를 일탈하여 사법권의 독립과 재판의 독립을 침해하고 죄형법정주의에 반하거나 인간의 존엄과 가치, 행복추구권, 평등권, 신체의 자유, 정당한 재판을 받을 권리 및 정신적 자유를 본질적으로 침해하는 것이라고 할 수 없다.
② 군판사는 군판사인사위원회의 심의를 거치고 군사법원운영위원회의 동의를 받아 국방부장관이 임명한다.
③ 군판사의 소속은 국방부로 한다.
④ 군사법원은 헌법 제110조에 규정된 헌법상 유일한 예외법원으로서 특별법원이다. 우리나라 헌법은 법관의 자격이 없는 자가 재판을 담당하는 특별법원의 설치를 예정하고 있다. 군사법원의 재판관은 군판사와 심판관으로 구성되며, 재판관 및 주심군판사는 관할관이 임명한다. 군사법원의 조직은 보통군사법원과 고등군사법원으로 조직되며 최종심은 고등법원이다.

09 사법부에 관한 기술 중에서 옳지 않은 것으로만 묶은 것은? (다툼시 판례에 따름)

㉠ 법관인사의 독립이란 일반법관은 인사위원회심의를 거친 후에 대법관회의의 동의를 얻어서 대법원장이 임명하는 것으로, 법관인사의 자율성을 보장하는 것을 말한다. 대법원장은 국회의 동의를 얻어서 대통령이 임명하고, 대법관은 대법원장의 제청에 의해서 국회의 동의를 얻어 대통령이 임명한다. 이것은 민주적 정당성을 확보하기 위한 것이라 할 수 있다.
㉡ 법관의 자격은 법률로 정한다. 법관의 자격은 법원조직법 규정에 의해서 일반법관은 사법시험에 합격하여 사법연수원의 소정과정을 마친 자나 변호사의 자격이 있는 자를 임용한다. 대법원장과 대법관은 20년 이상 판사·검사·변호사, 변호사의 자격이 있는 자로서 국가기관·지방자치단체·공공기관·그 밖의 법인에서 법률에 관한 사무에 종사한 자, 변호사의 자격이 있는 자로서 공인된 대학의 법률학 조교수 이상의 직에 있던 자로서 45세 이상의 사람 중에서 임용한다.
㉢ 법관은 법원조직법이 정하는 직을 겸직할 수 없고 정치운동에 관여하거나 영리활동에 종사할 수 없다. 법관의 영리활동을 금지하는 대신에, 법관의 보수는 직무와 품위에 상응할 수 있도록 법률로 정하도록 하고 있다.
㉣ 대법원의 판례가 법률해석의 일반적인 기준을 제시한 경우에 유사한 사건을 재판하는 하급법원의 법관은 판례의 견해를 존중하여 재판하여야 하는 것이나, 판례가 사안이 서로 다른 사건을 재판하는 하급법원을 직접 기속하는 효력이 있는 것은 아니다.
㉤ 대법원장과 대법관의 정년은 동일하나 판사의 정년은 상이하다.

① ㉠, ㉡
② ㉠, ㉡, ㉢
③ ㉢, ㉣, ㉤
④ 없음

10 명령·규칙심사권에 관한 기술 중에서 옳지 않은 것은? (다툼시 판례에 따름)

① 명령·규칙 또는 처분이 헌법이나 법률에 위반되는 여부가 재판의 전제가 된 경우에는 대법원은 이를 최종적으로 심사할 권한을 가진다.
② 명령·규칙심사의 대상은 명령과 규칙이다. 명령이란 법규명령을 의미하며 위임명령·집행명령의 여부, 대통령·총리령·부령인지의 여부는 불문한다. 규칙이란 국가기관에 의하여 정립되고 규칙이라는 명칭을 가진 법규범으로서 국회제정규칙, 헌법재판소규칙, 대법원규칙, 지방자치단체의 조례와 규칙, 중앙선거관리위원회규칙 중 국민에 대하여 일반적 구속력을 가지는 법규명령으로서의 규칙을 말한다. 대외적 구속력을 가짐이 없이 기관 내규로서의 성질을 가지는 행정규칙은 원칙적으로 심사대상에서 제외된다. 다만, 최근의 판례에 따라 예외적으로 행정규칙이 법규로서의 성질을 가질 때에는 심사대상이 될 수 있다고 할 것이다.
③ 법원의 명령·규칙심사에는 명령·규칙이 적법한 제정 및 공포절차에 따라 성립한 것인 지에 관한 형식적 심사와 명령·규칙의 내용이 상위규범에 위반하는지에 관한 실질적 심사가 모두 포함된다. 실질적 심사의 효력의 심사는 합헌성과 합법성의 심사 및 합목적성의 심사를 포함한다.
④ 명령이나 규칙이 헌법이나 법률에 위반된다고 인정한 경우에 법원은 그 명령 또는 규칙을 당해 사건에 적용하는 것을 거부할 수 있을 뿐, 그 무효를 선언할 수는 없다. 법원의 본래의 임무는 구체적 사건의 심판이지, 명령·규칙의 효력을 심사하는 것은 아니기 때문이다. 다만, 행정소송법 제6조에 따라 명령·규칙의 적용을 금지하므로 사실상 무효선언을 하는 것과 같은 효과가 나타난다.

11 다음 보기 중에서 정년이 70세인 자로만 묶은 것은?

㉠ 일반법관 ㉡ 대법관
㉢ 대법원장 ㉣ 헌법재판소장
㉤ 헌법재판소 재판관

① ㉠, ㉡, ㉢
② ㉡, ㉢, ㉣
③ ㉡, ㉢, ㉣, ㉤
④ 모든 항목

12. 헌법재판소의 재판절차에 관한 기술 중에서 옳은 것(○)과 옳지 않은 것(×)을 바르게 나열한 것은?

㉠ 헌법재판소는 헌법소원심판을 청구하려는 자가 변호사를 대리인으로 선임할 자력(資力)이 없는 경우에는 신청에 따라 변호사 중에서 국선대리인을 선정하나, 그 심판청구가 명백히 부적법하거나 이유 없는 경우 또는 권리의 남용이라고 인정되는 경우에는 국선대리인을 선정하지 아니할 수 있다.

㉡ 헌법재판소장이 궐위되거나 부득이한 사유로 직무를 수행할 수 없을 때에는 다른 재판관이 헌법재판소규칙으로 정하는 순서에 따라 그 권한을 대행한다.

㉢ 각종 심판절차에서 당사자인 사인(私人)은 변호사를 대리인으로 선임하지 아니하면 심판청구를 하거나 심판 수행을 하지 못한다. 다만, 그가 변호사의 자격이 있는 경우에는 그러하지 아니하다.

㉣ 헌법재판소는 정당해산심판의 청구를 받은 때에는 직권 또는 청구인의 신청에 의하여 종국결정의 선고 시까지 피청구인의 활동을 정지하는 결정을 할 수 있다.

㉤ 헌법재판소가 권한쟁의심판의 청구를 받았을 때에는 직권 또는 청구인의 신청에 의하여 종국결정의 선고 시까지 심판 대상이 된 피청구인의 처분의 효력을 정지하는 결정을 할 수 있다.

㉥ 헌법재판소장은 헌법재판소에 재판관 3명으로 구성되는 지정재판부를 두어 헌법소원심판의 사전심사를 담당하게 할 수 있다.

① ○-○-○-○-○-○
② ○-○-○-○-○-×
③ ×-×-○-○-○-○
④ ×-×-○-○-×-×

13. 법률의 위헌결정의 효력에 관한 기술 중에서 옳지 않은 것은? (다툼시 판례에 따름)

① 위헌결정의 소급효 인정여부에 관한 학설 중 폐지무효설은 위헌결정된 법률은 헌법재판소의 결정으로 비로소 그 효력을 상실한다는 입장이다. 위헌결정된 법률에 소급효을 인정하면 법적 안정성을 해할 우려가 있으므로, 위헌결정은 창설적이고 장래효만을 가진다는 것이다.

② 위헌결정의 소급효 인정여부에 관한 학설 중 소급무효설은 위헌결정된 법률은 당연히 무효여서 처음부터 법률이 존재하지 않는 것이므로, 소급하여 무효가 된다는 입장이다. 법적 안정성보다는 법적 정의를 중시한다. 따라서 위헌결정은 확인적 의미를 가진다.

③ 위헌으로 결정된 형벌에 관한 법률 또는 법률의 조항에 근거한 유죄의 확정판결에 대하여는 재심을 청구할 수 있다.

④ 형벌에 관한 법률이 위헌결정을 받은 경우 그 효력이 소급하여 적용되며, 그것이 불처벌의 특례를 규정하고 있는 경우에도 마찬가지로 적용된다.

14 권한쟁의심판에 관한 기술 중에서 옳지 않은 것은? (다툼시 판례에 따름)

① 국회 상임위원회 위원장이 위원회 전체회의 개의 직전부터 회의가 종료될 때까지 회의장 출입문을 폐쇄하여 회의의 주체인 소수당 소속 상임위원회 위원들의 출입을 봉쇄한 상태에서 상임위원회 전체회의를 개의하여 안건을 상정한 행위 및 소위원회로 안건심사를 회부한 행위는 회의에 참석하지 못한 소수당 소속 상임위원회 위원들의 조약비준동의안에 대한 심의권을 침해한 것이지만, 위 안건 상정·소위원회 회부행위가 무효인 것은 아니다.
② 중앙선거관리위원회 외에 각급 구·시·군 선거관리위원회도 헌법에 의하여 설치된 기관으로서 헌법과 법률에 의하여 독자적인 권한을 부여받은 기관에 해당하고, 따라서 강남구선거관리위원회도 권한쟁의심판의 당사자 능력이 인정된다.
③ 국회부의장은 국회의장의 직무를 대리하여 법률안을 가결선포할 수 있을뿐, 법률안 가결선포행위에 따른 법적 책임을 지는 주체가 될 수 없으므로, 법률안 심의·표결권 침해여부에 관한 권한쟁의심판에서 국회부의장은 피청구인 적격이 인정되지 않는다.
④ 국회의 구성원인 국회의원은 국회의 조약에 대한 체결·비준 동의권의 침해를 주장하는 권한쟁의심판을 청구할 수 있다.

15 정당에 관한 헌법규정으로 옳지 않은 것은?

① 정당의 목적이나 조직이 민주적 기본질서에 위배될 때에는 정부는 헌법재판소에 그 해산을 제소할 수 있고, 정당은 헌법재판소의 심판에 의하여 해산된다.
② 정당의 설립은 자유이며, 복수정당제는 보장된다.
③ 정당은 그 목적·조직과 활동이 민주적이어야 하며, 국민의 정치적 의사형성에 참여하는데 필요한 조직을 가져야 한다.
④ 정당은 법률이 정하는 바에 의하여 국가의 보호를 받으며, 국가는 법률이 정하는 바에 의하여 정당운영에 필요한 자금을 보조할 수 있다.

16 선거에 관한 헌법재판소 및 대법원 판례내용으로 옳은 것(○)과 틀린 것(×)을 바르게 나열한 것은?

㉠ 당선되거나 되게 하거나 되지 못하게 할 목적으로 공연히 사실을 적시하여 후보자 등을 비방한 자를 처벌하는 공직선거법 규정 중, '후보자가 되고자 하는 자'에 대한 비방행위를 처벌하는 것은 죄형법정주의의 명확성원칙에 위배되지 않고, 선거운동의 자유나 정치적 표현의 자유를 침해하지 않는다.
㉡ 비례대표지방의회의원에 궐원이 생긴 때에 비례대표지방의회의원후보자명부에 의한 승계원칙의 예외를 규정한 공직선거법 제200조 제2항 단서 중 '비례대표지방의회의원 당선인이 제264조(당선인의 선거범죄로 인한 당선무효)의 규정에 의하여 당선이 무효로 된 때' 부분은 대의제 민주주의 원리 및 자기책임의 원리에 부합하지 않는 것으로서 궐원된 의원이 소속한 정당의 비례대표지방의회의원후보자명부상의 차순위후보자의 공무담임권을 침해하여 헌법에 위반된다.
㉢ 지방자치단체장 선거권 역시 다른 선거권과 마찬가지로 헌법 제24조에 의해서 보호되는 헌법상 권리이다.
㉣ 국회의원 비례대표 후보자 명단을 확정하기 위한 당내 경선은 정당의 대표자나 대의원을 선출하는 절차와 달리 국회의원 당선으로 연결될 수 있는 중요한 절차로서 직접투표의 원칙이 그러한 경선절차의 민주성을 확보하기 위한 최소한의 기준이 된다고 할 수 있는 점 등 제반 사정을 종합할 때, 당내 경선에도 직접·평등·비밀투표 등 일반적인 선거원칙이 그대로 적용된다.
㉤ 재외선거인의 임기만료지역구국회의원선거권을 인정하지 않은 것은 선거권을 침해하거나 보통선거원칙에 위배된다고 볼 수 없다.

① ○-○-○-○-○ ② ○-○-○-×-×
③ ×-×-○-○-○ ④ ×-○-○-×-×

17 다음 중 형법 제241조(간통죄) 위헌소원결정(헌재 2015.2.26, 2009헌바17)에서 헌법재판소의 판례입장이 아닌 것은?

① 형법상 간통죄 조항은 선량한 성풍속 및 일부일처제에 기초한 혼인제도를 보호하고 부부간 정조의무를 지키게 하기 위한 것으로서, 헌법상 사생활의 비밀과 자유의 보호영역에 포함되어 있다고 보기는 어렵다.
② 형법상 간통죄 조항이 행위자의 유형 및 구체적 행위태양 등에 따른 개별성과 특수성을 고려할 가능성을 아예 배제한 채 일률적으로 모든 간통행위자 및 상간자를 형사처벌하도록 규정한 것은 형벌 본래의 목적과 기능을 달성함에 있어 필요한 정도를 일탈하여 개인의 성적 자기결정권을 과도하게 제한하는 국가형벌권의 과잉행사로서 헌법에 위반된다.
③ 배우자 있는 사람의 간통은 일부일처주의에 대한 중대한 위협이자 배우자와 가족구성원의 유기 등 심각한 사회문제를 야기하기 때문에 간통 및 상간행위가 내밀한 사생활의 영역에 속하는 것이라고 해도 법적 규제의 필요성이 인정된다. 그러나 배우자의 종용이나 유서가 있는 경우 간통죄로 고소할 수 없는데, 소극적 소추조건인 종용이나 유서의 개념이 명확하지 않아 수범자인 국민이 국가 공권력 행사의 범위와 한계를 확실하게 예측할 수 없다. 따라서 형법상 간통죄 조항은 명확성 원칙에 위배된다.
④ 간통 및 상간행위에는 행위의 태양에 따라 죄질이 현저하게 다른 수많은 경우가 존재함에도 심판대상조항이 간통 및 상간행위에 대하여 선택의 여지 없이 반드시 징역형으로만 응징하도록 한 것은 구체적 사안의 개별성과 특수성을 고려할 수 있는 가능성을 배제 또는 제한하여 책임과 형벌간 비례의 원칙에 위배되어 헌법에 위반된다.

18 다음 중 헌법재판소가 위헌 결정한 것을 모두 고르면?

> ㉠ '전투용에 공하는 시설'을 손괴한 일반 국민이 군사법원에서 재판받도록 규정한 것
> ㉡ 양심적 병역거부자에 대한 대체복무제를 규정하지 아니한 병역종류조항은 과잉금지원칙에 위배하여 양심적 병역거부자의 양심의 자유를 침해한다.
> ㉢ 임대차존속기간을 20년으로 제한한 민법규정
> ㉣ 공무원연금법상의 유족연금수급권자에서 형제자매를 제외한 것
> ㉤ 민간기업이 도시계획시설사업의 시행을 위하여 수용권을 행사할 수 있도록 한 것
> ㉥ 미결수용자에 대한 금치기간 중 집필제한조항

① ㉠, ㉡, ㉢
② ㉡, ㉢, ㉣
③ ㉢, ㉣, ㉤
④ ㉣, ㉤, ㉥

19. 다음 중 헌법재판소가 합헌 결정한 것을 모두 고르면?

㉠ 사회복무요원이 선거운동한 경우 공무원으로 규정하여 처벌하는 것
㉡ 변호사시험 합격자의 6개월 실무수습 기간 중 수임을 금지한 것
㉢ 4인 이하 사업장은 부당해고제한규정을 적용하지 않는 것
㉣ 공무원의 징계 사유가 공금의 횡령인 경우 공금 횡령액의 5배 내의 징계부가금을 부과하도록 한 것
㉤ 개인이 고용한 종업원 등이 일정한 범죄행위를 저지른 경우 곧바로 그를 고용한 영업주 개인도 종업원 등과 똑같이 처벌하도록 규정한 구 정신보건법 조항
㉥ 주택재개발 정비사업조합의 임원을 형법상 뇌물죄의 적용에 있어 공무원으로 의제하는 것

① ㉠, ㉡, ㉢, ㉣
② ㉠, ㉡, ㉢, ㉤
③ ㉠, ㉡, ㉢, ㉣, ㉥
④ 모든 항목

20. 주민소환에 관한 기술 중에서 옳지 않은 것은?

① 19세 이상의 외국인으로서 「출입국관리법」 제10조의 규정에 따른 영주의 체류자격 취득일 후 3년이 경과한 자 중 당해 지방자치단체 관할구역의 외국인등록대장에 등재된 자는 주민소환투표권이 있다.
② 선출직 지방공직자의 임기개시일부터 1년이 경과하지 아니한 때에는 주민소환투표의 실시를 청구할 수 없다.
③ 주민소환은 주민소환투표권자 총수의 3분의 1 이상의 투표와 유효투표 총수 3분의 2 이상의 찬성으로 확정된다.
④ 전체 주민소환투표자의 수가 주민소환투표권자 총수의 3분의 1에 미달하는 때에는 개표를 하지 아니한다.

제 05 회 동형모의고사

01 공직선거에 관한 현행 법률 및 헌법재판소 판례에 관한 내용으로 옳은 것은 모두 몇 항목인가?

> ㉠ 중앙선거관리위원회와 시·도선거 관리위원회는 선거에 관한 여론조사의 객관성, 신뢰성을 확보하기 위하여 선거여론조사 심의위원회를 각각 설치·운영하여야 한다.
> ㉡ 1년 이상의 징역 또는 금고의 형의 선고를 받고 그 집행이 종료되지 아니하거나 그 집행을 받지 아니하기로 확정되지 아니한 사람은 선거권을 불인정한다.
> ㉢ 재외선거인에게 국회의원 재·보궐선거의 선거권을 인정하지 않은 것은 재외선거인의 보통선거원칙에 위배되지 않는다.
> ㉣ 거소투표자와 선상투표자를 제외한 선거인은 누구든지 사전투표기간 중에 사전투표소에 가서 투표할 수 있으며, 사전투표를 하려는 선거인은 사전투표소에서 신분증명서를 제시하여 본인임을 확인받은 다음 전자적 방식으로 손도장을 찍거나 서명한 후 투표용지를 받아야 한다.
> ㉤ 공직선거법상 대통령령으로 정하는 언론인의 선거운동을 금지하는 것은 포괄위임금지원칙을 위반하는 것이다.

① 1항목 ② 2항목
③ 3항목 ④ 모두 옳음

02 다음 헌법재판소 판례내용 중 옳은 것(○)과 옳지 않은 것(×)을 바르게 배열한 것은?

㉠ 집회 및 시위에 관한법률의 사전신고는 경찰관청 등 행정관청으로 하여금 집회의 순조로운 개최와 공공의 안전보호를 위하여 필요한 준비를 할 수 있는 시간적 여유를 주기 위한 것으로서, 협력의무로서의 신고이다. 집회시위법 전체의 규정 체제에서 보면 집회시위법은 일정한 신고절차만 밟으면 일반적·원칙적으로 옥외집회 및 시위를 할 수 있도록 보장하고 있으므로, 집회에 대한 사전신고제도는 헌법 제21조 제2항의 사전허가금지에 위배되지 않는다.

㉡ '학원의 설립·운영 및 과외교습에 관한 법률'을 위반하여 벌금형을 선고받은 경우 등록의 효력을 잃도록 규정하고 있는 것은 직업선택의 자유를 침해하는 것이다.

㉢ 특별시장·광역시장·특별자치시장·도지사·특별자치도지사(이하 '광역자치단체장'이라 한다) 선거의 예비후보자를 후원회지정권자에서 제외하고(이하 '광역자치단체장선거의 예비후보자에 관한 부분'이라 한다), 자치구의 지역구의회의원(이하 '자치구의회의원'이라 한다) 선거의 예비후보자를 후원회지정권자에서 제외하고 있는(이하 '자치구의회의원선거의 예비후보자에 관한 부분'이라 한다) 정치자금법 조항에 관한 심판청구사건에서, 광역자치단체장선거의 예비후보자에 관한 부분은 청구인들 평등권을 침해하여 헌법에 위반되지만, 2021.12.31.을 시한으로 입법자가 개정할 때까지 이를 계속 적용한다는 결정을 선고하였다.

㉣ 범죄자에게 형벌의 내용으로 선거권을 제한하는 경우에도 선거권 제한 여부 및 적용범위의 타당성에 관하여 보통선거원칙에 입각한 선거권 보장과 그 제한의 관점에서 헌법 제37조 제2항에 따라 엄격한 비례심사를 해야 하며, 한편 집행유예자와 수형자의 선거권을 제한하는 법 조항은 선거권을 침해하고 헌법 제41조 제1항 및 제67조 제1항이 규정한 보통선거원칙에 위반하여 집행유예자와 수형자를 차별취급하는 것이므로 평등의 원칙에도 어긋난다.

㉤ 국회의원선거에 참여하여 의석을 얻지 못하고 유효투표총수의 100분의 2 이상을 득표하지 못한 정당에 대해 그 등록을 취소하도록 한 정당법 제44조 제1항 제3호는 정당설립의 자유를 침해하는 것이 아니지만, 등록취소된 정당의 명칭과 동일한 명칭을 일정 기간 정당의 명칭으로 사용할 수 없도록 한 정당법 제41조 제4항 중 제44조 제1항 제3호는 정당설립의 자유를 침해하는 것이다.

① ○－○－○－○－○
② ○－○－○－○－×
③ ×－×－○－○－○
④ ×－×－○－○－×

03 다음 중 개정 국회법에 관한 내용으로 옳은 것은 모두 몇 항목인가?

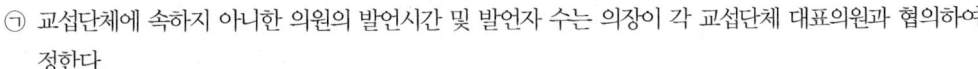

㉠ 교섭단체에 속하지 아니한 의원의 발언시간 및 발언자 수는 의장이 각 교섭단체 대표의원과 협의하여 정한다.
㉡ 소위원회는 폐회 중에도 활동할 수 있으며 그 의결로 의안 심사와 직접 관련된 보고 또는 서류 및 해당 기관이 보유한 사진·영상물의 제출을 정부·행정기관 등에 요구할 수 있고, 증인·감정인·참고인의 출석을 요구할 수 있다. 이 경우 그 요구는 위원장의 명의로 한다.
㉢ 상임위원회의 인사청문대상자로서 특별감찰관 후보자가 추가되었다.
㉣ 서류로 한정되어 있는 국회자료요구 대상에 해당 기관이 보유하고 있는 사진이나 영상물이 포함되었다.
㉤ 2015.3.19.부터 위원회는 안건이 예산상의 조치를 수반하는 경우에는 정부의 의견을 들어야 하며, 필요하다고 인정하는 경우에는 의안의 시행에 수반될 것으로 예상되는 비용에 관하여 국회예산정책처의 의견을 들을 수 있다.

① 1항목
② 2항목
③ 3항목
④ 모두 옳음

04 다음 헌법재판소의 판례에 관한 내용 중 옳은 것(○)과 옳지 않은 것(×)을 바르게 배열한 것은?

㉠ 주거침입강제추행죄 및 주거침입준강제추행죄에 대하여 무기징역 또는 7년 이상의 징역에 처하도록 하는 성폭력범죄의 처벌등에 관한 규정은 비례성 원칙에 위배된다.
㉡ 지방의회 사무직원을 그 지방자치단체의 장이 임명하도록 규정하고 있는 지방자치법 제91조 제1항은 지방자치단체 내 지방의회와 지방자치단체의 장 사이의 상호견제와 균형의 원리를 침해한다거나 지방자치제도의 본질적 내용을 침해한다고 볼 수 없다.
㉢ 대학교수에게 대학총장 후보자 선출에 참여할 권리가 있고, 이 권리는 대학의 자치의 본질적인 내용에 포함되므로 헌법상의 기본권으로 인정될 수 있으나, 단과대학장 선출에 참여할 권리는 헌법상 보장되는 대학의 자율에 포함된다고 볼 수 없다.
㉣ 유사군복을 판매목적으로 소지하는 행위에 대하여 형사처벌 하는 것은 과잉금지원칙에 위배되지 아니한다.

① ○-○-○-○
② ○-○-×-×
③ ×-×-○-○
④ ×-×-○-×

05 다음 헌법재판소의 판례에 관한 내용 중 옳지 않은 것은?

① 해가 뜨기 전이나 해가 진 후에는 시위를 하여서는 아니된다고 규정한 조문과 이에 위반하여 시위에 참가한 자를 처벌하는 부분은 각 '해가 진 후부터 같은 날 24시까지의 시위'에 적용하는 한 헌법에 위반된다.
② 이해관계인의 검사를 상대로 한 친생자관계부존재확인의 소는 당사자가 사망한 사실을 안 날로부터 2년 내에 제기하여야 한다고 정한 것은 인간의 존엄과 가치, 행복추구권, 재판청구권을 침해한다거나 혼인과 가족생활에 관한 기본권을 제한하여 헌법에 위반된다고 볼 수 없다.
③ 국회, 법원, 헌법재판소, 선거관리위원회, 행정부 등 소속 공무원에 대하여 금지하여야 할 정치행위의 내용을 개별적으로 구체화할 필요성이 있고, 그 내용을 일일이 법률로 규정하는 것은 입법기술상 매우 곤란하므로 그 위임의 필요성이 인정되며, 그 내용 또한 충분히 예상할 수 있으므로, 공무원의 정치행위 규제조항은 포괄위임금지원칙에 위배되지 않는다.
④ 세금계산서 교부의무위반 등의 금액이 총 매출액의 100분의 10 이상인 때 주류판매업면허를 취소하도록 규정한 구 주세법 조문은 직업선택의 자유를 침해하는 것이다.

06 국적에 관한 기술 중에서 옳은 것으로만 묶은 것은?

㉠ 병역을 기피할 목적으로 대한민국 국적을 상실하였거나 이탈하였던 자는 국적회복을 허가하지 아니한다.
㉡ 대한민국 국적을 상실한 자는 국적을 상실한 때부터 대한민국의 국민만이 누릴 수 있는 권리 중 대한민국의 국민이었을 때 취득한 것으로서 양도할 수 있는 것은 그 권리와 관련된 법령에서 따로 정한 바가 없으면 3년 내에 대한민국의 국민에게 양도하여야 한다.
㉢ 복수국적자로서 외국 국적을 선택하려는 자는 외국에 주소가 있는 경우에만 주소지 관할 재외공관의 장을 거쳐 법무부장관에게 대한민국 국적을 이탈한다는 뜻을 신고할 수 있다. 다만, 제12조 제2항 본문 또는 같은 조 제3항에 해당하는 자는 그 기간 이내에 또는 해당 사유가 발생한 때부터만 신고할 수 있다. 국적 이탈의 신고를 한 자는 법무부장관이 신고를 수리한 때에 대한민국 국적을 상실한다.
㉣ 직계존속이 외국에서 영주할 목적 없이 체류한 상태에서 출생한 자는 병역의무의 이행과 관련하여 현역·상근예비역 또는 보충역으로 복무를 마치거나 마친 것으로 보게 되는 경우, 전시근로역에 편입된 경우, 병역면제처분을 받은 경우의 어느 하나에 해당하는 경우에만 국적이탈신고를 할 수 있다.
㉤ 일반귀화의 경우 5년 이상 계속하여 대한민국에 거소가 있을 것, 대한민국의 민법상 성년일 것, 품행이 단정할 것, 자신의 자산이나 기능에 의하거나 생계를 같이하는 가족에 의존하여 생계를 유지할 능력이 있을 것, 국어능력과 대한민국의 풍습에 대한 이해 등 대한민국 국민으로서의 기본 소양을 갖추고 있을 것의 요건을 갖추어야 한다.

① ㉠, ㉡, ㉢　　　　　② ㉠, ㉡, ㉢, ㉣
③ ㉡, ㉢, ㉣　　　　　④ ㉡, ㉢, ㉣, ㉤

07 영토규정에 관한 기술 중에서 옳은 것은 모두 몇 항목인가? (다툼시 판례에 따름)

㉠ 헌법상 영토조항은 제헌헌법에서 규정되어 현행헌법까지 계속적으로 규정되어 왔다.
㉡ 헌법 제3조의 법리상 이 지역에서는 대한민국의 주권과 부딪치는 어떠한 국가단체도 인정할 수가 없는 것이므로 비록 북한이 국제사회에서 하나의 주권국가로 존속하고 있고, 우리 정부가 북한 당국자의 명칭을 쓰면서 정상회담 등을 제의하였다 하여 북한이 대한민국의 영토고권을 침해하는 반국가단체가 아니라고 단정할 수 없다.
㉢ 국가보안법과 남북교류협력에관한법률은 상호 그 입법목적과 규제대상을 달리하고 있으며 따라서 구 국가보안법 제6조 제1항 소정의 잠입·탈출죄와 남북교류협력에관한법률 제27조 제2항 제1호 소정의 죄는 각기 그 구성요건을 달리하고 있는 것이므로 위 두 법률조항에 관하여 형법 제1조 제2항이 적용될 수 없다.
㉣ 소위 남북합의서는 남북관계를 "나라와 나라 사이의 관계가 아닌 통일을 지향하는 과정에서 잠정적으로 형성되는 특수관계"임을 전제로 하여 이루어진 합의문서인바, 이는 한민족공동체 내부의 특수관계를 바탕으로 한 당국 간의 합의로서 남북당국의 성의 있는 이행을 상호 약속하는 일종의 공동성명 또는 신사협정에 준하는 성격을 가짐에 불과하다.
㉤ 우리 헌법에 외교통상부(현행 외교부)장관 또는 대한민국 정부가 현재 중국의 영토인 간도 지역을 회복하여야 할 작위의무가 특별히 규정되어 있다거나 헌법 해석상 그러한 작위의무가 도출된다고 보기 어려울 뿐만 아니라, 중국에 대해 간도협약이 무효임을 주장하여야 하는 어떠한 법적인 의무가 있다고도 볼 수 없다.
㉥ 헌법 제3조의 영토조항은 우리나라의 공간적인 존립기반을 선언하는 것인바, 영토변경은 우리나라의 공간적인 존립기반에 변동을 가져오고, 또한 국가의 법질서에도 변화를 가져옴으로써, 필연적으로 국민의 주관적 기본권에도 영향을 미치지 않을 수 없는 것이다.

① 2항목
② 3항목
③ 4항목
④ 모두 옳음

08 다음 중 헌법재판소의 판례내용으로 옳은 것(○)과 옳지 않은 것(×)을 바르게 배열한 것은?

㉠ 초·중등학교의 교육공무원이 정치단체의 결성에 관여하거나 이에 가입하는 행위를 금지한 국가공무원법 제65조 제1항 중 '국가공무원법 제2조 제2항 제2호의 교육공무원 가운데 초·중등교육법 제19조 제1항의 교원은 그 밖의 정치단체의 결성에 관여하거나 이에 가입할 수 없다.' 부분은 헌법에 위반된다는 결정을 선고하였다.
㉡ 학교폭력가해학생에 대하여 수개조치를 병과하고, 출석정지기간의 상한을 두지 않는 것은 학습자유 침해가 아니다.
㉢ 국토해양부(현행 국토교통부)장관이 2011.5.13. 언론을 통해 발표한 '한국토지주택공사 이전방안'은 한국토지주택공사와 각 광역시·도, 관련 행정부처 사이의 의견 조율 과정에서 행정청으로서 내부 의사를 밝힌 행정계획안에 불과하므로 국민의 권리의무 또는 법적지위에 어떠한 변동을 가져온다고 할 수 없어 헌법재판소법 제68조 제1항의 공권력의 행사에 해당하지 않는다.
㉣ 강제퇴거명령을 받은 사람을 즉시 대한민국 밖으로 송환할 수 없으면 송환할 수 있을 때까지 보호시설에 보호할 수 있도록 규정한 것은, 과잉금지원칙에 위배되어 신체의 자유를 침해하지 않으며 적법절차원칙에도 위반되지 않는다.
㉤ 법무부장관의 2013.4.26.자 "2014년 제3회 변호사시험 합격자는 원칙적으로 입학정원 대비 75%(1,500명) 이상 합격시키는 것으로 한다."라는 공표는 헌법소원의 대상이 되는 공권력 행사에 해당하지 않는다.
㉥ 경찰관이 언론사 기자들의 취재 요청에 응하여 피의자가 경찰서 내에서 양손에 수갑을 찬 채 조사받는 모습을 촬영할 수 있도록 허용한 행위는, 피의자를 식별할 수 없는 형태로 방송되어 개인 정보가 유출되지 않았으며, 피의사실을 널리 알려 범죄를 예방할 필요성이 컸기 때문에 과잉금지원칙에 위반되지 아니한다.

① ○-○-○-○-○-○
② ○-○-○-○-○-×
③ ×-×-○-○-○-○
④ ×-×-○-○-×-×

09 다음 중 헌법재판소 판례 내용으로 옳은 것은 모두 몇 항목인가?

㉠ 도로 등 영조물 주변 50m 범위 내에서는 관할관청의 허가 또는 소유자 등의 승낙이 없으면 광물을 채굴할 수 없도록 정하면서 보상의무를 따로 규정하지 않고 있는 것은, 비례의 원칙에 위배되어 광업권자가 수인하여야 하는 사회적 제약의 범주를 넘어서 광업권을 제한하는 것이므로 광업권자의 재산권을 침해하는 것이다.

㉡ 박근혜 정부의 최순실 등 민간인에 의한 국정농단의혹사건규명을 위한 특별검사의 임명 등에 관한 법률에 근거하여 특별검사 임명에 관한 것은 헌법에 위배 되지 아니한다.

㉢ 후보자가 되고자 하는 자의 기부행위를 제한하는 것은 명확성원칙 및 포괄위임입법금지원칙에 위배되지 않으며, 행복추구권, 일반적 행동자유권, 선거운동의 자유를 침해한다고 볼 수 없다.

㉣ 종로구청입구 사거리에서 살수차를 이용하여 물줄기가 일직선 형태로 청구인 백○○에게 도달되도록 살수한 행위는 청구인 백○○의 생명권 및 집회의 자유를 침해한 것으로서 헌법에 위반됨을 확인하는 결정을 선고하였다.

㉤ 헌법 제8조 제2항 및 헌법 제8조 제4항은 정당의 자유에 대한 한계를 정하고 있으므로, 정당활동의 자유 역시 헌법 제37조 제2항의 일반적 법률유보의 대상이 되고, 헌법재판소법 제57조 가처분조항은 이에 근거하여 정당활동의 자유를 제한하는 법률조항이다.

㉥ 국회법상 정보위원회 회의를 공개하지 아니하는 것은 국민의 알 권리를 침해하는 것이다.

① 2항목　　　　　　　　　　② 3항목
③ 4항목　　　　　　　　　　④ 5항목

10 표현의 자유와 관련된 헌법재판소의 판례내용으로 옳지 않은 것은 모두 몇 항목인가?

㉠ '법관이 그 품위를 손상하거나 법원의 위신을 실추시킨 경우'를 징계사유로 하고 있는 법률규정은 '품위 손상', '위신 실추'라는 불명확한 개념을 전제로 하여 법관의 표현의 자유를 제한하는 것으로서, 위 개념의 모호성과 포괄성으로 인해 제한되지 않아야 할 표현까지 다 함께 제한하여 법관의 사법부 내부 혁신 등을 위한 표현행위를 위축시키므로 과잉금지원칙에 위배된다.
㉡ 인터넷게시판을 설치·운영하는 정보통신서비스 제공자에게 본인확인조치의무를 부과하여 게시판 이용자로 하여금 본인확인절차를 거쳐야만 게시판을 이용할 수 있도록 하는 법령조항은 과잉금지원칙에 위배하여 인터넷게시판 이용자의 표현의 자유 및 인터넷게시판을 운영하는 정보통신서비스 제공자의 언론의 자유를 침해한다.
㉢ 정보통신망을 통하여 일반에게 공개된 정보로 말미암아 사생활 침해나 명예훼손 등 타인의 권리가 침해된 경우, 그 침해를 받은 자가 삭제요청을 하면 정보통신서비스 제공자는 권리의 침해 여부를 판단하기 어렵거나 이해당사자 간에 다툼이 예상되는 경우에는 30일 이내에서 해당 정보에 대한 접근을 임시적으로 차단하는 조치를 하도록 하는 법률조항은 과잉금지원칙에 위배되지 않는다.
㉣ 공무원은 집단·연명으로 또는 단체의 명의를 사용하여 국가의 정책을 반대해서는 아니된다는 국가공무원 복무규정은 그러한 행위의 정치성이나 공정성 등을 불문하는 점, 그 적용대상이 되는 공무원의 범위가 제한적이지 않고 지나치게 광범위한 점, 그 행위가 근무시간 내에 행해지는지 근무시간 외에 행해지는지 여부를 불문하는 점에서 침해의 최소성 원칙에 위배되어, 공무원의 정치적 표현의 자유를 침해한다.

① 1항목 ② 2항목
③ 3항목 ④ 4항목

11. 대법원 판례와 헌법재판소 판례 내용으로 옳은 것은 모두 몇 항목인가?

㉠ 대법원의 판례에 따르면, 한정위헌결정에 의하여 법률이나 법률조항이 폐지되는 것이 아니라 그 문언이 전혀 달라지지 않은 채 그대로 존속하고 있는 것이므로 이는 법률 또는 법률조항의 의미, 내용과 그 적용범위를 정하는 법률해석이라 할 수 있으며, 헌법재판소의 견해를 일응 표명한 것에 불과하여 법원에 전속되어 있는 법령의 해석·적용 권한에 대하여 어떠한 영향을 미치거나 기속력을 가질 수 없다.

㉡ 임원과 과점주주에게 연대책임을 부과하는 구 상호신용금고법 제37조의3이 부실경영에 책임이 없는 임원과 과점주주에 대해서까지 책임을 묻는 것으로 해석될 경우에는 위헌이다. 하지만 동 조항을 단순위헌으로 선언할 경우 임원과 과점주주가 금고의 채무에 대하여 단지 상법상의 책임만을 지는 결과가 발생하고 이로써 예금주인 금고의 채권자의 이익이 충분히 보호될 수 없기 때문에 헌법재판소는 합헌적 법률해석에 따라 '부실경영의 책임이 없는 임원'과 '금고의 경영에 영향력을 행사하여 부실의 결과를 초래한 자 이외의 과점주주'에 대해서도 연대채무를 부담하게 하는 범위 내에서 헌법에 위반된다고 한정위헌결정을 내렸다.

㉢ 구 군인사법 제48조 제4항 후단의 '무죄의 선고를 받은 때'의 의미와 관련하여, 형식상 무죄판결뿐만 아니라 공소기각재판을 받았다 하더라도 그와 같은 공소기각의 사유가 없었더라면 무죄가 선고될 현저한 사유가 있는 이른바 내용상 무죄재판의 경우도 이에 포함된다고 해석하는 것은 법률의 문의적 한계를 벗어난 것으로서 합헌적 법률해석에 부합하지 아니한다.

㉣ 압수물에 대한 소유권포기가 있다면, 사법경찰관이 법에서 정한 압수물폐기의 요건과 상관없이 임의로 압수물을 폐기하였어도, 이것이 적법절차원칙을 위반한 것은 아니다.

① 1항목
② 2항목
③ 3항목
④ 4항목

12. 국회법에 관한 설명 중 옳은 것은?

① 국회의장은 원내 각 위원회에 출석하여 발언할 수 있으며, 표결에도 참여할 수 있다.
② 국회의장이 심신상실 등 부득이한 사유로 의사표시를 할 수 없게 되어 직무대리자를 지정할 수 없는 때에는 부의장들 중 연장자의 순으로 의장의 직무를 대행한다.
③ 위원회는 중요한 안건 또는 전문지식을 요하는 안건을 심사하기 위하여 그 의결 또는 재적위원 3분의 1 이상의 요구로 공청회를 열고 이해관계자 또는 학식·경험이 있는 자 등으로부터 의견을 들을 수 있다.
④ 연석회의는 위원회 간 협의에 의하여 열리는 위원회로서 의사표시뿐만 아니라 표결도 할 수 있다.

13 국무위원과 국무회의에 관한 설명 중 적절한 것으로 묶인 것은? (다툼이 있는 경우 판례에 의함)

㉠ 국무회의는 대통령·국무총리와 15인 이상 30인 이하의 국무위원으로 구성한다.
㉡ 행정각부 간의 권한의 획정, 행정각부의 장 및 검찰총장·대사의 임명, 국정처리상황의 평가·분석, 정부에 제출 또는 회부된 정부의 정책에 관계되는 청원의 심사 등은 국무회의 심의사항에 해당하나, 외국대사의 신임장 수리, 국무총리 임명 등은 심의대상이 아니다.
㉢ 대통령이 국회에 국군해외파병동의안을 제출하기 전에 대통령을 보좌하기 위하여 파병 정책을 심의, 의결한 국무회의의 의결은 국가기관의 내부적 의사결정행위에 불과하여 그 자체로 국민에 대하여 직접적인 법률효과를 발생시키는 행위가 아니라는 것이 헌법재판소의 입장이다.
㉣ 국무회의는 국무회의 의장이 소집하나, 국무위원도 국무회의 소집을 요구할 수 있다.
㉤ 국무회의의 심의사항에 관하여 헌법 제89조는 정부의 권한에 속하는 중요정책으로서 제1호에서 제16호까지 열거한 사항만을 대상으로 하도록 규정하여 소위 한정적 열거주의를 취하고 있다.

① ㉠, ㉡, ㉢
② ㉠, ㉡, ㉣
③ ㉠, ㉢, ㉣
④ ㉢, ㉣, ㉤

14 헌법의 기본원리에 관한 설명 중 옳은 것은 모두 몇 항목인가? (다툼시 판례에 따름)

㉠ 헌법의 기본원리는 헌법의 이념적 기초인 동시에 헌법을 지배하는 지도원리로서 입법이나 정책결정의 방향을 제시하며 공무원을 비롯한 모든 국민·국가기관이 헌법을 존중하고 수호하도록 하는 지침이 되며, 구체적 기본권을 도출하는 근거로 될 수는 없으나 기본권의 해석 및 기본권제한입법의 합헌성 심사에 있어 해석기준의 하나로서 작용한다.
㉡ 우리 헌법의 전문과 본문에 담겨 있는 최고이념은 국민주권주의와 자유민주주의에 입각한 입헌민주헌법의 본질적 기본원리에 기초하며, 이는 헌법전을 비롯한 모든 법령해석의 기준이 되고, 입법형성권 행사의 한계와 정책결정의 방향을 제시한다.
㉢ 부진정소급입법은 원칙적으로 허용되는 것이기 때문에 위헌여부 심사에 있어서 진정소급입법과 달리 공익과 비교형량하여 판단할 필요가 없다는 것이 헌법재판소의 입장이다.
㉣ 자기책임의 원리는 민사법이나 형사법에 국한된 원리라기보다는 근대법의 기본이념으로서 법치주의에 당연히 내재하는 원리이다.
㉤ 민주적 기본질서를 부정하는 정당이라도 헌법재판소가 그 위헌성을 확인하여 해산결정을 할 때까지는 '정당의 자유'의 보호를 받는 정당에 해당한다.

① 2항목
② 3항목
③ 4항목
④ 5항목

15 다음 헌법재판소의 판례내용 중 옳은 것(○)과 옳지 않은 것(×)을 바르게 나열한 것은?

㉠ 이륜자동차 운전자의 고속도로 등의 통행을 금지하는 법률 규정은 일부 이륜자동차 운전자들의 변칙적인 운전형태를 이유로 전체 이륜자동차 운전자들의 고속도로 등 통행을 전면적으로 금지하고 있으므로 제한의 범위나 정도 면에서 지나친 점, 세계 경제협력개발기구(OECD) 국가들과 비교해 보아도 우리나라만이 유일하게 이륜자동차의 고속도로 통행을 전면적으로 금지하고 있는 점, 고속도로 등에서 안전거리와 제한속도를 지켜서 운행할 경우 별다른 위험요소 없이 운행할 수 있는 점에서 일반 자동차 운전자와 비교할 때 이륜자동차 운전자의 평등권을 침해한다.

㉡ 일정한 교육을 거쳐 시·도지사로부터 자격 인정을 받은 자만이 안마시술소 등을 개설할 수 있도록 한 법률규정은 비시각장애인이 직접 안마사 자격 인정을 받아 안마를 하는 것을 금지하는 것은 수인하더라도 안마시술소를 개설조차 할 수 없도록 한 것으로서, 안마시술소 등을 개설하고자 하는 비시각장애인을 시각장애인과 달리 취급함으로써 비시각장애인의 평등권을 침해한다.

㉢ 병역법 시행규칙 제11조 제1호에서 국외여행 허가 대상을 30세 이하로 정하고 있는 점에 비추어, 제1국민역의 경우 특별한 사정이 없는 한 27세까지만 단기 국외여행을 허용하는 병역의무자 국외여행 업무처리 규정(병무청 훈령)은 체계정당성에 위배되며, 위헌적인 차별이 존재한다.

㉣ 변호사가 법률사건이나 법률사무에 관한 변호인선임서 또는 위임장 등을 공공기관에 제출할 때에는 사전에 소속 지방변호사회를 경유하도록 하는 법률규정은 법무사·변리사·공인노무사·공인회계사와 변호사는 모두 전문직 종사자임에도 불구하고, 변호사에게만 선임서 등의 소속 지방변호사회 경유의무를 부과하는 것으로서 합리적 이유 없이 변호사를 차별하고 있어 변호사의 평등권을 침해한다.

㉤ 법률이 재판의 전제가 되는 요건을 갖추고 있는지의 여부는 제청법원의 견해를 존중하는 것이 원칙이나, 재판의 전제와 관련된 법률적 견해가 명백히 유지될 수 없는 것으로 보이면 헌법재판소가 직권으로 조사할 수도 있다.

① ○-○-×-×-×
② ○-○-○-×-×
③ ×-×-×-○-○
④ ×-×-×-×-○

16 다음 중 헌법재판소 판례내용과 일치하는 것은 모두 몇 항목인가?

㉠ 헌법상 진술거부권의 보호대상이 되는 '진술'이란 개인의 생각이나 지식, 경험사실을 정신작용의 일환인 언어를 통하여 표출하는 것을 의미하고, 정당의 회계책임자가 불법 정치자금의 수수 내역을 회계장부에 기재한 행위는 당사자가 자신의 경험을 말로 표출한 것의 등가물로 평가될 수 있으므로 진술거부권의 보호대상이 되는 '진술'의 범위에 포함된다.
㉡ 옥외집회의 신고는 수리를 요하지 아니하는 정보제공적 신고이므로, 경찰서장이 이미 접수된 옥외집회 신고서를 반려하는 행위는 공권력의 행사에 해당하지 아니한다.
㉢ 「폭력행위 등 처벌에 관한 법률」 제3조 제1항에서는 '다중의 위력으로써' 주거침입의 범죄를 범한 자를 형사처벌하고 있는데, 이 사건 규정의 '다중'이 몇 명의 사람을 의미하는지 그 기준을 일률적으로 말할 수 없으므로, 죄형법정주의의 명확성원칙에 위반된다.
㉣ 특별검사의 출석요구에 정당한 사유 없이 응하지 아니한 참고인에게 지정한 장소까지 동행할 것을 명령할 수 있도록 하고, 그 동행명령을 정당한 사유 없이 거부한 자를 1천만원 이하의 벌금에 처하도록 규정하고 있는 조항(동행명령조항)은 참고인의 신체를 직접적·물리적으로 강제하여 동행시키는 것이 아니라, 형벌을 수단으로 하여 일정한 행동을 심리적·간접적으로 강제한다. 따라서 위 조항은 신체의 자유를 제한하는 것이 아니라 일반적 행동의 자유를 제한하는 것이다.
㉤ '장애인활동지원 급여비용 등에 관한 고시'상 활동보조기관에게 지급되는 시간당 급여비용을 매일 일반적으로 제공하는 경우에는 9,240원으로, 공휴일과 근로자의 날에 제공하는 경우에는 13,860원으로 정한 조항들은 활동보조기관을 운영하는 청구인들의 직업수행의 자유를 침해하는 것이다.

① 1항목
② 2항목
③ 3항목
④ 4항목

17 권한쟁의심판에 관한 설명으로 옳은 것은 모두 몇 항목인가? (다툼시 판례에 따름)

㉠ 지방의회 의원과 그 지방의회 의장 간의 권한쟁의는 헌법 및 헌법재판소법에 의하여 헌법재판소가 관장하는 지방자치단체 상호간의 권한쟁의심판에 해당한다고 볼 수 없으므로 부적법하다.
㉡ 국회의원의 법률안에 대한 심의·표결권의 침해 여부를 다투는 권한쟁의심판은 국회의원의 객관적 권한을 보호함으로써 헌법적 가치질서를 수호·유지하기 위한 공익적 성격이 강하므로, 그러한 심판청구의 취하는 허용되지 아니한다.
㉢ 국가기관 상호간의 권한쟁의심판에 관하여 규정하고 있는 헌법재판소법 제62조 제1항 제1호의 "국회, 정부, 법원 및 중앙선거관리위원회 상호간의 권한쟁의심판"은 예시적인 조항으로 해석되므로, 국회의원이 국회의장을 상대로 제기한 권한쟁의심판은 적법하다.
㉣ 국회부의장이 국회의장의 직무를 대리하여 법률안 가결선포행위를 하면서 질의·토론의 기회를 봉쇄하여 국회의원의 법률안 심의·표결권을 침해한 경우, 국회의원은 자신의 법률안심의·표결권을 침해받았다는 이유로 국회의장을 상대로 하여 권한쟁의심판을 청구하여야 한다.

① 1항목 ② 2항목
③ 3항목 ④ 4항목

18 국회의 국정감사·조사권에 관한 설명 중 옳은 것은 모두 몇 항목인가? (다툼시 판례에 따름)

㉠ 국정감사 또는 국정조사를 마친 때에는 해당 위원회는 지체 없이 그 감사 또는 조사보고서를 작성하여 의장에게 제출하여야 하고, 보고서를 제출받은 의장은 이를 지체 없이 본회의에 보고하여야 하며, 국회는 본회의 의결로 그 감사 또는 조사결과를 처리한다.
㉡ 국회의 국정조사는 입법·행정·재정에 관한 사항에 대하여 할 수 있을 뿐, 사법에 관한 사항에 대해서는 할 수 없다.
㉢ 국회는 재적의원 5분의 1 이상의 요구가 있는 때에는 특별위원회 또는 상임위원회로 하여금 국정의 특정사안에 관하여 국정조사를 시행하게 한다.
㉣ 국정조사를 시행할 특별위원회는 교섭단체의원수의 비율에 따라 구성하여야 하고, 조사에 참여하기를 거부하는 교섭단체의 의원이라도 제외할 수 없다.
㉤ 우리 헌정사상 국정조사와 국정감사를 모두 인정한 것은 현행 헌법이다.

① 1항목 ② 2항목
③ 3항목 ④ 5항목

19 다음 중 선거제도에 관한 설명으로 옳은 것은 모두 몇 항목인가? (다툼시 판례에 따름)

⊙ 대통령의 선거기간은 23일이고, 국회의원선거와 지방자치단체의 의회의원 및 장의 선거의 선거기간은 14일이며, 대통령 선거의 선거기간이라 함은 후보자등록마감일의 다음날부터 선거일까지를 말한다.
⊙ 지역구국회의원 예비후보자의 기탁금 반환 사유를 예비후보자의 사망, 당내경선 탈락으로 한정하고 있는 공직선거법 조항이 정한 기탁금 반환 대상이 예비후보자가 정당 공천관리위원회의 심사에서 탈락하여 본선거의 후보자로 등록하지 아니한 경우에 그가 납부한 기탁금 전액을 반환하지 아니하도록 하는 것은 헌법에 위반되지 않는다.
⊙ 기초자치단체의원은 주민의 대표로서 인구수에 비례하여 선출하면서, 광역자치단체의원은 각 기초자치단체의 인구수를 불문하고 기초자치단체별로 2인씩 선출하도록 하는 것은 헌법에 위반된다.
⊙ 모사전송 시스템을 이용한 선상투표와 같은 제도는 국외를 항해하는 대한민국 선원들의 선거권을 충실히 보장하기 위한 입법수단으로 충분히 수용될 수 있고, 입법자는 비밀선거원칙을 이유로 이를 거부할 수 없다 할 것이다.
⊙ 18세 이상인 외국인도 영주의 체류자격 취득일 후 3년이 경과하고 해당 지방자치단체의 외국인등록 대장에 올라있는 경우 지방자치단체장과 지방자치의원선거에서 선거권을 가지며, 선거운동도 할 수 있다.

① 1항목　　② 2항목
③ 3항목　　④ 4항목

20 다음 중 헌법재판소에서 위헌(헌법불합치 포함)결정한 것은 모두 몇 항목인가?

⊙ 인터넷 신문의 취재 및 편집인력 5명 이상을 상시고용하는 규정
⊙ 전투경찰순경에 대한 징계처분으로 영창규정하고 있는 것
⊙ 구치소내의 변호인 접견실에 CCTV를 설치하여 미결수용자와 변호인 간의 접견을 관찰하는 것
⊙ 지역구 국회의원선거에 있어서 소선거구제와 다수대표제를 규정하는 공직선거제도
⊙ 부정청탁금지법상 사립학교교사와 언론인을 공직자 등에 포함시켜 공직자와 같은 의무를 부담시키는 것

① 1항목　　② 2항목
③ 3항목　　④ 4항목

01 최근 개정된(2023.2.28) 다음 현행 정부조직법에 관한 기술 중에서 옳은 것으로만 묶은 것은?

㉠ 부총리는 기획재정부장관과 교육부장관이 각각 겸임하는데, 기획재정부장관은 경제정책에 관하여 국무총리의 명을 받아 관계 중앙행정기관을 총괄·조정하고, 교육부장관은 교육·사회 및 문화 정책에 관하여 국무총리의 명을 받아 관계 중앙행정기관을 총괄·조정한다.
㉡ 현행 정부조직법상 국무위원의 수는 19인으로 한다.
㉢ 코로나19 등에 효율적으로 대응과 방역, 검역 등 감염병에 관한 사무를 관장하기 위하여 보건복지부장관 소속으로 질병관리청을 둔다.
㉣ 중소기업 중심의 경제구조와 창업 생태계 조성을 위하여 중소기업청을 중소벤처기업부로 격상하여 창업·벤처기업의 지원 및 대·중소기업 간 협력 등에 관한 사무를 관장하도록 한다.
㉤ 국무조정실장·인사혁신처장·법제처장·식품의약품안전처장 그 밖에 법률로 정하는 공무원은 필요한 경우 국무회의에 출석하여 발언할 수 있다.

① ㉠, ㉡, ㉢
② ㉠, ㉡, ㉤
③ ㉡, ㉢, ㉣, ㉤
④ 모든 항목

02 법치국가의 원리에 관한 기술 중에서 옳지 않은 것은 모두 몇 항목인가? (다툼시 판례에 따름)

㉠ 검사에 대한 징계사유 중 하나인 "검사로서의 체면이나 위신을 손상하는 행위를 하였을 때"의 의미는 그 포섭범위가 지나치게 광범위하므로 명확성의 원칙에 반하여 헌법에 위배된다.

㉡ 단순히 법인이 고용한 종업원 등이 업무에 관하여 범죄행위를 하였다는 이유만으로 법인에 대하여 형사처벌을 과하는 것은 헌법상 법치국가원리 및 죄형법정주의로부터 도출되는 책임주의원칙에 반하여 헌법에 위배된다.

㉢ 법률유보원칙은 단순히 행정작용이 법률에 근거를 두기만 하면 충분한 것이 아니라, 국가공동체와 그 구성원에게 기본적이고도 중요한 의미를 갖는 영역, 특히 국민의 기본권 실현과 관련된 영역에 있어서는 국민의 대표자인 입법자가 그 본질적 사항에 대해서 스스로 결정하여야 한다는 요구까지 내포하고 있다.

㉣ 1년 이상의 유예기간을 두고 기존에 자유업종이었던 인터넷컴퓨터게임시설제공업에 대하여 등록제를 도입하고 등록하지 않으면 영업을 할 수 없도록 하는 것은 신뢰보호의 원칙에 위배된다고 할 수 없다.

㉤ 신법이 피적용자에게 유리한 경우에는 이른바 시혜적인 소급입법이 가능하지만, 그러한 소급입법을 할 것인가의 여부는 그 일차적인 판단이 입법기관에 맡겨져 있으므로 입법자는 입법목적, 사회실정이나 국민의 법감정, 법률의 개정이유나 경위 등을 참작하여 시혜적 소급입법을 할 것인가 여부를 결정할 수 있고 그 판단은 존중되어야 하며, 그 결정이 합리적 재량의 범위를 벗어나 현저하게 불합리하고 불공정한 것이 아닌 한 헌법에 위반된다고 할 수 없다.

㉥ 초·중등학교의 교육공무원이 정치단체의 결성에 관여하거나 이에 가입하는 행위를 금지한 국가공무원법 제65조 제1항 중 '국가공무원법 제2조 제2항 제2호의 교육공무원 가운데 초·중등교육법 제19조 제1항의 교원은 그 밖의 정치단체의 결성에 관여하거나 이에 가입할 수 없다.' 부분은 헌법에 위반된다는 결정을 선고하였다.

① 1항목
② 2항목
③ 3항목
④ 6항목

03 1972년 유신헌법과 긴급조치에 관한 헌법재판소의 판례입장이 아닌 것은 모두 몇 항목인가?

㉠ 일정한 규범이 위헌법률심판 또는 헌법재판소법 제68조 제2항에 의한 헌법소원심판의 대상이 되는 법률인지 여부는 그 제정 형식이나 명칭이 아니라 그 규범의 효력을 기준으로 판단하여야 한다. 따라서 헌법이 법률과 동일한 효력을 가진다고 규정한 긴급재정경제명령 및 긴급명령은 물론, 헌법상 형식적 의미의 법률은 아니지만 국내법과 동일한 효력이 인정되는 헌법에 의하여 체결·공포된 조약과 일반적으로 승인된 국제법규의 위헌 여부의 심사권한은 헌법재판소에 전속한다.
㉡ 대통령긴급조치는 법률과 동일한 효력을 가지는 것이 아니므로, 이에 대한 위헌심사권한은 헌법재판소에 전속되지 않는다.
㉢ 대통령긴급조치의 위헌성을 심사하는 준거규범은 원칙적으로 긴급조치를 발령했던 당시의 근거가 된 헌법이다.
㉣ 원칙적으로는 헌법재판소법 제68조 제2항에 의한 헌법소원심판 청구인이 당해 사건인 형사사건에서 무죄판결을 받고 이것이 확정되면, 더 이상 재판의 전제성이 인정되지 아니한다. 그러나, 긴급조치 제1호에 대하여는 법률과 같은 효력이 있는 유신헌법에 따른 긴급조치의 위헌 여부를 심사할 권한은 본래 헌법재판소의 전속적 관할 사항인 점, 법률과 같은 효력이 있는 규범인 긴급조치의 위헌 여부에 대한 헌법적 해명의 필요성이 있는 점, 당해사건의 대법원판결은 대세적 효력이 없는데 비하여 형벌조항에 대한 헌법재판소의 위헌결정은 대세적 기속력을 가지고 유죄 확정판결에 대한 재심사유가 되는 점 등에 비추어 볼 때, 이 사건에서는 긴급조치 제1호, 제2호에 대하여 예외적으로 객관적인 헌법질서의 수호·유지 및 관련 당사자의 권리구제를 위하여 재판의 전제성을 인정하였다.
㉤ 원칙적으로는, 확정된 유죄판결에서 처벌의 근거가 된 법률조항은 '재심의 청구에 대한 심판', 즉 재심의 개시 여부를 결정하는 재판에서는 재판의 전제성이 인정되지 않는다. 그러나, 긴급조치 제9호에 대하여는 유신헌법 당시 긴급조치 위반으로 처벌을 받게 된 사람은 재심대상사건 재판절차에서 긴급조치의 위헌성을 다툴 수조차 없는 규범적 장애가 있었으므로, 그 재심청구에 대한 재판절차에서 긴급조치의 위헌성을 비로소 다툴 수밖에 없다는 이유로, 일반 형사재판에 대한 재심사건과는 달리 긴급조치 위반에 대한 재심사건에서는 예외적으로 형사재판 재심절차의 이원적 구조를 완화하여 재심 개시 여부에 관한 재판과 본안에 관한 재판 전체를 당해사건으로 보아 재판의 전제성을 인정하였다.
㉥ 우리 헌법의 전문과 본문의 전체에 담겨 있는 최고 이념은 국민주권주의와 자유민주주의에 입각한 입헌민주헌법의 본질적 기본원리에 기초하고 있고, 이는 헌법전을 비롯한 모든 법령해석의 기준이 되고, 입법형성권 행사의 한계와 정책결정의 방향을 제시하며, 나아가 모든 국가기관과 국민이 존중하고 지켜가야 하는 최고의 가치규범이다.

① 1항목
② 2항목
③ 3항목
④ 4항목

04 다음 중 헌법재판소의 판례를 기술한 것 중에서 옳지 않은 것끼리만 묶은 것은?

㉠ 우리 헌법은 전문에서 "3·1운동으로 건립된 대한민국 임시정부의 법통"의 계승을 천명하고 있지만, 우리 헌법의 제정 전의 일인 일제강점기에 일본군위안부로 강제동원된 피해자들의 인간의 존엄과 가치를 회복시켜야 할 의무는 입법자에 의해 구체적으로 형성될 내용이고 헌법에서 유래하는 작위의무라고 할 수 없다.

㉡ 장애인의 복지를 향상해야 할 국가의 의무가 다른 다양한 국가과제에 대하여 최우선적인 배려를 요청할 수 없을 뿐 아니라, 헌법규범으로부터는 장애인을 위한 저상버스의 도입과 같은 구체적인 국가의 행위의무를 도출할 수 없다.

㉢ 권력분립의 원칙이란 국가권력의 기계적 분립과 엄격한 절연을 의미하는 것이 아니라, 권력상호간의 견제와 균형을 통한 국가권력의 통제를 의미하는 것이며, 특정한 국가기관을 구성함에 있어서 입법부, 행정부, 사법부가 그 권한을 나누어 가지거나 기능적인 분담을 하는 것은 권력분립의 원칙에 반하는 것이 아니다.

㉣ 국가의 문화육성의 대상에는 원칙적으로 모든 사람에게 문화창조의 기회를 부여한다는 의미에서 모든 문화가 포함된다. 따라서 엘리트문화뿐만 아니라 서민문화, 대중문화도 그 가치를 인정하고 정책적인 배려의 대상으로 하여야 한다.

㉤ 우리 헌법에서 추구하고 있는 경제질서는 개인과 기업의 경제상의 자유와 창의를 최대한도로 존중·보장하는 자본주의에 바탕을 둔 시장경제질서이므로, 국가적인 규제와 통제를 가하는 것도 보충의 원칙에 입각하여 자본주의 내지 시장경제질서의 기초라고 할 수 있는 사유재산제도와 아울러 사적자치의 원칙이 존중되는 범위내에서만 허용될 뿐이다.

㉥ 학원이나 체육시설에서 어린이통학버스를 운영하는 자는 어린이통학버스에 보호자를 동승하여 운행하도록 한 부분이 청구인들의 직업수행의 자유를 침해하지 않는다는 결정을 선고하였다.

① ㉠
② ㉡
③ ㉢, ㉣
④ ㉣, ㉤, ㉥

05 지방자치제에 관한 설명 중에서 옳지 않은 것은? (다툼시 판례에 따름)

① 조례에 의한 규제가 지역여건이나 환경 등에 따라 다르게 나타나는 것은 당연한 결과라 하더라도, 조례로 인하여 해당 지역 주민이 다른 지역의 주민들에 비하여 더한 규제를 받게 되면 평등권을 침해하는 것이다.
② 조례안의 일부가 법령에 위반되어 위법한 경우에는 그 조례안에 대한 재의결 전부 효력이 부인된다.
③ 특정 지방자치단체의 존속을 보장하는 것은 헌법상 지방자치제도 보장의 핵심적 영역 내지 본질적 부분이 아니므로 현행법상의 지방자치단체의 중층구조를 계속 존속하도록 할지 여부는 입법자의 입법형성권 범위 안에 있다.
④ "공무원은 집단·연명으로 또는 단체의 명의를 사용하여 국가 또는 지방자치단체의 정책을 반대하거나 국가 또는 지방자치단체의 정책 수립·집행을 방해해서는 아니된다."라는 지방공무원 복무규정 조항은 국가 또는 지방자치단체의 정책에 대한 반대·방해행위가 일회적이고 우연한 것인지 혹은 계속적이고 계획적인 것인지 등을 묻지 아니하고 금지하는 것으로 해석되므로 명확성원칙에 위배되지 않는다.
⑤ 지방의회의원으로 하여금 지방공사 직원을 겸직하지 못하도록 한 것은 지방공사 직원과 지방의회의원으로서의 지위가 충돌하여 직무의 공정성이 훼손될 가능성이 존재하며, 지방의회의 활성화라는 취지에 비추어 볼 때 지방의회의원의 직업선택의 자유를 침해하지 않는다.

06 국회의 권한에 관한 설명 중 옳은 것(○)과 옳지 않은 것(×)을 바르게 나열한 것은? (다툼시 판례에 따름)

㉠ 국회의원이 국회 내에서 행하는 질의권·토론권 및 표결권 등은 국회의원 개인에게 헌법이 보장하는 권리, 즉 기본권으로 인정된 것이다.
㉡ 국회는 국무총리 또는 국무위원의 해임을 대통령에게 요구할 수 있고, 그 요구가 재적의원 과반수의 찬성에 의한 경우에 대통령은 그 해임요구를 받아들여야 한다.
㉢ 대통령의 직무집행상 헌법 위반뿐만 아니라 정치적 무능력이나 정책결정상의 잘못 등 직책수행의 불성실성 역시 탄핵소추사유가 될 수 있다.
㉣ 국회의원은 20인 이상의 찬성으로 회기 중 현안이 되고 있는 중요한 사항을 대상으로 정부에 대하여 질문을 할 것을 의장에게 요구할 수 있다.
㉤ 국정조사를 위한 조사위원회는 조사의 목적, 조사할 사안의 범위와 조사방법 등이 포함된 조사계획서를 본회의에 제출하여 승인을 얻어야 하는데, 본회의는 조사계획서를 의결로써 승인하거나 반려할 수 있다.

① ㉠ (×), ㉡ (×), ㉢ (×), ㉣ (○), ㉤ (○)
② ㉠ (×), ㉡ (×), ㉢ (○), ㉣ (×), ㉤ (○)
③ ㉠ (○), ㉡ (○), ㉢ (○), ㉣ (×), ㉤ (×)
④ ㉠ (○), ㉡ (×), ㉢ (×), ㉣ (○), ㉤ (×)
⑤ ㉠ (○), ㉡ (×), ㉢ (×), ㉣ (×), ㉤ (○)

07 평등권과 관련된 헌법재판소의 결정내용과 다른 것은?

① 선거운동의 자유가 인정되는 구체적인 연령을 입법자의 재량으로 하는 것으로 평등권에 위배되지 아니한다.
② 디엔에이 감식시료채취 대상 범죄로 징역이나 금고 이상의 실형을 선고받아 그 형이 확정된 자 중에서 법 시행 당시에 수용 중인 자에 대하여만 위 법률을 소급적용하도록 하는 부칙조항은 위 법률 시행 당시 수용 중인 자의 평등권을 침해하는 것이다.
③ 7급 및 9급 전산직 공무원시험의 응시자격으로 전산관련 산업기사 이상의 자격증 소지를 요구하는 것은 공무담임권 및 평등권을 침해하는 것이 아니다.
④ 국가유공자와 그 가족에 대한 가산점제도에 있어서 국가유공자 가족의 경우는 헌법 제32조 제6항이 가산점제도의 근거라고 볼 수 없으므로 평등권 침해 여부에 관하여 보다 완화된 기준을 적용한 비례심사는 부적절한 것이다.

08 헌법재판소의 판례를 기술한 것 중에서 옳지 않은 것은 모두 몇 항목인가?

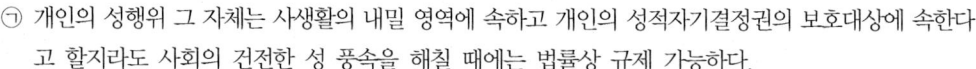

㉠ 개인의 성행위 그 자체는 사생활의 내밀 영역에 속하고 개인의 성적자기결정권의 보호대상에 속한다고 할지라도 사회의 건전한 성 풍속을 해칠 때에는 법률상 규제 가능하다.
㉡ 군인의 퇴직 후 61세 이후에 혼인한 배우자를 유족에서 제외하도록 규정한 것은, 군인의 재직 당시에 있었던 혼인관계가 도중에 이혼으로 중단되었다가 퇴직 후 61세 이후에 다시 혼인한 배우자인 청구인의 평등권을 침해하는 것이다.
㉢ 단체협약에 대한 행정관청의 시정명령을 위반한 자를 500만원 이하의 벌금으로 처벌하고 있는 노동조합 및 노동관계조정법 규정은 죄형법정주의 및 적법절차원칙에 위반되지 않는다.
㉣ 변호사시험 응시한도를 '5년 내 5회'로 정한 변호사시험법 제7조 제1항에 대하여 직업선택의 자유를 침해하지 않는다고 판단한 바 있다.
㉤ 지역농협의 임원선거와 관련하여 공연히 사실을 적시하여 후보자를 비방한 자에 대하여 벌금에 처하도록 한 것은 명확성원칙에 위배되지 아니한다.

① 1항목
② 2항목
③ 3항목
④ 4항목

09 대통령의 보좌기관에 해당하는 사람은 모두 몇 항목인가?

㉠ 대통령직 인수위원회
㉡ 대통령산하 비서실장
㉢ 대통령산하 국가안보실장
㉣ 대통령산하 경호처장
㉤ 국무총리
㉥ 국무위원
㉦ 국무조정실장

① 1항목
② 3항목
③ 5항목
④ 6항목

10 공무담임권에 관한 설명으로 가장 옳지 않은 것은? (다툼시 판례에 따름)

① 공무담임권은 국민주권의 실현 방법으로 국가의 공적인 업무를 수행함에 있어 참여하고 이를 수행하는 권리로서 헌법상의 권리이다.
② 국가기관 등의 취업지원 실시기관이 시행하는 공무원 채용시험의 가점 대상이 되는 공무원의 범위에서 기능직 공무원과 달리 계약직 공무원을 배제하도록 규정한 것은 평등권을 침해하지 않는다.
③ 공무담임권의 보호영역에는 공직취임 기회의 자의적인 배제뿐 아니라 공무원 신분의 부당한 박탈이나 권한의 부당한 정지도 포함된다.
④ 공무원이 특정의 장소에서 근무하는 것 또는 특정의 보직을 받아 근무하는 것을 포함하는 일종의 공무수행의 자유도 그 보호영역에 포함된다.

11 표현의 자유 및 언론·출판의 자유에 관한 설명 중 옳지 않은 것은? (다툼시 판례에 따름)

① 헌법 제21조에서 보장하고 있는 표현의 자유는, 전통적으로는 사상 또는 의견의 자유로운 표명(발표의 자유)과 그것을 전파할 자유(전달의 자유)를 의미하는 것으로서, 개인이 인간으로서의 존엄과 가치를 유지하고 행복을 추구하며 국민주권을 실현하는 데 필수불가결한 것이고, 종교의 자유, 양심의 자유, 학문과 예술의 자유 등의 정신적인 자유를 외부적으로 표현하는 자유이다.
② '자유로운' 표명과 전파의 자유에는 자신의 신원을 누구에게도 밝히지 아니한 채 익명 또는 가명으로 자신의 사상이나 견해를 표명하고 전파할 익명표현의 자유까지도 그 보호영역에 포함된다고 할 수는 없다.
③ 헌법 제21조 제1항은 모든 국민은 언론·출판의 자유를 가진다고 규정하여 언론·출판의 자유를 보장하고 있는바, 의사표현의 자유는 바로 언론·출판의 자유에 속한다. 따라서 의사표현의 매개체를 의사표현을 위한 수단이라고 전제할 때, 이러한 의사표현의 매개체는 헌법 제21조 제1항이 보장하고 있는 언론·출판의 자유의 보호대상이 된다고 할 것이다.
④ 교육감선거운동과정에서 후보자의 당원경력 표시를 금지시키는 「지방교육자치에 관한 법률」 조항으로 인해 교육감선거후보자가 침해받는 사익은 교육감선거과정에서 정당의 관여를 철저히 배제함으로써 교육의 정치적 중립성을 확보하려는 공익에 비하여 크지 않다 할 것이므로 헌법에 위반되지 않는다.

12 대통령선거에 대한 설명으로 옳은 것은?

① 현행 헌법규정에 의하면 국회의원 선거권이 있고, 선거일 현재 40세에 달하여야 한다.
② 대통령선거후보자는 선거일 현재 3년 이상 국내에 거주하고 있어야 한다.
③ 대통령선거의 후보자 등록을 신청하는 자는 5억원의 기탁금을 관할 선거구선거관리위원회에 납부하여야 한다.
④ 임기만료에 의한 대통령선거의 선거일은 그 임기만료일 전 70일 이후 첫 번째 수요일이다.

13 표현의 자유 또는 통신의 자유에 관한 설명 중 옳은 것을 모두 고른 것은? (다툼시 판례에 따름)

┌───┐
│ ㉠ 방송통신위원회는 음란한 부호·문언·음향·화상 또는 영상을 배포·판매·임대하거나 공공연하게 전
│   시하는 내용의 정보에 대하여는 방송통신심의위원회의 심의를 거쳐 정보통신서비스 제공자 또는 게
│   시판 관리·운영자로 하여금 그 취급을 거부·정지 또는 제한하도록 명할 수 있다.
│ ㉡ 정보통신망을 통하여 음란표현물을 배포하는 행위 등을 처벌하는 「정보통신망 이용촉진 및 정보보호
│   등에 관한 법률」 조항이 규율하는 음란표현은 언론·출판의 자유의 보호영역 내에 있다.
│ ㉢ 정보통신망을 통하여 일반에게 공개된 정보로 말미암아 사생활 침해나 명예훼손 등 타인의 권리가 침
│   해된 경우 그 침해를 받은 자가 삭제요청을 하면 정보통신서비스 제공자는 권리의 침해 여부를 판단하
│   기 어렵거나 이해당사자 간에 다툼이 예상되는 경우에는 해당 정보에 대한 접근을 임시적으로 차단하
│   는 조치를 하여야 한다고 규정한 것은 정보게재자의 표현의 자유를 침해하는 것이다.
│ ㉣ 통신제한조치기간의 연장을 허가함에 있어 총연장기간 또는 총연장횟수의 제한을 두지 아니한 통신
│   비밀보호법 조항은 통신의 비밀을 침해하는 것이다.
│ ㉤ 선거운동기간 전에 개별적으로 대면하여 말로 하는 선거운동에 관한 부분은 표현자유를 침해하는
│   것은 아니다.
└───┘

① ㉠, ㉢
② ㉠, ㉤
③ ㉢, ㉣, ㉤
④ ㉠, ㉡, ㉣
⑤ ㉡, ㉣, ㉤

14. 평등원칙 또는 평등권에 관한 설명 중 옳지 않은 것은 모두 몇 항목인가? (다툼시 판례에 따름)

㉠ 변호사시험의 응시자격을 법학전문대학원의 석사학위 취득자로 제한하는 것은 직업선택의 자유와 평등권을 침해하지 않는다.
㉡ 헌법 제11조 제1항 제2문은 누구든지 성별·종교 또는 사회적 신분에 의하여 정치적·경제적·사회적·문화적 생활의 모든 영역에 있어서 차별을 받지 아니한다고 규정하고 있는바, 여기서 사회적 신분이란 사회에서 장기간 점하는 지위로서 일정한 사회적 평가를 수반하는 것을 의미한다 할 것이므로 전과자도 사회적 신분에 해당된다.
㉢ 지방자치단체 장의 계속 재임을 3기로 제한한 것은 공무담임권에 중대한 제한을 초래하므로 엄격한 심사척도에 의해 심사되어야 하지만, 비례원칙에 어긋나지 않아 평등권을 침해하지 않는다.
㉣ 시·도의원 지역선거구의 획정에는 인구 외에 행정구역·지세·교통 등 여러 가지 조건을 고려하여야 하므로, 그 기준은 선거구 획정에 있어서 투표가치의 평등으로서 가장 중요한 요소인 인구비례의 원칙과 우리나라의 특수사정으로서 시·도의원의 지역대표성 및 인구의 도시집중으로 인한 도시와 농어촌 간의 극심한 인구편차 등 3개의 요소를 합리적으로 참작하여 결정되어야 할 것이며, 현시점에서는 상하 50%의 인구편차(상한 인구수와 하한 인구수의 비율은 3 : 1) 기준을 시·도의원 지역선거구 획정에서 헌법상 허용되는 인구편차기준으로 삼는 것이 가장 적절하다고 할 것이다.
㉤ 음주운전자와 도주차량운전자에 대해서는 임의적으로 면허를 취소하도록 하면서도 음주측정거부자에 대해서는 필요적으로 면허를 취소하도록 한 것은, 구체적 사안의 개별성과 특수성을 고려할 수 있는 가능성을 일체 배제하는 방식이므로 형평성에 어긋나 평등권을 침해한다.
㉥ 예비후보자의 선거운동에서 예비후보자 외에 독자적으로 명함을 교부하거나 지지를 호소할 수 있는 주체를 예비후보자의 배우자와 직계존·비속으로 제한한 것은, '배우자나 직계존·비속의 유무'라는 기준이 예비후보자의 능력이나 선택과는 무관한 우연적 사정에 기한 것이라는 점에서 배우자나 직계존·비속이 있는 예비후보자와 그렇지 않은 예비후보자를 합리적인 이유없이 달리 취급하는 것이다.

① 2항목
② 3항목
③ 4항목
④ 5항목

15. 국무회의에 관한 설명으로 가장 옳지 않은 것은?

① 국무회의는 대통령·국무총리와 15인 이상 30인 이하의 국무위원으로 구성하며, 정부조직법상 국무위원수는 19인이다.
② 국가안전보장에 관련되는 대외정책·군사정책과 국내정책의 수립에 관하여 국무회의의 심의에 앞서 대통령의 자문에 응하기 위하여 국가안전보장회의를 둔다.
③ 국무위원은 국정에 관하여 국무총리를 보좌하며, 국무회의의 구성원으로서 국정을 심의한다.
④ 국가원로자문회의 의장은 직전대통령이 된다.

16 국회의 위원회 제도에 관한 다음 설명 중 가장 옳지 않은 것은?

① 국회의 위원회는 상임위원회와 특별위원회의 2종으로 하며, 상임위원회 16개와 특별위원회 3개가 있다.
② 국회는 수 개의 상임위원회 소관과 관련되거나 특히 필요하다고 인정한 안건을 효율적으로 심사하기 위하여 본회의의 의결로 특별위원회를 둘 수 있다.
③ 상임위원장은 당해 상임위원회에서 호선하고 본회의에 보고한다.
④ 위원회는 재적위원 5분의 1 이상의 출석으로 개회하고, 재적위원 과반수의 출석과 출석위원 과반수의 찬성으로 의결한다.

17 헌법재판소의 판례에 관한 설명으로 옳은 것으로만 묶은 것은?

㉠ 어떠한 규정이 부담적 성격을 가지는 경우에는 수익적 성격을 가지는 경우에 비하여 명확성의 원칙이 더욱 엄격하게 요구되므로, 형사법이나 국민의 이해관계가 첨예하게 대립되는 법률에 있어서는 불명확한 내용의 법률용어가 허용될 수 없으며, 그 사용이 불가피한 경우라면 용어의 개념정의, 한정적 수식어의 사용, 적용한계조항의 설정 등 제반 방법을 강구하여 자의적으로 해석될 소지를 봉쇄하여야 한다.
㉡ 헌법재판소는 미성년자보호법상의 '음란성' 개념에 대해서는 법관의 보충적인 해석을 통해 그 규범내용이 확정될 수 있는 개념이라고 하였으나, 같은 법상 '잔인성' 개념에 대해서는 법집행자의 자의적 판단을 허용할 여지가 높다고 판시한 바 있다.
㉢ 공중보건의사가 군사교육에 소집된 기간을 복무기간에 산입하지 않도록 규정한 병역법 제34조 제3항 중 '군사교육소집기간은 복무기간에 산입하지 아니한다' 부분 가운데 공중보건의사에 관한 부분 및 '농어촌 등 보건의료를 위한 특별조치「병역법」제55조에 따라 받는 군사교육소집기간 외에' 부분이 헌법에 위반된다는 결정을 선고하였다.
㉣ 대한민국 국적을 가지고 있는 영유아 중에서도 재외국민인 영유아를 보육료·양육수당 지원대상에서 제외하는 보건복지부지침은 국내에 거주하면서 재외국민인 영유아를 양육하는 부모들의 평등권을 침해한다.
㉤ 지방의회의원의 지방공사 직원 겸직을 금지하는 것은 직업선택의 자유 및 평등권을 침해하는 것이다.

① ㉠, ㉣
② ㉣, ㉤
③ ㉠, ㉡, ㉣
④ ㉠, ㉡, ㉤
⑤ ㉠, ㉡, ㉢, ㉣

18 국방의 의무에 관한 다음 설명 중 가장 옳지 않은 것은? (다툼시 판례에 따름)

① 군복무로 인한 휴직기간을 법무사시험의 일부 면제에 관한 법무사법 제5조의2 제1항의 공무원 근무경력에 산입하지 아니한 것은 병역의무의 이행으로 인한 불이익처우금지를 규정한 헌법 제39조 제2항을 위반한 것이다.
② 양심에 반한다는 이유로 입영을 거부하는 자에 대하여 병역의무를 면제하거나 혹은 순수한 민간 성격의 복무로 병역의무의 이행에 갈음할 수 있도록 하는 어떠한 예외조항도 두고 있지 아니한 병역법 제88조 제1항 제1호는 시민적 및 정치적 권리에 관한 국제규약 제18조 제3항에서 말하는 양심표명의 자유에 대한 제한 법률에 해당한다. 그러나 양심적 병역거부자에게 병역의무 면제나 대체복무의 기회를 부여하지 아니한 채 병역법 제88조 제1항 위반죄로 처벌하는 것이 위 규약에 반한다고 할 수 없다.
③ 병역의무 그 자체를 이행하느라 받는 불이익은 병역의무 이행으로 인하여 불이익한 처우를 받지 아니한다고 규정하고 있는 헌법 제39조 제2항과 관련이 없다.
④ 병역의무를 완수한 후 직장을 가지고 사회활동을 영위하면서 병력동원훈련에 소집되어 실역에 복무중인 예비역이 그 소집기간 동안 군형법의 적용을 받는 것은 병역의무의 이행으로 불이익한 처우를 받는 것이라고는 할 수 없다

19 인사청문에 대한 서술로 옳지 않은 것은? (다툼시 판례에 따름)

① 대통령이 임명하는 국가정보원장 후보자에 대한 인사청문은 소관 상임위원회에서 실시한다.
② 임명에 국회의 동의를 요하는 대법원장의 임명동의안에 대한 심사, 인사청문은 인사청문특별위원회에서 실시한다.
③ 인사청문특별위원회의 위원은 교섭단체 등의 의원수의 비율에 의하여 각 교섭단체대표의원의 요청으로 국회의장이 선임 및 개선(改選)하고, 어느 교섭단체에도 속하지 아니하는 의원의 위원선임은 국회의장이 이를 행한다.
④ 대통령은 국가정보원장 후보자에 대하여 부적격 판정으로 된 인사청문경과보고서가 송부된 경우에는 이에 구속되어 국가정보원장을 임명할 수 없지만, 정해진 기간 내에 인사청문경과보고서가 송부되지 않는 경우에는 국가정보원장을 임명할 수 있다.

20 다음 중 대법원장의 권한이 아닌 것은 모두 몇 항목인가?

┌─────────────────────────────────────┐
㉠ 중앙선거관리위원회 위원 3인 지명권
㉡ 헌법재판소재판관 3인 지명권
㉢ 국가인권위원회 위원 4인 지명권
㉣ 법관임명권
㉤ 대법관임명제청권
㉥ 대법관회의 의장권
└─────────────────────────────────────┘

① 1항목　　　　　　　　② 2항목
③ 3항목　　　　　　　　④ 4항목

제 07 회 동형모의고사

01 다음 중에서 소관 상임위원회에서 인사청문회를 받아야 하는 자는 모두 몇 명인가?

㉠ 특별감찰관
㉡ 공정거래위원회 위원장 후보자
㉢ 금융위원회 위원장 후보자
㉣ 국가인권위원회 위원장 후보자
㉤ KBS 대표이사 후보자

① 2명 ② 3명
③ 4명 ④ 5명

02 다음 중 헌정사에 관한 설명 중에서 옳은 것으로만 묶은 것은?

㉠ 제헌헌법은 국무총리는 대통령이 임명하되 국회 승인을 얻도록 하였으며 대통령과 부통령은 국회에서 선출하고 임기는 4년으로 하였다.
㉡ 1954년 헌법에서는 주권제약과 영토변경시 국민투표에 부치도록 하였다.
㉢ 1962년 헌법에서는 헌법개정에 대한 국민투표제를 도입하면서 기존에 규정되어 있던 헌법개정안의 국민발안제를 폐지하였다.
㉣ 1972년 헌법에서는 모든 법관을 대통령이 임명하였다.

① ㉠, ㉡ ② ㉠, ㉡, ㉢
③ ㉠, ㉡, ㉣ ④ ㉠, ㉡, ㉢, ㉣

03 헌법의 기본원리 및 이론에 관한 기술 중에서 옳은 것으로만 묶은 것은? (다툼시 판례에 따름)

㉠ 자기책임의 원리는 법치주의에 당연히 내재하는 원리로서 인간의 자유와 유책성 그리고 인간의 존엄성을 진지하게 반영한 것이며, 헌법 제13조 제3항은 그 한 표현에 해당하는 것이다.
㉡ 국민주권의 원리는 국가권력의 정당성이 국민에게 있고 모든 통치권력의 행사를 최후적으로 국민의 의사에 귀착시킬 수 있어야 한다는 등 국가권력 내지 통치권을 정당화하는 원리로 이해되고, 선거운동의 자유의 근거인 선거제도나 죄형법정주의 등 헌법상의 제도나 원칙의 근거로 작용하고 있다.
㉢ 죄형법정주의는 국민의 대표로 구성된 입법부가 제정한 법률로써 정해져야 한다는 원칙이며 입법부 이외의 국가권력에 의한 형벌부과를 원칙적으로 부인한다는 점에서 권력분립의 원칙 및 국민주권원리에 입각해 있는 것이다.
㉣ 법률에 의하여 직접민주제를 도입하는 경우에는 기본적으로 대의제와 조화를 이루어야 하고 대의제의 본질적인 요소나 근본취지를 부정해서는 안 된다.

① ㉠, ㉡
② ㉠, ㉡, ㉢
③ ㉡, ㉢, ㉣
④ ㉠, ㉡, ㉢, ㉣

04 대통령의 헌법상 지위에 관한 기술 중에서 옳지 않은 것은? (다툼시 판례에 따름)

① 헌법 제69조 취임선서의무 규정에 의거한 대통령의 직책을 성실히 수행할 의무는 헌법적 의무로서 그 이행 여부는 원칙적으로 사법적 심사의 대상이 된다.
② 헌법 제66조 제2항 및 제69조에 규정된 대통령의 '헌법을 준수하고 수호해야 할 의무'는 헌법상 법치국가원리가 대통령의 직무집행과 관련하여 구체화된 헌법적 표현이다.
③ 대통령은 국무총리, 국무위원, 행정각부의 장, 기타 법률로 정하는 공사의 직을 겸할 수 없다.
④ 대통령을 국가원수로 표현한 것은 1960년 헌법이었으며, 1962년 헌법개정에서 삭제되었다가, 1972년 헌법개정에서 부활된 이후 현재에 이르고 있다.

05 위임입법에 관한 기술 중에서 옳지 않은 것은? (다툼시 판례에 따름)

① '군인의 복무에 관하여 이 법에 규정한 것을 제외하고는 따로 대통령령이 정하는 바에 의한다.'라고 규정한 군인사법 조항은 대통령의 군통수권을 실질적으로 존중하고 군인 복무에 관한 사항을 유연하게 규율하기 위한 것으로서 위임입법의 한계를 벗어난 것이 아니다.
② 법률에서 위임받은 사항을 전혀 규정하지 아니하고 그대로 재위임하는 것은 허용되지 않으며, 위임받은 사항에 관하여 대강을 정하고 그 중의 특정사항을 범위를 정하여 하위법령에 다시 위임하는 경우에만 재위임이 허용된다.
③ 행정사의 자격시험 실시여부를 특별시장·광역시장·도지사의 재량사항으로 정한 행정사법 시행령은 행정사법에서 행정사의 자격시험의 과목·방법·기타 시험에 관하여 필요한 사항을 대통령령으로 위임하고 있을 뿐 아니라 수시로 변화하는 행정사의 수급상황에 따라 탄력적으로 대응할 전문적·기술적 필요성이 인정되므로 위임입법의 한계를 벗어난 것은 아니다.
④ 헌법이 인정하고 있는 위임입법의 형식은 예시적인 것으로 규율의 밀도와 규율영역의 특성에 따라 입법자의 상세한 규율이 불가능한 것으로 보이는 영역은 행정규칙에 대한 위임입법이 제한적으로 인정될 수 있다.

06 다음 중 헌법재판소의 판례 입장이 아닌 것은 모두 몇 항목인가?

> ㉠ 지방자치단체의 장이 공소 제기된 후 구금상태에 있는 경우 부단체장이 그 권한을 대행하도록 규정한 것은 과잉금지원칙이나 무죄추정의 원칙에 위반되지 않는다.
> ㉡ 지방자치단체의 장이 금고 이상의 형을 선고받고 그 형이 확정되지 아니한 경우 부단체장이 그 권한을 대행하도록 규정한 것은 헌법에 합치되지 않는다.
> ㉢ 농협 임·직원이 조합장 선거에서 선거운동의 기획에 참여하거나 그 기획의 실시에 관여하는 행위를 금지하고 처벌하는 것은 평등원칙 및 죄형법정주의 명확성원칙에 위배된다.
> ㉣ 공직선거법상 공무원이 선거운동의 기획에 참여하거나 그 기획의 실시에 관여하는 행위는 죄형법정주의의 명확성원칙에 위배되지 않는다.

① 1항목 ② 2항목
③ 3항목 ④ 4항목

07 지방자치제도에 관한 기술 중에서 옳지 않은 것은? (다툼시 대법원이나 헌법재판소 판례에 따름)

① 지방의회는 법령의 범위 안에서 자신의 고유사무에 관하여 법률의 구체적인 수권 내지 위임이 없어도 조례를 제정할 수 있다.
② 지방의회가 재의결한 내용의 일부 규정이 법령에 위배된다고 인정되는 경우 그 나머지 규정이 법령에 위배되지 않는다고 할지라도 해당 조례안에 대한 지방의회의 재의결은 그 효력이 전부 부정된다는 것이 대법원의 판례입장이다.
③ 지방자치법이 주민에게 주민투표권과 조례의 제정 및 개폐청구권 및 감사청구권을 부여함으로써 주민이 지방자치사무에 직접 참여할 수 있는 길을 열어 놓고 있는 것은 헌법에 의하여 보장되는 기본권이다.
④ 자치사무에 관하여 지방자치단체장은 상급단체의 시정명령에 대하여 대법원에 소를 제기할 수 있다.

08 다음 헌법재판소 판례에 관한 기술 중에서 옳은 것은 모두 몇 항목인가? (다툼시 판례에 따름)

㉠ 1945년 8월 9일 이후 일본 국민이 소유하거나 관리하는 재산을 1945년 9월 25일자로 전부 미군정청이 취득하도록 정한 재조선미국육군사령부군정청 법령 제33호 제2조 전단 중 일본국민에 관한 부분이 모두 헌법에 위반되지 않는다는 결정을 선고하였다.
㉡ 의무교육대상인 중학생의 학부모들에게 급식관련 비용의 일부를 부담하도록 하는 것은 급식활동 자체가 의무교육에 필수불가결한 내용이라 보기 어렵고, 국가나 지방자치단체의 지원으로 부담을 경감하는 조항이 마련되어 있으므로 헌법상 의무교육의 무상원칙에 반한다고 할 수 없다.
㉢ 허가받은 지역 밖에서 응급환자이송업의 영업을 하면 처벌하는 것은, 명확성 원칙과 평등원칙에 위배되며 과잉금지원칙에 위반되어 직업수행의 자유를 침해한다.
㉣ 신문 및 인터넷 신문의 발행인 또는 편집인의 결격 사유로 미성년자를 규정한 부분은 미성년자의 언론·출판에 대한 과도한 제한이 아니다.

① 1항목　　　　② 2항목
③ 3항목　　　　④ 4항목

09 국제평화주의와 국제조약·국제법 존중주의에 관한 기술 중에서 옳지 않은 것은? (다툼시 판례에 따름)

① 헌법 제6조 제1항의 국제법 존중주의는 우리나라가 가입한 조약과 일반적으로 승인된 국제법규가 국내법과 같은 효력을 가진다는 것으로서 조약이나 국제법규가 국내법에 우선한다는 것은 아니다.
② 개인이 전쟁과 테러 혹은 무력행위로부터 자유로워야 하는 것은 인간의 존엄과 가치를 실현하고 행복을 추구하기 위한 기본전제가 되는 것으로 헌법 제10조와 제37조 제1항으로부터 침략전쟁에 강제되지 않고 평화적으로 생존할 수 있도록 국가에 요청할 수 있는 평화적 생존권이 도출된다.
③ 미국산 쇠고기 수입위생조건을 정한 고시는 헌법 제60조 제1항에서 말하는 조약에 해당하지 아니하므로 국회의 동의를 받아야 하는 것은 아니다.
④ 국가보안법의 해석·적용상 북한을 반국가단체로 보고 이에 동조하는 반국가활동을 규제하는 것 자체가 국제평화주의에 위배되는 것은 아니다.

10 다음 기술 중에서 옳은 것(○)과 틀린 것(×)을 바르게 나열한 것은?

> ㉠ 정부의 법률안 제출행위는 입법을 위한 하나의 사전적 준비행위에 불과한 것으로 권한쟁의심판의 독자적 대상이 되기 위한 법적 중요성을 지닌 행위로 볼 수 없다.
> ㉡ 지정재판부는 전원의 일치된 의견으로 헌법소원 심판청구에 대한 각하결정을 하지 아니하는 경우에는 결정으로 헌법소원을 전원재판부의 심판에 회부하여야 한다.
> ㉢ 무죄추정의 원칙상 금지되는 불이익은 형사절차 내의 처분뿐만 아니라 그 밖의 기본권 제한과 같은 처분도 포함되므로 지방자치법 조항은 무죄추정의 원칙 위반여부가 문제될 수 있다.
> ㉣ 공무담임권의 보호영역에는 공직취임 기회의 자의적 배제 뿐만 아니라 공무원 신분의 부당한 박탈이나 권한의 부당한 정지도 포함된다.

① ○-○-○-○
② ○-○-○-×
③ ×-○-×-○
④ ×-×-○-○

11 선거에 관한 기술 중에서 옳지 않은 것은?

① 국내 거주 재외국민에 대해 그 체류기간을 불문하고 지방선거 선거권을 전면적·획일적으로 박탈하는 것은 국내거주 재외국민의 평등권과 지방의회의원 선거권을 침해하는 것이다.
② 지역농협 이사 선거와 관련하여 선거 공보의 배부를 통한 선거운동만을 허용하고 전화·컴퓨터통신을 이용한 지지 호소의 선거운동을 금지하며 이를 위반하여 선거운동을 한 자를 처벌하는 것은 결사의 자유 및 표현의 자유 침해가 아니다.
③ 신체에 장애가 있는 선거인에 대해 투표보조인이 가족이 아닌 경우 반드시 2인을 동반하도록 한 공직선거법 제157조 제6항이 헌법에 위반되지 않는다고 결정하였다.
④ 출입국관리법 제10조에 따른 영주의 체류자격 취득일 후 3년이 경과한 외국인으로서 해당 지방자치단체의 외국인등록대장에 올라있는 외국인은 해당 지방의회의원 선거와 지방자치단체장 선거에서 선거운동을 할 수 있다.

12 선거에 관한 헌법재판소 판례 중에서 위헌 결정한 것은 모두 몇 항목인가?

㉠ 직선제 조합장선거의 경우 후보자 아닌 자의 선거운동전면금지
㉡ 지방자치단체장은 임기중에 그 직을 사퇴하여 대통령·국회의원 선거 등에 출마금지하게 하는 것
㉢ 19세 미만의 미성년자의 선거운동을 금지하는 것
㉣ 비례대표국회의원후보자 공개장소에서 연설·대담금지
㉤ 공직선거개표사무를 보조하기 위해서 계산에 필요한 기계장치를 사용하는 것

① 1항목   ② 2항목
③ 3항목   ④ 모든 항목

13 국회의 국정감사와 국정조사에 관한 기술 중에서 옳지 않은 것은? (다툼시 판례에 따름)

① 국정감사와 조사는 원칙적으로 공개하며 국회는 본회의의 의결로 감사 또는 조사결과를 처리한다.
② 국정조사를 시행할 특별위원회는 교섭단체의원수의 비율에 따라 구성하여야 한다. 다만 조사에 참여하기를 거부하는 교섭단체의원은 제외할 수 있다.
③ 국정감사권과 국정조사권은 국회의 권한이고 국회의원의 권한이라 할 수 없으므로 국회의원이 국정조사권과 국정감사권 자체에 관한 침해를 이유로 하는 권한쟁의심판청구는 부적법하다.
④ 국정감사는 소관 상임위원회별로 매년 9월 10일부터 20일간 실시한다.

14 공무원에 관한 기술 중에서 옳은 것은 모두 몇 항목인가?

> ㉠ 근로 3권의 주체가 되는 사실상 노무에 종사하는 공무원의 개념은 공무원의 주된 직무를 정신활동으로 보고 이에 대비되는 신체활동에 종사하는 공무원으로 해석된다.
> ㉡ 정무직 공무원에 관하여 국가공무원법 조항은 일반적 정치활동을 허용하는 데 반하여, 공직선거법 조항은 정치활동 중 선거에 영향을 미치는 행위만을 금지하고 있으므로 일반법인 국가공무원법 조항에 우선하여 적용된다.
> ㉢ 대민접촉이 거의 전무한 교육공무원이나 군인 등과 달리 경찰공무원에게 비교적 하위직급인 경사계급까지 재산등록의무를 부과하는 것은 헌법에 위배되지 않는다.
> ㉣ 공익근무요원이 정당한 사유없이 통산 8일 이상의 기간 복무를 이탈하거나 해당 분야에 복무하지 아니한 경우 3년 이하의 징역에 처하는 것은 헌법에 위반되지 않는다.

① 1항목
② 2항목
③ 3항목
④ 4항목

15 국회에서의 의안의 심의·의결과정에 관한 기술 중에서 옳지 않은 것은? (다툼시 판례에 따름)

① 위원회에서 법률안의 심사를 마치거나 입안을 하였을 때에는 법제사법위원회에 회부하여 체계와 자구에 대한 심사를 거쳐야 한다.
② 의사일정에 올린 안건에 대하여 토론하려는 의원은 미리 반대 또는 찬성의 뜻을 의장에게 통지하여야 한다.
③ 위원회에서 본회의에 부의할 필요가 없다고 결정된 의안은 본회의에 부의하지 아니한다. 다만, 위원회의 결정이 본회의에 보고된 날부터 폐회 또는 휴회 중의 기간을 제외한 7일 이내에 의원 50명 이상의 요구가 있을 때에는 그 의안을 본회의에 부의하여야 한다.
④ 국회의 회기계속의 원칙은 임기만료시에는 적용되지 아니한다.

16 기본권 주체에 관한 기술 중에서 옳지 않은 것은 모두 몇 항목인가? (다툼시 판례에 따름)

> ㉠ 근로의 권리는 근로자를 개인의 차원에서 보호하기 위한 권리로서 개인인 근로자가 그 주체가 되는 것이고 노동조합은 그 주체가 될 수 없다.
> ㉡ 교수회, 대학, 교수는 대학자치의 주체가 될 수 있다.
> ㉢ 국가균형발전특별법에 의한 도지사의 혁신도시 입지선정과 관련하여 그 입지의 선정에서 제외된 지방자치단체인 춘천시는 자의적인 선정기준을 다투는 평등권의 주체로서 헌법소원청구가 인정된다.
> ㉣ 국가에 대하여 고용증진을 위한 사회적·경제적 정책을 요구할 수 있는 권리는 사회권적 기본권으로서 국민에 대하여만 인정해야 하지만, 자본주의 경제질서 하에서 근로자가 기본적 생활수단을 확보하고 인간의 존엄성을 보장받기 위하여 최소한의 근로조건을 요구할 수 있는 권리는 자유권적 기본권의 성격도 아울러 가지므로 이러한 경우 외국인 근로자에게도 그 기본권 주체성을 인정한다.

① 1항목
② 2항목
③ 3항목
④ 4항목

17 국방의무와 병역의무이행으로 인한 불이익처우금지에 관한 기술 중에서 옳지 않은 것은? (다툼시 판례에 따름)

① 공무원시험의 응시자격을 군복무를 필한 자라고 하여 군복무 중에 그 응시기회를 제한하는 것은 병역의무의 이행을 이유로 불이익을 주는 것이 아니다.
② 경찰대학의 입학연령을 17세 이상 21세 미만으로 한정하여 병역의무 이행 후 그 상한연령을 초과하면 입학하지 못하게 하는 것은 병역의무의 이유로 불이익을 주는 것이 아니다.
③ 헌법 제39조 제2항의 "누구든지 병역의무의 이행으로 인하여 불이익한 처우를 받지 아니한다."에서 불이익한 처우라 함은 법적인 불이익뿐만 아니라 사실상·경제상의 불이익을 모두 포함한다.
④ 병역동원훈련에 소집되어 실역에 복무중인 예비역이 그 소집기간 동안 군형법의 적용을 받는 것은 병역의무의 이행을 이유로 불이익한 처우를 받는 것이 아니다.

18 재판청구권에 관한 기술 중에서 헌법재판소가 위헌 결정한 것은 모두 몇 항목인가?

> ㉠ 소환된 증인이 보복당할 우려가 있는 경우 재판장이 피고인을 퇴정시키고 증인신문을 하는 것
> ㉡ 교원에 대한 징계처분에 관하여 재심청구를 하지 아니하고는 행정소송을 제기하지 못하도록 하는 것
> ㉢ 치료감호청구권자를 검사로 한정하는 것
> ㉣ 형사보상의 청구에 대하여 한 법원의 보상의 결정시 불복신청을 불인정하는 것
> ㉤ 공판조서의 절대적 증명력을 규정한 형사소송법 제56조의2 제1항

① 1항목
② 2항목
③ 3항목
④ 없음

19 헌법소원에 관한 헌법재판소의 판례입장이 아닌 것은?

① 국회가 의결한 예산 또는 국회의 예산의결은 헌법재판소법 제68조 제1항의 소정의 공권력 행사에 해당하지 않으므로 헌법소원 심판대상이 되지 않는다.
② 법학전문대학원협의회의 '2010학년도 법학적성시험 시행계획 공고'는 공권력 행사에 해당하므로 헌법소원심판의 대상이 된다.
③ 수사과정에서의 비공개 지명수배조치는 헌법소원의 대상이 되는 공권력 행사에 해당한다.
④ 보건복지부장관이 장애인차량 엘피지 지원사업과 관련하여 보조금 지원을 중단하기로 하는 정책결정을 내리고 이에 따라 일선공무원에 대한 지침을 변경한 것은 공권력 행사에 해당하지 않으므로 헌법소원의 대상이 될 수 없다.

20 다음 헌법재판소의 판례에 관한 기술 중에서 틀린 것은 모두 몇 항목인가?

> ㉠ 종교단체 내에서의 직무상 행위를 이용하여 그 구성원에 대해서 선거운동을 하거나 하게 할 수 없는 공직선거법규정은 헌법에 위배되지 아니한다.
> ㉡ 집행을 유예하면서 사회봉사를 명할 수 있도록 한 것은 헌법에 위반되지 않는다.
> ㉢ 국내에 귀환하여 등록절차를 거친 국군포로에게만 보수를 지급하게 하는 규정은 평등원칙에 위배되지 아니한다.
> ㉣ 새마을금고의 정하는 기간 중에 새마을금고 임원 선거운동을 위한 호별 방문 행위를 처벌하는 것은 헌법에 위배되지 아니한다.
> ㉤ 여러 사람의 눈에 뜨이는 곳에서 공공연하게 알몸을 지나치게 내놓거나 가려야 할 곳을 내놓아 다른 사람에게 부끄러운 느낌이나 불쾌감을 준 사람을 10만원 이하의 벌금, 구류 또는 과료(科料)의 형으로 처벌하는 것은 죄형법정주의 명확성원칙에 위배된다.

① 1항목 ② 2항목
③ 3항목 ④ 없음

제 08 회 동형모의고사

01 다음 중 헌법재판소가 합헌결정한 것은 모두 몇 항목인가?

㉠ 종합부동산세 과세표준공제와 누진세율을 규정하는 것
㉡ 농지소유자로 하여금 원칙적으로 농지위탁경영을 할 수 없게 하는 것
㉢ 사립학교법상 근무성적이 극히 불량할 때 직위해제를 거치지 아니하고 바로 직권면직을 할 수 있도록 한 것
㉣ 선거관리위원회 공무원에 대해 일정한 정치활동을 금지하는 것
㉤ 법학전문대학원을 두는 대학은 법학에 관한 학사학위과정을 둘 수 없도록 하는 것
㉥ 공중도덕상 유해한 업무에 취임시킬 목적으로 근로자 파견을 한 사람을 처벌하는 것

① 2항목
② 3항목
③ 4항목
④ 5항목

02 국무회의에 관한 기술 중에서 옳지 않은 것은?

① 국무회의는 국무회의 의장이 소집하나 국무위원도 국무회의 소집을 요구할 수 있다.
② 우리나라 헌정사상 미국식의 자문기관은 한 번도 채택한 바 없다.
③ 대통령이 국회에 국군해외파병동의안을 제출하기 전에 파병안을 국무회의에서 심의하는 것은 내부적 의사결정행위에 불과하여 그 자체로 국민에 대하여 직접적인 법률효과를 발생시키는 것은 아니라는 것이 헌법재판소 판례입장이다.
④ 경찰청장과 검찰총장 임명시는 국무회의 심의를 거쳐서 대통령이 임명한다.

03 다음 헌법재판소 판례에 관한 기술 중에서 틀린 것은?

① 사전심의를 받지 아니한 의료광고를 금지하고 위배 시 처벌하는 규정은 표현의 자유를 침해하는 것이다.
② 법관에 대한 징계사유로 '법관이 그 품위를 손상하거나 법원의 위신을 실추시킨 경우'를 규정한 것과 법관에 대한 징계처분 취소청구소송을 대법원의 단심재판에 의하도록 한 것은 헌법에 위반되지 않는다.
③ 건강기능식품의 기능성 광고를 금지하는 것은 헌법에 위배된다.
④ 공익사업의 시행으로 인하여 영업을 폐지하거나 휴업함에 따른 영업손실에 대하여 그 보상액의 구체적인 산정 및 평가방법과 보상기준을 국토해양부령으로 정하도록 한 것은 포괄위임입법금지 원칙에 위반된다.

04 헌법개정과 관련된 기술 중에서 옳은 것은? (다툼시 판례에 따름)

① 시이예스와 칼 슈미트는 헌법상의 상하가치질서를 인정해야 하기 때문에 헌법개정의 한계를 인정할 수 없다고 주장하였다.
② 우리나라 헌정사상 헌법개정의 한계를 직접 명시한 시기는 제2공화국 헌법이었으나, 제3공화국 헌법에서 삭제한 바 있다.
③ 현행 헌법은 헌법개정안의 확정에 대한 국민투표 통과정족수로 국회의원 선거권자 과반수의 투표와 투표자 과반수의 찬성을 얻어야 함을 명시하고 있으나, 국가의 중요정책 결정시에 관한 통과정족수는 규정하고 있지 않은 점에서 비교된다.
④ 개헌안이 국민투표에서 확정되면 대통령은 즉시 공포하여야 하며, 대통령은 개헌안의 일부에 대해서 거부권을 행사할 수 없으며, 전부거부만 가능하다.

05 재산권에 관한 헌법재판소의 판례내용으로 옳지 않은 것은?

① 공무원연금의 구체적인 급여의 내용, 기여금의 액수 등을 형성하는 데에 있어서는, 직업공무원제도나 사회보험원리에 입각한 사회보장적 급여로서의 성격으로 인하여, 일반적인 재산권에 비하여 입법자에게 상대적으로 폭넓은 재량이 허용된다.
② 중학교 학교환경위생정화구역 안에서 여관과 관련한 행위의 금지 의무를 위반한 자를 처벌하는 것은 재산권을 침해하지 않는다.
③ 재산권에 관계되는 시혜적인 입법이 적용될 경우 얻을 수 있는 재산상 이익의 기대는 헌법이 보호하는 재산권의 영역에 포함되지 않는다.
④ 국가경제정책의 변화로 그 동안 영위하던 영업을 폐업하게 된 경우, 그로 인한 재산적 손실은 재산권의 보호범위에 속한다.

06 다음 중 공직선거법에 관한 기술로 옳지 않은 것은?

① 국회의원 정수는 지역구 국회의원과 비례대표 국회의원을 합하여 300명으로 한다.
② 선거의 중요성과 의미를 되새기고 주권의식을 높이기 위하여 매년 5월 10일을 유권자의 날로 한다.
③ 국회의원 선거구 획정위원회는 중앙선거관리위원회에 두되, 직무에 관하여 독립된 지위를 가진다.
④ 입후보와 선거운동을 위한 준비행위는 선거운동에 해당한다.

07 재판청구권에 관한 헌법재판소의 판례 중에서 옳지 않은 것은 모두 몇 항목인가?

㉠ 패소할 것이 명백한 경우를 소송구조의 대상에서 제외하는 민사소송법 규정은 재판청구권을 침해하는 것이 아니다.
㉡ 심리불속행 제도는 재판청구권을 침해하는 것이 아니다.
㉢ 경북북부교도소장이 출정비용납부거부 또는 상계동의거부를 이유로 수용자의 행정소송 변론기일에 수용자의 출정을 제한한 행위는 재판청구권을 침해한 것이다.
㉣ 교원징계재심위원회의 재심결정에 대하여 교원에게만 행정소송을 제기할 수 있도록 하고 학교법인에게는 이를 금지한 것은 재판청구권을 침해하지 않는다.

① 1항목　　② 2항목
③ 3항목　　④ 4항목

08 조세법률주의와 조세평등주의에 관련된 다음 설명 중 옳지 않은 것은? (다툼시 판례에 따름)

① 이혼을 사유로 한 재산분할에 대하여 증여로 의제하여 그 재산에 증여세를 부과하는 것은 실질적 조세법률주의에 위배된다.
② 담세능력에 따른 과세의 원칙은 절대적인 것이라고는 할 수 없고, 합리적인 이유가 있는 경우라면 납세자 간의 차별취급도 예외적으로 허용된다.
③ 합법성의 원칙을 희생해서라도 납세자의 신뢰를 보호함이 정의에 부합하는 것으로 인정되는 특별한 사정이 있을 경우에 한하여 조세관행존중원칙이 적용된다는 것이 대법원의 판례이다.
④ 신고납세방식의 국세에 있어서는 신고일을 기준으로, 부과납세방식의 국세에 있어서는 납세고지서 발송일을 기준으로 국세채권을 저당채권 등에 우선하도록 한 국세기본법 규정은 입법재량의 범위를 벗어나 담보권자의 재산권 등을 침해한다.

09 국회에 관한 기술 중에서 옳지 않은 것은?

① 국회의장 1인과 부의장 2인을 선출하는 규정은 헌법에 규정되어 있으므로 부의장을 3인으로 증원 시에는 헌법개정을 반드시 해야 한다.
② 국회의 임시회는 대통령 또는 국회재적의원 3분의 1 이상의 요구에 의하여 집회된다.
③ 국회회의의 원칙 중 회의공개원칙과 회기계속원칙은 헌법에 규정되어 있으나, 일사부재의 원칙은 헌법에 규정되어 있지 아니하다.
④ 국회의 의결에서 가부동수인 때에는 부결된 것으로 본다.

10 탄핵에 관한 기술 중에서 옳은 것은 모두 몇 항목인가? (다툼시 판례에 따름)

㉠ 검사는 헌법에 규정된 탄핵소추의 대상자에 포함되어 있지 않지만, 검찰청법에 의하여 탄핵의 대상이 된다.
㉡ 탄핵결정은 징계벌에 해당하며, 탄핵결정과 민·형사 재판 간에는 일사부재리 원칙이 적용된다.
㉢ 헌법재판소법 제53조 제1항의 탄핵심판청구가 이유있는 때란 모든 법위반의 경우가 아니라 단지 공직자의 파면을 정당화할 정도로 중대한 법위반의 경우를 말한다.
㉣ 탄핵결정에 의하여 파면된 자는 5년간 공직취임이 금지된다.

① 1항목
② 2항목
③ 3항목
④ 4항목

11 조세법률주의에 관한 기술 중에서 옳은 것은 모두 몇 항목인가? (다툼시 판례에 따름)

㉠ 조세의 감면이나 우대 규정의 경우에도 조세법률주의가 적용된다.
㉡ 조세법률주의의 핵심적 내용은 과세요건 법정주의와 과세요건 명확주의이다.
㉢ 지방세법이 정하는 범위 안에서 지방세의 세목 과세표준 등을 조례로 정하는 것은 조세법률주의에 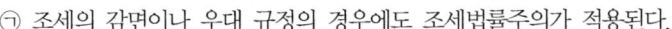 위배되지 아니한다.
㉣ 유추해석이나 확장해석은 조세법규에 관해서 합리적인 이유가 있으면 인정된다.

① 1항목
② 2항목
③ 3항목
④ 4항목

12 국가인권위원회에 관한 기술 중에서 옳은 것은 모두 몇 항목인가?

㉠ 국가인권위원회 위원은 11인으로 하되, 위원은 특정 성이 10분의 6을 초과하지 아니하도록 하여야 한다.
㉡ 국가인권위원회 위원장은 위원 중에서 대통령이 임명한다.
㉢ 국가인권위원회가 조정위원회에 회부하여 개시된 조정절차에서 성립된 조정은 재판상 화해와 동일한 효력이 있다.
㉣ 국가인권위원회법은 대한민국 국민에게만 적용될 뿐이고, 불법체류외국인은 그가 대한민국의 영역 안에 있더라도 적용되지 않는다.

① 1항목　　② 2항목
③ 3항목　　④ 4항목

13 다음 중 행복추구권을 침해하는 것이 아닌 것은? (다툼시 판례에 따름)

① 긴급자동차를 제외한 이륜자동차의 고속도로 통행을 금지하는 것
② 수사 또는 재판 시 미결수용자에게 사복을 입지 못하게 하고 재소자용 의류를 입게 하는 것
③ 친생부인의 소에 관하여 제척기간을 '출생을 안 날로부터 1년 이내'로 하는 것
④ 18세 미만의 자의 당구장 출입을 금지하는 것

14 헌법재판소가 사전검열에 해당한다고 본 것은 모두 몇 항목인가?

㉠ 영상물등급위원회에 의한 비디오물 등급분류보류제도
㉡ 영상물등급위원회에 의한 외국음반 국내제작 추천제도
㉢ 공연윤리위원회에 의한 영화사전심의제도
㉣ 영화에 대한 제한상영등급제

① 1항목　　② 2항목
③ 3항목　　④ 4항목

15 다음 중에서 헌법재판소가 양심의 자유를 침해하는 것으로 본 것은?

> ㉠ 수형자의 가석방 결정시 내용상 단순히 국법질서나 헌법체제를 준수하겠다는 취지의 서약서 제출을 요구하는 것
> ㉡ 국가보안법상 불고지죄
> ㉢ 주취운전의 혐의자에게 주취여부의 측정에 응할 의무를 지우고 이에 불응한 사람을 처벌하는 것
> ㉣ 사업자단체의 독점규제및공정거래법 위반행위가 있을 때 공정거래위원회가 당해 사업자단체에 대하여 법위반사실의 공표를 명할 수 있도록 한 것

① ㉠, ㉡
② ㉡, ㉣
③ ㉢, ㉣
④ 없음

16 법규범의 명확성 원칙에 관한 기술 중에서 틀린 것은? (다툼시 판례에 따름)

① 명확성의 원칙은 모든 법률에 있어서 동일한 정도로 요구되는 것은 아니고 개개의 법률이나 법조항의 성격에 따라 요구되는 정도에 차이가 있을 수 있다.
② 명확성의 원칙은 법치국가원리의 한 표현으로서 기본권을 제한하는 법규범의 내용은 명확하여야 한다는 헌법상의 원칙이다.
③ 명확성의 원칙은 법규범의 의미내용이 불확실하면 법적 안정성과 예측 가능성을 확보할 수 없고 법집행당국에 의한 자의적인 법해석과 집행이 가능하게 될 것이라는 것을 근거로 한다.
④ 죄형법정주의가 지배하는 형사관련 법률에서는 부담적 성격을 가지는 경우나 수익적 성격을 가지는 경우나 명확성의 정도가 똑같이 엄격한 기준이 적용된다.

17 명령·규칙심사권에 관한 기술 중에서 옳지 않은 것은?

① 명령·규칙이 헌법에 위반된다고 법원이 결정한 경우에 명령·규칙은 일반적으로 그 효력을 상실한다.
② 가정법원이나 군사법원도 명령·규칙을 심사할 수 있다.
③ 대법원은 명령 또는 규칙이 헌법이나 법률에 위반함을 인정하는 경우 대법관 전원의 3분의 2 이상의 합의체에서 심판하여야 한다.
④ 헌법재판소는 명령·규칙 그 자체에 의하여 직접 기본권이 침해되었을 때에는 헌법소원심판의 대상이 된다는 입장이다.

18. 위헌법률심사제에 관한 기술 중에서 옳은 것은 모두 몇 항목인가?

㉠ 법원이 법률의 위헌 여부 심판을 헌법재판소에 제청한 때에는 당해 소송사건의 재판은 헌법재판소의 위헌 여부의 결정이 있을 때까지 정지된다.
㉡ 대법원과 각급 법원은 위헌법률심판제청을 할 수 있다.
㉢ 중재재판소나 외국법원은 위헌법률심판제청권을 행사할 수 있다.
㉣ 위헌법률심판의 제청에 관한 결정에 대하여는 항고할 수 없으며, 대법원 외의 법원이 제청을 할 때에는 대법원을 거쳐야 한다.

① 1항목
② 2항목
③ 3항목
④ 4항목

19. 헌정사에 관한 기술 중에서 현행 헌법에서 신설된 것은 모두 몇 항목인가?

㉠ 구속시 가족고지의무
㉡ 모성보호의무
㉢ 국가의 지역경제육성의무
㉣ 재외국민의 보호의무
㉤ 국가의 중소기업 보호·육성의무
㉥ 국가의 평화통일정책 수립·시행의무

① 2항목
② 3항목
③ 4항목
④ 5항목

20 다음 중 헌법재판소가 위헌결정한 것은 모두 몇 항목인가?

㉠ 학교운영지원비를 중학교 학생으로부터 징수하는 것에 관한 공립중학교 학부모들의 청구부분
㉡ 양심적 병역거부자의 처벌 근거된 병역법 규정
㉢ 방송사업자가 심의규정을 위반한 경우 방송통신위원회로 하여금 방송통신심의위원회의 심의를 거쳐 시청자에 대한 사과를 명할 수 있도록 규정한 것
㉣ 공무원에 대해 국가 또는 지방자치단체의 정책에 집단적으로 반대·방해하는 행위를 금지하고, 정치적 주장을 표시·상징하는 복장 등을 착용하는 행위를 금지하는 것
㉤ 초·중등 교육과정에서 한자 내지 한문을 필수과목으로 지정하지 아니하는 것

① 1항목 ② 2항목
③ 3항목 ④ 4항목

제 **09** 회 동형모의고사

01 헌법개정과 관련된 기술 중에서 옳은 것은?

① 헌정사상 국민에 의한 헌법개정안발의를 채택한 시기는 없었다.
② 대통령이 헌법개정안을 발의하는 경우에는 국무회의 심의를 거쳐야 하며 대통령은 국무회의 결정에 구속력을 받는다.
③ 헌법개정안은 대통령이 공포함으로써 확정된다.
④ 헌법개정안의 의결정족수는 대통령의 탄핵소추의결, 국회의원의 제명처분, 국회의원 자격심사와 동일하다.

02 헌법에 관한 기술 중에서 옳은 것끼리만 모두 묶은 것은? (다툼시 판례에 따름)

㉠ 자유민주국가에서의 법치주의는 국민의 자유와 권리 실현을 위해 국가권력의 제한과 통제기능에 보다 큰 비중을 두고 있다.
㉡ 자유와 평등의 실질적 보장을 추구하는 사회국가원리에 비추어 볼 때 국가는 공정한 경쟁이 이루어질 수 있는 조건을 적극적으로 조성할 책무를 진다고 할 것이다. 이러한 점에서 사회적 약자에 대한 우선적 처우의 위헌 여부가 문제가 되는 경우 비례성의 원칙에 따른 심사가 이루어져야 할 필요성이 더욱 크다고 할 수 있다.
㉢ 헌법재판소는 헌법이 스스로 차별의 근거로 삼아서는 아니되는 사유를 제시하고 있는 경우 기본권에 중대한 제한을 초래한다면 입법형성권은 축소되어 보다 엄격한 심사척도가 적용되어야 한다고 본다.
㉣ 성별을 차별의 직접적인 기준으로 삼은 경우 뿐만 아니라 성별에 따른 실질적인 차별 효과가 발생하는 경우에도 성별에 의한 차별을 인정하면서 엄격한 심사 척도를 적용한다.

① ㉠, ㉡
② ㉡, ㉢
③ ㉠, ㉡, ㉢
④ ㉠, ㉢, ㉣

03 정당에 관한 기술 중에서 옳지 않은 것은?

① 정당공천에 탈락한 자가 그 공천과정의 비민주성을 이유로 정당공천의 효력을 다투고자 할 때에는 헌법소원을 청구할 수 있다.
② 입법자는 정당에 대한 국가보조금의 배분기준을 정함에 있어 입법정책적인 재량권을 가지므로 그 내용이 현재의 각 정당들 사이의 경쟁상태를 현저히 변경시킬 정도가 아니라면 합리성을 인정할 수 있다.
③ 당론과 다른 견해를 가진 소속 국회의원을 당해 교섭단체의 필요에 따라 다른 상임위원회로 전임(사·보임)하는 조치는 특별한 사정이 없는 한 헌법상 용인될 수 있는 "정당 내부의 사실상 강제"의 범위내에 해당한다.
④ 우리나라에서 정당국가적 경향이 두드러졌던 시기는 1962년 제3공화국이다.

04 지방자치에 관한 기술 중 옳지 않은 것은? (다툼시 판례에 따름)

① 지방자치단체는 법령의 범위에서 그 사무에 관하여 조례를 제정할 수 있다.
② 지방자치의 헌법적 보장은 국민주권의 기본원리에서 출발하여 주권의 지역적 주체인 주민에 의한 자기통치의 실현이라고 할 수 있으므로 이러한 지방자치의 본질적 내용인 핵심영역은 입법 기타 중앙정부의 침해로부터 보호되어야 함이 헌법적 요청이다.
③ 폐지되는 지방자치단체의 장이 통합 창원시장 선거에 출마할 경우 폐지되는 지방자치단체장으로 재임한 기간을 포함하여 계속 재임이 3기에 한하도록 하는 명시적인 규정을 두지 아니한 입법부작위에 대한 심판청구는 기각되었다.
④ 주민은 지방자치단체의 조례를 제정하거나 폐지할 것을 청구할 수 있다.

05 재산권에 관한 설명 중에서 옳지 않은 것은? (다툼시 판례에 따름)

① 공무원 연금의 구체적인 급여의 내용, 기여금의 액수 등을 형성하는 데에 있어서는 직업공무원제도나 사회보험원리에 입각한 사회보장적 급여로서의 성격으로 인하여 일반적인 재산권에 비하여 입법자에게 상대적으로 보다 폭넓은 재량이 헌법상 허용된다고 볼 수 있다.
② 개별 재산권이 갖는 자유보장적 기능이 강할수록, 즉 국민 개개인의 자유실현의 물질적 바탕이 되는 정도가 강할수록 그러한 제한에 대해서는 엄격한 심사가 이루어져야 한다.
③ 토지재산권은 강한 사회성·공공성을 지니고 있어 이에 대해서는 다른 재산권에 비하여 보다 강한 제한과 의무를 부과할 수 있으므로 위헌심사기준으로 비례성 원칙을 적용할 수 없다.
④ 재산권을 형성하는 내용의 완전히 새로운 제도를 창설하면서 그 행사기간 등을 정하는 경우에 있어서는 기본적으로 입법재량이 인정되고 이에 기초한 정책적 판단이 이루어져야 할 특별한 영역에 해당되므로 그 입법이 합리적인 재량의 범위를 일탈한 것인지 여부만을 기준으로 심사하여야 할 것이다.

06 양심의 자유와 종교의 자유에 관한 기술 중에서 옳은 것은 모두 몇 항목인가? (다툼시 판례에 따름)

㉠ 헌법 제19조가 보호하고 있는 양심의 자유는 양심형성의 자유와 양심결정의 자유를 포함하는 내심적 자유뿐만 아니라 양심결정을 외부로 표현하고 실현할 수 있는 양심실현의 자유도 포함된다.
㉡ 양심실현의 자유는 국가안보 등을 이유로 제한할 수 있는 상대적 기본권이다.
㉢ 보안관찰법상의 보안관찰처분은 보안관찰대상자의 내심의 작용을 문제 삼는 것이 아니라 보안관찰 해당 범죄를 다시 저지를 위험성이 내심의 영역을 벗어나 외부에 표출되는 경우에 재범의 방지를 위하여 내려지는 특별예방목적의 처분이므로 양심의 자유를 침해하는 것이 아니다.
㉣ 종교의 자유의 핵심적인 내용은 신앙의 자유이므로 무신앙의 자유는 종교의 자유에서가 아니라 일반적 행동의 자유에 의해서만 보호된다.

① 1항목 ② 2항목
③ 3항목 ④ 4항목

07 변호인의 조력을 받을 권리에 관한 기술 중에서 옳은 것은 모두 몇 항목인가? (다툼시 판례에 따름)

㉠ 변호인과의 자유로운 접견은 신체구속을 당한 사람에게 보장된 변호인의 조력을 받을 권리의 가장 중요한 내용이어서 국가안전보장, 질서유지, 공공복리 등 어떠한 명분으로도 제한될 수 없다.
㉡ 변호인 자신의 구속된 피의자·피고인과의 접견교통권은 헌법상의 권리에 해당하지 아니한다.
㉢ 미결구금자가 수발하는 서신이 변호인 또는 변호인이 되려는 자와의 서신임이 확인되고 미결구금자의 범죄혐의내용이나 신분에 비추어 소지금품의 포함 또는 불법내용의 기재 등이 있다고 의심할 만한 합리적인 이유가 없음에도 그 서신을 검열하는 것은 위헌이다.
㉣ 변호인의 피의자 신문조서 열람은 피구속자의 변호인의 조력을 받을 권리와 밀접한 관계에 있는 것으로 헌법상의 기본권으로서 보호된다.

① 1항목
② 2항목
③ 3항목
④ 4항목

08 기본권 주체에 관한 기술 중에서 옳은 것은? (다툼시 판례에 따름)

① 근로의 권리 중 일할 환경에 관한 권리에 대해서는 외국인 근로자도 기본권 주체성이 인정된다.
② 법인격이 없는 사단인 정당은 선거에서의 차별대우를 이유로 평등권 침해에 대하여 헌법소원심판을 청구할 수 없다.
③ 모든 인간은 헌법상 생명권의 주체가 되나 형성 중인 생명인 태아는 생명에 대한 권리가 인정되지 않는다.
④ 국가나 국가기관 또는 국가조직의 일부나 공법인은 기본권의 수범자이면서 기본권의 주체가 된다.

09 다음 중에서 국회동의를 요하는 것은 모두 몇 항목인가?

㉠ 한미자유무역협정
㉡ 한미방위조약
㉢ 한미행정협정
㉣ 한미쇠고기 수입시
㉤ 소말리아에 국군파견시

① 1항목
② 2항목
③ 3항목
④ 4항목

10 대통령의 사면권에 관한 기술 중에서 옳은 것끼리만 묶은 것은?

> ⊙ 일반사면은 일정한 종류의 범죄를 지은 자를 대상으로 형 선고의 효력을 상실케 하거나 공소권을 소멸시키는 것으로서 국회동의를 얻어 대통령령으로 한다.
> ⓒ 특별사면을 행하기 위해서는 그 대상자의 성명, 죄명, 형의 종류, 형기 등을 5일 이전에 국회에 통보하여 국회의 의견을 들어야 하며 일반감형을 명하는 경우에는 국회의 동의를 얻어야 한다.
> ⓒ 형의 집행을 종료하지 않았거나 집행의 면제를 받지 않은 경우에도 복권이 가능하다.
> ⓔ 법무부장관은 대통령에게 특별사면, 특정한 자에 대한 감형 및 복권을 상신할 때에는 사면심사위원회를 거쳐야 한다.

① ⊙, ⓒ
② ⊙, ⓔ
③ ⓒ, ⓒ
④ ⓒ, ⓔ

11 재정에 관한 기술 중에서 옳은 것은?

① 정부는 국채를 모집하거나 예산 외에 국가의 부담이 될 계약을 체결할 경우에는 차기 국회의 승인을 얻어야 한다.
② 국회는 국가재정법의 적용을 받는 기금을 운용하는 기금관리주체에 대해서는 국정감사를 실시할 수 없다.
③ 예산과 법률은 별개의 국법형식으로서 성질·성립절차·효력이 상이하기 때문에 예산을 가지고 법률을 변경할 수 없고, 법률을 가지고 예산을 변경할 수 없다.
④ 정부는 예산이 여성과 남성에게 미칠 영향을 미리 분석한 성인지 예산서를 작성할 수 없다.

12 국무위원의 권한에 해당하지 않는 것은 모두 몇 항목인가?

⊙ 부서권	ⓒ 국무총리권한대행권
ⓒ 대통령권한대행권	ⓔ 국무회의 심의·표결권
ⓜ 국무회의 출석·발언권	ⓗ 건축법시행령 제정권

① 1항목
② 2항목
③ 3항목
④ 4항목

13 다음 중 국무총리의 권한이 아닌 것끼리만 모두 묶은 것은? (다툼시 판례에 따름)

> ㉠ 대통령권한대행권
> ㉡ 부서권
> ㉢ 대통령직속기관인 국가안전기획부(현, 국가정보원) 통할권
> ㉣ 감사원에 구체적인 직무이행 지시권
> ㉤ 국무위원 임명제청권
> ㉥ 총리령 제정권

① ㉠, ㉡
② ㉢, ㉣
③ ㉣, ㉤
④ ㉤, ㉥

14 법원에 관한 기술 중에서 옳은 것(○)과 옳지 않은 것(×)을 바르게 나열한 것은? (다툼시 판례에 따름)

> ㉠ 법관은 법관징계위원회의 의결에 의하여 파면, 정직, 감봉, 견책 처분을 받을 수 있다.
> ㉡ 법관의 징계사건을 심의·결정하기 위하여 법원에 법관징계위원회를 둔다.
> ㉢ 예외법원설에 의하면 군사법원을 설치함에 있어서 조직·권한이나 재판관의 자격을 일반법원과 다르게 정할 수 있다.
> ㉣ 대법관 3인으로 구성된 부에서 명령 또는 규칙이 헌법에 위반되지 아니한다는 결정을 할 수 있다.

① ×-×-○-○
② ×-○-×-○
③ ○-×-○-×
④ ○-○-○-○

15 헌법재판소의 판례를 기술한 것 중에서 옳지 않은 것은?

① 보호처분받아 수용되거나 법률상 근거 없이 송환 대기실에 수용되었던 외국인에 대하여 보상을 지급하지 아니한 것은 헌법에 위배되지 아니한다.
② 구태평양전쟁전후국외강제동원자만을 의료지원금의 지원대상으로 하는 것은 헌법상 평등원칙에 위배되지 않는다.
③ 보상금 등의 지급결정에 동의한 때에는 특수임무수행등으로 인하여 입은 피해에 대하여 재판상 화해가 성립된 것으로 보는 것은 재판청구권을 과도하게 제한하는 것은 아니다.
④ 공중보건의사에 편입되어 군사교육에 소집된 사람을 군인보수법의 적용대상에서 제외하여 군사교육 소집 기간 동안의 보수를 지급하지 않도록 한 군인보수법 제2조 제1항 중 '군사교육소집된 자' 가운데 '병역법 제5조 제1항 제3호 나목 4) 공중보건의사'에 관한 부분이 헌법에 위반된다.

16 헌법재판소법 제68조 제1항에 의한 헌법소원에 관한 기술 중에서 옳은 것은?

㉠ 현재 이미 기본권 침해가 발생한 경우에 한하여 헌법소원을 허용하는 경우 권리구제의 실효성이 문제 되므로 헌법재판소는 가까운 장래에 기본권 침해가 확실하게 예측되는 경우에는 기본권침해의 현재성을 인정한다.
㉡ 헌법재판소법 제68조 제1항에 의한 헌법소원심판의 청구인이 어떠한 법률조항으로 인하여 자신의 기본권이 침해된다는 주장 이외에 그 조항으로 인하여 제3자의 기본권도 침해된다는 주장도 있는 경우에는 헌법재판소는 제3자의 기본권 침해부분에 대해서도 판단하여야 한다.
㉢ 법률규정이 그 규정의 구체화를 위하여 하위규범의 시행을 예정하고 있는 경우에 그 법률조항을 대상으로 한 헌법소원심판 청구는 원칙적으로 기본권침해의 직접성이 없다.
㉣ 제3자가 자신의 이름으로 타인의 이익을 위하여 헌법소원을 제기할 수 있다.

① 1항목
② 2항목
③ 3항목
④ 4항목

17 헌법재판소의 판례를 기술한 것 중에서 옳지 않은 것은?

① 역사문화환경 보존지역에 있는 부동산을 재산세 경감 대상으로 하지 아니하는 것은 조세평등주의에 위배되지 아니한다.
② 대통령 관저의 경계지점으로부터 100m이내의 장소에서 행진을 제외한 옥외집회·시위할 경우에 형사처벌 하는 것은 집회자유를 침해하는 것이다.
③ 100세대 이상 민간임대사업자가 임대기간동안 임대료를 증액하여 신규임대계약을 체결하거나 종전 임대계약을 갱신하는 경우 변동률을 초과하여 계약을 금지하는 것은 헌법에 위배되지 아니한다.
④ 특수한 유형의 온라인서비스제공자의 범위 및 권리자의 요청, 필요한 조치에 관하여 문화체육관광부장관의 고시 및 대통령령으로 정하도록 한 것은 포괄적 위임입법금지원칙에 위배된다.

18 통신의 자유와 기본권에 관한 헌법재판소의 판례를 기술한 것 중에서 옳지 않은 것은?

① 공익을 해할 목적으로 전기통신설비에 의하여 공연히 허위의 통신을 한 자를 형사 처벌하는 전기통신기본법 제47조 제1항은 공익 개념이 불명확하여 수범자인 국민에 대하여 일반적으로 허용되는 허위의 통신 가운데 어떤 목적의 통신이 금지되는 것인지 고지하여 주지 못하고 있으므로 명확성원칙에 위배된다.
② 허위사실의 표현도 헌법 제21조가 규정하는 언론·출판자유의 보호영역에 해당하되, 다만 헌법 제37조 제2항에 따라서 제한할 수 있다.
③ 수사종류 후 위치정보추적자료 제공받은 사실 등을 통지하도록 한 것은 적법절차원칙에 위배된다.
④ 가사소송에서 당사자가 변호사를 대리인으로 선임하여 소송절차 중 그 변호사의 조력을 받는 것 역시 헌법 제12조 제4항의 변호인의 조력을 받을 권리의 보호영역에 포함된다.

19 권한쟁의심판에 관한 기술 중에서 옳은 것끼리만 모두 묶은 것은? (다툼시 판례에 따름)

㉠ 헌법재판소는 권한쟁의심판에 있어서 제3자 소송담당이 허용되지 아니하고 대통령 등 국회 이외의 국가기관에 의하여 국회의원의 심의·표결권이 침해될 수 없다는 이유로 권한쟁의심판청구를 각하 결정한 바 있다.
㉡ 지방자치단체의 장은 원칙적으로 권한쟁의 심판청구의 당사자가 될 수 없다. 다만 지방자치단체의 장이 국가위임 사무에 대해 국가기관의 지위에서 처분을 행한 경우에는 권한쟁의 심판청구의 당사자가 될 수 있다.
㉢ 국회의원의 심의·표결권은 국회의 대내적인 관계에서 행사되고 침해될 수 있을 뿐 다른 국가기관과의 대외적인 관계에서는 침해될 수 없는 것이므로, 국회의원들 상호간 또는 국회의원과 국회의장 사이와 같이 국회 내부적으로만 직접적인 법적 연관성을 발생시킬 수 있을 뿐이고 대통령 등 국회 이외의 국가기관과의 사이에서는 권한침해의 직접적인 법적 효과를 발생시키지 않는다.
㉣ 법률에 의하여 설치된 국가기관인 국가경찰위원회에게도 권한쟁의심판의 당사자능력이 인정된다.

① ㉠, ㉡
② ㉠, ㉡, ㉢
③ ㉡, ㉢, ㉣
④ 없음

20 입법에 관한 기술 중에서 옳은 것은?

① 헌법은 실질적 의미의 입법에 관한 권한을 국회에 독점시키지 아니하고 국회입법의 원칙에 관한 예외를 규정하고 있다. 선거관리위원회에 규칙제정권을 부여하고 있는 것이 그 예이다.
② 특정규범이 개별사건법률에 해당한다고 하여 곧바로 위헌이 되는 것은 아니다.
③ 국민은 단순한 입법절차상의 하자만을 이유로 하여 헌법재판소법 제68조 제1항에 의한 헌법소원심판을 청구할 수 있다.
④ 헌법재판소는 권한쟁의심판을 통하여 입법절차의 준수 여부를 심사할 수 없다.

제 10 회 동형모의고사

01 헌법재판과 관련된 가처분에 관한 설명 중에서 옳은 것으로만 모두 묶은 것은? (다툼시 판례에 따름)

㉠ 헌법재판소법은 정당해산심판과 권한쟁의심판에 관해서만 가처분에 관한 규정을 두고 있을 뿐, 다른 헌법재판절차에 있어서 가처분의 허용유무에 관하여는 명문의 규정을 두고 있지 아니한다.
㉡ 법령의 위헌확인을 청구하는 헌법소원의 가처분에 관하여는 헌법재판의 성질에 반하지 아니하는 한도 내에서 민사소송법의 가처분규정과 행정소송법의 집행정지규정이 준용된다.
㉢ 권한쟁의심판에서 가처분의 결정은 피청구인의 처분 등이나 그 집행 또는 절차의 속행으로 인하여 생길 회복하기 어려운 손해를 예방할 필요가 있거나 기타 공공복리상의 중대한 사유가 있어야 하고 그 처분을 정지시켜야 할 긴급한 필요가 있는 경우 등이 그 요건이 된다.
㉣ 가처분을 인용한 뒤 종국결정에서 청구가 기각되었을 때 발생하게 될 불이익과 기각한 뒤 청구가 인용되었을 때 불이익에 대한 것을 비교형량하여 결정해야 하는 것은 아니다.

① ㉠, ㉡
② ㉠, ㉡, ㉢
③ ㉡, ㉢
④ ㉡, ㉢, ㉣

02 국회회의에 관한 기술 중에서 옳은 것은? (다툼시 판례에 따름)

① 소수자의 의사진행방해를 방지하고 원활한 국회의 운영을 도모하기 위하여 헌법상 일사부재의 원칙을 채택하고 있다.
② 우리 헌법은 임기만료시에도 회기계속의 원칙을 정하고 있기 때문에 국회에 제출된 의안은 회기 중에 의결되지 못하였다는 이유로 폐기되지 않는다.
③ 국회법 제55조 제1항의 '위원회에서는 위원이 아닌 자는 위원장의 허가를 받아 방청할 수 있다.'라는 규정은 위원회 회의의 비공개를 전제로 한 것이다.
④ 단순한 행정적 회의를 제외하고 국회의 헌법적 기능과 관련된 모든 회의는 본회의든 위원회의 회의든 원칙적으로 국민에게 공개되어야 하고 또한 원하는 국민은 그 회의를 방청할 수 있다.

03 사법권에 관한 기술 중에서 옳지 않은 것은? (다툼시 판례에 따름)

① 대법원장의 판사보직권 행사에 관한 헌법소원심판을 청구하기 위해서는 소청심사위원회와 행정소송을 거쳐야 한다.
② 현행 우리나라 헌법은 법관 자격이 없는 자가 재판을 담당하는 특별법원의 설치를 예정하고 있다.
③ 군사법원의 최종심은 대법원이다.
④ 국민의 형사재판 참여에 관한 법률이 정하는 국민참여재판을 이 법 시행 후 최초로 공소제기되는 사건부터 적용하도록 한 부칙규정은 헌법에 위배된다.

04 헌법 제9장의 경제질서에 관한 규정에서 직접 명문으로 규정하지 않은 것은 모두 몇 항목인가?

㉠ 토지생산성 제고
㉡ 중앙은행(한국은행)의 중립성과 독립성 보장
㉢ 독과점의 규제와 조정
㉣ 농업 및 기간산업의 보호·육성
㉤ 수력과 풍력의 개발 또는 이용의 특허
㉥ 국토의 효율적이고 지속가능한 개발과 보전
㉦ 임산물의 수급균형
㉧ 소비자의 권리보장
㉨ 과학기술의 혁신과 정보 및 인력개발

① 5항목
② 6항목
③ 7항목
④ 8항목

05 재판청구권에 관한 기술 중에서 옳은 것은? (다툼시 판례에 따름)

① 불복절차에서 행정심판을 임의적 전치주의 제도로 규정하고 있다면 불복신청인에게 행정심판을 거치지 아니하고 곧바로 행정소송을 제기할 수 있는 선택권이 보장되어 있다고 하더라도 그 행정심판에 사법절차가 준용되지 아니하면 헌법에 위반된다.
② 소송구조는 재판을 받는 국민에게 국가가 일정한 조력을 제공하는 제도이므로 소송구조의 거부는 국민의 재판청구권을 본질적으로 침해하는 것이다.
③ 현역병의 군대 입대 전 범죄에 대한 군사법원의 재판권을 규정하고 있는 군사법원법 규정은 헌법에 위반되지 않는다.
④ 헌법재판소는 심판사건을 접수한 날로부터 180일 이내에 종국결정의 선고를 하도록 한 헌법재판소 규정은 헌법에 위반된다.

06 집회의 자유에 관한 기술 중에서 옳지 않은 것은? (다툼시 판례에 따름)

① 집회·시위의 장소를 자유롭게 선택할 수 있어야만 집회·시위의 자유가 비로소 효과적으로 보장되므로 장소선택의 자유는 집회·시위의 자유의 한 형태이다.
② 집회의 자유는 현대사회에서 언론매체에 접근할 수 없는 소수집단에게 그들의 권익주장을 옹호하기 위한 적절한 수단을 제공한다는 점에서 소수자 보호를 위한 중요한 기본권이다.
③ 집회에 대한 신고제는 집회의 자유에 대한 일반적 금지가 원칙이고 예외적으로 행정권의 허가가 있을 때에만 이를 허용한다는 점에서 헌법 제21조 제2항에서 금지하고 있는 허가제와는 집회의 자유에 대한 이해와 접근방법의 출발점을 달리하고 있는 것이다.
④ 누구든지 국회의사당 경계지점으로부터 100m이내의 장소에서 옥외집회나 시위시 형사처벌 하는 규정은 헌법에 위배된다.

07 영토규정에 관한 기술 중에서 옳은 것은? (다툼시 판례에 따름)

① 북한을 외국환거래법의 소정의 준외국으로, 북한주민을 외국인에 준하는 지위에 있는 자로 규정할 수 있다.
② 북한의 의과대학을 졸업한 탈북의료인의 경우 의사면허시험 응시자격이 되는 국내대학 의 학사학위를 받은 자에 해당한다.
③ 남북기본합의서는 남북관계를 나라와 나라 사이의 관계로 규정하고 통일을 지향하는 특수관계임을 전제로 하여 이루어진 합의문서이기 때문에 일종의 공동성명 또는 신사협정에 준하는 성격을 진다.
④ 헌법상의 영토규정은 기본권의 하나이기 때문에 영토규정을 근거로 하여 독자적인 헌법소원을 청구할 수 있다.

08 지방자치제에 관한 기술 중에서 옳지 않은 것은? (다툼시 판례에 따름)

① 지방자치단체의 주민으로서 자치권 또는 주민권은 헌법에 의하여 직접 보장된 개인의 주관적 공권이므로 그 침해만을 이유로 국가사무인 고속철도의 역의 명칭 결정의 취소를 구하는 헌법소원심판청구를 할 수 있다.
② 19세 이상의 외국인으로서 출입국관리법 규정에 따른 영주체류자격 취득일 후 3년이 경과한 자 중 출입국관리법 규정에 따라 당해 지방자치단체 관할구역의 외국인등록대장에 등재된 자는 주민소환권이 있다.
③ 지방자치단체는 지방자치단체의 사무에 관한 권한이 침해되거나 침해될 우려가 있는 때에 한하여 권한쟁의심판을 청구할 수 있으므로, 기관위임사무는 권한쟁의심판을 청구할 수 없다.
④ 조례위배시 행정질서벌은 부과할 수 있으나, 법률의 위임이 없으면 형벌은 부과할 수 없다.

09 언론·출판의 자유에 관한 기술 중에서 옳은 것은? (다툼시 판례에 따름)

① 공공기관이 보유·관리하는 정보는 공개해야 하나, 외국인에게는 정보공개청구권이 부여되지 않는다.
② 정부의 국가정책을 집행하는 과정에서 배포·홍보하는 공무원의 언론활동은 언론·출판의 자유의 보호영역에 포함되어 보장한다.
③ 시험에 관한 정보를 비공개 정보로 할 수 있도록 규정한 공공기관의 정보공개에 관한 법률 제9조 제1항 제5호는 헌법에 위반된다.
④ 음란 표현은 헌법 제21조가 규정하는 언론·출판자유의 보호영역 내에 있으나, 헌법 제37조 제2항에 따라 국가안보, 질서유지 또는 공공복리를 위하여 제한할 수 있다.

10 신체의 자유에 관한 헌법재판소의 판례를 기술한 것 중에서 옳지 않은 것은?

① 개인의 대리인, 사용인, 기타 종업원이 그 개인의 업무에 관하여 청소년에게 주류 또는 담배를 판매한 경우에 자동적으로 영업주도 처벌하는 규정은 형벌의 책임주의에 반하므로 헌법에 위반된다.
② 범죄 후 양벌규정에 면책조항이 추가되어 피고인에게 유리하게 법률이 개정되었다면, 당해사건에는 신법이 적용되고 당해사건에 적용되지 않는 구법은 재판의 전제성을 상실한다.
③ 법정 옆 피고인 대기실에서 재판 대기 중인 피고인이 공판을 앞두고 호송교도관에게 변호인 접견을 신청하였으나 교도관이 이를 허용하지 않은 것이 피고인의 변호인의 조력을 받을 권리를 침해한 것은 아니다.
④ 징역형 수형자는 형무소 내에 구치하여 정역에 복무하도록 한 규정은 신체의 자유 및 평등권을 침해하는 것이다.

11 인간다운 생활을 할 권리에 관한 기술 중에서 옳지 않은 것은? (다툼시 판례에 따름)

① 군인의 퇴역연금수급권에 대하여 전액압류를 금지하는 공무원연금법 규정은 헌법에 위반된다.
② 사회보장적 급여인 연금제도와 같은 수혜적 성격의 법률에 있어서는 입법자에게 광범위한 입법형성의 자유가 인정된다.
③ 인간다운 생활을 할 권리는 우리나라 헌법의 가장 핵심적이고 중요한 이념인 인간존중을 구현하기 위한 것이다.
④ 국민연금에서 연금보험료 및 급여산정의 기준이 되는 표준소득월액을 등급별로 대통령령이 정하는 것은 헌법에 위배되지 않는다.

12 교육을 받을 권리에 관한 기술 중에서 옳지 않은 것은? (다툼시 판례에 따름)

① 이른바 고교평준화지역에서 일반계 고등학교에 진학하는 학생을 교육감이 학교군별로 추첨에 의하여 배정하도록 하는 것은 헌법에 위반되지 않는다.
② 학습권은 교사의 교육시킬 권리인 교육권보다 우선되므로 수업권을 이유로 수학권을 침해해서는 안된다.
③ 고시공고일을 기준으로 고등학교에서 퇴학된 날로부터 6월이 지나지 아니한 자는 고등학교 졸업학력 검정고시를 볼 수 없게 하는 것은 교육받을 권리를 침해하는 것이다.
④ 현행 헌법은 의무교육은 6년의 초등교육과 3년의 중등교육으로 함을 규정하고 있지 않는다.

13 다음 근로3권에 관한 내용 중 헌법재판소의 판례 입장이 아닌 것은?

① 특수경비원의 단체행동권을 제한하고 있는 경비업법 규정은 헌법에 위반되지 아니한다.
② 단체교섭권에는 단체협약체결권이 포함되어 있다는 것이 헌법재판소의 입장이다.
③ 노동조합의 조직유지·강화를 위하여 당해 사업장에 종사하는 근로자의 3분의 2 이상을 대표하는 노동조합의 가입을 강제하는 것은 헌법에 위반되지 아니한다.
④ 사립학교의 설립·경영자들은 교원노조와 개별적으로 단체교섭을 할 수 없고 반드시 연합하여 단체교섭에 응하도록 하는 규정은 헌법에 위반된다.

14 직업선택의 자유와 관련하여 헌법재판소가 위헌이나 헌법불합치 결정을 한 것은 모두 몇 항목인가?

> ㉠ 금고 이상의 형의 집행유예를 선고받고 그 기간이 경과한 후 2년을 경과하지 아니한 자는 변호사 활동을 금지하는 것
> ㉡ 외국인 근로자에 대한 고용허가제
> ㉢ 사법시험 제2차 시험시간을 과목당 2시간으로 규정하는 것
> ㉣ 국내 유료직업소개업의 등록제 규정
> ㉤ 법학전문대학원 설립의 인가주의와 총입학정원제 규정
> ㉥ 학원강사의 자격기준으로 대학졸업 이상의 학력소지자일 것을 요구하는 것

① 2항목　　② 3항목
③ 4항목　　④ 없음

15 국적에 관한 기술 중에서 옳지 않은 것은? (다툼시 판례에 따름)

① 대한민국에서 발견된 기아는 대한민국에서 출생한 것으로 간주한다.
② 헌법은 국적에 관한 사항은 법률로써 정하도록 규정하고 있으며, 이 경우의 법률은 국적법을 의미한다.
③ 국적과 가족부(구, 호적)는 그 법적 기초를 달리하는 바 가족부의 등재여부는 국적의 취득 또는 상실의 효과를 가져오는 것이 아니다.
④ 국적법에 따르면, 법무부장관에게 외국국적을 행사하지 아니하겠다고 서약한 자는 복수국적을 제한적으로 인정한다.

16 선거에 관한 기술 중에서 옳지 않은 것은?

① 경선후보자로서 당해 정당의 후보자로 선출되지 아니한 자는 당해 선거의 같은 선거구에서는 후보자로 등록될 수 없다. 다만, 후보자로 선출된 자가 사퇴·사망·피선거권 상실 또는 당적의 이탈·변경 등으로 그 자격을 상실한 때에는 그러하지 아니하다.
② 지역구시·도의회의원선거, 자치구·시의 지역구의회의원 및 장의 선거는 선거기간개시일 전 90일, 군의 지역구의회의원 및 장의 선거는 선거기간개시일 전 60일부터 관할선거구선거관리위원회에 예비후보자등록을 서면으로 신청하여야 한다.
③ 지방공사(안산시) 상근 직원에 대하여 공직선거와 관련한 선거운동을 금지하고 이를 위반한 행위를 처벌하는 것은 선거운동의 자유를 침해하는 것이다.
④ 부득이한 사유가 있는 경우라도 병영 안과 종교시설 안에는 투표소를 설치할 수 없다.

17 헌법개정에 관한 기술 중에서 옳은 것은?

① 국회의원수를 300명에서 199명으로 감원하는 경우에는 헌법개정없이 가능하다.
② 헌법개정과 관련하여 헌법 제128조는 국민투표에 이의가 있는 투표인은 투표인 10만명 이상의 찬성을 얻어 투표일로부터 20일 이내에 대법원에 제소할 수 있다고 규정하고 있다.
③ 현행헌법 제70조의 대통령 임기를 5년 중임금지규정에서 4년 연임규정으로 개정하는 경우, 이는 개정제안 당시의 대통령부터 적용된다.
④ 국회가 헌법개정안을 의결할 때에는 공고된 헌법개정안을 수정의결할 수 없으며, 기명투표로 표결한다.

18 국정감사와 조사에 관한 기술 중에서 옳지 않은 것은?

① 국정감사나 조사시에 위원회는 증인이 정당한 이유없이 출석하지 아니한 때에는 의결로써 해당 증인을 지정한 장소까지 동행할 것을 명령할 수 있다.
② 국정감사를 위한 위원회에서 증언하는 증인은 헌법 및 법률상의 권리에 관한 조언을 받기 위하여 변호사인 변호인을 대동할 수 있다.
③ 법원에 계속중인 사건과 사법행정에 대해서는 국정감사나 조사 대상이 될 수 없다.
④ 특별시·광역시·도의 국가위임사무와 국가가 보조금 등 예산을 지원하는 사업에 대하여 감사·조사할 수 있다.

19 다음 중에서 국무총리의 권한대행이 될 수 없는 자는 모두 몇 명인가?

㉠ 기획재정부장관	㉡ 환경부장관
㉢ 산업통상자원부장관	㉣ 법제처장
㉤ 인사혁신처장	㉥ 해양수산부장관
㉦ 통일부장관	㉧ 여성가족부장관

① 2명 ② 3명
③ 4명 ④ 5명

20 헌법재판소에 관한 기술 중에서 옳은 것은?

① 헌정사상 헌법재판소가 대통령, 대법원장, 대법관의 선거소송을 관할하였던 시기는 제3공화국 헌법이다.
② 제헌헌법에서는 국무총리를 위원장으로 하는 헌법위원회를 구성하였으며, 대법관 5인과 국회의원 5인의 위원으로 구성한 바 있다.
③ 헌법재판소 재판관은 탄핵 또는 금고 이상의 형의 선고에 의하지 아니하고는 파면되지 아니하고, 징계처분에 의하지 아니하고는 정직·감봉 기타 불리한 처분을 당하지 아니한다고 헌법에 규정되어 있다.
④ 탄핵심판절차에서도 결정문에 소수의견을 표시하여야 한다.

제11회 동형모의고사

01 국회의장과 부의장에 관한 기술 중에서 옳은 것은?

① 확정법률이 정부에 이송된 후 7일 이내에 대통령이 공포하지 아니할 때 국회의장은 예외적으로 법률을 공포한다.
② 국회의장과 부의장은 국무위원을 겸직할 수 있고 그 사임에는 국회동의가 필요하다.
③ 국회의장이 심신 상실 등의 부득이한 사유로 의사를 표시할 수 없게 되어 직무대리를 지정할 수 없는 때에는 소속의원수가 많은 교섭단체소속의 부의장의 순으로 직무를 대행한다.
④ 비례대표의원은 국회의장이 될 수 없다.

02 조세법률주의에 관한 기술 중에서 옳지 않은 것은? (다툼시 판례에 따름)

① 가사사용인을 일반 근로자와 달리 퇴직급여법의 적용범위에서 배제하고 있다 하더라도 합리적 이유가 있는 차별이다.
② 조세법률주의는 법률의 집행에 있어서도 이를 엄격하게 해석·적용하여야 하며, 확장해석이나 유추해석은 허용되지 아니한다.
③ 우리나라 조세법제는 별도의 규정이 없는 한 영구적인 것이므로 헌법 제59조의 조세법률주의는 영구세주의를 규정한 것으로 보아야 한다.
④ 조세법규를 어떠한 내용으로 규정할 것인지에 관하여는 정책적·기술적인 판단에 의하여 정하여야 하는 문제가 아니므로 입법자의 입법형성적 재량에 해당하는 것이 아니다.

03 현행 국회법상 국회의원이 겸직할 수 없는 것은 모두 몇 항목인가?

㉠ 국무총리	㉡ 보건복지부장관
㉢ 한국은행장	㉣ 비영리 사회복지재단 이사장
㉤ 농업협동조합의 임원	㉥ 서울특별시의원
㉦ 사립대학교 이사장	

① 1항목 ② 2항목
③ 3항목 ④ 4항목

04 대통령선거에 관한 기술 중에서 옳지 않은 것은?

① 대통령선거 결과 최고 득표자가 2인 이상일 경우 국회에서 결선투표를 한다.
② 서울특별시 공무원이 대통령 선거에 출마하고자 할 경우에는 선거일 전 90일까지 그 직에서 사임하여야 한다.
③ 대통령이 궐위된 때에는 60일 이내에 후임자를 선거하여야 하며 후임자의 임기는 새로이 시작된다.
④ 임기만료에 의한 대통령선거는 그 임기만료일 전 50일 이후 첫 번째 수요일에 실시함이 원칙이다.

05 정당에 관한 기술 중에서 옳은 것은?

① 정당이 그 소속 국회의원을 제명함에는 당헌이 정하는 절차를 거치는 외에 그 소속 국회의원 전원의 3분의 1 이상의 찬성이 있어야 한다.
② 정당은 국회의원지역구 및 자치구·시·군, 읍·면·동별로 당원협의회를 둔다.
③ 정치자금법상 국회의원이나 특정정당 명의로 선거운동의 경비충당을 위한 후원회를 지정하여 둘 수 없다.
④ 모든 지방자치단체장 선거의 후보자는 후원회를 지정하여 둘 수 있다.

06 다음 중 헌법재판소 판례에 관한 기술 중에서 잘못 기술된 것은?

① 환매권의 발생기간을 제한한 「공익사업을 위한 토지 등의 취득 및 보상에 관한 법률」(2011.8.4. 법률 제11017호로 개정된 것) 제91조 제1항 중 '토지의 협의취득일 또는 수용의 개시일부터 10년 이내에' 부분이 헌법에 합치되지 아니한다는 결정을 선고하였다
② 금융감독원의 4급 이상 직원에 대하여 퇴직일로부터 2년간 사기업체 등에의 취업을 제한한 구 「공직자윤리법」 조항은 금융기관에 대한 실질적 영향력 행사 및 금융기관과의 유착을 사전에 방지하기 위한 것으로 직업선택의 자유를 침해하지 않는다.
③ 사립대학의 신설이나 학생정원 증원의 사무는 국가사무이지 지방자치단체의 사무가 아니므로, 수도권정비계획법 제18조 제1항에 근거한 국토해양부장관의 총량규제에 따라 수도권 소재 사립대학의 학생정원 증원을 제한하는 내용을 담은 교육과학기술부(현행 교육부)장관의 "2011학년도 대학 및 산업대학 학생정원 조정계획"은 경기도의 자치권한을 침해하거나 침해할 현저한 위험이 없다.
④ 지방자치단체의 의결기관을 구성하는 지방의회 의원과 그 기관의 대표자인 지방의회 의장사이의 내부적 분쟁에 관련된 심판은 권한쟁의심판의 대상이 된다.

07 선거에 관한 헌법재판소 판례 내용 중에서 옳은 것은 모두 몇 항목인가?

㉠ 국외구역을 항해하는 선박에 장기 기거하는 선원들에게 아무런 투표방법을 마련하지 않은 것은 선거권을 침해하는 것이다.
㉡ 국회의원 출마시 2,000만원의 기탁금을 납부토록 하는 것은 평등권과 피선거권을 침해하는 것이다.
㉢ 각종 선거에서 부재자 투표(현행 사전투표)에서의 투표기간을 선거일 전 6일부터 2일간 실시하도록 하고 있는 규정은 부재자 투표(현행 사전투표)를 하려는 자의 선거권과 평등권을 침해하는 것이 아니다.
㉣ 선거일 전 180일부터 선거일까지 선거에 영향을 미치게 하기 위하여 일정한 내용의 문서, 기타 이와 유사한 것의 배부 등을 금지하는 공직선거법 제93조 제1항 중 '기타 유사한 것' 부분에 이용자제작콘텐츠(UCC) 배포를 금지하는 것은 선거운동의 자유를 침해한다고 볼 수 없다.
㉤ 물품·음식물·서적·관광 기타 교통편의를 제공받은 자는 그 제공받은 금액 또는 음식물·물품 가액의 50배에 상당하는 과태료 금액에 처하는 것은 과잉금지원칙에 위배되지 아니한다.

① 1항목 ② 2항목
③ 3항목 ④ 4항목

08 공무원에 관한 기술 중에서 옳지 않은 것은? (다툼시 판례에 따름)

① 지방자치단체가 지방공무원법 제58조 제2항의 위임에 따라 사실상 노무에 종사하는 공무원의 범위를 정하는 조례를 제정하지 아니한 것은 정당한 사유없이 조례를 제정하여야 할 헌법상 의무를 해태함으로써 청구인들이 단체행동권을 향유할 가능성 자체를 봉쇄한 것으로 헌법에 위반된다.
② 6급 이하의 공무원이라 할지라도 인사, 보수에 관한 업무를 수행하는 공무원은 노동조합에 가입할 수 없다.
③ 헌법재판소 재판관과 대법관은 정당에 가입하거나 정치에 관여할 수 없음이 헌법에 규정되어 있다.
④ 공무원의 승진가능성은 간접적·사실적 또는 경제적 이해관계에 영향을 미치는 것에 불과하여 공무담임권의 보호영역에 포함되지 아니한다.

09 지방자치제에 관한 기술 중에서 옳은 것은? (다툼시 판례에 따름)

① 어느 지방자치단체에 특정한 행정동 명칭을 독점적·배타적으로 사용할 권한이 있다고 볼 수 없다.
② 이장은 헌법상 보호되는 공무담임권의 대상으로서 공무원에 해당한다.
③ 특정지방자치단체의 존속을 보장하는 것은 헌법상 지방자치제도보장의 핵심적 영역 내지 본질적 부분이 아니므로 현행법상의 지방자치단체의 중층구조를 계속 존속하도록 할지 여부는 입법자의 입법형성권의 범위 안에 있는 것은 아니다.
④ 국가, 지방자치단체, 지방자치단체조합에 귀속을 조건으로 취득하는 부동산 및 그 등기에 대하여 취득세 및 등록세를 비과세하는 것은 헌법에 위반된다.

10 헌법재판소에서 기본권 주체성을 인정한 것은 모두 몇 항목인가?

㉠ 대통령(국민의 지위)
㉡ 국회노동위원회
㉢ 상공회의소
㉣ 사립중·고등학교
㉤ 태아
㉥ 진보신당(생명·신체의 안전에 관한 기본권침해의 경우)
㉦ 정당

① 1항목 ② 2항목
③ 4항목 ④ 6항목

11 다음 중 헌법재판소의 판례입장과 다른 것은?

① 주택재건축 사업에서 발생되는 재건축 초과 이익에 대하여 재건축 분담금을 징수하는 규정은 헌법에 위배되지 아니한다.
② 헌법소원심판에 있어 반드시 변호사를 대리인으로 선임하도록 규정하고 있는 헌법재판소법 제25조 제3항은 과잉금지원칙과 청구인의 재판청구권을 침해하는 것이다.
③ 민사소송법 제391조 중 '소송비용에 관한 재판에 대하여는 독립하여 항소하지 못한다.' 부분은 헌법에 위반되지 아니한다.
④ 하나의 헌법소원으로 헌법재판소법 제68조 제1항에 의한 청구와 헌법재판소법 제68조 제2항에 의한 청구를 함께 병합하여 제기하는 것도 가능하다.

12 인권보장과 국가인권위원회에 관한 기술 중에서 옳은 것은? (다툼시 판례에 따름)

① 국가인권위원회 위원은 국회에서 4인 선출, 대통령이 4인 임명, 대법원장이 4인을 지명하며, 위원장은 위원 중에서 대통령이 임명한다.
② 인권위원회는 인권침해 피해자나 그 사실을 알고 있는 사람이나 단체의 진정에 의하여 또는 직권으로 조사할 수 있다.
③ 사인 기업의 인권침해에 대해서는 국가인권위원회의 조사대상이 될 수 없다.
④ 법원의 재판을 국가인권위원회에 진정할 수 있는 대상에서 제외하는 것은 평등권에 위배된다.

13 인간존중에 관한 기술 중에서 옳지 않은 것은? (다툼시 판례에 따름)

① 인간존중은 국가권력에 대해서는 가치적 실천기준을 제시하고 국민에 대해서는 윤리적 행동규범이 되는 것으로 기본권 체한기순이 되는 것이 아니라, 그 체한한계의 기순이 되는 것이다.
② 사형이 극악한 범죄에 한정적으로 선고되는 한 범죄자의 생명권 박탈을 내용으로 한다는 이유만으로 인간존중을 위배하는 것은 아니다.
③ 연명치료 중인 환자의 자녀들이 제기한 연명치료 중단 등에 관한 법률의 입법부작위위헌확인에 관한 헌법소원 심판청구에서 입법부작위로 인한 기본권 침해의 자기관련성이 인정된다.
④ 대법원은 무의미한 연명치료장치의 제거를 인정한 바 있다.

14 정부에 관한 기술 중에서 옳은 것은?

① 국무회의는 국정의 최고심의기관으로서 국가의 중요정책을 심의하고 그 결정 내용을 집행하지만, 대통령은 국무회의의 심의결과에 구속되지 아니한다.
② 국무총리는 중앙행정기관의 장의 명령이나 처분이 위법 또는 부당하다고 인정될 경우에는 직권으로 이를 중지 또는 취소할 수 있다.
③ 대통령이 특별히 지정하는 사무 또는 대통령의 명을 받아 국무총리가 특히 지정하는 사무를 수행하기 위하여 2명의 국무위원을 둘 수 있다.
④ 행정기관에는 그 소관사무의 일부를 독립하여 수행할 필요가 있는 때에 법률로 정하는 바에 따라 행정위원회 등 합의제 기관을 둘 수 있다.

15 감사원에 관한 기술 중에서 옳지 않은 것은?

① 감사원장이 '공공기관 선진화 계획'에 따라 공공기관의 운영실태를 점검한 후 공공기관을 구체적으로 거명하지 않은 채 감사책임자에게 그 문제점을 설명하고 자율시정하도록 개선방향을 제시한 행위는, 행정지도로서의 한계를 넘어 규제적·구속적 성격을 가진다고 할 수 없으므로 헌법소원심판의 대상이 되는 공권력의 행사에 해당하지 않는다.
② 감사원장이 사고로 인하여 직무를 수행할 수 없을 때에는 감사위원으로 최장기간 재직한 감사위원이 그 직무를 대행한다. 다만, 재직기간이 같은 감사위원이 2명 이상인 경우에는 연장자가 그 직무를 대행한다.
③ 감사원은 국회·법원 및 헌법재판소의 회계검사권과 소속된 공무원의 직무에 대해서는 직무감찰권을 행사하지 못한다.
④ 국민감사청구제도는 일정한 요건을 갖춘 국민들이 감사청구를 한 경우에 감사원장으로 하여금 감사청구된 사항에 대하여 감사실시 여부를 결정하고 그 결과를 감사청구인에게 통보하도록 의무를 지운 것이므로 이러한 국민감사청구에 대한 기각결정은 공권력주체의 고권적 처분이라는 점에서 헌법소원의 대상이 될 수 있는 공권력행사라고 보아야 할 것이다. 감사원장의 국민감사청구기각결정의 처분성 인정 여부에 대하여 대법원판례는 물론 하급심판례도 아직 없으며 부패방지법상 구체적인 구제절차가 마련되어 있는 것도 아니므로, 청구인들이 행정소송을 거치지 않았다고 하여 보충성 요건에 어긋난다고 볼 수는 없다.

16 국회에 관한 기술 중에서 옳은 것은 모두 몇 항목인가? (다툼시 판례에 따름)

> ㉠ 국회의원의 심의·표결권은 국회의 대내적인 관계에서 행사되고 침해될 수 있을 뿐 다른 국가기관과의 대외적인 관계에서는 침해될 수 없는 것이므로, 대통령이 국회의 동의 없이 조약을 체결·비준하였다 하더라도 국회의원의 심의·표결권이 침해될 가능성은 없다.
> ㉡ 결산은 소관상임위원회의 예비심사를 거쳐 예산결산특별위원회에서 심사함이 원칙이나, 국가정보원에 대한 결산은 정보위원회에서 심사하며 정보위원회의 심사는 예산결산특별위원회의 심사로 본다.
> ㉢ 탄핵대상 공무원이 그 직무집행에 있어서 헌법이나 법률을 위배한 때 국회에게 탄핵소추의결을 하여야 할 헌법상의 작위의무가 있다고 할 수 없다.
> ㉣ 징계로 국회에서 제명된 자는 국회의원직을 상실할 뿐만 아니라 4년간 보궐선거에 입후보할 수 없다.

① 1항목　　② 2항목
③ 3항목　　④ 4항목

17 다음 중 헌법재판소의 판례입장과 다른 것은?

① 재심은 확정판결에 대한 특별한 불복방법이고 확정판결에 대한 법적 안정성의 요청은 미확정판결에 대한 그것보다 훨씬 크다고 할 것이므로 재심을 청구할 권리는 헌법 제27조에서 규정한 재판을 받을 권리에 당연히 포함되는 것이라고 할 수 없다.
② 비의료인도 문신시술을 업으로 행할 수 있도록 그 자격 및 요건에 관한 법률을 만들어야 할 헌법상 명시적인 입법의무는 없다고 본다.
③ 재정지원 등 혜택을 부여하는 것을 내용으로 하는 시혜적 법률의 경우에는 입법형성권의 범위가 더욱 넓어진다.
④ 양심적 병역 거부자에 대한 대체 복무를 규정하지 아니한 병역 종류 조항은 양심자유를 침해하는 것이 아니다.

18 위헌법률심사에 관한 기술 중에서 옳지 않은 것은? (다툼시 판례에 따름)

① 헌법 제107조 제3항과 행정심판법에 근거를 두고 설치되어 행정심판을 담당하는 각종 행정심판기관은 위헌법률심사의 제청권을 갖는 법원이라고 볼 수 없다.
② 당해 사건에서 청구인의 승소판결이 확정되었다면 심판대상조항에 대하여 헌법재판소가 위헌결정을 한다 하더라도 당해사건 재판의 결론이나 주문에 영향을 미치는 것이 아니므로 재판의 전제성이 부정된다.
③ 법률이 헌법에 위반되는지 여부가 재판의 전제가 된 때 당해 소송의 당사자는 직접 헌법재판소에 위헌심판을 청구할 수 있다.
④ 위헌법률심판의 대상이 되는 법률은 법원의 당해사건에 직접 적용되는 법률과 간접 적용되는 법률도 포함한다.

19 거주·이전의 자유와 관련하여 헌법재판소가 위헌결정한 것은 모두 몇 항목인가?

㉠ 특정해외위난지역으로 출국하고자 할 경우 여권사용을 제한하는 것
㉡ 지방자치단체장의 피선거권 자격으로서 해당지역에 60일 이상 주소가 있을 것을 요구하는 규정
㉢ 대도시 법인의 부동산등기에 대하여 중과하는 지방세법 규정
㉣ 병역의무자가 병무청장의 국외여행허가를 받지 않고 출국한 경우 이를 처벌하는 규정
㉤ 대한민국 국민이 자진하여 외국국적을 취득한 경우 국적을 상실하는 규정

① 없음
② 2항목
③ 3항목
④ 4항목

20 다음 중 임명시에 국회의 소관상임위원회의 인사청문회를 거치지 않아도 되는 자는?

① 검찰총장과 경찰청장
② 대법원장과 대법관
③ 국세청장과 국가정보원장
④ 합동참모의장과 방송통신위원회위원장

제 12 회 동형모의고사

01 국회상임위원회에 관한 기술 중에서 옳은 것끼리만 모두 묶은 것은?

㉠ 개정된 국회법에서는 상임위원회의 수를 17개로 구성하고 소관업무를 규정하고 있다.
㉡ 국회기관으로서 국회의 일부조직인 국회노동위원회는 기본권의 수범자이지 기본권의 주체로서 그 소지자가 아니고 오히려 국민의 기본권을 보호 내지 실현해야 할 책임과 의무를 지니고 있는 지위에 있으므로 헌법소원을 제기할 수 있는 당사자 적격이 없다.
㉢ 국회운영위원회는 그 소관사항으로 국회의원의 자격심사·징계를 할 수 있다.
㉣ 국회의원은 2 이상의 상임위원회 위원이 될 수 있으며, 국회의장은 상임위원회 위원이 될 수 없다.
㉤ 교섭단체 국회의원만 국회정보위원회 위원이 될 수 있도록 한 국회법 제48조 제3항에 대하여 무소속 국회의원은 헌법소원심판을 청구할 수 없다.

① ㉠, ㉡, ㉢
② ㉠, ㉡, ㉢, ㉤
③ ㉠, ㉡, ㉣, ㉤
④ 모두 옳음

02 국회의 교섭단체에 관한 기술 중에서 옳은 것끼리만 모두 묶은 것은?

㉠ 교섭단체의 활동은 국회의원의 정당에 대한 기속성을 엄격히 하여 국회의원의 무기속 위임 관계를 저해하기도 한다.
㉡ 교섭단체마다 의원총회를 두고 교섭단체의 대표의원을 원내총무라고 하며 원내총무는 정당의 대표이다.
㉢ 국회에 20인 이상의 소속의원을 가진 정당은 하나의 교섭단체가 된다.
㉣ 다른 교섭단체에 속하지 아니하는 20인 이상의 의원으로 따로 교섭단체를 구성할 수 있다.
㉤ 헌법재판소는 국회 교섭단체 대표의원의 요청에 따라 국회의장이 국회의원을 보건복지가족위원회에서 사임시키고 환경노동위원회로 보임한 데 대하여 국회의원이 국회의장을 상대로 제기한 권한쟁의 심판청구를 각하하는 결정을 선고하였다.

① ㉠, ㉡
② ㉠, ㉡, ㉢
③ ㉠, ㉢, ㉣
④ ㉢, ㉣, ㉤

03 예산과 법률에 관한 기술 중에서 옳은 것은?

① 예산은 회계연도 중에만 효력을 갖고, 법률과 달리 국가기관만을 구속하며, 정부로 이송되어 관보에 게재하여 공포되어야 비로소 효력이 발생한다.
② 예산안은 국회와 정부가 제출권을 가지며, 법률안은 정부만이 제출권을 가진다.
③ 국회는 정부의 동의 없이도 정부가 제출한 지출예산 각항의 금액을 증가하거나 새 비목을 설치할 수 있다.
④ 조약이나 법률로써 확정된 금액과 채무부담행위로서 전년도에 이미 국회의 의결을 얻은 금액은 삭감할 수 없다.

04 대통령 권한대행에 관한 기술 중에서 옳은 것끼리만 모두 묶은 것은?

> ㉠ 현행법상 대통령의 궐위 내지 사고가 있음을 확인·선언하는 기관은 헌법보장기관인 헌법재판소가 수행한다.
> ㉡ 국회가 대통령에 대하여 탄핵소추를 의결함으로써 그 권한 행사가 정지된 경우에는 헌법 제71조의 궐위에 해당한다.
> ㉢ 제2공화국 헌법에서는 대통령의 궐위시 참의원 의장, 민의원 의장, 국무총리의 순서로 그 권한을 대행하였다.
> ㉣ 대통령이 궐위되거나 사고로 직무를 수행할 수 없을 때에는 60일 이내에 후임자를 선거한다.

① ㉠
② ㉢
③ ㉡, ㉢
④ ㉠, ㉣

05 사면권 행사에 관한 기술 중에서 옳은 것은? (다툼시 판례에 따름)

① 행정법규 위반에 대한 범칙 또는 과벌과 징계법규에 의한 징계 또는 징벌의 면제는 사면에 관한 규정을 준용한다.
② 군사법원에서 형의 선고를 받은 자에 대해서는 사면·감형이 허용되지 아니한다.
③ 중한 형에 대하여 사면을 하면서 그보다 가벼운 형에 대하여 사면을 하지 않는 것은 평등원칙에 위배된다.
④ 특별사면의 대상을 형으로 규정할 것인지 사람으로 규정할 것인지는 입법자에게 재량권을 부여하는 것은 아니다.

06 국무총리에 관한 기술 중에서 옳지 않은 것은?

① 제헌헌법은 국무총리 임명시 국회의 승인을 얻어 대통령이 임명하도록 하였으나, 현행헌법은 국회의 동의를 얻어서 임명하도록 규정하고 있다.
② 국무총리가 사고로 인하여 직무를 수행할 수 없을 때에는 대통령이 지명하는 국무위원이 우선적으로 권한대행을 한다.
③ 현행 헌법이나 법률규정에 국무총리와 국회의원의 겸직을 금지하는 규정은 없다.
④ 헌법은 행정부의 독주를 간접적으로 견제하여 입법부와 집행부 간의 권력적 균형과 조화를 도모하기 위하여 대통령의 국무총리 임명에는 국회동의를 얻도록 하고 있다.

07 국무회의에 관한 기술 중에서 옳은 것끼리만 모두 묶은 것은?

㉠ 감사위원이나 검찰총장 임명시에는 국무회의의 심의를 거쳐야 한다.
㉡ 국무총리는 국무회의의 구성원으로서 국무회의 부의장의 지위를 가진다.
㉢ 법제처장이나 식품의약품안전처장은 국무회의에 참석하여 발언·표결할 수 있다.
㉣ 국무회의는 구성원 과반수의 출석으로 개의하고 출석 구성원 3분의 2 이상의 찬성으로 의결한다.
㉤ 국무회의의 헌법상 지위는 행정부의 최고 정책심의기관으로 헌법상 필수기관이다.

① ㉠, ㉡
② ㉡, ㉢
③ ㉢, ㉣
④ ㉡, ㉣, ㉤

08 다음 중 기본권의 이중성과 조화될 수 없는 것은 모두 몇 항목인가?

㉠ 법인의 기본권 주체 인정
㉡ 기본권의 포기 인정
㉢ 기본권의 제3자적 효력 인정
㉣ 사적 자치의 보장
㉤ 주관적 공권과 객관적 가치질서의 인정
㉥ 국가의 기본권 보호의무
㉦ 기본권의 내재적 한계긍정

① 1항목
② 2항목
③ 3항목
④ 4항목

09 기본권 제한에 관한 기술 중에서 옳지 않은 것은?

① 금치처분을 받은 수형자에 대하여 금치기간 중 집필을 전면 금지하는 것은 법률유보원칙에 위배된다.
② 성폭력범죄를 2회 이상 범하여 그 습벽이 인정된 때에 해당하고 성폭력범죄를 다시 범할 위험성이 인정되는 자에 대해 검사의 청구와 법원의 판결로 3년 이상 20년 이하의 기간 동안 전자장치 부착을 명할 수 있도록 한 것, 법원이 부착기간 중 기간을 정하여 야간 외출제한 및 아동시설 출입금지 등의 준수사항을 명할 수 있도록 한 것은 헌법에 위반되지 않는다.
③ 성폭력 범죄를 저지른 성도착 환자로서 성폭력 범죄를 다시 범할 위험성이 있다고 인정되는 19세 이상의 사람에 대한 검사의 약물치료청구는 합헌이나 법원 판결로 약물치료명령 선고 규정은 위헌이다.
④ 경찰청장이 주민등록발급신청서에 날인되어 있는 지문정보를 보관·전산화하고 이를 범죄 수사 목적에 이용하는 것은 비례성 원칙과 자기정보통제관리권을 침해하는 것이다.

10 평등권에 관한 기술 중에서 옳지 않은 것은?

① 비례성 원칙에 의한 심사는 엄격한 심사기준이 적용되는 것으로 차별목적의 정당성과 차별수단의 필요성, 법익균형성 등의 구비여부를 심사한다.
② 변호사, 세무사 등의 보수는 자율화하면서 공인중개업자에게는 법정 수수료 제도를 규정하는 것은 평등권을 위배하는 것은 아니다.
③ 모든 의료기관을 의료보험법상 요양기관으로 강제지정하는 것은 평등권을 위배하는 것이다.
④ 출생에 의한 국적취득에 있어 부계혈통주의를 채택하는 것은 평등권을 침해하는 것이다.

11 국회의 예산 심의·확정권에 대한 설명 중 옳지 않은 것은? (다툼시 판례에 의함)

① 헌법에 따르면, 정부는 회계연도마다 예산안을 편성하여 회계연도 개시 90일 전까지 국회에 제출해야 한다.
② 국회는 회계연도 개시 30일 전까지 예산안을 의결하여야 한다. 예산은 국회의 의결에 의하여 비로소 성립한다.
③ 예산은 일종의 법규범이고 법률과 마찬가지로 국회의 의결을 거쳐 제정되므로, 국회의 예산안 의결은 헌법재판소법 제68조 제1항 소정의 공권력의 행사에 해당하는 것으로서 헌법소원의 대상이 된다.
④ 법률상 지출의무의 이행을 위한 경비는 예산안이 새로운 회계연도가 개시될 때까지 의결되지 못한 경우, 정부는 국회에서 예산안이 의결될 때까지 전년도 예산에 준하여 집행할 수 있다.

12. 사생활의 자유와 비밀에 관한 기술 중에서 옳지 않은 것은?

① 자신의 인격권이나 명예권을 보호하기 위하여 대외적으로 해명하는 행위는 사생활의 자유에 의하여 보호되는 영역이다.
② 학교생활기록의 행동특성 및 종합의견란에 학교폭력예방법 제17조에 규정된 가해학생에 대한 조치사항을 입력하고 이를 졸업할 때까지 보존하게 하는 것은 개인정보자기결정권을 침해하는 것은 아니다.
③ 감염병 예방 및 감염전파의 차단을 위하여 감염병 의심자 등에 관한 인적사항 수집을 허용하는 것은 헌법에 위배되지 아니한다.
④ 구「국민기초생활보장법」및 동법 시행규칙에서 급여신청자가 금융거래정보를 제출하지 않는 경우 급여신청이 각하될 수 있도록 한 것은 급여신청자의 개인정보자기결정권을 침해하는 것은 아니다.

13. 국회의 입법절차와 법률안 등에 관한 설명 중 옳지 않은 것을 모두 고른 것은?

㉠ 대통령의 법률안 거부에 대하여 국회에서 재적의원 과반수의 출석과 출석의원 3분의 2 이상의 찬성으로 재의결하면 그 법률안은 법률로서 확정된다.
㉡ 대법원장은 법원의 조직, 인사, 운영, 재판절차, 등기, 가족관계등록 기타 법원업무에 관련된 법률안을 국회에 제출할 수 있다.
㉢ 법률안에 대한 수정동의에는 국회의원 30인 이상의 찬성을 요하지만 예산안에 대한 수정동의에는 국회의원 50인 이상의 찬성을 요한다.
㉣ 국회의원 또는 위원회가 예산상의 조치를 수반하는 의안을 제출하는 경우에는 그 의안의 시행에 수반될 것으로 예상되는 비용에 대한 추계서와 이에 상응하는 재원조달방안에 관한 자료를 의안에 첨부하여야 한다.

① ㉠, ㉡
② ㉠, ㉢
③ ㉡, ㉣
④ ㉢, ㉣

14. 다음 중 헌법재판소가 판례상 재산권으로 인정한 것은 모두 몇 항목인가?

㉠ 의료보험조합의 적립금 ㉡ 학교안전공제 및 사고예방기금
㉢ 국민연금반환일시금 ㉣ 의료보험법상 의료보험수급권
㉤ 폐기물 재생처리업자의 영업권 ㉥ 관행어업권

① 2항목
② 3항목
③ 4항목
④ 5항목

15 헌법재판소의 판례에 의할 때 진정소급입법을 인정하는 예외사유로 제시되지 않은 것은?

① 소급입법을 예상할 수 있는 경우
② 신뢰보호이익이 적은 경우
③ 당사자 손실이 없거나 아주 경미한 경우
④ 심히 중대한 공익상 사유와 국가안보를 위한 사유로서 소급입법을 정당화하는 경우

16 다음 중 정치자금법상 후원회를 둘 수 없는 경우는?

① 국회의원과 국회의원예비후보자
② 대통령후보자와 대통령예비후보자
③ 중앙당의 대표자 선출을 위한 당내경선후보자
④ 특별시장·광역시장·도지사·시장·군수·자치구청장

17 다음 헌법재판소 판례 중에서 위헌(헌법불합치 포함)결정한 것은 모두 몇 항목인가?

> ㉠ 국가보안법위반죄 등을 범한 자를 법관의 영장 없이 구속, 압수, 수색할 수 있도록 했던 구 인신구속 등에 관한 임시특례법 규정
> ㉡ 사회보호법을 폐지하면서 이미 보호감호 판결이 확정된 보호감호 대상자에 대하여는 종전같이 집행하도록 한 규정
> ㉢ 개발부담금 부과기준이 되는 개발사업의 범위 및 규모에 관한 필요사항을 대통령령으로 정하도록 한 규정
> ㉣ 예비후보자의 배우자인 공무원에 대하여 선거운동을 금지하는 규정
> ㉤ 주민소환법상 지방자치단체장에 대한 주민소환절차와 그 요건 규정

① 1항목   ② 2항목
③ 3항목   ④ 4항목

18 다음 중에서 우리나라가 헌법상 채택하고 있는 의원내각제 요소가 아닌 것은?

① 국무총리나 국무위원에 대한 해임의결권
② 정부에서 법률안을 제출하는 것
③ 국무회의제도
④ 대통령의 국법상 행위는 국무총리와 관계국무위원의 부서가 있어야 하는 것

19 다음 중 탄핵대상자로서 헌법에 열거되지 아니한 자는 모두 몇 명인가?

㉠ 국무위원	㉡ 행정각부의 장
㉢ 법관	㉣ 헌법재판소 재판관
㉤ 감사원장	㉥ 감사위원
㉦ 경찰청장	

① 1인   ② 2인
③ 3인   ④ 4인

20 대통령의 자문기관 중에서 의장을 잘못 연결한 것은?

① 국가원로자문회의 － 전직대통령
② 민주평화통일자문회의 － 대통령
③ 국가안전보장회의 － 대통령
④ 국민경제자문회의 － 대통령

제 13 회 동형모의고사

01 현행 국회법상 무제한 토론에 관한 기술 중에서 옳은 것은 모두 몇 항목인가?

㉠ 국회의원이 본회의에 부의된 안건에 대하여 이 법의 다른 규정에도 불구하고 무제한 토론을 하려는 경우 재적의원 3분의 1 이상이 서명한 요구서를 국회의장에게 제출하여야 한다. 이 경우 국회의장은 해당 안건에 대하여 무제한 토론을 실시하여야 한다.
㉡ 무제한 토론 요구서는 요구 대상 안건별로 제출하되 그 안건이 의사일정에 기재된 본회의 개의 전까지 제출하여야 한다. 다만, 본회의 개의 중 당일 의사일정에 안건이 추가된 경우에는 해당 안건의 토론 종결 선포 전까지 요구서를 제출할 수 있다.
㉢ 국회의원은 무제한 토론 요구서가 제출된 때에는 해당 안건에 대하여 무제한 토론을 할 수 있다. 이 경우 국회의원 1인당 1회에 한정하여 토론할 수 있다.
㉣ 국회의원은 무제한 토론을 실시하는 안건에 대하여 재적의원 3분의 1 이상의 서명으로 무제한 토론의 종결동의를 의장에게 제출할 수 있다.

① 1항목 ② 2항목
③ 3항목 ④ 4항목

02 감사원에 관한 기술 중에서 옳은 것은?

① 헌법은 감사위원수를 감사원장을 포함하여 7인으로 구성된다고 규정하고 있다.
② 감사위원은 탄핵·금고 이상의 형의 선고를 받았을 때, 장기의 신체쇠약으로 직무를 수행할 수 없게 된 때를 제외하고는 그 의사에 반하여 면직되지 아니한다.
③ 감사원의 직무감찰대상 공무원에는 국회, 법원, 헌법재판소 및 중앙선거관리위원회에 소속한 공무원은 제외한다.
④ 감사원이 부패방지위원회(현행, 국민권익위원회)의 감사결과를 통보하는 것은 국가기관 간의 내부적 행위에 불과한 것으로 국민에 대하여 직접적인 법률효과를 발생시키는 행위가 아니므로 이를 공권력의 불행사로 볼 수 없다는 것이 헌법재판소의 판례입장이다.

03 선거관리위원회에 관한 기술 중에서 옳은 것끼리만 모두 묶은 것은?

㉠ 중앙선거관리위원회는 선거범죄에 대한 수사권과 고발권을 행사할 수 있다.
㉡ 중앙선거관리위원회는 행정명령에 해당하는 규칙을 제정할 수 있으나 법규명령은 제정할 수 없다.
㉢ 각급 선거관리위원회는 선거인 명부의 작성 등 선거사무와 국민투표사무에 관하여 관계 행정기관에 필요한 지시를 할 수 있는 헌법상 권한을 가지고 있다.
㉣ 중앙선거관리위원회는 과반수의 출석으로 개의하고 출석위원 과반수의 찬성으로 의결하며, 가부동수인 경우에는 위원장이 결정권을 가진다.

① ㉠, ㉡
② ㉠, ㉣
③ ㉡, ㉢
④ ㉢, ㉣

04 선거제도에 관한 다음 설명 중 가장 옳지 않은 것은?

① 지역구국회의원선거에서 후보자가 유효투표총수의 100분의 10 이상을 득표한 경우에는 기탁금 전액에서 일정 비용을 공제한 나머지 금액을 기탁자에게 반환한다.
② 출입국관리법 제10조의 규정에 따른 영주의 체류자격 취득일 후 3년이 경과한 18세 이상의 외국인으로서 일정한 요건을 갖춘 자는 그 구역에서 선거하는 지방자치단체의 의회의원 및 장의 선거권이 있다.
③ 선거운동은 원칙적으로 선거기간개시일부터 선거전일까지에 한하여 할 수 있지만 선거일이 아닌 때에 문자메시지를 전송하는 방법으로 선거운동을 하는 경우에는 그러지 아니하다.
④ 향우회, 산악회 등 개인간의 사적 모임은 그 명의 또는 그 대표의 명의로 선거운동을 할 수 없다.

05 법정질서유지권에 관한 기술 중에서 옳지 않은 것은?

① 재판장은 법정의 존엄과 질서를 해할 우려가 있는 자의 입정을 금지하거나 퇴정을 명할 수 있으며, 법정질서유지를 위하여 필요하다고 인정할 때에는 관할 경찰서장에게 경찰관의 파견을 요구할 수 있다.
② 법정질서 문란행위에 대한 제재로서의 감치결정은 형벌이 아니라 사법행정상의 질서벌에 해당한다.
③ 법정질서유지권은 법정과 법관이 직무를 수행하는 장소에서만 이를 행사할 수 있다.
④ 누구든지 법정 안에서는 재판장의 승인없이 녹화·촬영·중계방송 등의 행위를 하지 못한다.

06 헌법재판소의 심판절차에 관한 기술 중에서 옳은 것끼리만 모두 묶은 것은?

> ㉠ 지정재판부에 의한 사전심사는 헌법소원에서만 인정되고 다른 헌법재판사건에서는 인정되지 않는다.
> ㉡ 탄핵심판과 정당해산심판에 관여한 재판관은 결정서에 의견을 표시하지 못한다.
> ㉢ 변호사 강제주의가 적용되는 것은 헌법소원, 탄핵심판, 위헌법률심판이며, 헌법재판소는 헌법소원사건에서의 변호사 강제주의에 대하여 합헌결정한 바 있다.
> ㉣ 탄핵심판, 정당해산심판, 권한쟁의심판은 구두변론에 의하고, 위헌법률심판과 헌법소원심판은 서면심리에 의한다.

① ㉠, ㉡
② ㉠, ㉣
③ ㉡, ㉢
④ ㉢, ㉣

07 다음 중에서 헌법재판소의 위헌법률심사의 대상이 될 수 있는 것은? (다툼시 판례에 의함)

① 제정은 되었으나 시행되지 아니한 법률
② 진정입법부작위
③ 이미 위헌결정이 선고된 법률
④ 법률의 개정으로 폐지된 법률

08 다음 중 관습헌법에 관한 헌법재판소의 판시내용과 상이한 것은?

① 우리나라는 성문헌법을 가진 나라로서 기본적으로 우리 헌법전이 헌법의 법원(法源)이 된다.
② 형식적인 헌법전에는 기재되지 아니한 사항이라도 이를 불문헌법 내지 관습헌법으로 인정할 소지가 있다.
③ 우리나라의 수도가 서울이라는 점에 대한 관습헌법을 폐지하기 위해서는 헌법이 정한 절차에 따른 헌법개정 없이도 가능하다.
④ 관습헌법은 국민적 합의성이 소멸되면 관습헌법으로서의 법적인 효력도 상실된다.

09 합헌적 법률해석에 관한 기술 중에서 옳은 것은 모두 몇 항목인가?

㉠ 합헌적 법률해석은 헌법에 명시적인 근거가 있어야 가능한 것은 아니다.
㉡ 합헌적 법률해석은 법률해석의 지침으로서 사법소극주의보다는 사법적극주의와 밀접한 관련이 있다.
㉢ 합헌적 법률해석은 법질서의 통일성, 권력분립의 정신존중, 국가기관 간의 신뢰보호를 구현할 수 있다.
㉣ 법률의 합헌적 해석은 인권보장상 폐해를 가져오기도 한다.

① 1항목 ② 2항목
③ 3항목 ④ 4항목

10 현행 헌법이 채택하고 있는 헌법보장제도에 해당하는 것은?

① 규범통제제도
② 국무위원에 대한 해임의결제도
③ 헌법질서 파괴시에 저항권 행사
④ 법관국민심사제

11 재외국민과 국적에 관한 기술 중에서 옳지 않은 것은?

① 북한 지역 역시 대한민국의 영토에 속하는 한반도의 일부를 이루는 것이어서 대한민국의 주권이 미치므로 북한주민이 대한민국의 국적을 획득함에 있어 법무부장관이 허가를 요하는 것은 아니다.
② 정부수립 이후의 이주동포에게 광범위한 혜택을 부여하는 입법을 하면서 정부수립 이전의 이주동포를 그 적용대상에서 제외하는 것은 헌법상 평등원칙에 위배되는 것은 아니다.
③ 헌법 제2조의 재외국민의 보호조항이 국가로 하여금 특정한 협약에 가입하거나 조약을 체결하여야 하는 취지의 입법위임이라 보기는 어렵다.
④ 개정된 공직선거법에서는 재외국민에게 대통령선거권과 비례대표 국회의원 선거권을 인정하고 있다.

12 영토에 관한 기술 중에서 옳지 않은 것은? (다툼시 판례에 의함)

① 남북한이 UN에 동시에 가입하였다 하더라도 북한을 국가로 승인한 것으로 볼 수 없다는 것이 헌법재판소의 판례입장이다.
② 국가보안법과 남북한교류에 관한 법률은 그 입법목적과 규제대상을 달리하고 있는 것이므로 상호 모순되지 않는다.
③ 대한민국의 영해는 12해리가 원칙이며, 대한해협은 영해 및 접속수역법 규정에 의하여 3해리로 따로 정하고 있다.
④ 한일어업협정을 체결하면서 독도를 중간 수역으로 정한 것은 국민의 영토권을 침해하는 것은 아니다.

13 다음 중 현행 헌법전문에서 규정하고 있는 것은 모두 몇 항목인가?

㉠ 민족의 단결	㉡ 조국의 민주개혁
㉢ 국민생활의 균등한 향상	㉣ 사회적 불의 타파
㉤ 항구적인 세계평화와 인류공영	㉥ 대한민국 임시정부의 법통
㉦ 대한민국의 영토	㉧ 개인의 자유와 창의 존중

① 3항목　　　② 4항목
③ 5항목　　　④ 6항목

14 다음 중에서 소수자 보호를 위한 방안이 아닌 것은?

① 경성헌법과 복수정당제
② 위헌법률심사제와 헌법소원
③ 국무총리에 대한 탄핵소추의결에 국회재적의원 과반수의 찬성을 요하는 것
④ 중·대선거구제와 소수대표제

15 경제적 기본질서에 관한 기술 중에서 옳지 않은 것은? (다툼시 판례에 따름)

① 우리나라 헌법상 경제질서는 사유재산제를 바탕으로 하고 이에 수반되는 갖가지 모순을 제거하고 사회복지·사회정의를 실현하기 위하여 국가적 규제와 조정을 용인하는 사회적 시장경제질서로서의 성격을 띠고 있다.
② 헌법 제119조 제2항은 국가가 경제영역에서 실현하여야 할 목표의 하나로서 "적정한 소득의 분배"를 들고 있으며, 이로부터 반드시 소득에 대하여 누진세율에 따른 종합과세를 시행하여야 할 구체적인 헌법적 의무가 조세입법자에게 부과된다.
③ 경자유전의 원칙에 따라 농지소작제는 금지되나, 농지임대차나 위탁경영은 법률이 정하는 바에 의하여 인정한다.
④ 국방상 또는 국민 경제상 긴절한 필요로 인하여 법률이 정한 경우에는 사영기업을 국유 또는 공유로 이전하거나 그 경영을 통제 또는 관리할 수 있다.

16 법치국가원리에 관한 기술 중에서 옳지 않은 것은? (다툼시 판례에 따름)

① 조세법률주의는 조세행정에 있어서의 법치주의를 말하는 것으로 법치국가의 원리에 부응하기 위해서는 조세감면시에도 법률의 근거를 요한다.
② 야간에 흉기 기타 위험한 물건을 휴대하여 협박의 죄를 범한 자를 5년 이상의 유기징역에 처하도록 하는 것은 평등원칙과 체계정당성을 위배하는 것이 아니다.
③ 체계정당성의 원리는 동일한 규범 내에서 또는 상이한 규범 간에 그 규범의 구조나 내용 또는 규범의 근거가 되는 원칙면에서 상호 모순되거나 배치되어서는 안된다는 헌법상 요청이며, 국민의 자유와 권리의 보장을 이념으로 하는 법치주의 원리로부터 도출된다.
④ 명확성의 원칙은 기본적으로 모든 기본권 제한 입법에 대하여 요구되는 것이다.

17 정당제도에 관한 기술 중에서 옳지 않은 것은?

① 정당과 교섭단체는 헌법소원의 청구인이 될 수 있고, 권한쟁의심판의 당사자가 될 수 있다는 것이 헌법재판소의 판례입장이다.
② 기초의회의원 선거에서 특정정당으로부터 지지 또는 추천받음을 표방할 수 없도록 하는 규정은 평등원칙에 위배된다.
③ 헌법재판소는 청구인의 신청이 있거나 그 직권으로 위헌정당으로 제소된 정당의 활동을 정지시키는 가처분결정을 할 수 있다.
④ 누구든지 타인의 명의나 가명으로는 정치자금을 기탁할 수 없다.

18 선거제도에 관한 기술 중에서 가장 옳지 않은 것은?

① 국민건강보험법에 의하여 설립된 국민건강보험공단의 상근 임직원은 선거운동을 할 수 없다.
② 선거운동을 하거나 할 것을 표방한 노동조합 또는 단체는 공명선거추진활동을 할 수 없다.
③ 사전투표관이 사전투표용지의 일련번호를 떼지 않고 선거인에게 교부하도록 하는 것은 헌법에 위배되지 아니한다.
④ 대한민국의 국민이 아닌 자는 국회의원선거와 대통령선거에서 선거운동을 할 수 없다.

19 공무원에 관한 기술 중에서 옳지 않은 것은?

① 국가공무원법에 따르면 직제와 정원의 개폐나 예산의 감소 등에 의해 폐직 또는 과원이 되었을 때에는 직권면직이 가능하다.
② 공무원 노동조합과 그 조합원은 정치활동을 할 수 없으며, 파업·태업 등 업무의 정상적인 운영을 저해하는 일체의 행위를 할 수 없다.
③ 국회의원과 지방의회의원도 당연히 선거에서 중립의무를 지는 공직선거법 제9조의 공무원에 포함된다.
④ 특별시·광역시·도·시·군·구 등을 최소단위로 하여 공무원은 노동조합을 설립할 수 있다.

20 국가인권위원회와 인권에 관한 기술 중에서 옳지 않은 것은?

① 이해당사자가 아닌 제3자도 국가인권위원회에 진정가능하며, 필요한 경우에는 국가인권위원회가 직권조사도 가능하다.
② 국가인권위원회는 사인간의 평등이나 인권 침해시 개입하여 시정·권고가 가능하다.
③ 제3세대 인권이란 평화에 대한 권리, 개발에 대한 권리, 환경에 대한 권리 등을 포함하는 연대권을 말한다.
④ 국가인권위원회가 대통령을 상대로 제기한 권한쟁의심판청구에서 국가인권위원회는 헌법에 의해서 설치된 국가기관에 해당하므로 권한쟁의심판을 청구할 당사자능력이 인정된다는 것이 헌법재판소의 판례입장이다.

제14회 동형모의고사

01 다음 헌법재판소의 판례내용으로 옳지 않은 것은? (다툼시 판례에 의함)

① 입양신고 시 신고사건 본인이 시·읍·면에 출석하지 아니하는 경우에는 신고사건 본인의 주민등록증·운전면허증·여권, 그 밖에 대법원규칙으로 정하는 신분증명서를 제시하도록 하는 것은 헌법에 위배되지 아니한다.
② 교육부장관이 강원대 법학전문대학원 2015년 및 2016년 신입생 각 1명의 모집을 정지한 행위는 목적의 정당성 및 수단의 적절성은 인정되나 법익균형성과 목적달성을 위한 필요 범위를 넘어선 지나친 제한으로 과잉금지 원칙에 위배된다.
③ 감사원이 지방자치단체의 자치사무에 대하여까지 합법성 감사뿐만 아니라 합목적성 감사까지 하게 된다면 지방자치제도의 본질적 내용을 침해하게 될 것이다.
④ 민법상 유류분 상실사유를 별도로 두지 아니하고 형제자매까지 유류분 권리자로 규정하는 것은 헌법에 위배된다.

02 국회의 회의에 관한 설명으로 옳지 않은 것은? (다툼시 판례에 따름)

① 2월, 3월, 4월, 5월, 6월의 1일, 8월 16일은 임시회를 집회한다.
② 국회가 의사를 공개하는 것은 회의의 내용과 의원의 활동을 국민에게 공개함으로써 국민의 비판과 감시를 받게 하기 위해서이다.
③ 국회의 회의는 출석의원 과반수의 찬성이 있거나 의장이 국가안보·질서유지·공공복리를 위하여 필요하다고 인정할 때에는 비공개로 할 수 있다.
④ 방청불허사유자체는 제한적이지만 그러한 사유의 구비여부에 대한 판단에 관하여는 국회의 자율성 존중의 차원에서 폭넓은 재량을 인정하여야 한다.

03 사면권에 관한 기술 중에서 옳지 않은 것은?

① 일반사면은 죄의 종류를 정하여 그 죄를 범한 자를 대상으로 행해지며 국회동의를 거쳐 대통령령의 형식으로 행해진다.
② 특별사면은 형의 집행을 면제하거나 형의 선고 효력을 상실케 하는 것으로 국회동의 없이 대통령이 행한다.
③ 일반사면은 국무회의 심의를 거쳐야 하나 특별사면은 국무회의 심의없이 대통령이 할 수 있다.
④ 미국헌법과 달리 우리나라 헌법은 탄핵결정을 받은 자에 대해서 사면권을 행사할 수 없음을 헌법에 명문으로 규정하고 있지 아니하다.

04 언론·출판자유에 관한 설명 중에서 옳지 않은 것은? (다툼시 판례에 따름)

① 현행 법제상 언론·출판의 자유를 확대보장하고 국민의 알권리를 충족하기 위해서 취재원 비익권을 인정하고 있다.
② 법인이 아닌 자는 일간신문이나 일반주간신문을 발행할 수 없다.
③ 지방자치단체는 그 소관사무에 관하여 법령의 범위 안에서 정보공개에 관한 조례를 정할 수 있다.
④ 게임물판매업자가 되고자 하는 자로 하여금 대통령령이 정하는 바에 의하여 시장·군수·자치구청장에게 등록을 요구하는 것은 평등원칙에 위배되지 아니한다.

05 다음 중 헌법재판소의 판례결정과 다른 하나는?

① 공중도덕상 유해한 업무에 취업시킬 목적으로 근로자를 파견한 사람을 형사처벌하도록 하는 조항의 '공중도덕상 유해한 업무' 부분은 죄형법정주의 명확성원칙에 위배된다.
② 국민들이 선출한 국회의원들이 의회에서 공개적인 토론과 타협을 통하여 적법한 절차를 거쳐 제정한 법률에 대하여 국민들에게 사전 청문절차를 보장하지 않았다는 이유로 이를 다투는 것은 대표를 통하여 국민의 의사를 국가정책에 반영하는 의회주의와 대의민주주의의 기본취지에 부합되지 않는다.
③ 국립묘지 안장 대상자의 배우자 가운데 안장 대상자 사후에 재혼한 자를 합장 대상에서 제외하는 것은 평등원칙에 위배된다.
④ 유신헌법 제53조 제4항은 '긴급조치는 사법적 심사의 대상이 되지 아니한다.'라고 규정하고 있었다. 그러나, 비록 고도의 정치적 결단에 의하여 행해지는 국가긴급권의 행사라고 할지라도 그것이 국민의 기본권 침해와 직접 관련되는 경우에는 헌법재판소의 심판대상이 될 수 있고, 이러한 사법심사 배제조항은 근대 입헌주의에 대한 중대한 예외로 기본권보장 규정이나 위헌법률심판제도에 관한 규정 등 다른 헌법 조항들과 정면으로 모순·충돌되며, 현행헌법이 반성적 견지에서 긴급재정경제명령·긴급명령에 관한 규정(제76조)에서 사법심사 배제 규정을 삭제하여 제소금지조항을 승계하지 아니하였으므로, 이 사건에서 유신헌법 제53조 제4항의 적용은 배제되고, 현행헌법에 따라 이 사건 긴급조치들의 위헌성을 다툴 수 있다.

06 법관과 사법권 독립에 관한 기술 중에서 옳은 것은?

① 대법원장과 대법관의 정년은 70세로 동일하나, 법관의 정년은 63세로 한다.
② 대법관회의는 대법관 전원의 3분의 2 이상의 출석과 출석인원 과반수의 찬성으로 의결한다.
③ 전원합의체에서 대법원장은 의결에 있어서 표결권을 가지며 가부동수인 때에는 결정권을 가진다.
④ 대법원장이 궐위되거나 사고로 직무를 수행할 수 없을 때에는 법원행정처장이 그 권한을 대행한다.

07 위헌법률심사에 관한 기술 중에서 옳지 않은 것은?

① 위헌법률심판의 제청을 위해서는 법률의 위헌여부가 재판의 전제가 되어야 한다. 이 경우의 재판은 종국재판뿐만 아니라 중간재판, 구속영장발부에 관한 재판도 포함된다.
② 위헌법률심판은 법원은 직권 또는 당사자의 신청이 있을 때 제청할 수 있으며 법원이 제청할 때에는 대법원을 경유해야 한다.
③ 위헌으로 결정된 법률 또는 법률 조항에 근거한 유죄의 확정판결에 대하여는 재심을 청구할 수 없다.
④ 헌법재판소법 제47조 규정에 따라 위헌으로 결정된 법률 또는 조항은 그 결정이 있은 날로부터 효력이 상실된다.

08 감사원에 관한 기술 중에서 틀린 것은?

① 감사원은 대통령의 직속기관으로 공무원의 징계처분요구와 헌법상 부여된 변상책임의 심리·판정권을 가진다.
② 감사원을 입법부 직속으로 이관하는 경우에는 헌법개정을 통하여 해결해야 한다.
③ 감사원은 감사결과 위법·부당하다고 인정되는 사실이 있을 때에는 소속장관·감독기관의 장 또는 당해 기관의 장에게 시정·주의 등을 요구할 수 있다.
④ 감사원은 직무에 관하여 국무총리나 대통령의 지휘·감독을 받지 아니한다.

09 선거관리위원회에 관한 기술 중에서 옳지 않은 것은?

① 투표구 선거관리위원회를 포함한 모든 선거관리위원회는 9인으로 구성된다.
② 중앙선거관리위원회와 각급선거관리위원회는 선거사범에 대한 조사권을 행사할 수 있다.
③ 모든 선거관리위원회의 위원장은 위원 중에서 호선한다.
④ 중앙선거관리위원회는 정치자금기탁 사무와 기탁된 정치자금 그리고 국고보조금을 정당에 배분하는 사무를 담당한다.

10 다음 중 헌법 제89조에 규정된 국무회의 심의 대상은 모두 몇 항목인가?

㉠ 국회의 임시회 집회의 요구 ㉡ 감사위원 임명
㉢ 경찰청장 임명 ㉣ 국무위원 임명
㉤ 검찰총장 임명 ㉥ 대통령의 사면권 행사시
㉦ 총리령안

① 1항목 ② 2항목
③ 3항목 ④ 5항목

11 다음 중 계엄에 관한 기술 중에서 옳은 것은?

① 계엄이 선포된 때에는 영장제도, 법원의 권한, 정부의 권한, 언론·출판·집회·결사의 자유에 대한 특별한 조치를 할 수 있다.
② 경비계엄이 선포되면 계엄사령관은 계엄지역내의 모든 행정사무와 사법사무를 관장한다.
③ 계엄을 선포한 때에는 대통령은 7일 이내에 국회에 통고하여야 한다.
④ 비상계엄하의 군사재판에 있어 사형을 선고하는 경우를 제외하고 군인·군무원의 범죄의 경우에는 죄의 종류를 불문하고 단심재판을 할 수 있다.

12 국회의 국정감사와 조사에 관한 기술 중에서 틀린 것은?

① 국회재적의원 3분의 1 이상의 요구가 있는 때에는 국정조사를 위한 조사위원회를 구성할 수 있다.
② 국정감사와 조사는 국정에 관한 국민의 알권리를 충족시키는 정보제공기능을 수행하는 것으로 공개주의가 적용된다.
③ 국회는 국정전반에 관하여 소관 상임위원회별로 매년 정기회 집회일 이전에 감사시작일부터 30일 이내의 기간을 정하여 감사를 실시한다. 다만, 본회의 의결로 정기회 기간 중에 감사를 실시할 수 있다.
④ 조사위원회는 위원회의 위원장이 발부한 동행명령장으로 증인의 출석은 명할 수 있으나 구인은 할 수 없다.

13. 예산에 관한 기술 중에서 옳은 것은 모두 몇 항목인가?

㉠ 헌법에 따르면, 정부는 회계연도마다 예산을 편성하여 회계연도 개시 60일 전까지 국회에 제출하여야 한다.
㉡ 정부가 예산안을 제출하려면 국무회의 심의를 거쳐야 한다.
㉢ 예산의 공고는 전문을 붙여 대통령이 서명하고 국무총리와 관계 국무위원이 부서하여 관보에 게재한다.
㉣ 위원회는 예산안, 기금운용계획안, 임대형 민자사업 한도액안과 세입예산안 부수 법률안의 심사를 매년 11월 30일까지 마쳐야 한다.
㉤ 본회의에서 예산안에 대하여 수정동의를 하려면 의원 50인 이상의 찬성이 있어야 한다.

① 1항목
② 2항목
③ 3항목
④ 4항목

14. 국회의 양원제에 관한 기술 중에서 틀린 것은?

① 우리나라가 채택하고 있는 단원제는 의안결정의 신속성을 구현할 수 있으나 국회와 정부의 충돌시 해결이 곤란하다는 문제점이 나타날 수 있다.
② 양원제는 미국과 같은 연방국가적 구조나 영국 입헌군주제 전통을 가진 국가에서 볼 수 있는 국회형태이다.
③ 양원제는 영국에서 기원하였으며 몽테스키외와 브라이스 등이 주장하였다.
④ 양원제의 분류의 핵심적 기준은 하원이 어떠한 대표원리에 근거하고 있는가 하는 성격이라고 할 수 있다. 따라서 하원의 구성원리가 양원제분류의 핵심기준이 된다.

15. 현행 헌법이 인정하고 있는 국회의 사법부 통제수단에 해당하지 않는 것은?

① 법관에 대한 탄핵소추권
② 대법원장과 대법관 임명에 대한 동의권
③ 대법원장과 대법관 해임건의권
④ 법원예산에 대한 심의·확정권

16 환경권에 관한 기술 중에서 옳은 것은 모두 몇 항목인가? (다툼시 판례에 따름)

> ㉠ 환경정책기본법에 의하면 사업자는 환경 피해에 대하여 무과실 책임을 진다.
> ㉡ 대법원은 환경소송의 원고적격을 오염된 환경과 관련이 있는 모든 사람에게 원고적격을 인정하고 있다.
> ㉢ 환경보호의 기본원칙에 해당하는 것으로 사전배려원칙, 원인자책임, 규제완화의 원칙을 들 수 있다.
> ㉣ 헌법상의 환경권에 기하여 직접방해배제 청구권을 인정한다.

① 1항목
② 2항목
③ 3항목
④ 4항목

17 인간다운 생활을 할 권리에 관한 헌법재판소의 판례입장과 상이한 것은?

① 연금수급권의 구체적 내용, 즉 수급요건, 수급자의 범위, 급여 금액은 법률에 의하여 비로소 확정된다.
② 주거생활의 안정은 국민의 인간다운 생활을 위한 필요불가결한 요소로 대항력을 갖춘 임대차 보증금의 우선변제제도는 헌법에 위배된다.
③ 국가 등의 양로시설 등에 입소하는 국가유공자에게 부가연금을 지급정지하도록 한 것은 국가 등의 양로시설에 입소한 국가유공자의 인간다운 생활을 할 권리를 침해하는 것이 아니다.
④ 긴급재난지원금 지급대상에 외국인 중에서도 영주권자 및 결혼이민자를 포함시키면서도 난민인정자를 제외하는 것은 평등권을 침해하는 것이다.

18 다음 중에서 형사보상청구권을 행사할 수 없는 자는 모두 몇 명인가?

> ㉠ 재심에 의하여 무죄판결을 받은 자
> ㉡ 기소유예처분을 받은 자
> ㉢ 공소기각의 판결을 받은 자
> ㉣ 비상상고 절차에서 무죄판결을 받은 자
> ㉤ 기소중지처분을 받은 자

① 1명
② 2명
③ 3명
④ 4명

19 소비자 권리와 관련하여 특정신문에 광고하는 광고주에 대하여 불매운동을 인터넷매체를 통하여 시민단체나 국민들이 주도하고 있다. 이와 관련된 기술 중에서 옳은 것은?

① 불특정다수인을 매개로 하는 광고물은 재산권 보호대상에 해당하기 때문에 언론·출판자유의 보호 대상이 될 수 없다.
② 외국인은 소비자 권리의 주체가 될 수 없기 때문에 불매운동에 참여할 수 없다는 것이 지배적인 견해이다.
③ 특정 신문이 검찰에 불매운동을 주도하는 시민단체 구성원에 대하여 고발한 경우에 검사가 불기소처분한다면 원칙적 헌법소원을 통하여 구제받을 수 있다.
④ 소비자 기본권은 제3세대 인권으로서의 연대적인 성질을 가지고 있으므로 국제적으로 연대하여 불매운동을 할 수 있다.

20 헌정사에 관한 기술 중에서 제3차 개헌에서 신설된 것은 모두 몇 항목인가?

㉠ 국무총리제	㉡ 탄핵재판소
㉢ 헌법위원회	㉣ 인간존엄과 가치
㉤ 행복추구권	㉥ 재외국민의 보호
㉦ 중앙선거관리위원회	

① 1항목
② 2항목
③ 3항목
④ 4항목

제15회 동형모의고사

→ 정답 및 해설 307p

01 헌법재판소의 심판절차를 기술한 것 중에서 옳은 것(○)과 틀린 것(×)을 바르게 배열한 것은?

㉠ 재판장은 심판정의 질서와 변론의 지휘 및 평의의 정리를 담당한다.
㉡ 심판의 변론과 결정의 선고는 공개한다. 다만, 서면 심리와 평의는 공개하지 아니한다. 평의는 심판의 독립성과 공정성을 위하여 성질상 공개하지 아니한다.
㉢ 누구든지 심판정 안에서 재판장에게 신고 없이 녹화·촬영·중계방송 등의 행위를 하지 못한다.
㉣ 종국 결정은 관보에 게재함으로써 이를 공시한다. 헌법재판소의 결정은 심판정에서 선고함으로써 효력이 발생하므로 관보의 게재가 효력 발생요건은 아니다.
㉤ 헌법재판소는 이미 심판을 거친 동일한 사건에 대하여는 다시 심판할 수 없다.

① ○-○-×-○-○
② ○-○-×-×-×
③ ×-×-○-○-×
④ ×-○-×-○-×

02 위헌법률심사에 관한 기술 중에서 옳지 않은 것은? (다툼시 판례에 따름)

① 헌법재판소에 의해 위헌이라고 선언되어 효력을 상실한 법률은 위헌법률심사의 심판 대상이 되지 못한다. 다만, 헌법재판소가 위헌이라고 선고한 법률이나 법률 조항과 동일한 내용의 법률이나 법률조항을 국회가 다시 입법한 경우에는 심판대상이 될 수 있다.
② 명령의 위헌 여부에 대한 헌법재판소법 제68조 제2항에 의한 심판청구나 법원의 제청은 부적법하다.
③ 대법원 규칙은 헌법재판소법 제68조 제2항의 심판 대상이 되지 않는다는 헌법재판소의 판례가 형성된 바 있다.
④ 지방의회가 제정한 조례는 헌법재판소법 제68조 제2항에 의한 헌법소원의 심판대상이 된다.

03 다음 중에서 헌법이 명시적으로 단체행동권을 제한하거나 인정하지 아니할 수 있다고 규정하고 있는 근로자는?

① 법률이 정하는 주요방위산업체에 종사하는 근로자
② 법률이 정하는 공기업에 종사하는 근로자
③ 사립학교 교원
④ 법률이 정하는 공익사업에 종사하는 근로자

04 직접민주정치에 관한 기술 중에서 옳은 것은? (다툼시 판례에 따름)

① 현행헌법에서는 중요정책결정시와 재신임투표시, 헌법개정시에 국민투표를 실시하도록 규정하고 있다.
② 국민투표의 가능성은 국민주권주의나 민주주의 원칙과 같은 일반적인 헌법원칙에 근거하여 인정될 수 없으며 헌법에 명문으로 규정되지 않는 한 허용되지 아니한다.
③ 대의제를 보완하기 위한 직접민주제 요소로서 국민창안, 국민소환, 국민투표제가 있으며 역대 우리나라 헌법에서는 국민투표제만을 채택하였다.
④ 자동성의 원리는 간접민주정치 원리와 관련되나, 대표의 원리는 직접민주정치 원리와 관련된다.

05 국회의원의 면책특권에 관한 기술 중에서 옳지 않은 것은? (다툼시 판례에 따름)

① 의사당 내에서 행한 발언일지라도 직무와 무관한 사담, 모욕, 폭력행위 등은 면책되지 아니한다.
② 국회 본회의에서 질문할 원고를 사전에 배포한 행위는 면책대상이 되는 직무부수행위에 해당한다.
③ 국회의원의 면책특권은 민·형사상 책임 뿐만 아니라 어떠한 정치적 책임도 지지 않음을 의미한다.
④ 임기 중의 발언에 대한 면책은 재임 중에 국한되는 것이 아니고 임기만료 이후에도 인정된다.

06 다음 중 영장제도에 관한 기술 중에서 옳지 않은 것은? (다툼시 판례에 따름)

① 마약류 반응검사를 위하여 마약류와 관련된 교도소 수형자에게 소변을 받아 제출하도록 한 것은 강제처분이라고 할 수 없어 영장주의가 적용되지 아니한다.
② 행정상의 즉시강제는 그 본질상 급박성을 요건으로 하고 있어 법관의 영장을 기다려서는 그 목적을 달성할 수 없다고 할 것이므로 영장주의가 적용되지 아니한다.
③ 체포, 구속, 압수 또는 수색을 할 때에는 적법한 절차에 따라 검사의 신청에 의하여 법관이 발부한 영장을 제시하여야 한다.
④ 특별검사법상 참고인에 대한 동행명령조항과 같이 형벌에 의한 불이익을 통한 심리적·간접적으로 일정한 행위를 강요하는 것은 영장주의가 적용되지 아니한다.

07 탄핵심판에 관한 기술 중에서 옳은 것(○)과 틀린 것(×)을 바르게 배열한 것은? (다툼시 판례에 따름)

㉠ 경찰청장인 정부위원은 헌법이나 법률을 위배한 경우에 탄핵소추될 수 없으나, 국무위원은 탄핵소추 대상자에 포함된다.
㉡ 국무총리가 긴급명령이나 관습헌법을 위배한 경우에는 탄핵에서 제외된다.
㉢ 탄핵소추의결서가 송달되면 피소추자의 사직원이나 사퇴원을 접수하거나 해임할 수 없음을 국회법에 규정하고 있다.
㉣ 탄핵소추를 받은 자가 결정선고 전에 파면된 경우에는 탄핵심판 청구를 기각하여야 한다.
㉤ 국가기관이 국민과의 관계에서 공권력을 행사함에 있어 준수해야 할 법원칙으로서 형성된 적법절차의 원칙은 국가기관에 대하여 헌법을 수호하고자 하는 탄핵소추 절차에는 적용되지 아니한다.

① ○-○-○-○-○
② ○-○-○-×-○
③ ×-×-×-○-○
④ ×-×-×-○-×

08 국회의원과 지방의회의원의 권한 등에 관한 설명 중 옳은 것으로만 모두 고른 것은? (다툼시 판례에 따름)

㉠ 국회의원은 국회에서 직무상 행한 발언과 표결에 관하여 국회 외에서 책임을 지지 아니하는 면책특권을 갖는다고 헌법상 명기되어 있지만, 지방자치법은 동일한 면책특권을 지방의회의원에게 부여하고 있지 않다.
㉡ 국회의원은 재직 중 형사상의 소추를 받지 아니한다는 권리를 갖는다고 헌법상 명기되어 있지만, 지방자치법은 동일한 권리를 지방의회의원에게 부여하고 있지 않다.
㉢ 국회에 청원을 하려는 자는 국회의원의 소개를 얻어 청원서를 제출하여야 하지만, 지방의회에 청원을 하려는 자는 지방의회의원의 소개를 받지 않고 청원서를 제출할 수 있다.
㉣ 국회의원에 대한 국회의 징계처분에 대해서는 법원에 제소할 수 없지만, 지방의회의원에 대한 지방의회의 징계의결에 대해서는 법원에 제소하여 그 위법성을 다툴 수 있다.
㉤ 국회의원 선거에서는 헌법에 따라 보통선거의 원칙이 준수되어야 하지만, 지방의회 의원선거에서는 지방자치법에 보통선거 원칙이 규정되어 있지 않아 해당 지방자치단체의 일정액 이상의 지방세 체납자에 한하여 선거권을 부여하지 않는 것도 가능하다.

① ㉠, ㉡, ㉢
② ㉡, ㉢
③ ㉠, ㉣, ㉤
④ ㉠, ㉣

09 다음 중 헌법재판소의 판례결정과 다른 하나는?

① 이륜자동차 운전자가 고속도로 등을 통행하는 것을 금지하는 것은 퀵서비스 배달업의 직업수행행위를 직접적으로 제한하고 있는 것이다.
② 어린이집 운영자가 거짓이나 그 밖의 부정한 방법으로 보조금을 교부받은 때 그 전부 또는 일부의 반환을 명할 수 있게 하는 것은 과잉금지원칙에 위배되지 아니한다.
③ 지방자치단체가 중앙정부로부터 독립하여 완전한 지방재정권을 가지지 못하고 법률이 정하는 바에 따라 부분적으로만 그러한 권한을 행사할 수밖에 없는 현실에서, 지방자치단체의 재정을 파탄에 이르게 할 정도의 과도한 재정부담을 불러오는 입법행위를 하는 것은 지방자치단체의 재정권을 침해하는 행위가 될 가능성이 있다.
④ 주택 재건축 사업을 통하여 발생한 정상 주택 가격 상승분을 초과하는 주택가액의 전가분 중 일부를 환수하는 조항 등은 재건축 조합에 재산권을 침해하는 것은 아니다.

10 다음 중에서 정당에 가입하거나 정치에 관여할 수 없음이 헌법에 직접 명시된 사람은 모두 몇 명인가?

㉠ 헌법재판소 재판관   ㉡ 감사위원
㉢ 법관   ㉣ 선거관리위원회 위원
㉤ 공무원

① 1명   ② 2명
③ 3명   ④ 4명

11 지방자치제도에 관한 기술 중에서 옳지 않은 것은? (다툼시 판례에 따름)

① 지방자치단체가 관할하는 공유수면에 매립된 토지에 대한 관할 권한은 당연히 공유수면을 관할하는 지방자치단체에 귀속되지 아니한다.
② 지방의회에 청원하려는 자는 지방의회의원의 소개를 얻어 청원서를 제출하여야 하며, 재판에 간섭하거나 법령에 위배되는 내용의 청원은 수리하지 아니한다.
③ 헌법재판소는 위임의 한계를 벗어나지 않은 경우라도 국민의 기본권 보장을 위해서 조례에 의해 재산권을 제한할 수 없다고 판시한 바 있다.
④ 지방자치단체는 조례를 위반한 행위에 대하여 조례로써 1천만원 이하의 과태료를 정할 수 있다.

12 헌법재판소의 판례상 기본권 주체성을 불인정한 것은 모두 몇 항목인가?

㉠ 권리능력이 없는 사단
㉡ 국민과 유사한 지위에 있는 외국인
㉢ 대한예수교 장로회 총회 신학연구원
㉣ 국립세무대학
㉤ 국회의 일부조직인 국회의 노동위원회
㉥ 헌법상 기본권에 의해 보호되는 생활영역에 직접 편입되어 있는 공법인

① 1항목   ② 2항목
③ 3항목   ④ 4항목

13 다음 중 헌법재판소의 판례결정과 다른 하나는?

① 업무상 과실 또는 중대한 과실로 인한 교통사고로 말미암아 피해자로 하여금 중상해에 이르게 한 경우에 공소를 제기할 수 없도록 규정한 것은 헌법에 위반된다.
② 영상물등급위원회에 의한 비디오물 등급분류 보류제도를 규정하고 있는 구 음반·비디오물 및 게임물에 관한 법률 제20조 제4항은 행정기관에 의한 사전 검열에 해당하지 않는다.
③ 행정안전부장관이 국민안전처와 인사혁신처를 세종시 이전 대상기관에 포함하는 내용의 고시를 발령한 행위에 대하여 국회의원인 청구인들은 청구인적격이나 권리침해 가능성이 없어 각하 결정하였다.
④ 금고 이상의 실형을 받고 그 집행이 종료되거나 집행이 면제된 날부터 3년이 경과되지 아니한 자에 대하여, 공인중개사 중개사무소의 개설등록을 할 수 없도록 하는 한편 소속공인중개사 또는 중개보조원이 될 수 없도록 한 것은 헌법에 위반되지 아니한다.

14 다음 중에서 헌법재판소가 비례성원칙과 행복추구권을 위배한 것으로 판시한 것은 모두 몇 항목인가?

㉠ 피치료감호자에 대한 치료감호가 가종료되었을 때 필요적으로 3년간의 보호관찰이 시작되도록 규정한 것
㉡ 주취운전자에게 음주측정에 응할 의무를 지우고 강제하는 것
㉢ 금융회사 등에 종사하는 자에게 거래정보 등의 제공을 요구하는 것을 금지하고 위반시 형사처벌하는 것
㉣ 참전유공자 중 70세 이상의 자에게만 참전명예수당을 지급하는 것

① 1항목
② 2항목
③ 3항목
④ 4항목

15. 헌법재판소의 판례를 기술한 것 중 옳은 것(○)과 틀린 것(×)을 바르게 나열한 것은?

㉠ 서울교육대학 등 11개 대학교에서 2019학년도 신입생 수시모집 입시 요강에서 검정고시로 고등학교 졸업 학력을 취득한 사람의 수시모집을 제한하는 것은 위헌이다.
㉡ 정당한 명령 또는 규칙을 준수할 의무가 있는 자가 이를 위반하거나 준수하지 아니한 때에는 형사처벌하도록 규정한 군형법 제47조는 죄형법정주의 명확성원칙에 위배되거나 위임입법의 한계를 벗어난 것은 아니다.
㉢ 공직선거법상 준연동형 비례대표제 규정은 직접선거나 평등선거원칙에 위배되지 아니한다.
㉣ 러·일전쟁 개전 시부터 1945년 8월 15일까지 친일반민족행위자가 취득한 재산을 친일행위의 대가로 취득한 재산으로 추정하여 친일재산을 그 취득원인행위 시에 국가의 소유로 하는 것은 평등원칙에 위배된다.

① ○-○-○-○
② ○-○-○-×
③ ○-○-×-×
④ ○-○-×-○

16. 현행 정부조직법에 관한 기술 중에서 옳지 않은 것은?

① 국무조정실장·인사혁신처장·법제처장·식품의약품안전처장 그 밖에 법률로 정하는 공무원은 필요한 경우 국무회의에 출석하여 발언할 수 있다.
② 대통령 등의 경호를 담당하기 위하여 보좌기관으로 대통령 경호처를 둔다.
③ 국가안보에 관한 대통령의 직무를 보좌하기 위하여 국가안보실을 두고, 국가안보실에 실장 1명을 두되, 실장은 정무직으로 한다.
④ 부총리는 기획재정부장관이 겸임하며, 경제정책에 관하여 국무총리의 명을 받아 관계 중앙행정기관을 총괄·조정한다.

17 다음 중 국회법의 내용으로 옳은 것은 모두 몇 항목인가?

> ㉠ 미래창조과학부가 과학기술정보통신부로 명칭이 변경됨에 따라 미래창조과학방송통신위원회의 명칭을 과학기술정보방송통신위원회로 변경하고, 과학기술정보통신부 소관에 속하는 사항을 과학기술정보방송통신위원회의 소관으로 한다.
> ㉡ 대통령경호실이 대통령경호처로 개편됨에 따라 대통령경호처 소관에 속하는 사항을 국회운영위원회의 소관으로 한다.
> ㉢ 국민안전처를 폐지하고 행정자치부가 행정안전부로 개편됨에 따라 안전행정위원회의 명칭을 행정안전위원회로 변경하고, 행정안전부 소관에 속하는 사항을 행정안전위원회의 소관으로 한다.
> ㉣ 중소기업청이 중소벤처기업부로 승격됨에 따라 산업통상자원위원회의 명칭을 산업통상자원중소벤처기업위원회로 변경하고, 중소벤처기업부 소관에 속하는 사항을 산업통상자원중소벤처기업위원회의 소관으로 한다.

① 1항목
② 2항목
③ 3항목
④ 4항목

18 재판청구권에 대한 다음 설명 중 옳지 않은 것은? (다툼시 판례에 따름)

① 피고인 스스로 치료감호를 청구할 수 있는 권리가 헌법상 재판청구권의 보호범위에 포함된다고 보기는 어렵고, 검사뿐만 아니라 피고인에게까지 치료감호 청구권을 주어야만 절차의 적법성이 담보되는 것도 아니므로, 치료감호 청구권자를 검사로 한정한 것이 피고인의 재판청구권을 침해하거나 적법절차의 원칙에 반한다고 볼 수 없다.
② 법원에 행정소송을 제기하여 패소판결을 받고 그 판결이 확정된 경우 별도의 절차에 의하여 위 판결의 기판력이 제거되지 아니하는 한, 당사자가 행정처분의 위법성을 주장하는 것은 확정판결의 기판력에 어긋나므로 원행정처분은 헌법소원심판의 대상이 되지 아니한다.
③ 교원에 대한 징계처분에 관하여 재심청구를 거치지 아니하고서는 행정소송을 제기할 수 없도록 한 법률규정은 교원징계처분의 전문성과 자주성을 고려한 것으로 재판청구권을 침해하지 않는다.
④ 소환된 증인 또는 그 친족 등이 보복을 당할 우려가 있는 경우 재판장이 피고인을 퇴정시키고 증인신문을 행할 수 있도록 한 법률규정은 피고인의 반대신문권을 보장하지 않아 공정한 재판을 받을 권리를 침해한다.

19. 대통령이 국회 동의를 얻어서 행사할 수 있는 권한은 모두 몇 항목인가?

㉠ 감사위원 임명시
㉡ 특별사면시
㉢ 대법관 임명시
㉣ 보건복지부 장관 임명시
㉤ 자이툰 부대 파병 군인에 대한 훈장·영전 수여시
㉥ 헌법재판소 재판관 임명시
㉦ KBS 이사장 임명시

① 1항목
② 2항목
③ 3항목
④ 4항목

20. 법률안 거부권에 관한 기술 중에서 옳은 것(○)과 틀린 것(×)을 바르게 배열한 것은?

㉠ 현행 헌법에는 법률안 거부권의 사유를 열거하여 대통령의 법률안 거부권 남용을 예방하고 있다.
㉡ 「국회법」에 따르면 대통령이 정부로 이송된 법률안을 국회로 환부할 때 국회가 폐회 중인 경우 대통령은 임시국회를 소집하여야 한다.
㉢ 대통령이 정부에 이송된 법률을 15일 이내에 공포하지 아니한 때에는 법률안에 대하여 거부권을 행사한 것으로 본다.
㉣ 현행 헌법상 대통령은 법률안에 대하여 일부 거부나 수정 거부를 할 수 없다.

① ○-×-×-×
② ○-×-○-×
③ ×-×-×-×
④ ×-×-×-○

제 16 회 동형모의고사

01 헌법재판소가 평등권과 관련하여 위헌결정한 것은 모두 몇 항목인가?

㉠ 건설업자가 국가기술자격증을 대여하여 건설업 등록기준을 충족시킨 경우 그 건설업 등록을 필요적으로 말소하도록 규정한 것
㉡ 주취운전자에게 음주측정의무를 강제하는 것
㉢ 안전띠 미착용시 범칙금 규정
㉣ 선거기간 중에 여론 조사 결과공표금지
㉤ 개인과외교습자에게 신고의무를 부과하고 불이행시 형사처벌하는 규정
㉥ 5급 국가공무원 공채시 응시연령을 제한하는 것

① 없음
② 1항목
③ 2항목
④ 3항목

02 신체 자유와 관련된 헌법에 관한 기술 중에서 틀린 것은?

① 형사피의자는 체포 또는 구속을 당한 때에는 적부의 심사를 법원에 청구할 권리를 가진다.
② 누구든지 체포 또는 구속을 당한 때에는 즉시 변호인의 조력을 받을 권리를 가진다.
③ 형사피고인은 상당한 이유가 없는 한 지체없이 공개재판을 받을 권리를 가진다.
④ 모든 국민은 고문 받지 아니하며 형사상 자기에게 불리한 진술을 강요당하지 아니한다.

03 국회법상 국회운영위원회 소관사항은 몇 항목인가?

㉠ 대통령경호처 소관에 관한 사항   ㉡ 국가안보실 소관에 관한 사항
㉢ 국가인권위원회 소관에 관한 사항   ㉣ 국회예산정책처 소관에 관한 사항

① 1항목
② 2항목
③ 3항목
④ 4항목

04 사법권의 독립에 관한 기술 중에서 옳지 않은 것은?

① 법관이 중대한 심신상의 장해로 직무를 수행할 수 없을 때에는 법률이 정하는 바에 의하여 퇴직하게 할 수 있다.
② 대법원장은 다른 국가기관으로부터 법관의 파견근무요청이 있을 경우에 업무의 성질상 법관을 파견하는 것이 타당하다고 인정되고 당해 법관이 이에 동의하는 경우에는 그 기간을 정하여 이를 허가할 수 있다.
③ 법관에 대한 징계처분은 정직·감봉·견책의 3종이 있으며 징계처분에 불복시에는 법원에 징계처분의 취소를 청구하여야 한다.
④ 법관의 연임제는 사법부의 독립성을 저해하는 요소이기도 하다.

05 헌법재판소에 관한 기술 중에서 옳은 것은 모두 몇 항목인가?

> ㉠ 헌법재판소에서 법률의 위헌결정·탄핵결정·정당해산의 결정·헌법소원에 관한 인용결정·권한 쟁의 조정권은 재판관 6인 이상의 찬성이 있어야 한다.
> ㉡ 헌법재판소의 재판관은 탄핵결정·금고 이상의 형의 선고에 의하지 아니하고는 파면되지 아니한다.
> ㉢ 재판관 회의는 재판관 전원의 3분의 2를 초과하는 인원의 출석과 출석인원 과반수의 찬성으로 의결하며 의장은 표결권을 가진다.
> ㉣ 헌법재판소장이 궐위되거나 사고로 직무를 수행할 수 없을 때에는 다른 재판관이 헌법재판소 규칙으로 정하는 순서에 따라 그 권한을 대행한다.

① 1항목
② 2항목
③ 3항목
④ 4항목

06 예산에 관한 기술 중에서 옳지 않은 것은?

① 정부는 감사원의 세출예산 요구액을 감액하고자 할 때에는 국무회의에서 감사원장의 의견을 구하여야 한다.
② 예산은 일종의 법규범이고 법률과 마찬가지로 국회의 의결을 거쳐 제정되므로, 국회의 예산안 의결은 헌법재판소법 제68조 제1항 소정의 공권력의 불행사에 해당하는 것으로서 헌법소원의 대상이 될 수 없다.
③ 예산안 제출권은 정부만이 가지고 국회는 예산안 확정권을 가진다.
④ 대통령은 국회가 의결한 예산안에 대하여 거부권을 행사할 수 없다.

07 국회의원의 지위와 권한에 관한 설명 중 옳은 것은? (다툼이 있는 경우 판례에 의함)

① 자유위임은 의회 내에서의 정치형성에 정당의 협력을 배척하는 것이 아니며 의원이 정당과 교섭단체의 지시에 기속되는 것을 배제하는 근거가 되는 것도 아니다.
② 국회의원의 면책특권이 적용되는 행위에 대하여 공소가 제기된 경우, 형사처벌할 수 없는 행위에 대하여 공소가 제기된 것이므로 무죄를 선고하여야 한다.
③ 국회의원은 의장이나 부의장이 될 수 있으며 전국구의원은 의장이나 부의장이 될 수 없다.
④ 국회의원은 국무총리, 국무위원, 지방자치단체의 장을 겸직할 수 있으며, 이는 의원내각제 요소의 사례이기도 하다.

08 다음 종합부동산세법에 관한 헌법재판소의 결정과 다른 하나는?

① 주택 등에 대한 보유세인 종합부동산세를 부과하는 그 자체를 헌법 제119조에 위반된다고 보기 어렵다.
② 종합부동산세의 과세방법을 '인별 합산'이 아니라 '세대별 합산'으로 규정한 것은 헌법 제36조 제1항에 위반된다.
③ 종합부동산세법이 부동산 보유세인 종합부동산세를 국세로 규정한 것은 지방자치단체의 자치재정권의 본질을 훼손하는 것이다.
④ 주택분 종합부동산세를 일정한 경우에는 과세 예외조항이나 조정장치를 두어야 할 것임에도 주택 보유의 정황을 고려하지 아니한 채 일률적 또는 무차별적으로 부과하는 것은 헌법에 합치되지 않는다.

09 국회동의를 요하는 조약에 해당하지 않는 것은?

① 우호통상조약과 상호원조에 관한 조약
② 강화조약과 안전보장에 관한 조약
③ 국가나 국민에게 중대한 재정적 부담을 지우는 조약
④ 주권을 보장하는 조약

10 공직선거법과 선거에 관한 기술 중에서 옳은 것은 모두 몇 항목인가? (다툼시 판례에 따름)

㉠ 선거범에 관한 재판에서 피고인이 2회 이상 정당한 사유없이 불출석하는 경우 궐석재판할 수 있다.
㉡ 비례대표국회의원 여성후보자 추천 비율과 순위를 위반한 후보자 등록신청은 수리할 수 없으나, 이를 위반한 후보자의 등록을 무효로 하는 것은 아니다.
㉢ 선거관련 범죄의 공소시효는 당해 선거일로부터 6월경과 후부터 공소시효가 완성된다.
㉣ 배우자를 포함한 선거사무장 등의 선거범죄로 인한 후보자의 당선 무효 규정의 공직선거법은 헌법 제13조 제3항의 연좌제에 해당한다.

① 1항목
② 2항목
③ 3항목
④ 4항목

11 공무원에 관한 기술 중에서 잘못된 것은?

① 공무원의 신분보장과 관련된 법률의 제정 또는 개정과 관련하여 당사자가 구법 질서에 기대했던 신뢰보호내지 신분관계의 안정이라는 이익을 침해하지 않는 한 입법자의 입법형성재량이 인정된다.
② 헌법재판소 공무원은 헌법규정에 의해서 정당가입이나 정치관여가 금지된다.
③ 대통령은 행정부수반으로서 공정한 선거가 실시될 수 있도록 총괄·감독해야 할 의무가 있으므로 당연히 선거에서의 중립의무를 지는 공직자에 해당한다.
④ 공무원의 연금액을 물가연동제에 따라 지급하는 것은 행복추구권과 평등권을 침해하는 것이 아니다.

12 주민소환에 관한 법률을 기술한 것 중에서 옳은 것은 모두 몇 항목인가?

㉠ 비례대표지방의회의원을 제외한 지방의회의원과 그 지방자치단체의 장은 주민들이 소환할 권리를 가진다.
㉡ 선출직 지방공직자는 임기개시일부터 2년이 경과하지 아니한 때에는 주민소환투표를 실시 청구할 수 없다.
㉢ 비례대표선거구시·도의회의원 및 비례대표선거구자치구·시·군의회의원은 주민소환 대상에서 제외한다.
㉣ 주민소환투표에 부쳐지거나 부쳐질 사항에 관한 단순한 의견개진 및 의사표시는 주민소환투표운동으로 보지 아니한다.

① 1항목
② 2항목
③ 3항목
④ 4항목

13 국가와 경제질서와 관련된 것 중에서 헌법에 미규정된 것은?

① 국가는 기업을 보호·육성하여야 한다.
② 국가는 지역 간의 균형있는 발전을 위하여 지역경제를 육성할 의무를 진다.
③ 국가는 농어민과 중소기업의 자조조직을 육성하여야 하며, 그 자율적 활동과 발전을 보장한다.
④ 국가는 농업 및 어업을 보호·육성하기 위하여 농어촌 종합개발과 그 지원 등 필요한 계획을 수립, 시행하여야 한다.

14 현행 헌법 개정절차와 관련하여 옳은 것은 모두 몇 항목인가?

┌───┐
│ ㉠ 국민들은 헌법개정안을 발의할 수 없다.
│ ㉡ 헌법개정안은 국회가 의결한 후 90일 이내에 국민투표에 회부하여야 한다.
│ ㉢ 국회가 의결함에 있어서는 공고된 헌법개정안을 수정할 수 없고 무기명 투표에 의하여 해야 한다.
│ ㉣ 국민투표에 효력에 이의가 있는 투표인은 투표인 10만명 이상의 찬성을 얻어 투표일로부터 20일 이내에 대법원에 제소할 수 있으며 피고는 당해선거관리위원회 위원장으로 하여야 한다.
└───┘

① 1항목　　　　② 2항목
③ 3항목　　　　④ 4항목

15 다음 중에서 사전적 헌법보장에 해당하는 것은 모두 몇 항목인가?

┌───┐
│ ㉠ 권력분립　　　　　　　　㉡ 방어적 민주주의
│ ㉢ 헌법소원　　　　　　　　㉣ 위헌법률심사제
│ ㉤ 지방자치제　　　　　　　㉥ 대통령제
│ ㉦ 양원제
└───┘

① 1항목　　　　② 2항목
③ 3항목　　　　④ 4항목

16 헌법재판소법 제68조 제1항에 의한 권리구제형 헌법소원의 대상이 될 수 있는 것은 모두 몇 항목인가? (다툼시 통설·판례에 따름)

> ㉠ 실질적인 법규명령이 있는 고시, 지침, 기본계획
> ㉡ 진정입법부작위
> ㉢ 권력적 사실행위
> ㉣ 지명수배처분취소
> ㉤ 국민감사청구기각결정

① 1항목　　　　　　② 2항목
③ 3항목　　　　　　④ 4항목

17 권력분립과 관련하여 고전적 권력통제는 모두 몇 항목인가?

> ㉠ 이익단체에 의한 통제
> ㉡ 헌법재판소에 의한 통제
> ㉢ 지방자치단체와 중앙정부 간의 통제
> ㉣ 여당과 야당 간의 통제
> ㉤ 언론이나 여론에 의한 통제
> ㉥ 사법부나 행정부 간의 통제

① 1항목　　　　　　② 2항목
③ 3항목　　　　　　④ 4항목

18 다음 기관 중에서 헌법상 입법권이 없는 기관은?

① 헌법재판소　　　　② 감사원
③ 중앙선거관리위원회　　④ 대법원

19 다음 중 헌법재판소의 결정내용과 다른 하나는?

① 헌법재판소는 정신질환 수용자를 위한 치료감호소 미설치 위헌확인 재판에서 정신질환 수용자를 위한 치료감호시설을 설치·운영하기 위한 근거법률을 만들어야 할 입법의무가 헌법해석상 입법자에게 도출된다고 보기도 어려우므로 이는 작위의무가 인정되지 않는 진정입법부작위를 대상으로 한 것으로 부적법하다고 판단하였다.
② 소방공무원을 노동조합 가입대상에서 제외한 것은 소방공무원의 단결권 또는 평등권을 침해하는 것으로 볼 수 없다.
③ 민법 제762조에 의한 태아의 손해배상청구권이 민법 제3조의 취지를 고려하여 살아서 출생한 태아에게만 인정되는 것으로 해석하더라도 태아 생명권의 보호라는 국가의 기본권 보호의무를 위반한 것으로 볼 수 없어 위 조항들은 헌법에 위반되지 않는다.
④ 수분양자가 아닌 개발사업자를 부과대상자로 하는 학교용지부담금 제도는 개발사업자의 평등권과 재산권을 침해한다.

20 다음 중 헌법재판소의 판례 입장과 상이한 것은?

① 지방선거 비용을 해당 지방자치단체가 부담하도록 규정한 공직선거법은 지방자치단체의 재정권을 침해하는 것이라고 볼 수 없다.
② TV 방송광고에 관하여 사전 심의를 받도록 규정하고 있는 방송법규정은 헌법에 위배되지 아니한다.
③ 특정 해외 위난지역으로 출국하고자 할 경우 여권의 사용제한 조치를 취한 외교통상부(현행 외교부) 고시 규정은 헌법에 위배되지 아니한다.
④ 종전에 합헌결정이 있는 사건이 있는 형벌조항에 대하여 위헌결정이 선고된 경우 그 합헌결정이 있는 날의 다음날부터 소급하여 효력 상실하도록 하는 것은 헌법에 위배되지 아니한다.

제 17 회 동형모의고사

01 헌법의 특성에 관한 기술 중에서 옳은 것은 모두 몇 항목인가?

> ㉠ 현행 헌법은 헌법의 최고규범성을 직접 명시한 규정은 없으나 헌법전문에 간접적인 규정을 명시하고 있다.
> ㉡ 미국헌법이나 일본헌법은 헌법의 최고규범성을 직접 명시하고 있다.
> ㉢ 헌법은 역사적인 발전단계에 상응하는 이념 또는 가치를 그 내용으로 하며 통치권력에 대한 통제작용을 행한다.
> ㉣ 헌법재판제도는 헌법의 최고규범성을 간접적으로 인정하는 제도이다.

① 1항목
② 2항목
③ 3항목
④ 4항목

02 신행정수도의 건설을 위한 특별조치법과 관련된 헌법재판소의 판례입장과 상이한 것은?

① 헌법재판소는 관습헌법의 사례로 수도(서울)와 태극기(애국가) 등을 제시한 바 있다.
② 관습헌법도 성문헌법과 마찬가지로 주권자인 국민의 헌법적 결단의 의사표현이나 성문헌법과 동등한 효력을 가지는 것은 아니다.
③ 관습헌법이 성립하기 위해서는 기본적 헌법사항에 관한 어떠한 관행이 존재하고 그 관행의 반복성·계속성·항상성·명료성이 인정되어야 한다.
④ 우리나라는 성문헌법을 가진 나라로서 기본적으로 우리 헌법전이 헌법의 법원(法源)이 되나 형식적 헌법전에는 기재되지 아니한 사항이라도 이를 관습헌법으로 인정할 소지가 있다.

03 국적에 관한 기술 중에서 옳은 것은 모두 몇 항목인가?

㉠ 만 20세가 되기 전에 복수국적자가 된 자는 만 22세가 되기 전까지, 만 20세가 된 후에 복수국적자가 된 자는 그 때부터 2년 내에 하나의 국적을 선택하여야 한다. 다만, 법무부장관에게 대한민국에서 외국 국적을 행사하지 아니하겠다는 뜻을 서약한 복수국적자는 제외한다. 법무부장관은 복수국적자로서 위에서 정한 기간 내에 국적을 선택하지 아니한 자에게 1년 내에 하나의 국적을 선택할 것을 명하여야 한다. 국적선택의 명령을 받고도 이를 따르지 아니한 자는 그 기간이 지난 때에 대한민국 국적을 상실한다.
㉡ 우리나라는 부모양계혈통주의를 원칙으로 하고 출생지주의를 예외적으로 인정하고 있다.
㉢ 우리나라의 국적법은 단일국적주의를 기본으로 한다.
㉣ 직계존속이 외국에서 영주할 목적없이 체류한 상태에서 출생한 자는 현역복무를 마치고 만 1년이 경과한 후 국적이탈신고를 할 수 있다.

① 1항목
② 2항목
③ 3항목
④ 4항목

04 다음 중 헌법재판소의 결정내용이 아닌 것은?

① 법학전문대학원의 입학자 중 비법학 학사학위 취득자의 비율과 당해 법학전문대학원이 설치된 대학 외의 대학의 학사학위 취득자의 비율을 각각 입학자의 1/3 이상이 되도록 규정한 것은 법과대학 졸업생과 자대 졸업자들의 적성과 능력에 맞는 교육과 진로를 선택할 자유를 부당하게 침해한다.
② 일용근로자로서 3개월을 계속 근무하지 아니한 자를 해고예고제도의 적용제외사유로 규정하고 있는 근로기준법 조항은 근로의 권리를 침해하지 않는다.
③ 헌법이 인정하고 있는 위임입법의 형식은 예시적인 것으로 보아야 할 것이고, 법률이 어떤 사항을 행정규칙에 위임하는 경우에 그 행정규칙은 위임된 사항만을 규율할 수 있는 것이므로, 국회입법의 원칙과 상치되지 않는다.
④ 북한지역으로 전단 등 살포를 하여 국민의 생명·신체에 위해를 끼치거나 심각한 위험을 발생시키는 것을 금지하고 이를 위반한 경우에 처벌하는 것은 과잉금지원칙과 표현의 자유를 침해하는 것이다.

05 정부형태에 관한 설명 중에서 옳은 것으로만 묶은 것은?

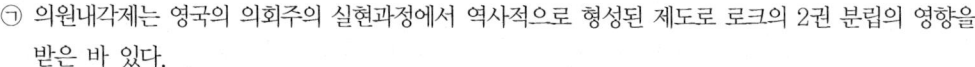

⊙ 의원내각제는 영국의 의회주의 실현과정에서 역사적으로 형성된 제도로 로크의 2권 분립의 영향을 받은 바 있다.
ⓒ 대통령제는 권력분립원칙에 입각하여 미국연방헌법에 의하여 창안된 정부형태로 평가된다.
ⓒ 이원정부제는 국민이 직접 선출하는 대통령과 의회에서 선출하는 수상에게 각각 집행에 관한 실질적 권한을 부여하는 정부형태이다.
ⓔ 탄핵제도는 대통령제에만 존재하는 대통령제의 고유한 요소이다.

① ⊙, ⓒ
② ⊙, ⓒ, ⓒ
③ ⓒ, ⓒ, ⓔ
④ ⊙, ⓒ, ⓒ, ⓔ

06 현행헌법의 경제질서에 관한 기술 중에서 옳지 않은 것은? (다툼시 판례에 따름)

① 농업생산성의 제고와 농지의 합리적인 이용을 위하거나 불가피한 사정으로 발생하는 농지의 임대차와 위탁경영은 법률이 정하는 바에 의하여 인정한다.
② 민간기업이 도시계획시설사업의 시행을 위하여 수용권을 행사할 수 있도록 규정한 것은 헌법에 위반되지 않는다.
③ 신문업에 있어서 불공정거래행위의 기준과 유형을 규정하고 있는 공정거래위원회의 신문고시는 헌법이 정한 경제질서에 위배된다.
④ 국가는 과학기술의 혁신과 정보 및 인력의 개발을 통하여 국민경제발전에 노력하여야 한다.

07 국제평화주의에 관한 기술 중에서 틀린 것은? (다툼시 판례에 따름)

① 조약 자체가 국민의 권리·의무에 관한 법규범을 포함하고 있어서 그 문구나 내용으로 보아 국내의 법적용기관에 의해서 조약이 직접 구체적인 사건에 적용될 수도 있다.
② 국가배상청구권이나 범죄피해자 국가구조청구권은 상호주의원칙에 따라 외국인도 인정한다.
③ 국회동의를 요하지 않는 조약은 대통령령과 동일한 효력을 수반하는 것이므로 헌법소원의 심판의 대상이 될 수 없다.
④ 남한주민이 북한주민과 접촉하고자 할 때에 통일부장관의 승인을 얻도록 하는 것은 헌법에 위배되지 아니한다.

08 정당 구성과 설립에 관한 기술 중에서 옳은 것은 모두 몇 항목인가? (다툼시 판례에 따름)

㉠ 정당은 5개 이상의 시·도당을 가져야 하고 시·도당은 2,000명 이상의 당원을 가져야 한다.
㉡ 정당은 수도에 소재하는 중앙당과 특별시·광역시·도에 소재하는 시·도당으로 구성한다.
㉢ 외국인이나 감사위원은 정당의 발기인이나 당원이 될 수 없다.
㉣ 정당에 둘 수 있는 유급사무직원은 중앙당에는 100인을 초과할 수 없고 시·도당에는 총 100인 이내에서 각 시·도당별로 중앙당이 정한다.
㉤ 퇴직 후 2년 이내라 할지라도 검찰총장과 경찰청장은 특정정당에 가입할 수 있다.

① 1항목
② 2항목
③ 3항목
④ 4항목

09 선거에 관한 기술 중에서 틀린 것은?

① 우리나라 현행법상은 지방의회의원 선거에서는 중선거구제를 채택하지 아니하고 있다.
② 현재 국회의 의원정수는 지역구국회의원과 비례대표국회의원을 합하여 300인이다.
③ 국회의원선거에 있어서 당선의 효력에 이의가 있는 후보자를 추천한 정당 또는 후보자는 당선소송을 제기할 수 있다.
④ 선거에 관한 소송은 다른 쟁송에 우선하여 신속히 재판하여야 하며 수소법원은 소가 제기 된 날로부터 180일 이내에 처리하여야 한다.

10 공무원의 신분을 가지고 있기 때문에 헌법상 제한되는 것은 모두 몇 항목인가?

㉠ 청원권
㉡ 재판청구권
㉢ 형사보상청구권
㉣ 영장제도
㉤ 사생활비밀의 자유
㉥ 묵비권
㉦ 근로자의 단체행동권

① 1항목
② 2항목
③ 3항목
④ 4항목

11 지방자치제도에 관한 기술 중에서 옳지 않은 것은? (다툼시 판례에 따름)

① 지방의회의원의 피선거권자는 선거일 현재 계속하여 60일 이상 당해 지방자치단체의 관할구역 안에 주민등록이 되어 있는 18세 이상 주민이어야 한다.
② 헌법 제117조 제2항은 지방자치단체의 종류를 법률로 정하도록 규정하고 있을 뿐 지방자치단체의 종류 및 구조를 명시하고 있지 않으므로 이에 관한 사항은 기본적으로 입법자에게 위임된 것으로 볼 수 있는바, 일정 구역에 한하여 당해 지역 내의 지방자치단체인 시·군을 모두 폐지하는 것 역시 입법자의 선택범위에 들어가는 것이다.
③ 지방자치단체의 주민은 공공시설의 설치를 반대하는 사항을 내용으로 하는 조례의 제정이나 개폐는 청구할 수 없다.
④ 행정중심복합도시에는 상당수의 행정기관이 국가 행정의 중요부문을 담당하게 되므로 수도로서의 지위를 획득하게 된다.

12 다음의 헌법재판소의 결정 내용 중 옳지 않은 것은?

① 지도직 공무원 채용시험에 응시한 경우 국가유공자 가점을 주지 않도록 규정한 것은, 전문성을 기준으로 임용되고 그러한 전문성을 즉시 활용할 필요가 있는 지도직 공무원의 특수성을 반영한 것이므로, 평등권을 침해하지 않으며 입법재량의 한계를 일탈하여 국가유공자에 대한 근로기회 우선보장 의무를 규정한 헌법 제32조 제6항을 위반하였다고 볼 수도 있다.
② 부모의 분묘를 가꾸고 봉제사를 하고자 하는 권리는 행복추구권의 내용이 된다.
③ 한국인과 결혼한 중국인 배우자가 한국에 입국하기 위하여 사증발급을 신청함에 있어 중국인 배우자와의 교제과정, 결혼하게 된 경위, 소개인과의 관계, 교제경비내역 등을 당해 한국인이 직접 기재한 서류를 제출할 것을 요구하는 주중국 대한민국대사의 조치는 헌법에 위반되지 않는다.
④ 통신의 비밀과 자유, 사생활의 비밀과 자유는 성질상 일신전속적인 것이어서 승계되거나 상속될 수 없다.

13 다음 중 헌법재판소의 태도와 다른 것은?

① 해양오염방지법상의 해양환경개선금의 부과에 필요한 사항들을 대통령령으로 정하는 것은 포괄입법금지원칙에 위반되지 않는다.
② 중등교사 임용시험에 있어서 동일 지역 사범대학을 졸업한 자에게 가산점을 부여한 것은 헌법에 위반된다.
③ 소액 임대차 보증금 반환 채권의 대한 압류를 금지하는 것은 채권자의 재산권을 침해하지 아니한다.
④ 음주측정거부자에 대하여 필요적으로 운전면허를 취소하도록 한 구 도로교통법 규정은 헌법에 위반되지 않는다.

14. 재산권에 관한 기술 중에서 틀린 것은? (다툼시 판례에 따름)

① 경제적 실질에 따라 양도를 규정하여 공익사업시행자로부터 손실보상을 받고 건물을 철거하는 경우도 건물소유자에게 양도소득세를 부과하는 근거규정은 재산권과 계약의 자유를 침해하는 것이다.
② 단순한 이익이나 재화 획득의 기회 등은 재산권으로 보호되지 아니한다.
③ 재산권이 개인의 인격자유를 보장하는 요소로서 기능하는 경우 그 재산권은 특별히 강한 보호를 받는다.
④ 공무원 연금수급권이나 국민연금수급권 등 공법상 재산가치가 있는 권리와 정리(整理)회사의 주식도 재산권의 성격을 가진다.

15. 언론·출판의 자유에 관한 헌법재판소 판례입장에 대한 기술 중에서 틀린 것은?

① 행정기관인 청소년보호위원회에 청소년유해매체물의 결정권한을 부여하는 것은 죄형법정주의에 위배되는 것은 아니다.
② 정보통신망을 통하여 일반에게 공개된 정보로 말미암아 사생활 침해나 명예훼손 등 타인의 권리가 침해된 경우 그 침해를 받은 자가 삭제요청을 하면 정보통신서비스 제공자는 권리의 침해 여부를 판단하기 어렵거나 이해당사자 간에 다툼이 예상되는 경우에는 해당 정보에 대한 접근을 임시적으로 차단하는 조치를 하여야 한다고 규정한 것은 정보게재자의 표현의 자유를 침해하는 것이다.
③ 교과서의 국정 또는 검인정제도는 허가의 성질보다는 특허의 성질을 갖는 것으로 국가가 재량권을 가지는 것은 당연한 것으로 헌법에 위배되지 아니한다.
④ 언론기관의 편집책임자로 하여금 아동학대행위자를 특정하여 파악할 수 있는 인적 사항 등을 방송할 수 없게 하는 것은 언론출판 자유를 침해하는 것은 아니다.

16. 종교 자유에 관한 기술 중에서 옳은 것(○)과 틀린 것(×)을 바르게 배열한 것은? (다툼시 판례에 따름)

㉠ 신앙의 자유와 기도의 자유는 어떠한 경우에도 제한할 수 없는 절대적 기본권이다.
㉡ 종교적 집회의 경우에는 현행법제상 신고제가 적용되지 아니한다.
㉢ 경향기업이 자신의 경향실현을 위하여 구성원의 사상이나 신조를 고용조건으로 삼는 것은 헌법상 보호 대상이 된다.
㉣ 사립대학은 학생들이 신앙을 가지지 않을 자유를 침해하지 않는 범위내에서 종교교육을 받을 것을 졸업요건으로 하는 학칙을 제정할 수 있다.

① ○-○-○-○
② ○-×-○-○
③ ×-○-○-○
④ ×-×-○-○

17
甲은 상습적인 음주운전 혐의로 5차례 정도 경찰에 구속되어 운전면허가 취소되고 징역 2개월과 벌금 400만원 정도를 선고 받은 전력이 있는 자이다. 甲의 행위와 관련한 기술 중에서 틀린 것은? (다툼시 판례에 따름)

① 甲은 음주운전을 3회 이상 한 자로 유죄 선고 받은 경우에 운전면허를 취소하더라도 비례성원칙에 위배되지 아니한다.
② 甲이 유죄판결 선고에 대하여 국가인권위원회에 제소할 수 없는 국가인권위원회법은 헌법에 위배되지 아니한다.
③ 甲은 특별사면시 형벌에 대하여는 사면대상이 되나 행정법규 위반에 대해서는 특별사면 대상이 될 수 없다.
④ 甲의 음주운전측정을 강제로 행하는 것은 헌법상의 영장제도를 위배하는 것은 아니다.

18
평등권에 관한 기술 중에서 틀린 것은 모두 몇 항목인가?

> ㉠ 자의금지원칙에 의한 심사의 경우에는 차별을 정당화하는 합리적인 이유가 있는지만을 심사하므로 비교대상 간의 사실상의 차이나 입법목적의 발견 및 확인에 그친다.
> ㉡ 법앞의 평등이라는 헌법원칙은 법을 적용하는 정부와 법을 판단하는 법원 뿐만 아니라 법을 제정하는 국회도 준수하여야 할 헌법상의 규제 원리이다.
> ㉢ 입법자에게 광범위한 입법형성의 자유가 인정되는 경우에는 법률의 내용이 현저하게 합리성을 결여되어 있는 것이 아닌 한 평등원칙에 반하는 것은 아니다.
> ㉣ 변호사나 세무사 등의 보수는 자율화하면서 공인중개사에게는 법정수수료제도를 규정하는 것은 평등원칙에 위배된다.

① 1항목
② 2항목
③ 3항목
④ 4항목

19. 헌법재판소의 판례를 기술한 것 중에서 옳은 것은 모두 몇 항목인가?

㉠ 한일합병의 공으로 작위를 받거나 이를 계승한 행위 및 일본제국주의의 식민통치와 침략전쟁에 협력하여 포상 또는 훈공을 받은 자로서 일본제국주의에 현저히 협력한 행위를 친일·반민족행위의 하나로 정의한 것은 헌법에 위반되지 않는다.
㉡ 국회의 탄핵소추의결 이후 헌법재판소의 탄핵심판 중 임기만료로 피청구인이 법관의 직에서 퇴직한 경우에는 탄핵심판청구는 부적법하다고 결정하였다.
㉢ 개발제한구역에서 토지의 형질변경을 원칙적으로 금지하고 예외적으로 허가를 받아 행할 수 있도록 하되 이에 위반할 경우 형사처벌하도록 규정한 것은 과잉금지원칙에 위배되지 않는다.
㉣ 주민등록번호 변경이 필요한 경우가 있음에도 그 변경에 관하여 규정하지 아니한 채 일률적으로 주민등록번호를 부여하는 제도는 과잉금지원칙을 위반하여 개인정보자기결정권을 침해하여 헌법에 합치되지 아니하고, 위 조항은 2017.12.31.을 시한으로 입법자가 개정할 때까지 계속 적용된다.

① 1항목
② 2항목
③ 3항목
④ 4항목

20. 다음 중 헌법재판소의 판례내용으로 옳지 않은 것은?

① 교육위원(현행, 교육의원)이 교육감 선거에 나가는 경우에는, "교육위원 등 공무원이 공직선거에 출마할 경우 선거일 전 60일까지 사퇴"하도록 한 공직선거법 제53조 제1항 제2호가 준용되지 않으므로 교육위원은 사퇴조항의 제한 없이 교육감 선거에 입후보할 수 있다.
② 일정 기간 동안 세무 행정사무에 종사한 공무원 등에 대하여 세무사자격시험의 일부를 면제해 주는 것은 일반 응시자들의 평등권, 직업선택의 자유를 침해한다.
③ 의사표현의 매개체는 어떠한 형태이건 제한 없이 헌법 제21조 제1항이 보장하고 있는 언론·출판의 자유의 보호대상이 되므로 비디오물도 언론·출판의 자유에 의해서 보호되는 의사표현의 매개체임은 명백하다.
④ 상소제기 후 상소취하시까지의 미결구금을 형기에 산입하지 아니하는 것은 헌법상 무죄추정원칙과 적법절차에 위배된다.

제 18 회 동형모의고사

01 다음 중 헌법재판소의 결정내용으로 옳지 않은 것은?

① 국회의 교섭단체에 한하여 정책연구위원을 배정하는 것은 소수정당의 평등권을 침해하지 않는다.
② 2005.5.26. 주택법이 개정되기 전에 발생한 공동주택의 하자에 대해 하자담보기간이 개정된 새로운 법규정을 적용하도록 한 주택법 부칙 제3항은 신뢰보호원칙에 위반되는 소급입법에 해당하지 아니한다.
③ 직업군인에 대하여만 육아휴직신청권을 부여하는 것은 헌법에 위반되지 않는다.
④ 미성년자를 약취유인한 자가 재물이나 재산상의 이익을 요구하는 때에는 무기 또는 10년 이상의 형에 처하도록 한 것은 약취·유인한 미성년자를 폭행·상해·감금 또는 유기하거나 가혹행위를 한 경우나 가혹행위 등으로 인하여 치사케 한 경우 및 살인죄보다 법정형의 하한을 높게 규정하고 있다 하여 형벌의 균형을 잃은 것이라고 보기는 어렵다.

02 국회의 권한에 속하지 않는 것은?

① 헌법재판소장 임명동의권
② 정부위원에 대한 출석요구권
③ 국가인권위원회위원 5인 선출권
④ 중요한 국제조직에 관한 조약의 체결·비준에 대한 동의권

03 국제법과 국내법의 관계에 관한 설명으로 옳지 않은 것은?

① 조약은 국제법 관계를 설정하기 위한 국제법 주체 간의 문서에 의한 합의이므로 국제기구에서 채택된 선언, 의결, 권고 등은 조약에 해당하지 않는다.
② 1966년 체결된 '한미행정협정'은 명칭에도 불구하고 국회의 동의를 얻은 조약으로서 효력을 갖는다.
③ 헌법재판소는 북한은 국제연합에 가입한 국제법의 주체이기 때문에 우리와 북한 사이에 채택된 '남북사이의 화해와 불가침 및 교류협력에 관한 합의서'는 조약으로서의 효력을 갖는다고 보았다.
④ 국회의 동의를 받아 효력이 발생한 조약과 다른 내용의 국내법률이 제정되는 경우 국제법 존중의 헌법원칙과 충돌하는 문제가 발생한다.

04 국회의원의 불체포특권에 대한 기술 중 옳지 않은 것은?

① 회기 내에 휴회 중인 때에는 현행범인이 아닌 국회의원을 국회의 동의 없이 체포 또는 구금할 수 있다.
② 불체포특권은 의회의 자주성과 의원의 원활한 직무수행을 보장하기 위한 합리적인 이유에 의한 차별이므로 평등원칙에 위배되지 않는다.
③ 국회의원은 현행범인이거나 국회의 동의가 있는 경우를 제외하고는 회기 중에 체포 또는 구금되지 않으며, 회기 전에 체포·구금된 때에는 현행범인이 아닌 한 국회의 요구가 있으면 회기 중 석방된다.
④ 국회의원의 면책특권은 불체포특권과 함께 의회활동의 독립성을 보장하기 위해 요구되는 것이지만, 불체포특권은 의회의 기능을 보호하기 위해서 인정된 제도이기 때문에 그것이 다른 목적을 위하여 남용 또는 악용되어서는 안된다.

05 다음 중 위헌법률심판제청에 관한 기술로 옳은 것은 모두 몇 항목인가?

㉠ 위헌법률심판제청의 적법요건인 재판의 전제성이 인정되려면, 구체적인 사건이 법원에 계속 중이어야 한다.
㉡ 대법원과 각급법원은 위헌법률심판제청을 인정하나 군사법원은 군의 특수성을 고려하여 불인정한다.
㉢ 위헌법률심사제청권은 당해 사건을 담당하는 법원이 가지고 있으나 신청은 당사자 뿐만 아니라 직권으로도 가능하다.
㉣ 위헌법률심판제청신청을 법원이 기각결정하는 경우에는 당사자는 헌법재판소에 위헌심사형 헌법소원을 청구할 수 있다.
㉤ 당해사건은 위헌제청이 있을 때에는 위헌여부에 대한 헌법재판소의 결정이 있을 때까지 정지된다. 다만 법원이 긴급하다고 인정하는 경우에는 종국재판 외의 소송절차는 진행할 수 있다.

① 1항목
② 2항목
③ 3항목
④ 4항목

06 대통령의 법률안 거부권에 관한 설명 중 옳지 않은 것은?

① 국회에서 재의결된 확정법률이 정부에 이송된 후 5일 이내에 대통령이 공포하지 아니할 때에는 국회의장이 이를 공포한다.
② 대통령의 법률안 거부권은 헌법재판소의 위헌법률심판권과 달리 법률의 내용적 위헌성을 전제하지 않고도 행사할 수 있다.
③ 대통령의 거부권 행사에 대하여 국회는 재적의원 과반수의 출석과 출석의원 3분의 2 이상의 찬성으로 재의결할 수 있다.
④ 국회에서 의결된 법률안이 정부에 이송되었을 때, 대통령은 15일 이내에 이의서를 첨부하여 국회로 환부하고 재의를 요구할 수 있다. 다만, 국회가 폐회 중일 경우에는 환부하지 않은 상태로 거부권을 행사할 수 있다.

07 법원조직법상 사법부와 관련된 기관 중에서 임의적인 설치기관은?

① 사법정책자문회의
② 법관인사위원회
③ 대법원 소속의 재판연구관
④ 대법관

08 다음 중 국회의원의 면책특권에 관한 설명으로 옳지 않은 것은?

① 국회의원은 국회에서 직무상 행한 발언과 표결에 관하여 국회 외에서 책임을 지지 아니한다.
② 면책특권은 실체법상의 특권으로 임기만료후에도 책임을 부과할 수 없는 영구적 특권이라는 측면에서 볼 때 일시적 특권인 불체포특권과 비교된다.
③ '국회'란 국회 본회의장에 국한되지 아니하며 위원회, 소속교섭단체를 포함한 의정활동을 행하는 모든 장소를 말한다.
④ 국회 내에서 행한 발언을 다시 원외에서 발표하거나 출판하는 것, 공개회의의 회의록을 공개하는 것은 면책되지 아니한다.

09 법원에 관한 기술 중에서 옳은 것은?

① 대법원장의 자문기관인 사법정책자문위원회를 둔다.
② 대법관회의의 의결사항에는 판사의 임명에 대한 동의, 대법원 규칙 제정·개정 등에 관한 사항, 예산편성과 예비금지출·결산에 관한 사항 등을 들 수 있다.
③ 대법원장 궐위시는 선임 대법관이 그 권한을 대행한다.
④ 대법관회의는 헌법상 필수기관은 아니다.

10 다음에서 정당의 해산에 관한 설명으로 옳은 것은 모두 몇 항목인가?

㉠ "정당은 정치단체로서 고도의 자율권 내지 내부자치권이 보장되어야 하므로, 공직선거후보자 추천이 비민주적으로 이루어진다 하더라도 정당내부절차는 사법심사의 대상이 되지 않는다."라는 것이 법원 판례이다.
㉡ 헌법 제8조 제4항에 규정된 정당의 목적과 활동에서 당의 활동은 당의 총재 및 수뇌부의 활동을 의미하며, 평당원의 당의 명령에 의한 활동은 포함되지 않는다.
㉢ 헌법 제8조 제4항에 규정된 민주적 기본질서는 사회민주적 기본질서와 자유민주적 기본질서로 보는 견해가 대립하나, 다수설은 자유민주적 기본질서이다.
㉣ 정부가 위헌정당을 헌법재판소에 제소하기 전에 국무회의 심의를 반드시 거칠 필요는 없다.
㉤ 위헌정당해산결정시 필요한 의결정족수는 재판관 7인 이상이 출석하여 4인 이상의 찬성으로 결정한다.
㉥ 헌법재판소는, 헌법재판소의 해산결정으로 해산되는 정당 소속 국회의원의 의원직 상실은 위헌정당해산 제도의 본질로부터 인정되는 기본적 효력이라고 판시하였다.

① 2항목
② 3항목
③ 4항목
④ 5항목

11 과잉금지의 원칙과 관련한 헌법재판소의 판례 중 옳지 않은 것은?

① 부동산을 명의 신탁한 경우와 장기 미등기자에 대하여 부동산가액의 100분의 30에 해당하는 과징금을 부과하는 것은 헌법위반이다.
② 교육위원(현행 교육의원)의 선거에 있어서 선거공보의 발행, 배포와 소견발표회의 개최 이외에 일체의 선거운동을 금지하는 것은 과잉금지원칙에 위배된다.
③ 과외교습을 금지하고 있는 학원설립운영에 관한 법률 제3조는 목적의 정당성과 수단의 적합성은 인정되나, 침해의 최소성과 법익의 균형성을 갖추지 못하여 과잉금지원칙에 위배된다.
④ 보안관찰처분을 받지 아니한 보안관찰처분대상자에게 출소 후 신고의무를 부과하고 이를 이행하지 아니하였을 경우 형사처벌하는 규정은 우리 헌법상 인정되는 보안관찰처분제도의 목적달성을 위한 수단으로서 적정성이 인정될 뿐만 아니라 피해최소성 및 법익균형의 원칙에도 부합한다고 할 것이므로, 위 법 조항을 헌법상 적법절차의 원리나 과잉금지의 원칙, 죄형법정주의, 나아가 무죄추정의 원칙에 위반되거나 신체의 자유를 침해한다고 볼 수 없다.

12 지방자치제도에 관한 설명으로 옳지 않은 것은?

① 헌법이 지방자치단체에 포괄적인 자치권을 보장하고 있는 취지로 볼 때 조례에 대한 법률의 위임은 법규명령에 대한 법률의 위임과 같이 반드시 구체적으로 범위를 정할 필요가 없으며 포괄적인 것으로 족하다.
② 지방의회의 조직·권한·의원선거와 지방자치단체의 장의 선임방법 기타 지방자치단체의 조직과 운영에 관한 사항은 법률로 정한다.
③ 사립대학의 신설이나 학생정원 증원의 사무는 국가사무이지 지방자치단체의 사무가 아니므로, 수도권정비계획법 제18조 제1항에 근거한 국토해양부(현행 국토교통부)장관의 총량규제에 따라 수도권 소재 사립대학의 학생정원 증원을 제한하는 내용을 담은 교육과학기술부(현행 교육부)장관의 "2011학년도 대학 및 산업대학 학생정원 조정계획"은 경기도의 자치권한을 침해하는 것이다.
④ 지방자치단체의 장은 지방의회의 의결이 법령에 위반된다고 인정하는 때에는 재의를 요구할 수 있고, 재의결된 사항이 법령에 위반된다고 인정하는 때에는 대법원에 제소할 수 있다.

13 소관 상임위원회에서 인사청문회를 거친 후에 대통령이 임명해야 하는 자는 모두 몇 명인가?

㉠ 검찰총장	㉡ 경찰청장
㉢ 국가정보원장	㉣ 특별감찰관
㉤ 감사원장	㉥ 대법원장
㉦ 국무총리	

① 1명
② 3명
③ 4명
④ 6명

14 국정조사와 국정감사에 관한 기술 중에서 옳지 않은 것은?

① 일반행정작용에 대한 그 적법성과 타당성은 국정조사나 국정감사의 대상이 될 수 없다.
② 국정감사가 국회와 독립적·병렬적 지위에 있는 집행부와 사법부를 통제하는 것이라면 감사원의 감사는 행정부 내부에서 내부적으로 통제하는 것이다.
③ 국정조사권은 8차 개헌에서 신설한 것으로 국정의 감시, 통제수단으로 활용되고 있다.
④ 위원회는 국정조사를 하기 전에 전문위원, 기타 국회사무처 직원이나 조사대상기관의 신속성을 위하여 전문가 등으로 하여금 예비조사를 하게 할 수 있다.

15 대통령 선거에 관한 기술 중에서 옳은 것은 모두 몇 항목인가?

> ㉠ 대통령의 임기가 만료되는 때에는 임기만료 70일 내지 40일 전에 후임자를 선거한다.
> ㉡ 대통령이 궐위되거나 사고로 인하여 직무를 수행할 수 없을 때 또는 대통령당선자가 사망하거나 판결기타 사유로 자격을 상실한 때에는 60일 이내에 후임자를 선거한다.
> ㉢ 대통령 후보자가 1인일 때에는 별도의 투표없이 당선된다.
> ㉣ 헌정사상 대통령 직선제로 선출한 시기는 제1차·2차·5차·7차·9차 개헌이다.

① 1항목 ② 2항목
③ 3항목 ④ 4항목

16 다음 설명 중 대통령의 긴급권 행사에 대한 다른 국가기관의 통제수단으로 잘못 언급하고 있는 것은?

① 대통령이 긴급명령을 발할 경우 지체없이 국회에 보고하여 그 승인을 얻어야 한다.
② 대통령의 긴급재정경제처분은 처분으로서의 효력을 갖는 데 지나지 않으므로, 국회의 승인을 요하지는 않으나 각급법원의 심사대상이 된다.
③ 대통령이 계엄을 선포할 경우 국회의 승인을 요하지는 않으나, 국회는 재적의원 과반수의 찬성으로 그 해제를 요구할 수 있고 대통령은 이에 따라야 한다.
④ 대통령의 긴급재정경제명령이 국민의 기본권 침해와 직접 관련되는 경우 헌법재판소의 심사대상이 된다.

17 헌법재판소의 판례 입장과 상이한 것은?

① 대통령이 국회에 파병동의안을 제출하기 전에 국무회의 심의·의결하는 것은 국가기관의 내부적 의사결정 행위에 불과하여 그 자체로 국민에 대하여 직접적인 법률효과를 발생시키는 행위가 아니므로 헌법소원의 대상이 될 수 없다.
② 형사절차가 종료되어 교정시설에 수용중인 수형자는 원칙적으로 변호인의 조력을 받을 권리가 인정되지 아니한다.
③ 국외의 구역을 항해하는 선박에 장기 기거하는 선원에 대하여 거소투표방법으로 등기우편을 인정하는 것은 선거권을 침해하는 것이다.
④ 범죄혐의로 수사를 받은 피의자가 검사로부터 '혐의없음'의 불기소처분을 받은 경우 혐의범죄의 법정형에 따라 일정기간 피의자의 지문정보와 함께 인적사항·죄명·입건관서·입건일자·처분결과 등을 보존하도록 규정하는 것은 개인정보자기결정권을 침해하는 것이다.

18 경찰시험의 응시자격으로 신체조건이 남자는 167cm 이상, 여자는 157cm 이상으로 정하고 있다. 이와 관련된 내용 중에서 잘못된 것은?

① 국가인권위원회에서 직권조사하여 시정권고할 수 있다.
② 경찰청에 수험생과 이해관계없는 시민은 청원권을 제기할 수 없다.
③ 관련 경찰 수험생이 청원 가능하며 반드시 서면으로 해야 한다.
④ 신장이 기준에 미달하여 응시자격을 얻지 못하는 수험생은 일련의 절차를 거친 후에 헌법소원을 통해서 구제 받을 수 있다.

19 국무총리의 지위나 권한에 해당하지 않는 것은 모두 몇 항목인가?

㉠ 대통령의 보좌기관
㉡ 국무회의의 부의장
㉢ 제2순위 대통령 권한대행자
㉣ 국가안전기획부(현 국가정보원)의 지휘통할권
㉤ 행정부의 제2인자
㉥ 국무위원 해임건의권

① 1항목　　　　　　　　　② 2항목
③ 3항목　　　　　　　　　④ 4항목

20 공직선거법상 선거운동을 할 수 없는 자는 모두 몇 명인가?

㉠ 18세 미만의 미성년자
㉡ 정당의 당원이 될 수 없는 국가공무원
㉢ 상장된 회사의 임원
㉣ 국가나 지방자치단체가 자본금을 투자한 사법인에 소속된 직원
㉤ 한국노총과 민주노총의 대의원
㉥ 만 18세 이상으로서 출입국관리법에 따라 3년 이상 영주자격을 취득한 외국인으로서 해당 지방자치단체의 외국인등록대장에 올라 있는 사람

① 1명　　　　　　　　　② 2명
③ 3명　　　　　　　　　④ 5명

제19회 동형모의고사

01 다음 중 국회동의 없이 체결할 수 있는 조약은? (다툼시 판례에 따름)
① 우호통상항해조약
② 한미문화협정
③ 한미행정협정
④ 한일어업조약

02 감사원에 관한 기술 중에서 옳지 않은 것은?
① 감사원은 감사원장과 감사위원으로 구성된 합의제 기관이다.
② 감사원은 감사원장을 제외한 5인 이상 11인 이하의 감사위원으로 구성된다고 헌법은 규정하고 있다.
③ 감사업무의 합의에 관한 한 감사원장과 감사위원은 법적으로 동등한 지위에 있다.
④ 감사원장은 국회의 동의를 얻어 대통령이 임명하고, 그 임기는 4년으로 하며 1차에 한하여 중임할 수 있다.

03 다음 중 현행 범죄피해자보호법에 관한 설명으로 옳지 않은 것은?
① 구조금은 유족구조금 및 장해구조금으로 구분하며, 일시금으로 지급한다.
② 구조피해자나 유족이 해당 구조대상 범죄피해를 원인으로 하여 국가배상법이나 그 밖의 법령에 따른 급여 등을 받을 수 있는 경우에는 대통령령으로 정하는 바에 따라 구조금을 지급하지 아니한다.
③ 구조금의 지급신청은 해당 구조대상 범죄피해의 발생을 안 날부터 3년이 지나거나 해당 구조대상 범죄피해가 발생한 날부터 10년이 지나면 할 수 없다.
④ 구조금을 받을 권리는 그 구조결정이 해당 신청인에게 송달된 날부터 2년간 행사하지 아니하면 시효로 인하여 소멸되며, 구조금을 받을 권리는 양도하거나 담보로 제공하거나 압류할 수 없다.

04 다음 중에서 국무총리 직속기구에 해당하지 않는 것은 모두 몇 항목인가?

㉠ 공정거래위원회	㉡ 국민권익위원회
㉢ 금융위원회	㉣ 식품의약품안전처
㉤ 법제처	㉥ 방송통신위원회

① 1항목 ② 2항목
③ 3항목 ④ 4항목

05 다음 중에서 대통령의 권한을 대행할 수 없는 자는?

① 국토교통부장관 ② 산업통상자원부장관
③ 과학기술정보통신부장관 ④ 인사혁신처장

06 탄핵제도에 관한 다음 설명 중 가장 옳지 않은 것은? (다툼시 판례에 따름)

① 국회에서 탄핵소추의 의결이 있은 때에는 피소추자는 그때부터 헌법재판소의 탄핵심판이 있을 때까지 권한 행사가 정지되고, 임명권자는 피소추자의 사직원을 접수하거나 해임할 수 없다.
② 탄핵소추의 발의가 있은 때에는 의장은 발의된 후 처음 개의하는 본회의에 보고하고, 본회의는 의결로 법제사법위원회에 회부하여 조사하게 할 수 있다.
③ 헌법재판소는 원칙적으로 탄핵소추기관인 국회의 탄핵소추의결서에 기재된 소추사유에 의하여 구속을 받지만, 탄핵소추의결서에서 그 위반을 주장하는 법규정의 판단이나, 국회의 탄핵소추의결서에서 분류된 소추사유의 체계에 의하여는 원칙적으로 구속을 받지 않는다.
④ 헌법은 탄핵사유를 헌법이나 법률에 위배한 때로 규정하고 있는데, '헌법'에는 명문의 헌법규정뿐만 아니라 헌법재판소의 결정에 의하여 형성되어 확립된 불문헌법도 포함되고, '법률'이란 단지 형식적 의미의 법률 및 그와 동등한 효력을 가지는 국제조약, 일반적으로 승인된 국제법규 등을 의미한다.

07 사회보장수급권에 관한 헌법재판소의 결정으로 옳지 않은 것은?

① 공무원연금법상 퇴직연금의 수급자가 사립학교교직원연금법 제3조의 학교기관으로부터 보수 기타 급여를 지급받고 있는 경우, 그 기간 중 퇴직연금의 지급을 정지하도록 한 것은 기본권 제한의 입법한계를 일탈한 것으로 볼 수 없다.
② 국가공무원법상 임용결격사유가 존재함에도 불구하고 공무원으로 임용되어 근무하거나 하였던 자를 공무원 퇴직연금수급권자에 포함시키지 않는 것은 재산권과 인간다운 생활을 할 권리를 침해하는 것이다.
③ 공무원연금법상의 연금수급권은 국가에 대하여 적극적으로 급부를 요구하는 것이므로 헌법규정만으로는 실현될 수 없고, 법률에 의한 형성을 필요로 한다.
④ 국가가 개인에게 특정한 이유로 시혜적 급부를 하는 경우 이러한 급부는 국민이 낸 세금 등을 재원으로 하는 것이므로 특별한 사정이 없는 한 그 나라의 국민을 급부의 대상으로 하는 것이 원칙이다.

08 현행 헌법상의 군사원칙에 해당하지 않는 것은 모두 몇 항목인가?

㉠ 문민우위의 원칙	㉡ 국가수호의 원칙
㉢ 평화지향의 원칙	㉣ 정치적 중립성의 원칙
㉤ 병정분리주의의 원칙	

① 1항목
② 2항목
③ 3항목
④ 4항목

09 다음 중 헌법재판소의 판례내용으로 옳지 않은 것은?

① 연말정산 간소화를 위하여 진료정보가 본인들의 동의 없이 국세청 등으로 제출·전송·보관되는 것은 환자들의 개인정보자기결정권을 침해하지 않는다.
② 지방의회의원과 지방자치단체장을 선출하는 지방선거는 지방자치단체의 기관을 구성하고 그 기관의 각종 행위에 정당성을 부여하는 행위라 할 것이므로 지방선거사무는 지방자치단체의 존립을 위한 자치사무에 해당한다 할 것이다.
③ 사법보좌관이 소송비용액 확정결정절차를 처리하도록 한 것은 헌법 제27조 제1항에 위반되지 아니한다.
④ 개인택시운송사업자의 운전면허가 취소된 경우 개인택시운송사업면허를 취소할 수 있도록 한 것은 개인택시운송사업자의 직업의 자유 및 재산권을 침해하는 것이다.

10 현행 헌법상 평등원칙에 따라 인정할 수 없는 것은 모두 몇 항목인가? (다툼시 판례에 따름)

㉠ 고소득자에 대한 누진과세
㉡ 군인, 경찰공무원에 대한 국가배상청구권의 제한
㉢ 국가유공자나 전몰군경에 대해 근로기회의 우선 제공
㉣ 대통령의 재직 중 내란죄와 외환죄의 소추를 면제하는 것
㉤ 누범자에 대한 가중처벌

① 1항목
② 2항목
③ 3항목
④ 4항목

11 사생활 비밀의 자유에 관한 기술 중에서 옳지 않은 것은?

① 이른바 몰래 카메라 등을 이용하여 자기 또는 타인의 성적 욕망을 유발시키거나 만족시키는 행위에 대해서도 처벌법규가 규정되어 있다.
② 공공기관의 개인정보 보호에 관한 법률에 따라 정보의 주체는 자신에 관한 정보의 열람과 정정을 청구할 수 있다.
③ 개인정보 자기통제권은 새로운 독자적 기본권으로서 헌법에 명시되지 않은 기본권이다.
④ 사생활 비밀의 자유는 적극적인 권리에 해당하지 아니한다.

12 다음 중 국회법에 의할 때 위원회 소관을 잘못 연결한 것은?

① 과학기술정보방송통신위원회 : 과학기술정보통신부와 원자력안전위원회 소관에 속하는 사항
② 법제사법위원회 : 탄핵소추에 관한 사항과 감사원 소관에 관한 사항
③ 기획재정위원회 : 한국은행 소관에 관한 사항
④ 정무위원회 : 금융위원회와 특임장관 소관에 관한 사항

13 재산권에 관한 기술 중에서 옳은 것은? (다툼시 판례에 따름)

① 재산권이란 공사법상 경제적 가치가 있는 모든 권리를 의미하는 것으로 현행 헌법은 상속권이 재산권에 포함됨을 직접 규정하고 있다.
② 약사에게 인정된 한약조제권이나 공법상 권리인 환매권, 퇴직연금수급권 등은 재산권에 해당한다.
③ 근로자의 퇴직금 전액을 저당권이나 조세채권에 우선하도록 한 것은 재산권의 본질적인 내용을 침해하는 것이다.
④ 구체적인 권리가 아니더라도 영리 획득의 기회나 기업활동의 사실적·법적 여건도 재산권 보장의 대상이 될 수 있다.

14 직업선택의 자유에 관한 단계이론 중에서 1단계에 해당하는 것은 모두 몇 항목인가?

㉠ 공무원의 합격자를 800명으로 제한하는 것
㉡ LPG 판매업의 허가제 규정
㉢ 유가인상의 대책으로 유흥업소나 식당의 심야영업시간을 제한하는 것
㉣ 공무원의 겸직자유를 제한하는 것
㉤ 택시의 격일제 운행
㉥ 유명 백화점의 할인행사의 기간을 제한하는 것

① 1항목
② 2항목
③ 3항목
④ 4항목

15 참정권에 관한 기술 중에서 옳지 않은 것은? (다툼시 판례에 따름)

① 지방자치단체의 장이 그 관할 구역과 겹치는 지역구 국회의원에 입후보하고자 하는 경우에는 선거일 전 180일까지 그 직을 사퇴하도록 하는 규정은 위헌이다.
② 법률로 선거연령을 18세가 아닌 20세로 정하였다고 하여 입법자의 재량을 벗어나는 것으로 볼 수 없다.
③ 주민투표권은 헌법상 보장하는 참정권에 해당하므로 이에 대한 침해를 이유로 한 헌법소원심판청구는 적법하다.
④ 임용결격 공무원에 대한 특별채용 기준의 하나로 공무원으로서의 도덕성을 요구하는 것은 공무담임권을 침해하는 것은 아니다.

16 다음 중 헌법재판소의 판례내용으로 옳지 않은 것은?

① 제2차 사법시험에서 해당 문제번호의 답안지에 답안을 작성하지 아니한 자에 대하여 그 과목을 영점처리하도록 한 규정은 헌법에 위반되지 않는다.
② 한국방송광고공사와 이로부터 출자를 받은 회사에 대해서만 지상파 방송광고 판매대행을 할 수 있도록 한 것은 지상파 방송광고 판매대행 시장에 제한적 경쟁체제를 도입함과 동시에 방송의 공정성과 공익성, 그리고 다양성을 확보하기 위한 것으로서 그 정당성이 인정된다.
③ 엄중격리대상자의 수용거실에 CCTV를 설치하여 24시간 감시하는 행위는 사생활의 자유·비밀을 침해하는 것이 아니다.
④ 생명·신체의 안전에 관한 기본권은 성질상 자연인에게만 인정되는 것이므로 정당은 당해 기본권 행사의 주체가 될 수 없어 청구인능력이 인정되지 않는다.

17 다음 중 헌법재판소의 판례내용으로 옳지 않은 것은?

① 공직선거에 후보자로 등록하고자 하는 자가 제출하여야 하는 금고 이상의 형의 범죄경력에 실효된 형을 포함시키고 있는 것은 사생활의 비밀과 자유를 침해한다고 볼 수 없다.
② 컴퓨터나 휴대폰 등 다른 방송수신매체에는 수신료를 부과하지 아니하고 텔레비전수상기에 대하여만 수신료를 부과하는 것이 평등원칙에 위반된다고 볼 수 없다.
③ 통일정신, 국민주권원리 등은 우리나라 헌법의 연혁적·이념적 기초로서 헌법이나 법률해석에서의 해석기준으로 작용하며, 그에 기하여 곧바로 국민의 개별적 기본권성이 도출된다고 볼 수 있다.
④ 영화관 관람객이 입장권 가액의 100분의 3을 부과금으로 부담하도록 하고 영화관 경영자는 이를 징수하여 영화진흥위원회에 납부하도록 강제하는 영화상영관 입장권 부과금 제도는 헌법에 위배되지 아니한다.

18 국회의 자율권에 관한 기술 중에서 옳지 않은 것은? (다툼시 판례에 따름)

① 국회의장이 국회의원들에게 토론권을 인정하지 아니하고 법률안을 처리한 것을 이유로 국회의원은 헌법소원심판청구를 할 수 있다.
② 국회의원이 농협중앙회 회장직에 취임한 경우에 겸직이 금지된 직에 취임했다는 이유로 국회에서 자격상실의 의결을 받았다 하더라도 법원에 제소할 수 없다.
③ 국회의 자율권 범위 내에 속하는 사항에 관하여는 헌법이나 법률규정을 명백히 위반하지 않는 한 사법심사를 자제하여야 한다.
④ 국회의 규칙제정권이나 내부경찰권, 내부조직권은 국회의 자율권에 해당한다.

19 헌법상 부여된 대통령의 권한행사에 대한 통제방법이 아닌 것은 모두 몇 항목인가?

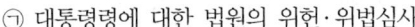

> ㉠ 대통령령에 대한 법원의 위헌·위법심사
> ㉡ 국무총리와 관계 국무위원의 부서제도
> ㉢ 국무총리의 국무위원 임명제청권
> ㉣ 헌법재판소의 대통령에 대한 탄핵결정권
> ㉤ 국회의 계엄해제건의권

① 1항목　　　　　　　　② 2항목
③ 3항목　　　　　　　　④ 4항목

20 법원과 사법부 독립에 관한 기술 중에서 옳은 것은?

① 현행 헌법에 따르면 대법관은 대법원장의 제청으로 국회 동의를 얻어 대통령이 임명하나, 1962년 제5차 개헌에서 대법관은 법관회의에서 선거로 선출하였다.
② 특수법원인 특허법원과 특별법원인 군사법원은 법원조직법에 의해서 규율하는 법원의 종류에 포함되지 아니한다.
③ 법관은 탄핵·금고 이상의 형의 선고 또는 징계처분에 의하지 아니하고는 파면되지 아니한다.
④ 판결 확정 후 당해 판결의 내용과 관련하여 담당 법관을 대상으로 하는 국정조사나 감사는 인정되지 아니한다.

제 20 회 동형모의고사

01 국회의 법률제정에 관한 기술 중에서 옳은 것은?

① 국회의원 10인 이상 찬성으로 법률안을 제출할 수 있으나 헌법 개정 없이는 국회의원 5인 이상 찬성으로는 개정할 수 없다.
② 정부가 법률안을 제출하는 경우에는 국무회의의 심의를 거쳐 대통령이 서명하고 국무총리와 국무위원이 부서하여 제출한다.
③ 법률안의 의결정족수와 국무총리에 대한 해임건의권의 의결정족수는 동일하다.
④ 법률안에 대한 수정동의와 예산상 조치를 수반하는 법률안에 대한 수정동의는 30인 이상의 찬성이 있으면 가능하다.

02 직업의 자유에 관한 헌법재판소 판례입장이 아닌 것은?

① 직업의 개념표지 가운데 '계속성'과 관련하여서는 주관적으로 활동의 주체가 어느 정도 계속적으로 해당 소득활동을 영위할 의사가 있고, 객관적으로도 그러한 활동이 계속성을 띨 수 있으면 족하다. 그러므로 휴가기간 중에 하는 일, 수습직으로서의 활동 따위도 포함되므로 방학 중에 대학생의 학원강사도 직업에 해당한다.
② 국가 정책에 따라 정부의 허가를 받은 외국인은 정부가 허가한 범위 내에서 소득활동을 할 수 있는 것이므로, 외국인이 국내에서 누리는 직업의 자유는 법률 이전에 헌법에 의해서 부여된 기본권이라고 할 수는 없고, 법률에 따른 정부의 허가에 의해 비로소 발생하는 권리이다.
③ 직업의 자유에는 '해당 직업에 합당한 보수를 받을 권리'까지 포함되어 있어서 노동자는 동일하거나 동급, 동질의 유사 다른 직업군에서 수령하는 보수에 상응하는 보수를 요구할 수 있다.
④ 의료인이 '치료효과를 보장하는 등 소비자를 현혹할 우려가 있는 내용의 광고'를 한 경우 형사처벌하도록 규정한 「의료법」 조항은 의료인의 표현의 자유뿐만 아니라 직업수행의 자유도 동시에 제한한다.
⑤ 성인 대상 성범죄로 형을 선고받아 확정된 자로 하여금 그 형의 집행을 종료한 날부터 10년 동안 의료기관에 취업할 수 없도록 한 것은, 일정한 직업을 선택함에 있어 기본권 주체의 능력과 자질에 따른 제한이므로 이른바 '주관적 요건에 의한 좁은 의미의 직업선택의 자유'에 대한 제한에 해당한다.

03 헌법재판소의 심판절차에 관한 기술 중에서 옳은 것은 몇 항목인가?

㉠ 법률의 위헌심판, 탄핵심판, 정당해산심판, 권한쟁의심판, 헌법소원에 관여한 재판관은 결정시에 의견을 표시하여야 한다.
㉡ 헌법재판소장은 재판관 3인으로 구성되는 지정재판부를 두어 헌법소원심판의 사전심사를 담당하게 할 수 있다.
㉢ 헌법소원은 청구인이 변호사를 대리인으로 선임할 자격이 없는 경우에는 헌법재판소에 국선변호인을 선임하여 줄 것을 신청할 수 있다.
㉣ 헌법재판소 심판절차시에 탄핵심판과 위헌법률심사시에는 원칙적으로 구술심리주의를 채택한다.
㉤ 당해사건의 소송당사자는 위헌법률심사절차에서 직권으로 제청한 경우이든 당사자신청에 의한 경우이든 헌법재판소에 그 법률의 위헌여부에 대한 의견서를 제출할 수 있다.

① 1항목
② 2항목
③ 3항목
④ 4항목

04 다음 중 법원에 관한 설명 중에서 옳은 것은 모두 몇 항목인가?

㉠ 헌법재판소는 헌법이 대법원을 최고법원으로 규정하였다고 하여 곧바로 대법원이 모든 사건을 상고심으로 관할하여야 하는 것은 아니므로 국회는 법률이 대법원이 어떤 사건을 제1심으로 또는 상고심으로 관할할 것인지 정할 수 있다는 것이 판례입장이다.
㉡ 대법원장은 15년 이상의 법조경력을 가진 자로서 만40세 이상이어야 하며, 국회동의를 얻어서 대통령이 임명한다.
㉢ 대법원에 대법관을 둘 수 있다. 다만 법률이 정하는 바에 의하여 대법관이 아닌 법관을 둘 수 있다.
㉣ 대법원 합의체는 대법관 전원의 3분의 2 이상으로 구성되며 대법원장이 재판장이 된다.

① 1항목
② 2항목
③ 3항목
④ 4항목

05 다음 중 국무총리의 직무대행이 될 수 없는 자는 모두 몇 항목인가?

㉠ 행정안전부장관	㉡ 농림축산식품부장관
㉢ 해양수산부장관	㉣ 식품의약품안전처장
㉤ 산업통상자원부장관	㉥ 외교부장관
㉦ 법제처장	

① 1항목 ② 2항목
③ 3항목 ④ 5항목

06 신체의 자유와 관련된 헌법재판소판례에 관한 기술 중에서 옳은 것은?

① 주거침입강간치상죄의 법정형을 무기징역 또는 10년 이상의 징역으로 규정한 것은 헌법상 형벌과 책임 간의 비례원칙 및 평등원칙에 위반된다.
② 범죄의 피의자로 입건된 사람들에게 지문채취를 강제하는 것은 적법절차원칙을 위배하는 것은 아니다.
③ 공판단계에서 법관이 직권으로 발부하는 영장은 허가장이며 검사의 신청에 의해서 영장을 발부하는 것은 명령장의 성격이다.
④ 주거침입강제추행죄 및 주거침입준강제추행죄에 대하여 무기징역 또는 7년 이상의 징역에 처하도록 하는 규정은 헌법에 위배되지 아니한다.

07 국무총리에 관한 기술 중 옳은 것은?

① 국무총리의 총리령 제정시에는 국무회의심의를 거쳐야 하며 총리령과 부령의 우열관계는 총리령 우위설과 동위설이 있으며 총리령과 부령의 우열규정이 헌법에 규정되어 있지 아니하므로 동위설이 다수설이다.
② 국무총리 또는 행정각부의 장은 소관사무에 관하여 법률이나 대통령령의 위임 또는 직권으로 총리령 또는 부령을 발할 수 있다.
③ 대통령에 대하여 국무총리는 행정각부의 장이나 국무위원에 대한 해임을 요구할 수 있는 권한을 가진다.
④ 헌정사에서 국무총리 최초규정은 1차개헌이고 3차개헌에서 삭제된 후 4차개헌에서 부활된 후 계속적으로 규정하고 있으나 부통령제는 제헌헌법에서 최초규정된 후 3차개헌에서 삭제된 바 있다.

08 다음 중에서 부서권을 가지는 자는 몇 명인가? (다툼시 판례에 따름)

㉠ 기획재정부장관	㉡ 해양수산부장관
㉢ 환경부장관	㉣ 인사혁신처장
㉤ 법제처장	㉥ 농림축산식품부장관
㉦ 교육부장관	

① 2항목
② 3항목
③ 4항목
④ 5항목

09 사회권에 관한 설명 중 옳은 것은? (다툼시 판례에 따름)

① 퇴직연금수급권은 입법권자가 사회정책적 측면과 국가의 재정 및 기금의 상황 등 여러 가지 사정을 참작하여 퇴직연금수급권을 축소하는 것은 원칙적으로 불인정한다.
② 의무교육에 필요한 학교시설에 관한 사항은 국가의 일반적 과제에 속하므로 이를 달성하기 위한 비용은 국가의 일반 재정으로 충당하여야 하므로 학교용지부담금을 APT 입주민에게 부과하는 것은 의무교육의 무상주의에 위배된다.
③ 장애인에 대하여 장애로 인한 추가지출비용을 반영한 별도의 최저생계비를 결정하지 않은 채 가구별 인구수만을 기준으로 최저생계비를 결정하는 것은 인간다운 생활을 할 권리를 침해하는 것이다.
④ 국가가 인간다운 생활을 보장하기 위한 헌법적 의무를 다하였는지 여부가 사법적 심사의 대상이 된 경우에는 국가가 생계보호에 관한 입법을 전혀 하지 아니한 경우에도 사회권은 입법자의 재량권이 폭넓게 보장되므로 헌법에 위배되지 아니한다.

10 교육받을 권리에 관한 기술 중 옳은 것은?

① 중학교 의무교육실시 시기는 입법자의 입법형성의 자유에 속하는 사항으로 국회가 입법정책적으로 판단하여 법률로 규정할 때 비로소 헌법상 구체화된다.
② 의무교육의 취학 연령을 획일적으로 정하는 것은 헌법상 능력에 따라 균등하게 교육받을 권리를 침해하는 것이다.
③ 대학 입학지원자가 모집정원에 미달한 경우에 대학이 정한 수학능력이 없는 자에 대하여 불합격 처분하는 것은 재량권의 남용에 해당한다는 것이 대법원 판례의 입장이다.
④ 현행헌법은 의무교육 기간을 6년으로 규정하고 있으며 의무교육무상규정을 명시하고 있다.

11 대법원장과 대법관, 대통령 선거소송을 헌법재판소가 관할하였던 시기는?

① 1948년 제헌헌법
② 1952년 제1차 개헌
③ 1954년 제2차 개헌
④ 1960년 제3차 개헌

12 혼인에 관한 권리를 기술한 것 중에서 옳은 것은 모두 몇 항목인가?

> ㉠ 부부자산의 소득합산과세는 혼인한 부부를 혼인하지 않은 부부나 독신자에 비하여 차별취급하는 것으로 헌법에 위배된다.
> ㉡ 혼인외 출생자는 부 또는 모가 사망한 때에는 그 사망을 안 날로부터 1년 이내에 검사를 상대로 인지에 대한 이의 또는 인지청구의 소를 제기할 수 있다는 민법 제864조 규정은 인간존엄성을 침해하는 것은 아니다.
> ㉢ 헌법은 가족제도를 특별히 보장함으로써의 견해와 다양성을 그 본질로 하는 문화국가를 실현하기 위한 필수적 요건을 규정하고 있다.
> ㉣ 부성주의를 규정한 것은 그 자체는 헌법에 위반된다고 할 수 없으나 가족관계변동 등으로 구체적 상황하에서 부성의 사용을 강요하는 것이 가족생활에 심각한 불이익을 초래하는 것으로 인정될 수 있는 경우에도 부성주의의 예외를 규정하지 않고 있는 것은 인격권과 혼인과 순결에 대한 권리를 침해하는 것이다.
> ㉤ 존속상해치사죄를 범한 자를 가중처벌하는 것은 기본권은 최대한보장원칙과 혼인과 가족에 관한 권리와 평등원칙에 위배된다.

① 1항목
② 2항목
③ 3항목
④ 4항목

13 청원권에 관한 기술 중 옳은 항목은 몇 항목인가? (다툼시 판례에 따름)

> ㉠ 감사·수사·재판·행정심판·조정·중재 등 다른 법령에 의한 조사, 불복 또는 구제절차가 진행 중인 때에는 이를 수리하지 아니한다.
> ㉡ 청원을 수리한 기관은 성실·공정하게 청원을 심사·처리하여야 한다.
> ㉢ 헌법상 청원의무는 수리와 심사의무·통지의무를 들 수 있으며 대법원은 청원을 국가기관이 수리하여 구체적인 조치를 취할 것인지의 여부는 국가기관의 자유재량에 속한다고 판시한 바 있다.
> ㉣ 청원인에 기대에 못 미치는 회신은 헌법재판소법 제68조 제1항에서 정하고 있는 공권력 행사에 해당하지 아니한다.
> ㉤ 국회에 청원을 하려고 하는 자는 의원의 소개를 얻어 청원서를 제출할 수 있다.
> ㉥ 청원권의 주체는 국민이고, 주한 외국인과 법인도 청원권을 제기할 수 있다.

① 1항목   ② 3항목
③ 4항목   ④ 5항목

14 재판청구권을 기술한 것 중에서 옳은 것은? (다툼시 판례에 따름)

① 재심제도의 규범적 형성에 있어서는 재판의 적정성과 정의실현이라는 법치주의 요청에 의해 입법형성의 자유가 축소된다.
② 신속한 재판을 받을 권리의 실현을 위해서는 구체적인 입법형성이 필요하고 신속한 재판을 위한 어떤 직접적이고 구체적인 청구권이 이 헌법 규정으로부터 직접 발생하지 아니하므로 법원이 신속하게 판결을 선고해야 할 헌법이나 법률상의 작위의무는 존재하지 아니한다.
③ 교원에 대한 징계처분에 관하여 재심을 거치지 아니하고는 행정소송을 제기할 수 없도록 하는 것은 재심위원회의 독립성과 공정성이 확보되지 아니한 것으로 재판청구권 내지 평등권을 침해하는 제도이다.
④ 상소시 1심소장 인지액보다 항소심은 2배, 상고심은 3배의 인지를 첨부토록 하는 관련 규정은 재판청구권을 침해하는 것이다.

15. 정당에 관한 기술 중에서 옳은 것은 몇 항목인가?

㉠ 16세 이상의 국민은 공무원 그 밖에 그 신분을 이유로 정당가입이나 정치활동을 금지하는 다른 법률규정에 불구하고 누구든지 정당의 발기인 및 당원이 될 수 있다.
㉡ 정당의 법률관계에 있어서 정당법의 관계조문 이외에 일반사법규정이 적용되므로 당은 공권력 행사의 주체가 될 수 없다.
㉢ 정당의 명칭에 특정인의 성을 표시하는 것은 정당법상 인정하지 아니한다.
㉣ 정당의 등록취소 규정은 헌법에 명시하고 있으며 등록취소는 법원에 제소할 수 있다.
㉤ 정당의 설립시나 합당시는 신고 또는 등록함으로써 성립한다.

① 1항목 ② 2항목
③ 3항목 ④ 4항목

16. 선거제도에 관한 기술 중 옳은 것은?

① 선거연령을 18세로 하향조정하고 출입국관리법령에 따라 영주의 체류자격 취득일 후 3년이 경과한 18세 이상의 외국인에게는 체류지역의 지방자치단체선거의 선거권을 부여하나 정당가입은 불인정한다.
② 예비군 소대장은 선거운동을 할 수 없다.
③ 국회의원 기탁금은 1,500만원 이상이며 선거기탁금은 체납처분이나 강제집행할 수 없다.
④ 지방자치단체의 관할구역에 국내거소신고인명부에 올라 있는 경우에도 재외 국민에게는 해당 지방자치단체의 지방의원선거권을 불인정한다.

17. 다음 중 외국인 근로자와 내국인 근로자에게 대등하게 보장해야 하는 것은 모두 몇 항목인가? (다툼시 판례에 따름)

㉠ 근로기회제공청구권   ㉡ 근로3권
㉢ 최저임금제   ㉣ 산업재해보상보험금
㉤ 무노동 무임금

① 1항목 ② 2항목
③ 3항목 ④ 4항목

18 우리나라 헌정사를 기술한 것 중에서 옳은 것은?

① 제헌헌법은 근로자의 이익균점권을 부여하였으나 3차개헌에서 삭제한바 있다.
② 2차개헌은 평등권과 의사정족수가 미달된 것으로 헌법상에 위배된다.
③ 3차 개헌은 대법원장과 대법관은 법관의 자격이 있는 자로 조직되는 선거인단이 이를 선거하고 대통령이 확인한다.
④ 4차 개헌은 반민족행위자와 부정축재자 처벌을 위한 특별법 제정근거를 헌법 부칙에 명시하였다.

19 북한에 관한 기술 중에서 옳은 것은 몇 항목인가? (다툼시 판례에 따름)

> ㉠ 헌법상의 여러 통일 관련조항들은 국가의 통일의무를 선언한 것이기는 하지만 그로부터 국민 개개인의 통일에 대한 기본권 특히 국가기관에 대하여 통일과 관련된 구체적인 행위를 요구할 수 있는 권리가 도출된다고는 볼 수 없다.
> ㉡ 남북한의 거래는 국가 간의 거래로 본다.
> ㉢ 국가보안법과 남북한교류에 관한 법률은 입법목적과 규제대상이 다르므로 상호 모순되지 아니한다.
> ㉣ 북한 주민이 남한으로 귀순하는 경우에는 별도의 귀순절차 없이 당연히 대한민국 국민으로 인정한다.
> ㉤ 남북기본합의서는 국내법과 동일한 효력이 인정되는 것은 아니다.

① 1항목 ② 2항목
③ 3항목 ④ 4항목

20 현행 헌법의 개정절차를 기술한 것 중에서 옳은 것은?

① 헌법개정안의 의결정족수는 대통령에 대한 탄핵소추의결정족수와 동일하다.
② 국회에서 개헌안 의결시는 기명투표방식으로 하며 수정의결은 예외적으로 인정한다.
③ 개헌안의 국민투표통과정족수는 국민투표권자 과반수의 투표와 투표자 과반수의 찬성을 요한다.
④ 개헌안 공포는 거부할 수 있다는 점에서 법률안 거부와 동일하고 개헌안 거부는 15일 이내에 해야 한다.

제21회 동형모의고사

01 국가인권위원회가 전북 순창군에 기숙형 공립학원의 선발방식, 학사운용 등을 개선하라며 시정권고를 했다. 지방자치단체 세금으로 운영되는 공립학원이 성적순으로 신입생을 선발하는 것은 헌법상의 평등권을 위배하는 것이다. 국가인권위원회의 시정권고와 절차 등에 관한 기술 중에서 옳은 것은?

① 국가인권위원회의 시정권고에 대하여 전북 순창군은 반드시 시정권고 사항에 대하여 제도 개선을 하여야 한다.
② 전북 순창군에 거주하는 관련학생이 아닌 자와 외국인은 국가인권위원회에 진정할 수 없으나, 직권으로는 이를 조사할 수 있다.
③ 현행법상 전북 순창군 교직원 노동조합은 국가인권위원회에 진정할 수 있다.
④ 국가인권위원회의 시정권고 결정은 공립학원이 국민의 세금으로 운영된다는 점에서 지나치게 이상주의에 집착했다는 비판을 받기도 한다.

02 경제질서 등에 관한 헌법재판소 판례의 기술 중에서 옳은 것은?

① 가맹사업거래의 공정화에 관한 법률에서 정한 계약해지절차를 거치지 아니한 가맹본부의 가맹계약해지에 대하여 불공정거래행위에 해당하지 않는다고 판단하여 한 공정거래위원회의 무혐의처분은 현저히 정의에 반하는 조사 또는 잘못된 법률의 적용이나 증거판단에 따른 자의적 처분이라고 볼 수는 없다.
② 공정거래법에서 형사처벌과 아울러 부당내부거래를 한 사업자에 대하여 그 매출액의 2% 범위 내에서 과징금을 부과할 수 있도록 한 것은 이중처벌금지원칙에 위배된다.
③ 자연자원인 지하수의 이용에 대하여 부담금을 부과하는 수단을 동원하더라도 그것이 자연자원에 관한 국가적 보호조치의 일환으로서 의도되고 그 방법상 다른 헌법상의 한계를 일탈하지 아니한다면 허용된다고 본다.
④ 헌법 제119조 제2항에 규정된 경제주체간의 조화를 통한 경제민주화 이념은 경제영역에서 정의로운 사회질서를 형성하기 위하여 추구할 수 있는 정의로운 사회질서를 형성하기 위하여 추구할 수 있는 국가목표일 뿐 개인의 기본권을 제한하는 국가행위를 정당화하는 헌법규범은 아니다.

03 법치주의와 신뢰보호원칙에 관한 기술 중에서 옳은 것은 몇 항목인가?

㉠ 일반적으로 법률은 현실상황의 변화나 입법정책의 변경 등으로 언제라도 개정될 수 있는 것이기 때문에 원칙적으로 법률의 개정은 예측할 수 있어야 한다.
㉡ 신뢰보호원칙의 위반여부를 판단하기 위해서는 한편으로는 침해받는 신뢰이익의 보호가치, 침해의 중한 정도, 신뢰가 손상된 정도, 신뢰침해시의 방법 등과 다른 한편으로는 새로운 입법을 통해 실현하고자 하는 공익목적을 종합적으로 비교형량하여야 한다.
㉢ 법치주의는 행정작용에 국회가 제정한 형식적 법률의 근거가 요청된다는 법률유보를 그 핵심적 내용의 하나로 보고 있다.
㉣ 부진정소급효의 입법을 하는 경우에는 입법권자의 입법형성권보다는 당사자가 구법질서에 기대했던 신뢰보호의 견지에서, 그리고 법적안정성을 도모하기 위해서 특단의 사정이 없는 한 구법에 의해서 이미 얻은 자격 또는 권리를 존중할 의무를 진다.

① 1항목 ② 2항목
③ 3항목 ④ 4항목

04 다음 중 신체의 자유와 관련하여 헌법에 규정된 것은 모두 몇 항목인가?

㉠ 형사피의자의 무죄추정권   ㉡ 형사피고인의 보석청구권
㉢ 구속적부심사청구권   ㉣ 고문금지
㉤ 변호인의 조력을 받을 권리 ㉥ 연좌제금지

① 1항목 ② 2항목
③ 3항목 ④ 4항목

05 공무원과 관련된 헌법재판소판례에 따른 기술 중에서 옳은 것은 몇 항목인가?

> ㉠ 공무원이 금고 이상의 형의 집행유예를 받은 경우에 공무원직에서 당연퇴직하도록 하는 것은 공무담임권과 평등권을 침해하는 것은 아니다.
> ㉡ 직업군인이 자격정지 이상의 선고유예를 받은 경우에 군공무원직에서 당연제적하도록 하는 규정은 최소침해성의 원칙에 반하여 공무담임권을 침해하는 것이다.
> ㉢ 지방자치단체의 직제가 폐지된 경우에 해당공무원을 직권면직할 수 있도록 한 법률조항은 직업공무원제를 위배하는 것이다.
> ㉣ 초·중·고 교사의 정년을 만 65세에서 만 62세로 단축한 교육공무원법 규정은 공무담임권을 침해하는 것이다.

① 1항목 ② 2항목
③ 3항목 ④ 4항목

06 헌법에 관한 기술 중에서 옳은 것은? (다툼시 판례에 따름)

① 현대입헌주의 헌법은 실질적 법치주의 확립과 헌법의 규범력 제고에 기여하며 사법국가적 경향, 정당제도의 헌법상 수용, 재산권의 신성불가침을 그 요소로 하고 있다.
② 영국과 같은 불문헌법의 국가에서는 헌법보장과 위헌법률심사제, 헌법개정은 실익이 없다.
③ 성문헌법의 국가에서도 모든 헌법사항을 빠짐없이 완전히 규율하는 것은 불가능하기 때문에 관습헌법을 인정할 소지가 있다.
④ 실질적 의미의 헌법은 헌법사항을 규정한 것으로 성문헌법을 제외한 정부조직법, 국회법, 법원조직법을 의미하는 것이다.

07 방어적 민주주의를 기술한 것 중에서 옳은 것은?

① 우리나라는 헌법상 민주적 기본질서에 위배된다는 이유로 헌법재판소가 정당을 강제해산한 바 있다.
② 방어적 민주주의를 실현하기 위해서 우리나라는 위헌정당해산제와 기본권상실제도를 5차 개헌에서 헌법상 수용한 바 있으나, 기본권 상실제도는 현행헌법에서는 불인정하고 있다.
③ 방어적 민주주의는 민주주의의 가치 상대주의를 제한하는 것으로 다수자를 보호하며 권력남용을 통제하는 기능을 수행하는 것이다.
④ 방어적 민주주의는 2차 세계대전 이후에는 공산주의를 배격하는 논리로 사용하였으나, 공산주의가 몰락한 지금은 이론적 가치가 없는 것이다.

08 언론·출판의 자유에 관한 기술 중에서 옳은 것은 몇 항목인가?

㉠ 영리를 목적으로 하는 광고성 정보인 스팸메일도 영업의 자유에 의해 보호될 뿐만 아니라 표현의 자유의 보호 대상이 될 수 있다.
㉡ 반론권은 언론기관의 사실적 보도에 의한 피해자가 그 보도 내용에 대한 반박의 내용을 게재해 줄 것을 청구할 수 있는 권리를 의미하므로 그 보도 내용의 진실여부를 따지거나 허위보도의 정정을 청구하기 위한 것은 아니다.
㉢ 언론·출판이 타인의 명예나 권리를 침해한 때에는 피해자는 이에 대한 피해의 보상을 헌법상 청구할 수 있다.
㉣ 소고기 수입을 반대하는 촛불시위나 이라크 파병을 반대하는 피케팅 시위와 같은 이른바 상징적 표현은 언론·출판 자유에 의한 보호대상이 되지 아니한다.

① 1항목 ② 2항목
③ 3항목 ④ 4항목

09 기본권 제한에 관한 기술 중에서 옳은 것은? (다툼시 판례에 따름)

① 기본권 제한시 본질적인 내용 침해금지는 건국헌법이래 계속적으로 헌법에 규정되어 있었다.
② 기본권 제한시 국가안전보장은 5차개헌에서 최초로 추가되었으며 관련법률은 국가보안법을 들 수 있다.
③ 필수공익사업장에서 노동쟁의가 발생한 경우에 노동위원회 위원장이 직권중재하는 것은 근로자의 기본권을 과잉제한하는 것으로 헌법에 위배된다.
④ 법원의 기능에 대한 보호는 헌법적으로 요청되는 특수성이 있기 때문에 각급법원 앞에서의 100m 이내 옥외집회나 시위를 제한하는 것은 헌법에 위배된다.

10 A씨는 형법 제250조의 살인죄로 고양지방법원에 기소되었다. A씨는 살인죄에 대하여 헌법 제10조 인간존중원칙의 위배를 주장하면서 담당재판부에 형법 제250조 살인죄 규정의 위헌여부 심판을 헌법재판소에 제청하여 달라고 신청하였다. 이와 관련된 기술 중 옳은 것은?

① 이 경우의 고양지방법원은 사법관청으로서의 법인에 해당한다고 볼 수 있다.
② 고양지방법원은 살인죄의 위헌여부를 심사하여 합헌이라는 이유로 위헌법률심사 신청을 기각할 수 없다.
③ 고양지방법원 재판부는 위헌법률심사 제청시 대법원을 반드시 경유하여야 하며, 최고법원인 대법원은 위헌법률심사에 대한 실질적인 심사를 하여 불송부할 수 있다.
④ 고양지방법원의 제청신청에 대한 판단에 대하여 A씨는 관할 고등법원에 항고나 대법원에 재항고할 수 없다.

11 다음 중 국적에 관한 설명으로 옳은 것은 모두 몇 항목인가?

㉠ 법무부장관은 요건을 갖춘 자에 한하여 귀화를 허가한다.
㉡ 대한민국에서 발견된 기아는 대한민국에서 출생한 것으로 간주한다.
㉢ 현행 국적법은 부모양계주의를 기초로 하여 속인주의를 원칙으로 한다.
㉣ 대한민국의 국민이었을 때에 취득한 것으로서 양도가 가능한 것은 그 권리와 관련된 별도의 정한 바가 없는 한 3년 이내에 대한민국의 국민에게 양도하여야 한다.
㉤ 국적이탈하려는 모든 복수국적자에게 외국에 주소가 있을 것을 일률적으로 요구하는 국적법 제14조 제1항은 국적이탈의 자유를 침해하지 아니한다.

① 1항목 ② 2항목
③ 3항목 ④ 4항목

12 형사보상청구권에 관한 기술 중에서 옳은 것은? (다툼시 판례에 따름)

① 1개의 재판으로써 경합범의 일부에 대하여 무죄재판을 받고 다른 부분에 대하여 유죄재판을 받았을 경우에 법원은 보상청구의 전부 또는 일부를 기각할 수 있다.
② 면소판결이나 공소기각의 재판을 받은 경우에는 무죄재판의 경우와 달리 형사보상을 청구할 수 없다.
③ 형사보상제도는 국가배상법상의 손해배상과 그 근거 및 요건이 동일하므로 형사보상금을 수령한 피고인은 다시 국가배상에 의한 손해배상을 청구할 수 없다.
④ 형사보상의 청구는 무죄재판이 확정된 때로부터 1년 이내에 하도록 하는 것은 형사보상청구권을 침해하는 것이 아니다.

13 현행헌법상 우리나라가 채택하는 의원내각제 요소에 해당하는 것은 몇 항목인가?

㉠ 대통령의 법률안 거부권 인정
㉡ 국무총리나 국무위원에 대한 해임의결권을 국회에서 행사할 수 있을 것
㉢ 국회의원의 법률안 제출권
㉣ 각료의 국회의원 겸직인정
㉤ 국무총리 임명시 국회동의를 요하는 것

① 1항목 ② 2항목
③ 3항목 ④ 4항목

14 다음 중 국회의 권한에 해당하는 것은 모두 몇 항목인가?

㉠ 감사위원 임명시 동의권
㉡ 감사원장 임명시 동의권
㉢ 중앙선거관리위원회 위원 3인 선출권
㉣ 대법관 임명시 동의권
㉤ 헌법재판소 재판관 3인 선출권

① 1항목 ② 2항목
③ 3항목 ④ 4항목

15 다음 중에서 국회인사청문특별위원회에서 인사청문을 행하고 국회 본회의에서 인준 표결을 거쳐야 하는 자는?

① 방송통신위원회위원장 임명시 ② 한국방송공사 사장 임명시
③ 특별감찰관 임명시 ④ 감사원장 임명시

16 국회의원의 의무에 관한 기술 중에서 옳은 것은?

① 국회의원은 헌법상 겸직금지의무를 지며 국회법상 농업협동조합중앙회의 임·직원을 겸할 수 없다.
② 국회의원의 청렴의무·국가이익우선의무·이권개입금지의무·출석의무는 헌법상의무에 해당한다.
③ 국회의원은 사립대학교 이사장이나 한국은행장은 겸직할 수 있다.
④ 국회의원의 겸직이 금지되는 직에 국무총리직도 포함된다.

17 대통령 피선거권과 선거에 관한 기술 중에서 옳은 것은 몇 항목인가?

> ㉠ 대통령 피선거권 연령을 만 35세로 인하하는 경우에는 헌법개정없이 가능하다.
> ㉡ 헌법규정에 의하면 임기만료에 의한 대통령선거는 그 임기만료일 전 70일 이후 첫 번째 수요일에 실시한다.
> ㉢ 대통령을 국회에서도 선거할 수 있다.
> ㉣ 대통령이 궐위된 때에는 60일 이내에 후임자를 선거하며 후임자의 임기는 잔임기간이 아니고 새로이 5년의 임기가 개시됨을 헌법에 규정하고 있다.
> ㉤ 대통령 후보자가 1인일 때에는 그 득표수가 유효투표 총수의 3분의 1 이상이 아니면 대통령으로 당선될 수 없다.

① 1항목　　② 2항목
③ 3항목　　④ 없음

18 다음 중 대통령의 권한에 해당하는 것은 몇 항목인가?

> ㉠ 법제처장 임명권　　㉡ 인사청문특별위원회위원장 임명권
> ㉢ 중앙선거관리위원회위원장 임명권　　㉣ 국가정보원장 임명권
> ㉤ 대법원장과 대법관 임명권　　㉥ 국민권익위원회위원장 임명권

① 1항목　　② 2항목
③ 3항목　　④ 4항목

19 헌법재판소의 판례상 헌법소원심판의 심사대상에 해당하지 않는 것은?

> ㉠ 법규명령
> ㉡ 대외적 구속력이 있는 행정규칙
> ㉢ 선거운동방법으로서의 공영방송 텔레비전을 이용한 합동방송토론회를 주관하는 대통령선거방송토론위원회의 결정 및 공표행위
> ㉣ 한일어업조약
> ㉤ 법원의 재판

① 1항목 ② 2항목
③ 3항목 ④ 없음

20 헌법재판과 관련된 기술 중에서 옳은 것은 몇 항목인가? (다툼시 판례에 따름)

> ㉠ 행정작용에 속하는 공권력작용을 대상으로 하는 권리구제형 헌법소원에서 재판부의 구성이 위법한 경우 등 절차상 중대하고도 명백한 하자가 있는 경우에는 재심이 인정된다.
> ㉡ 위헌법률심판제청 신청인은 그 위헌법률심판사건에 대한 헌법재판소의 결정에 대하여 재심을 구할 청구인 적격이 없다.
> ㉢ 정당해산이나 탄핵심판의 경우에 재심허용여부에 관한 헌법재판소의 판례가 형성된 바 있다.
> ㉣ 헌법재판에 대한 재심이 허용되는 경우에는 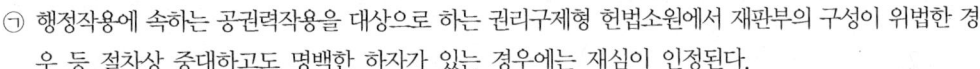 헌법재판소법에 별도 규정이 없으므로 민사소송 규정을 준용한다.

① 1항목 ② 2항목
③ 3항목 ④ 4항목

제 22 회 **동형모의고사**

01 국민투표에 관한 기술 중 옳은 것은 몇 항목인가? (다툼시 판례에 따름)

㉠ 헌법개정시는 국민투표에 관한 의결정족수가 헌법에 미규정되어 있다.
㉡ 대통령은 헌법상 국민에게 자신에 대한 신임을 국민투표 형식으로 물을 수 없을 뿐만 아니라 특정정책을 국민투표에 부치면서 이에 자신의 신임을 결부시키는 대통령의 행위도 위헌적인 행위로서 헌법적으로 허용되지 아니한다.
㉢ 국민투표권은 만 19세 이상의 한정치산자나 금치산자에게도 인정한다.
㉣ 특정 국가정책에 대하여 다수의 국민들이 국민투표를 원하고 있음에도 불구하고 대통령이 이러한 희망과는 달리 국민투표에 회부하지 아니한다고 하여도 이를 헌법에 위반된다고 할 수 없고, 국민에게 특정 국가정책에 관하여 국민투표에 회부할 것을 요구할 권리가 인정된다고 할 수도 없다.

① 1항목
② 2항목
③ 3항목
④ 4항목

02 헌법재판소 판례상 공무담임권의 보호영역에 해당하지 않는 것은 모두 몇 항목인가?

㉠ 공직취임의 기회보장
㉡ 신분박탈
㉢ 직무정지
㉣ 승진시험의 응시제한이나 승진기회의 보장

① 1항목
② 2항목
③ 3항목
④ 4항목

03 헌법재판소 판례에 관한 기술 중에서 옳은 것은?

① 고용노동부의 예규가 대외적인 구속력을 갖는 공권력행사로서 기본권침해의 가능성이 있는 경우에는 헌법소원의 대상이 된다.
② 국가정보원 2005년도 7급 제한경쟁시험채용공고 중 남자는 병역을 필한 자로 규정하는 것은 평등권을 침해하는 것이다.
③ 법원의 재판을 헌법소원의 대상에서 제외하고 있는 헌법재판소법 제68조 제1항 본문 중 "법원의 재판을 제외하고는" 부분은 헌법에 위반된다.
④ 사법시험 제1차 시험에 응시함에 있어 어학과목을 영어로 한정하고 35학점 이상의 법학과목을 이수한 자에 한하여 사법시험 응시자격을 부여하는 것은 평등권을 침해하는 것이다.

04 다음 중 제청에 의해서 대통령이 임명하는 자는 몇 항목인가?

㉠ 행정각부의 장	㉡ 국무위원
㉢ 감사위원	㉣ 대법관
㉤ 중앙선거관리위원회위원	

① 1항목　　　　　　　　　　② 2항목
③ 3항목　　　　　　　　　　④ 4항목

05 국가배상청구권에 관한 기술 중에서 옳은 것은? (다툼시 판례에 따름)

① 국가배상심의회의·배상결정에 신청인이 동의한 때에는 민사소송법의 규정에 의한 재판상 화해가 성립된 것으로 보는 것은 재판청구권을 침해하는 것은 아니다.
② 일반국민이 직무집행중인 군인과의 공동불법행위로 직무집행중인 다른 군인에게 공상을 입혀 그 피해자에게 공동불법행위로 인한 손해를 배상한 경우 공동불법행위자인 군인부담 부분에 관하여 국가에 대하여 구상권을 행사하는 것을 허용하지 않는 것은 헌법에 위배된다.
③ 영조물의 설치관리의 하자로 인한 손해배상의 책임은 무과실책임에 해당하는 것으로 헌법상 인정한다.
④ 국가배상법에 의하면 국가배상청구소송은 국가배상심의회에 배상신청을 거친 후에 제기할 수 있다.

06 인간다운 생활을 할 권리를 기술한 것 중에서 옳은 것은? (다툼시 판례에 따름)

① 공무원 연금법상의 연금수급권은 헌법규정만으로는 이를 실현할 수 없고, 법률에 의한 형성을 필요로 하는 것이다.
② 인간다운 생활을 할 권리를 실현하기 위하여 국가는 사회보장, 사회복지의 증진에 노력할 의무를 지며 인간다운 생활을 할 권리의 주체는 국민과 외국인이다.
③ 최저 생계비를 하회하는 생계보호급여에 관한 규정은 인간다운 생활을 할 권리를 침해하는 것이다.
④ 국민연금의 가입대상을 만 18세 이상 60세 미만의 국민으로 제한하는 것은 인간다운 생활을 할 권리를 침해하는 것이다.

07 대통령의 국가긴급권 행사에 관한 기술 중에서 옳지 않은 것은? (다툼시 판례에 따름)

① 긴급재정·경제명령은 중대한 재정·경제상 위기가 현실적으로 발생한 경우에 한하여 발할 수 있으므로, 이러한 위기가 발생할 우려가 있는 경우에 사전예방적 차원에서는 발할 수 없다.
② 경비계엄은 대통령이 전시·사변 또는 이에 준하는 국가비상사태 시 사회질서가 교란되어 일반 행정기관만으로는 치안을 확보할 수 없는 경우에 공공의 안녕질서를 유지하기 위하여 선포한다.
③ 비상계엄이 선포된 경우에 계엄사령관은 군사상 필요한 때에는 헌법 제77조 제3항이 특별조치의 대상으로 정한 영장제도, 언론·출판·집회·결사의 자유 외에, 거주·이전, 단체행동에 대해서도 특별한 조치를 취할 수 있다.
④ 대통령의 긴급재정·경제명령은 계엄과 달리 고도의 정치적 결단에 의하여 발동되는 행위라고 볼 수 없어 이른바 통치행위에 속하지 않으므로, 그것이 국민의 기본권 침해와 직접 관련되는 경우에는 당연히 헌법재판소의 심판대상이 된다.

08 지방자치단체의 주민에 관한 기술 중에서 옳은 것은 몇 항목인가?

㉠ 외국인도 지방자치단체의 주민이 될 수 있으며, 출입국의 자유를 내국인과 동일하게 보장받는다.
㉡ 만 19세 이상의 외국인은 출입국 관리법령에 따라 영주의 체류자격 취득일 후 3년이 경과한 경우에는 당해지역의 지방의원과 지방자치단체의 장에 대한 주민소환권을 헌법상 인정한다.
㉢ 지방자치단체의 만 16세 이상의 모든 주민은 정당의 당원이 될 수 있다.
㉣ 조례 제정·개폐 청구권은 헌법상 권한으로 인정한다.
㉤ 외국인인 주민도 사립대학이나 공공기관에 정보공개를 청구할 수 있다.

① 1항목
② 2항목
③ 3항목
④ 4항목

09 기본권에 관한 기술 중에서 옳은 것은? (다툼시 판례에 따름)

① 국가인권위원회법에서는 인권의 개념을 헌법 및 법률에서 보장하거나 대한민국이 가입 비준한 국제인권조약 및 국제관습법에서 인정하는 인간으로서의 존엄과 가치 및 자유와 권리, 평등임을 규정하고 있다.
② 현대국가에서는 제3세대인권규약을 통해서 환경권보장과 인간존중의 국제화 내지 공동화 되고 있다.
③ 우리나라 헌법은 인간존중의 중요성을 인식하여 인간존중 규정은 제헌헌법 이래 계속적으로 헌법에 규정하고 있다.
④ 국가인권위원회가 조정위원회에 회부하여 개시된 조정절차에서 성립된 조정은 재판상화해와 같은 효력을 부여하는 것은 재판청구권을 과도하게 제한하는 것으로 헌법에 위배된다.

10 헌법재판소가 위헌결정한 것은 몇 항목인가?

⊙ 가정폭력사건과 관련하여 피해자보호명령에 우편물을 이용한 접근금지 규정을 두지 아니하는 것
ⓒ 초등학교의 학교환경위생정화구역안에서 여관시설과 영업을 금지하는 것
ⓒ 게임물판매업자에게 등록의무를 부과하고 이를 위반하는 자를 형사처벌하는 것
ⓔ 과외교습을 원칙적으로 금지하는 것
ⓜ 선거범과 다른 죄의 경합범으로 벌금 100만원 이상을 선고받아 확정된 경우 그 전부를 선거범으로 의제하여 선거권과 피선거권을 제한하는 것
ⓗ 법학전문대학원으로 하여금 필수적으로 외국어능력을 입학전형자료로 활용하도록 규정한 것은 직업선택의 자유를 침해하지 않는다.

① 1항목 ② 2항목
③ 3항목 ④ 4항목

11 현행법상 평등과 관련하여 인정되지 아니하는 것은? (다툼시 헌법 규정에 따름)

① 정당에 대한 국가의 보조금
② 수형자에 대한 예외적인 서신 검열
③ 국가유공자에 대한 취업의 보호실시
④ 국립대학 조교수의 정당가입제한

12 생명권에 관한 기술 중에서 옳은 것은 몇 항목인가?

㉠ 현행 우리나라 헌법에는 독일헌법과 달리 생명권에 관한 명문의 규정이 없으나, 헌법재판소와 대법원의 판례는 인정하고 있다.
㉡ 생명권은 인간의 자연적이고 당연한 권리에 해당하는 것으로 국가안보를 위해서도 제한할 수 없는 기본권이다.
㉢ 태아의 경우에는 신체의 자유나 생명권의 주체가 될 수 있다.
㉣ 최근 존엄사 문제가 제기되어 생명권과의 충돌문제가 발생하고 있으며 우리나라 법제상으로는 안락사는 인정되지 아니하고 있다.
㉤ 헌법재판소는 생명에 대한 권리는 선험적이고 자연법적인 권리로 규정한 바 있다.

① 1항목 ② 2항목
③ 3항목 ④ 4항목

13 양심의 자유에 관한 기술 중에서 옳은 것은? (다툼시 판례에 따름)

① 대법원은 종교적 양심실현의 자유도 결국 그 제한을 정당화할 헌법적 법익이 존재하는 경우에는 법률에 의해서 제한할 수 있는 상대적 자유권이라고 판시한 바 있다.
② 양심실현의 자유는 양심적 결정을 외부에 표현하고 실현할 수 있는 것을 의미하는 것으로 헌법재판소의 판례는 양심의 자유에 포함하지 아니하고 있다.
③ 법인에게 사죄광고를 강요하는 것은 법인의 양심의 자유를 침해하는 것이다.
④ 양심상의 결정을 내세워 입영을 거부하는 것을 처벌하는 것은 형사처벌을 통하여 양심적 병역거부자에게 양심에 반하는 행동을 강요하는 것이므로, '양심에 반하는 행동을 강요당하지 아니할 자유', 즉 '부작위에 의한 양심실현의 자유'를 제한할 수는 없다.

14 지방자치와 관련하여 헌법의 규정에 의해서 법률에 유보한 사항이 아닌 것은?

① 지방의회의 조직 ② 지방의회의 권한
③ 지방자치단체의 조직 ④ 지방의회의 설치

15 다음 중에서 국회법상 국회의원의 징계종류에 해당하지 않는 것은 몇 항목인가?

> ⊙ 공개회의에서의 사과　　　ⓒ 공개회의에서의 경고
> ⓒ 30일 이내 출석정지　　　ⓔ 30일 이내 발언정지
> ⓜ 제명

① 1항목　　② 2항목
③ 3항목　　④ 4항목

16 대통령의 자문기구를 기술한 것 중에서 옳은 것은?

① 국가원로자문회의는 5차 개헌에서 신설된 것으로 임의적 자문기관이다.
② 국가과학기술자문회의는 헌법상 임의적 자문기관이다.
③ 국가안전보장회의 의장은 대통령이며 일종의 국무회의 전심기관이다.
④ 국민경제 발전을 위한 중요정책의 수립에 관하여 대통령 자문에 응하기 위하여 국민경제자문회의를 둔다.

17 국무위원에 관한 기술 중에서 옳은 것은?

① 국무총리는 국무위원의 해임을 대통령에게 요구할 수 있다.
② 국무회의는 대통령·국무총리와 15인 이상 25인 이하의 국무위원으로 구성한다.
③ 국무위원수는 19인이며 국무총리는 국무위원이 아니다.
④ 식품의약품안전처장은 부령을 발할 수 있다.

18 대법관회의 의결사항에 해당하는 것은 몇 항목인가?

> ㉠ 판사의 임명에 대한 동의
> ㉡ 판례 수집·간행에 관한 사항
> ㉢ 대법원 규칙의 제정과 개정 등에 관한 사항
> ㉣ 법원 예산 편성과 예비금 지출과 결산에 관한 사항
> ㉤ 특히 중요하다고 인정되는 사항으로서 대법원장이 부의한 사항

① 1항목 ② 2항목
③ 3항목 ④ 4항목

19 헌법재판소 판례에 의할 때 정치적 중립성 의무를 지지 아니하는 자는?

> ㉠ 대통령   ㉡ 지방자치단체장
> ㉢ 지방의회의원   ㉣ 국회의원

① ㉠   ② ㉠, ㉡
③ ㉢, ㉣   ④ ㉠, ㉡, ㉢, ㉣

20 헌법재판소의 헌법소원 재판절차와 관련하여 옳은 것(○)과 틀린 것(×)을 바르게 배열한 것은? (다툼시 판례에 따름)

> ㉠ 헌법소원심판절차에서는 3인의 재판관으로 구성하는 지정재판부에서 사전심사를 행할 수 있다.
> ㉡ 헌법재판소는 헌법소원청구가 부적법한 경우에 각하결정한다.
> ㉢ 헌법재판소법에는 헌법소원심판의 결정에 대한 재심을 규정하고 있는 바가 없다.
> ㉣ 헌법소원을 청구할 수 있는 자는 공권력의 행사나 불행사로 인하여 헌법상 보장된 기본권을 침해받은 자이다.

① ○-○-×-○   ② ○-○-○-○
③ ○-×-×-○   ④ ○-○-○-×

제 23 회 동형모의고사

01 다음 중 북한에 관한 기술 중에서 옳은 것은? (다툼시 판례에 따름)

① 「북한이탈주민의 보호 및 정착지원에 관한 법률」상 북한이탈주민이란 군사분계선 이북지역에 주소, 직계가족, 배우자, 직장 등을 두고 있는 사람으로서 북한을 벗어난 후 외국 국적을 취득한 사람을 포함하는 것이다.
② 우리헌법에서 지향하는 통일은 대한민국의 존립과 안전을 부정하는 것이 아니고 또한 자유민주적 기본질서에 위해를 주는 것이 아니라 그것에 바탕을 둔 통일이다.
③ 헌법상 통일관련 조항들로부터 국민 개개인의 통일에 대한 기본권, 특히 국가기관에 대하여 통일에 관련된 일정한 행동을 요구할 수 있는 권리가 도출된다.
④ 외국환 거래의 일방당사자가 북한주민인 경우 그는 외국환거래법의 거주자 또는 비거주자로 본다는 것이 헌법재판소 판례입장이다.

02 직업선택의 자유에 관한 기술 중 옳은 것은? (다툼시 판례에 따름)

㉠ 음주운전을 하여 자동차로 사람을 사상한 후 피해자를 구호하지 않고 도주하면 자동차 운전면허를 취소함은 물론 5년간 면허시험도 응시하지 못하도록 하는 것은 과잉금지원칙과 직업선택의 자유를 침해하는 것은 아니다.
㉡ 생활수단성과 관련하여 단순한 여가나 취미활동은 직업의 개념에 포함되지 않으나, 겸업이나 부업은 직업에 해당한다.
㉢ 형의 집행유예를 받고 그 기간이 종료한 후 1년이 경과하지 아니한 자에 대하여 세무사 자격시험에 응시할 수 없도록 규정한 것은 직업선택의 자유를 침해하는 것이다.
㉣ 기존 국세관련 경력공무원 중에서 일부에게만 구법 규정을 적용하여 세무사 자격을 부여하는 것은 평등원칙에 위배된다.

① 1항목 ② 2항목
③ 3항목 ④ 4항목

03 신체의 자유에 관한 기술 중에서 옳은 것은? (다툼시 판례에 따름)

① 군사법원법의 적용대상이 되는 모든 범죄에 대하여 군사법경찰관의 구속기간의 연장을 허용하는 것은 과잉금지의 원칙에 위반하여 신체의 자유 및 신속한 재판을 받을 권리를 침해하는 것이다.
② 피고인이 동일한 행위에 관하여 외국에서 형사처벌을 과하는 확정판결을 받았을 경우, 외국판결은 우리나라에서도 기판력이 있으므로 일사부재리 원칙이 적용된다.
③ 금융기관 임직원이 직무와 관련하여 5천만원 이상을 수수한 경우에 죄질과 관계없이 무기 또는 10년 이상의 징역에 처하도록 규정하고 별도의 법률상 감경사유가 없는 한 집행유예를 선고할 수 없도록 규정하였다 하더라도 이는 책임과 형벌 간에 균형을 이루고 있으므로 과잉형벌이 아니다.
④ 묵비권은 자기에게 불리한 진술을 거부하는 것이므로 민사·행정상의 불이익이 되는 경우에도 인정한다.

04 정당제도에 관한 기술 중에서 옳은 것은 몇 항목인가? (다툼시 판례에 따름)

> ㉠ 정당의 자유는 개개인의 자유로운 정당설립 및 정당가입의 자유, 조직형식 내지 법형식 선택의 자유를 포함한다.
> ㉡ 헌법재판소로부터 정당의 해산을 명하는 결정이 선고된 때에 정당은 해산되므로 중앙선거관리위원회의 해산 공고는 창설적 효력을 가진다.
> ㉢ 헌법재판소의 결정에 의하여 해산된 정당의 목적을 달성하기 위한 집회 또는 시위는 누구도 이를 주최하거나 선전·선동할 수 없음을 정당법에 규정하고 있다.
> ㉣ 헌법재판소는 정당해산심판의 청구를 받은 때 직권 또는 청구인의 신청으로 종국결정의 선고시까지 피청구인의 활동을 정지하는 결정을 할 수 있다.
> ㉤ 정당법이 등록요건으로 5 이상 시도당과 시도당 1,000명 이상의 당원이라는 두 가지 요건의 구비를 요하는 것은 군소정당 또는 신생정당에 과도한 부담이라고 할 수 없다.

① 1항목 ② 2항목
③ 3항목 ④ 4항목

05 선거구에 관한 기술 중에서 옳은 것은? (다툼시 판례에 따름)

① 국회의원지역선거구의 획정에 있어 인구편차 상하 50%의 기준을 적용하는 것이 대의민주주의의 관점에서 바람직하다.
② 선거구의 획정에 있어서는 해당지역의 면적이 가장 중요한 기본적인 기준이 되어야 한다.
③ 선거구 구역표는 전체가 불가분의 일체를 이루는 것으로서 일부선거구의 선거구 획정에 위헌성이 있다면 선거구 구역표의 전부에 관하여 위헌선언을 하는 것이 상당하다.
④ 현행법률상 국회의원 선거구제도는 비례대표제 소선거구제와 소수대표제를 채택하고 있다.

06 기본권의 역사에 관한 기술 중에서 옳은 것은?

㉠ 1789년 프랑스의 인간과 시민의 권리선언에는 무죄추정과 적법절차를 규정하여 신체 자유를 보장하였다.
㉡ 영국의 대헌장은 죄형법정주의를 명시하여 신체자유를 중시하였다.
㉢ 1787년 미국의 헌법에는 종교의 자유와 언론출판자유를 규정하고 있다.
㉣ 1948년 세계인권선언은 국내법과 동일한 효력이 있다.
㉤ 1776년 미국의 버지니아 권리선언은 생명권·자유를 규정했으나, 행복추구권을 미규정하였다.

① 1항목
② 2항목
③ 3항목
④ 없음

07 공무원에 관한 기술 중에서 옳은 것은? (다툼시 판례에 따름)

㉠ 6급 이하의 공무원과 초·중·고 교원은 단결권과 단체행동권은 인정하나, 단체교섭권은 불인정한다.
㉡ 중앙인사위원회·소청심사위원회 등 각종 위원회 위원 자격에서 판사, 검사, 변호사와 달리 군법무관을 배제하는 것은 군법무관의 평등권을 침해하는 것이다.
㉢ 국가공무원법 조항은 정무직 공무원들의 일반적 정치활동을 허용하는 데 반하여, 공직선거법 제9조 제1항은 그들로 하여금 정치활동 중 '선거에 영향을 미치는 행위'만을 금지하고 있으므로, 위 법률조항은 선거영역에서의 특별법으로서 일반법인 국가공무원법 조항에 우선하여 적용된다고 할 것이다.
㉣ 선거활동에 관하여 대통령의 정치활동의 자유와 선거중립의무가 충돌하는 경우에는 어느 하나가 강조되거나 우선되어서는 아니된다.

① 1항목
② 2항목
③ 3항목
④ 4항목

08 지방자치단체에 관한 기술 중에서 옳은 것은? (다툼시 판례에 따름)

① 지방의회와 지방자치단체장 간에 명령, 처분이나 의결 내용에 관하여 다툼이 있을 경우에는 헌법재판소의 권한쟁의심판 대상이 된다.
② 지방의회는 헌법상 필수기관으로 주민투표에 의해서도 폐지할 수 있다.
③ 지방자치단체의 장으로 하여금 당해지방자치단체의 관할구역과 같거나 겹치는 선거구역에서 실시되는 지역구 국회의원선거에 입후보하고자 하는 경우 당해선거의 선거일 전 180일까지 그 직을 사퇴하도록 하는 것은 평등원칙에 위배된다.
④ 지방의회의원의 피선거권자는 선거일 현재 90일 이상 당해 지방자치단체의 관할 구역안에 주민등록이 되어있는 25세 이상의 주민이어야 한다.

09 다음 중에서 헌법이 법률에 위임한 사항은 몇 항목인가?

㉠ 대학자치보장 ㉡ 교육의 전문성
㉢ 교육재정   ㉣ 의무교육의 무상성
㉤ 교원지위

① 1항목   ② 2항목
③ 3항목   ④ 4항목

10 직업선택의 자유와 관련된 헌법재판소의 판례입장과 동일한 것은?

① 학사학위를 취득한 자에 한하여 법학전문대학원의 입학자격을 부여하고 있는 법학전문대학원법 제22조는 직업선택의 자유를 침해하는 것이다.
② 노래연습장 영업권자가 연습장 안에서 주류를 판매·제공하는 행위, 영업장 안에 보관하거나 고객이 주류를 반입하는 행위를 묵인하는 것을 금지하는 것은 기본권의 제한 정도가 과도한 것은 아니다.
③ 외국의학대학을 졸업한 자에게 국내의사시험을 응시하기 위해서는 예비시험을 추가실시토록 하는 것은 직업선택의 자유를 침해하는 것이다.
④ 특정의료기관이나 특정의료인의 기능, 진료방법에 의한 광고를 금지하는 것은 직업선택과 표현자유 침해가 아니다.

11 종교자유에 관한 기술 중에서 옳은 것은? (다툼시 판례에 따름)

① 종교단체의 권징결의는 교인으로서의 비위가 있는 자에게 종교적인 방법으로 징계·제재하는 종교단체의 내부의 규제에 지나지 아니하므로 사법심사의 대상이 되지 아니하고 그 효력과 집행은 교회내부의 자율에 맡겨져야 할 것인바, 그 결의의 효력은 긍정되어야 한다.
② 개인의 종교적 신념으로 범인을 은닉하는 경우에는 정당한 행위라고 할 수 있다.
③ 학문·예술·체육·종교·의식·친목·오락·관혼상제·국경행사에 관한 집회에는 신고제, 야간옥외집회금지, 교통소통을 위한 제한규정을 적용한다.
④ 어떤 의식·행사·유형물이 종교적인 의식·행사 또는 상징에서 유래되었다면, 비록 그것이 이미 우리 사회 공동체 구성원들 사이에서 관습화된 문화요소로 인식되고 받아들여질 정도에 이르렀다고 하더라도 그에 대한 국가의 지원은 헌법상 정교분리원칙에 반하게 된다.

12 명확성원칙과 평등권에 관한 기술 중에서 옳은 것은 몇 항목인가? (다툼시 판례에 따름)

⊙ 국가공무원법상의 "공무원은 노동운동 … 을 하여서는 안 된다. 다만, 사실상 노무에 종사하는 공무원은 예외로 한다."라는 규정에서 노동운동의 개념은 일반적인 명확성의 원칙에는 부합되나, 적법절차나 죄형법정주의에서 요구되는 보다 엄격한 의미의 명확성의 원칙에는 위배된다.
ⓒ 행정심판위원회에서 위원이 발언한 내용, 기타 공개할 경우 위원회의 심리·의결의 공정성을 해할 우려가 있는 사항으로서 대통령령이 정하는 사항은 이를 공개하지 아니한다고 규정하고 있는 행정심판법 제26조의2는 명확성원칙에 위배되지 아니한다.
ⓒ 운전면허를 받은 사람이 자동차 등을 이용하여 범죄행위를 한 때에 반드시 운전면허를 취소하도록 하고 있는 도로교통법 규정은 자동차 등을 직접 범죄사실행위의 수단으로 이용한 경우가 광범위하게 해석될 수 있으므로 명확성원칙에 위배된다.
ⓔ 어떠한 규정이 부담적 성격을 가지는 경우에는 수익적 성격을 가지는 경우에 비하여 명확성의 원칙이 더욱 엄격하게 요구되는 것은 아니다.

① 1항목
② 2항목
③ 3항목
④ 4항목

13 집회의 자유에 관한 기술 중에서 옳은 것은? (다툼시 판례에 따름)

① 집회의 자유는 1차적으로 개인의 자기결정과 인격발현에 기여하는 기본권일 뿐만 아니라 표현자유와 더불어 민주적 공동체가 기능하기 위한 불가결한 근본요소에 속하는 것으로 폭넓게 인정하는 것이 본질이므로 나홀로 시위도 집회의 자유로 보호된다.
② 옥외집회 또는 시위를 주최하고자 하는 신고서를 옥외집회 또는 시위의 720시간 전부터 24시간 전에 신고하여야 한다.
③ 국가인권위원회의 경계지점으로부터 100m 이내 장소에서의 옥외집회 또는 시위는 금지된다.
④ 국회의사당의 경계지점으로부터 100미터 이내의 장소에서 옥외집회 또는 시위를 일률적·전면적으로 금지하고 형사처벌 하는 것은 집회의 자유를 침해하는 것이다.

14 대통령의 권한 중에서 국회통제 없이 행사할 수 있는 것은?

① 계엄선포시
② 국군의 아프가니스탄 파견시
③ 긴급재정 경제처분시
④ 특별사면시

15 소비자권리에 관한 기술 중에서 옳은 것(○)과 옳지 않은 것(×)을 올바르게 조합한 것은? (다툼시 판례에 따름)

> ㉠ 탁주의 공급지역제한 제도는 탁주제조업자 및 판매업자의 직업의 자유와 소비자의 자기결정권을 침해하는 것은 아니다.
> ㉡ 요양기관의 강제지정제는 의료소비자의 선택권이 제한받는다고 하더라도 의료보험의 기능확보라는 중대한 공익의 실현을 위하여 행하여지는 것으로서 의료소비자인 국민의 선택권을 과도하게 제한하는 것은 아니다.
> ㉢ 국가 또는 지방자치단체는 등록된 소비자단체의 건전한 육성·발전을 위하여 필요하다고 인정될 때에는 보조금을 지급하여야 한다.
> ㉣ 소비자권리는 모든 국가 권력을 구속함과 동시에 대사인적 효력을 가지는 복합적인 기본권에 해당하는 것으로 제2세대인권규약에 해당한다.

① ○-○-×-○
② ○-○-×-×
③ ×-○-○-○
④ ×-×-○-○

16 민간인은 군사재판을 받지 아니할 권리를 가진다. 민간인 甲이 예외적으로 군사법원에 회부될 경우를 기술한 것 중에서 옳은 것은? (다툼시 판례에 따름)

① 민간인 甲이 군사시설물에 관한 죄를 범한 경우에는 헌법규정에 따라 군사법원에서 재판을 받는다.
② 군사법원은 국가안보를 위해서 심리와 판결을 예외적으로 비공개로 할 수 있다.
③ 군사법원의 법관은 헌법이나 법률을 직무와 관련하여 위배하더라도 국회에서 탄핵소추대상이 될 수 없는 점이 일반법관과 비교법적인 특징이다.
④ 민간인이라 할지라도 군부대에 유독음식물 공급에 관한 죄를 범한 경우에는 군사법원에서 재판을 받게 된다.

17 권력분립에 관한 기술 중에서 옳은 것은 몇 항목인가?

㉠ 로크는 시민정부에 논문에서 국가권력을 성질에 따라 입법권·집행권·동맹권·대권 등으로 구분하였으며, 이와 관련하여 권력분립을 2권 분립 또는 4권 분립으로 구분하기도 한다.
㉡ 로크와 몽테스키외는 사법권을 제외하고 있다는 점에서 고전적 권력분립이론으로 머물 수밖에 없는 한계를 가지고 있다.
㉢ 기관간의 통제와 기관내의 통제로 구분하는 것은 수평적 통제이다.
㉣ 행정청이 행정처분 단계에서 당해 처분의 근거가 되는 법률이 위헌이라고 판단하여 그 적용을 거부하는 것은 권력분립의 원칙상 허용될 수 없으므로, 행정처분의 주체인 행정청은 당해 처분의 근거가 되는 법률의 위헌 여부에 대한 심판의 제청을 신청할 수 없다.
㉤ 현대국가에서는 국민의 기본권보장을 충실히 하기 위하여 권력분립은 더욱 강화되고 있다.

① 1항목 ② 2항목
③ 3항목 ④ 4항목

18 국회 소관 상임위원회에서 인사청문회를 실시하는 인사청문대상자는 모두 몇 명인가?

㉠ 대법관 후보자
㉡ 국무총리 후보자
㉢ 국무위원 후보자
㉣ 공정거래위원회 위원장 후보자
㉤ 합동참모의장 후보자
㉥ 방송통신위원회 위원장 후보자
㉦ 한국은행총재 후보자

① 2명 ② 3명
③ 4명 ④ 5명

19 다음 중에서 준예산이 적용되는 것은 몇 항목인가?

> ㉠ 법률상 지출의무의 이행
> ㉡ 이미 예산으로 승인된 사업의 계속
> ㉢ 헌법에 의하여 설치된 시설 또는 시설의 유지·운영
> ㉣ 법령에 의하여 설치된 시설 또는 시설의 유지·운영
> ㉤ 국가정보원과 국가인권위원회의 유지운영

① 1항목
② 2항목
③ 3항목
④ 4항목

20 계엄에 관한 기술 중 옳은 것은?

① 대통령이 계엄을 선포하였을 때에는 지체 없이 국회에 보고하여야 한다.
② 대통령이 계엄을 선포하거나 변경하고자 할 때에는 국무회의의 심의를 거쳐야 한다.
③ 경비계엄이 선포되면 정부의 권한 영장제도나 법원의 권한, 언론·출판 집회결사의 자유에 대한 특별한 조치를 할 수 있다.
④ 군사법원의 재판권을 계엄해제시 계엄법 제12조 제2항에 의해서 1개월 이내에 한하여 연기할 수 있다는 것에 대한 대법원 판례입장은 헌법위반으로 판시한 바 있다.

동형모의고사

→ 정답 및 해설 337p

01 다음 중 헌법재판소의 판례입장과 상이한 것은 모두 몇 항목인가?

㉠ 4급 이상 공무원들의 병역면제사유인 질병명을 관보와 인터넷을 통해 공개하도록 하는 것은 사생활의 비밀과 자유를 침해하는 것이다.
㉡ 마약범죄는 가석방이 되지 않는다는 이유로 가석방심사 대상에서 제외한 사건에서 교도소장이 청구인을 가석방심사 대상에 포함시키지 아니한 행위는 헌법소원의 대상이 되는 공권력의 행사 또는 불행사로 볼 수 없다.
㉢ 양심의 자유의 경우 비례의 원칙을 통하여 양심의 자유를 공익과 교량하고 공익을 실현하기 위하여 양심을 상대화하는 것은 양심의 자유의 본질과 부합될 수 없다.
㉣ 의무교육제도는 국민의 자녀취학의무의 측면보다는 국가의 인적·물적 교육시설 정비의무의 측면이 더 중요하므로, 학교용지확보를 위하여 공동주택 수분양자들에게 학교용지부담금을 부과할 수 있도록 하는 것은 헌법에 위반된다.
㉤ BBK특별검사법상 동행명령제는 특별검사의 효율적인 수사 확보를 위한 것으로 과잉금지원칙과 신체의 자유를 침해하는 것은 아니다.

① 1항목　　② 2항목
③ 3항목　　④ 없음

02 인민주권론에 관한 기술에 해당하는 것은 모두 몇 항목인가?

㉠ 기속위임을 그 본질로 하므로 대표자의 권한은 기속행위이다.
㉡ 권력의 통합주의를 채택한다.
㉢ 직접민주주의를 근간으로 하므로 반대표제를 이론적 근거로 한다.
㉣ 선거제도로는 제한선거와 차등선거를 채택할 수 있다.
㉤ 국민소환제나 국민투표, 국민창안제도와 관련된다.

① 1항목　　② 2항목
③ 3항목　　④ 4항목

03 다음 경제질서에 관한 설명 중에서 옳은 것은? (다툼시 판례에 따름)

① 현행 헌법에 따르면 경제민주화를 실현하기 위하여 농어민과 국가 기업의 자조조직을 육성하고 소비자 보호 운동을 보장할 헌법상의 의무가 국가에 부여되어 있다.
② 농업생산성의 제고와 농지의 합리적인 이용을 위하거나 불가피한 사정으로 발생하는 농지의 임대차와 위탁경영은 명령이 정하는 바에 의하여 인정된다.
③ 국가표준제도는 근대국가형성의 기본목적인 국가의 통일성과 동질성을 확보하고 국민경제의 효율성을 촉진하기 위하여 반영된 것으로 현행헌법에서 신설된 규정이다.
④ 주식회사 연합뉴스를 국가기간뉴스통신사로 지정하고 이에 대한 재정지원을 행하는 것은 헌법상 평등의 원칙에 위배되지 아니한다.

04 문화국가 원리에 관한 기술 중에서 옳은 것은? (다툼시 판례에 따름)

① 양심의 자유, 종교의 자유, 언론의 자유, 예술의 자유는 문화국가의 성립을 위한 불가결한 기본권들이다.
② 국가는 다양한 문화적 가치에 대하여 중립적이어야 하기 때문에 모든 문화적 가치에 대한 평가는 전적으로 사회적·개인적 판단에 유보되어야 한다.
③ 교육을 받을 권리가 우리 헌법이 지향하는 문화국가·민주복지국가의 이념을 실현하는 방법적인 기초가 되는 것은 아니다.
④ 현행 헌법 전문에서는 전통문화의 계승·발전과 민족문화의 창달에 대한 국가의 노력 규정을 명시하고 있다.

05 체계정당성의 원리에 대한 기술 중에서 옳은 것은 모두 몇 항목인가? (다툼시 판례에 따름)

> ㉠ 국가공권력에 대한 통제와 이를 통한 국민의 자유와 권리의 보장을 이념으로 하는 법치주의 원리로부터 도출된다.
> ㉡ 체계정당성의 위반은 비례성 원칙 등 일정한 헌법의 규정이나 원칙을 위반하여야 비로소 위헌이 된다.
> ㉢ 체계정당성의 원리는 동일 규범 내에서 또는 상이한 규범 간에 그 규범의 구조나 내용 또는 규범의 근거가 되는 원칙면에서 상호배치 되거나 모순되어서는 안된다는 헌법상의 요청과 관련된다.
> ㉣ 체계정당성의 위반을 정당화할 합리적인 사유의 존재에 대하여 입법재량을 인정하는 것은 아니다.

① 1항목 ② 2항목
③ 3항목 ④ 없음

06 국제조약에 관한 헌법재판소의 판례 입장과 동일한 것은?

① 외교관계에 관한 비엔나 협약에 의하여 외국의 대사관저에 대하여 강제 집행이 불가능하게 된 경우 국가가 청구인들에게 손실을 보상하는 법률을 제정할 의무를 진다.
② 국제연합의 인권에 관한 세계선언은 일반적으로 승인된 국제법규로서 국내법과 동일한 효력이 있다.
③ UN헌장 제4조 제1항에 의하여 국가만이 국제연합에 가입할 수 있고 모든 회원국은 헌장에 규정된 의무를 수락한 것이므로 국제연합 가입과 함께 회원국 상호간에 국가승인이 이루어진 것으로 볼 수 있다.
④ 대한민국과 미합중국 간의 미합중국군대의 서울지역으로부터의 이전에 관한 협정은 이전할 미군기지 부근 주민의 평화적 생존권을 침해하는 조약이라고 볼 수 없다.

07 제도적 보장에 관한 기술 중에서 옳은 것은? (다툼시 판례에 따름)

① 제도적 보장의 대상은 역사적·전통적으로 형성된 기존의 제도일 뿐이므로 헌법의 특정한 제도를 창설하는 것을 의미하는 것이 아닌 기존 제도를 보장하는 것이다.
② 제도적 보장은 주관적 권리가 아니라 객관적인 법규범이므로 제도보장 그 자체의 침해를 이유로 직접 소송을 제기할 수 있다.
③ 제도의 본질적 내용을 훼손하지 아니하는 범위 내라 하더라도 법률로써 그 제도의 내용을 자유로이 형성할 수 없다.
④ 지방자치제도는 제도적 보장의 하나로서 최대한 보장의 원칙이 적용되어 지방자치단체의 장의 임기의 계속 재임을 3기로 제한하는 것은 공무담임권의 과잉제한이 아니다.

08 재선거와 보궐선거에 관한 설명 중 옳은 것(○)과 옳지 않은 것(×)을 바르게 나열한 것은? (다툼시 판례에 따름)

> ⑦ 지역구 국회의원이 선거법을 위반하여 300만원 이상의 벌금형이나 징역형 이상을 선고·확정받은 경우에 당해 지역에서는 재선거를 실시한다.
> ⓒ 지역구 국회의원, 지방의회의원, 지방자치단체장의 재선거와 보궐선거는 원칙적으로 4월과 10월의 마지막 수요일에 실시한다.
> ⓒ 지방자치단체장이 임기 중에 사망하거나 사퇴하면 재선거 사유가 되며 새로이 당선된 자의 임기는 잔임기간으로 한다.
> ② 대통령의 궐위 또는 대통령에 대한 탄핵소추가 의결되거나 그 자격을 상실한 때에는 60일 이내에 후임자를 선거한다.

① ○-○-×-×
② ○-○-×-○
③ ×-○-×-×
④ ×-×-×-×

09 지방자치제에 관한 기술 중에서 옳은 것은? (다툼시 판례에 따름)

① 외국인에게는 주민소환투표권이 인정되지 않는다.
② 주민투표권자는 18세 이상의 주민이며, 외국인에게도 일정한 자격을 갖춘 경우에는 지방자치단체의 조례가 정하는 바에 따라 주민투표권을 부여할 수 있다.
③ 지방자치단체의 종류, 지방의회의 조직, 지방의회 설치, 지방의회의원선거 및 지방자치단체장의 선임방법은 법률로써 정한다.
④ 지방의회의 의장은 지방자치단체의 중대한 영향을 미치는 주요결정사항을 주민투표에 부칠 수 있다.

10 군사제도에 관한 기술 중에서 옳은 것은 모두 몇 항목인가? (다툼시 판례에 따름)

㉠ 각군 참모총장은 국무회의 심의를 거쳐서 대통령이 임명한다.
㉡ 합동참모의장은 소관 상임위원회의 인사청문회 대상자이다.
㉢ 대통령의 국군통수권에는 국군지휘권, 국군편성권, 국군규율권, 군사재판권 등이 있으며 우리나라는 군국주의를 예방하기 위해서 병정통합주의를 채택하고 있다.
㉣ 국군은 그 인적자원과 물질시설이 주권자인 국민의 부담을 기초로 성립·유지되는 국민군이므로 국민전체에 대한 봉사자로서 국민에 대하여 책임진다.
㉤ 징집대상자의 범위 결정은 본질적으로 입법형성권이 매우 광범위하게 인정된다.

① 1항목 ② 2항목
③ 3항목 ④ 4항목

11 기본권에 관한 설명 중에서 옳은 것은?

① 기본권의 양면성 이론에 의하면 사인 간의 행위에 대해서는 사적 자치를 적극적으로 보장하는 것으로 사인 간의 문제에 대한 국가개입을 배제하는 것이다.
② 진정기본권은 문화시설 이용권이나 독과점을 거부하는 것으로 헌법이 인정한 제도나 질서를 명시함으로써 반사적으로 얻는 이익과 관련된다.
③ 헌법재판소는 국회구성권을 헌법소원으로 다툴 수 있는 국민의 기본권으로 인정할 수 있다고 판시한 바 있다.
④ 헌법재판소는 평화적 생존권을 헌법상 기본권으로 인정하지 않았다.

12. 행복추구권에 관한 기술 중에서 옳은 것은 모두 몇 항목인가? (다툼시 판례에 따름)

㉠ 행복추구권은 헌법에 열거되지 아니한 자유와 권리까지도 그 내용으로 하는 포괄적 기본권에 해당한다.
㉡ 개별적 기본권 조항에 의하여 당해 기본권이 구제되지 않을 경우에 행복추구권이 보충적으로 적용되는 기본권의 성격을 가진다.
㉢ 휴식권은 헌법에 명시되어 있는 기본권으로 행복추구권의 내용에 포함된다.
㉣ 중등교사 임용시험에서 코로나19 확진자의 응시를 금지하고, 자가격리자 및 접촉자의 응시를 제한한 강원도교육청 공고는 주관적권리보호이익이 존재하지 아니하므로 부적법각하하였다.
㉤ 행복추구권은 그 구체적 표현으로서 일반적 행동자유권과 일반적 인격권, 개성의 자유로운 발현권을 포함하는 것이다.

① 1항목
② 3항목
③ 4항목
④ 5항목

13. 평등권에 관한 기술 중에서 옳은 것은 모두 몇 항목인가? (다툼시 판례에 따름)

㉠ 법 앞의 평등이란 모든 관점에서 무차별적 대우를 보장하는 것이 아니라 합리적 근거가 없는 자의적 차별이 금지된다는 것이다.
㉡ 자의금지원칙에 의한 심사의 경우에는 차별을 정당화하는 합리적인 이유가 있는지만을 심사하므로 비교대상 간의 사실상의 차이나 입법목적의 발견 및 확인에 그친다.
㉢ 숙박업을 하고자 신고를 한 자에 대하여 매년 위생교육을 받도록 하는 것은 평등권과 직업수행의 자유를 침해하는 것이다.
㉣ 야간에 흉기 또는 위험한 물건을 휴대하여 상해를 범한 자에 대하여 5년 이상의 유기징역에 처하도록 규정된 폭력 행위 등 처벌에 관한 법률 제3조 제2항은 헌법에 위배된다.
㉤ 학미버저이이두죠야에 의거하여 범지이 이드 시기를 이하여 피해에서 그급된 피민을 혀시에 신입하는 근거조항을 마련하지 아니한 것은 평등원칙에 위배된다.

① 2항목
② 3항목
③ 4항목
④ 5항목

14 헌법재판소의 판례를 기술한 것 중에서 옳은 것은 모두 몇 항목인가?

㉠ 교도소·구치소에 수용 중인 자를 기초생활보장급여의 지급 대상에서 제외하는 것은 헌법에 위반되지 않는다.
㉡ 제10회 변호사시험에서 코로나19 확진환자의 응시를 금지하고, 자가격리자 및 고위험자의 응시를 제한하는 것은 직업선택의 자유와 과잉금지원칙에 위반된다.
㉢ 고정명부식 비례대표제는 후보자와 그 순위가 유권자에 의해서가 아니라 전적으로 정당에 의하여 결정되기 때문에, 실질적으로 정당에 의한 간접선거의 결과가 되므로 직접선거의 원칙에 위반된다.
㉣ 1인 1표제는 정당명부에 대한 투표가 따로 없으므로, 결국 비례대표의원의 선출에 있어서는 정당의 명부작성행위가 최종적·결정적인 의의를 지니게 되고, 선거권자들의 투표행위로써 비례대표위원의 선출을 직접·결정적으로 좌우할 수 없기 때문에 직접선거의 원칙에 위배된다.

① 1항목
② 2항목
③ 3항목
④ 4항목

15 직업선택의 자유에 대한 제한 유형 중에서 가장 위헌성이 농후한 것은?

① 개인택시 영업의 4부제 운행
② 주유소 영업의 심야영업 제한
③ 약사고시의 합격자만 약사 영업을 인정하는 것
④ 미국산 수입 쇠고기 영업의 허가제 실시

16 다음 중에서 헌법상 규칙제정권을 가지는 기관은 모두 몇 항목인가?

㉠ 감사원
㉡ 선거관리위원회
㉢ 법 원
㉣ 지방자치단체
㉤ 헌법재판소

① 1항목
② 2항목
③ 3항목
④ 4항목

17 국가인권위원회의 권한에 관한 다음 설명 중 옳은 것은 모두 몇 항목인가?

㉠ 국가인권위원회법의 적용범위는 대한민국 국적을 가진 자에 한한다.
㉡ 국가인권위원회는 그 독립성을 보장하기 위하여 대통령 직속기관으로 설치되어 있다.
㉢ 국가기관·지방자치단체 등에 의한 인권침해행위만이 조사대상이 되고 사인에 의한 평등권 침해의 차별행위는 그 조사대상에 포함되지 아니한다.
㉣ 국가인권위원회법이 말하는 '인권'이라 함은 헌법 및 법률에서 보장하거나 대한민국이 가입·비준한 국제인권조약 및 국제관습법에서 인정하는 인간으로서의 존엄과 가치 및 자유와 권리를 말한다.
㉤ 국가인권위원회가 조사대상에서 법원·헌법재판소의 재판을 제외하므로 동위원회가 조사 또는 처리한 내용에 대하여 관하여 재판이 계속 중인 경우에는 법원의 담당재판부 또는 헌법재판소에 사실상 및 법률상의 사항에 관하여 의견을 제출할 수 없다.
㉥ 인권침해나 차별행위를 당한 사람 또는 그 사실을 알고 있는 사람이나 단체의 진정에 의하여 또는 국가인권위원회의 직권으로 조사할 수 있다.

① 1항목 ② 2항목
③ 3항목 ④ 4항목

18 대통령 당선인에 관한 기술 중에서 옳은 것은 모두 몇 항목인가?

㉠ 대통령 당선인은 임기 개시 전에 국무총리 및 국무위원 후보자를 임명할 수 있고 이 경우에 국회의장에게 인사청문의 실시를 요청하여야 한다.
㉡ 대통령 인수위원회는 대통령의 임기 개시일 이후 60일 범위까지 존속한다.
㉢ 대통령 당선인은 대통령 당선인으로 결정된 날로부터 대통령 임기 개시일 전일까지 그 지위를 갖는다.
㉣ 대통령 임기는 전임대통령의 임기만료일의 다음날 0시부터 개시한다.

① 1항목 ② 2항목
③ 3항목 ④ 4항목

19 전직대통령의 예우에 관한 기술 중에서 옳은 것은?

① 전직대통령에 대한 연금 지급액은 지급 당시 대통령 보수 연액의 85/100 상당액으로 한다.
② 재직 중 탄핵결정을 받아 퇴임하더라도 전직대통령으로서의 예우는 하여야 한다.
③ 전직대통령은 형사상 특권을 부여받기 때문에 경미한 형사 범죄시에 형사처벌을 할 수 없으나 민사사건은 소추가능하다.
④ 형사처분을 회피할 목적으로 외국 정부에 대하여 도피처 또는 보호를 요청한 경우에는 전직대통령으로서의 예우를 하지 아니한다.

20 다음 중에서 헌법소원의 대상이 되는 것은 모두 몇 항목인가? (다툼시 판례에 따름)

> ㉠ 행정관청의 단순한 사실행위
> ㉡ 단순한 일반법규의 해석·적용
> ㉢ 서울교육대학교 총장의 운동장 사용신청 거부 결정
> ㉣ 국무회의의 국군부대 대(對)이라크 파병동의안 의결
> ㉤ 대통령에 대한 신임여부를 묻는 국민투표실시 연설

① 1항목　　　　　　　　　② 2항목
③ 3항목　　　　　　　　　④ 없음

MEMO

PART 2

정답 및 해설편

탁월한 **적중률!** 합격의 **동반자!** 채한태 법학박사의 **명품헌법**

제01회 동형모의고사

→ 문제편 22p

정답 모아보기

01 ①	02 ③	03 ④	04 ①	05 ④
06 ④	07 ④	08 ①	09 ④	10 ③
11 ④	12 ②	13 ③	14 ①	15 ①
16 ②	17 ④	18 ②	19 ①	20 ④

01
정답 ①

㉠ ○→ 헌법은 공무원을 국민 전체에 대한 봉사자로 규정하고 있다.
㉡ ○→ 피청구인의 행위는 대통령의 지위와 권한을 남용한 것으로 공정한 직무수행이라 할 수 없다.
㉢ ○→ 재단법인설립 등에 관여한 것은 기업의 재산권침해와 기업경영자유를 침해한 것이다.
㉣ ○→ 대통령의 지시에 따른 부정부패와 측근의 비리구속 등은 법치주의를 훼손하는 것이다.
㉤ ○→ 국회의 의사절차에 헌법이나 법률을 명백히 위반한 흠이 있는 경우가 아니면 국회 의사절차의 자율권은 권력분립의 원칙상 존중되어야 하고, 국회법 제130조 제1항은 탄핵소추의 발의가 있을 때 그 사유 등에 대한 조사 여부를 국회의 재량으로 규정하고 있으므로, 국회가 탄핵소추사유에 대하여 별도의 조사를 하지 않았다거나 국정조사결과나 특별검사의 수사결과를 기다리지 않고 탄핵소추안을 의결하였다고 하여 그 의결이 헌법이나 법률을 위반한 것이라고 볼 수 없다.

02
정답 ③

㉠ ○→ 2월, 3월, 4월, 5월, 6월과 8월 16일에도 임시회를 집회한다(국회법 제5조의2).
㉡ ✕→ 8월 16일에 집회하는 임시회의 회기는 8월 31일까지로 한다(국회법 제5조의2 : 2016.12.16. 개정 2호).
㉢ ○→ ① 의원을 체포 또는 구금하기 위하여 국회의 동의를 얻으려고 할 때에는 관할법원의 판사는 영장을 발부하기 전에 체포동의요구서를 정부에 제출하여야 하며, 정부는 이를 수리한 후 지체없이 그 사본을 첨부하여 국회에 체포동의를 요청하여야 한다(국회법 제26조 제1항).
② 의장은 제1항의 규정에 따른 체포동의를 요청받은 후 처음 개의하는 본회의에 이를 보고하고, 본회의에 보고된 때부터 24시간 이후 72시간 이내에 표결한다. 다만, 체포동의안이 72시간 이내에 표결되지 아니하는 경우에는 그 이후에 최초로 개의하는 본회의에 상정하여 표결한다(제26조 제2항).
㉣ ○→ 위원회는 그 의결로 위원 또는 전문위원을 현장이나 관계기관 등에 파견하여 필요한 사항을 파악하여 보고하게 할 수 있으며, 필요한 경우 청원인·이해관계인 및 학식·경험이 있는 자로부터 진술을 들을 수 있다(제125조 제4항).
위원회는 청원이 회부된 날부터 90일 이내에 심사결과를 의장에게 보고하여야 한다. 다만, 특별한 사유로 인하여 그 기간 이내에 심사를 마치지 못하였을 때에는 위원장은 의장에게 중간보고를 하고 60일의 범위에서 한 차례만 심사기간의 연장을 요구할 수 있다.

03
정답 ④

㉠ ○→ 변호사직무 수행의 공정성과 변호사의 품위 및 신뢰를 담보하고, 공무원의 직무염결성을 보장하며, 사건 당사자의 이익도 보호하고자 하는 심판대상조항의 입법목적은 정당하다. 그리고 공무원으로서 직무상 취급하거나 취급하게 된 사건에 관한 수임을 예외 없이 전부 금지하고, 위반하는 경우 이를 처벌하는 것은 위와 같은 목적 달성에 기여하는 적합한 수단이다(헌재 2016.12.29. 2015헌마880).
㉡ ○→ 법률에 의하여 설치된 국가기관인 국가경찰위원회에게는 권한쟁의 심판의 당사자능력이 인정되지 아니한다(헌재 2022.12.22. 2022헌라5).
㉢ ○→ 헌법재판소는 2020년 3월 26일 재판관 4(기각) : 5(위헌)의 의견으로, 법무부장관으로 하여금 변호사시험 합격자의 성명을 공개하도록 하는 변호사시험법 제11조 중 명단 공고 부분에 대한 심판청구를 기각하였다. 심판

대상조항이 과잉금지원칙에 위배되어 청구인들의 개인정보자기결정권을 침해한다는 취지의 재판관 유남석, 재판관 이선애, 재판관 이석태, 재판관 이종석, 재판관 김기영의 위헌의견이 다수이지만 헌법소원심판 인용 결정을 위한 심판정족수에 이르지 못하였다(2020.3.26, 2018헌마77).

㉣ ✗▶ 후보자 1명마다 1천500만원이라는 기탁금액은 상대적으로 당비나 국고보조금을 지원받기 어렵고 재정상태가 열악한 신생정당이나 소수정당에게 선거에의 참여 자체를 위축시킬 수 있는 지나치게 과다한 금액에 해당한다. 이상을 종합하면, 비례대표 기탁금조항은 침해의 최소성 원칙에 위반된다.
비례대표 기탁금조항을 통하여 달성하고자 하는, 정당의 후보자 추천에 있어서의 진지성, 선거과정에서 발생한 불법행위에 대한 과태료 및 행정대집행비용의 사전 확보 등의 공익에 비하여 비례대표 기탁금조항으로 인하여 비례대표국회의원후보자나 이를 추천하는 정당이 받게 되는 공무담임권 및 정당활동의 자유에 대한 제한의 불이익이 매우 크므로, 비례대표 기탁금조항은 법익의 균형성 원칙에도 위반된다. 따라서 비례대표 기탁금조항은 과잉금지원칙을 위반하여 청구인들의 공무담임권 등을 침해한다(헌재 2016.12.29, 2015헌마1160).

04   🎯 정답 ①

① ⭕▶ 민사소송에 관한 법령의 준용이 배제되어 법률의 공백이 생기는 부분에 대하여는 헌법재판소가 정당해산심판의 성질에 맞는 절차를 창설하여 이를 메울 수밖에 없다. 이와 같이 법률의 공백이 있는 경우 정당해산심판제도의 목적과 취지에 맞는 절차를 창설하여 실체적 진실을 발견하고 이에 근거하여 헌법정신에 맞는 결론을 도출해내는 것은 헌법이 헌법재판소에 부여한 고유한 권한이자 의무이다(헌재 2014.2.27, 2014헌마7).

② ✗▶ 헌법 제8조 제4항은 정당해산심판의 사유를 "정당의 목적이나 활동이 민주적 기본질서에 위배될 때"로 규정하고 있는데, 여기서 말하는 민주적 기본질서의 '위배'란, 민주적 기본질서에 대한 단순한 위반이나 저촉을 의미하는 것이 아니라, 민주사회의 불가결한 요소인 정당의 존립을 제약해야 할 만큼 그 정당의 목적이나 활동이 우리 사회의 민주적 기본질서에 대하여 실질적인 해악을 끼칠 수 있는 구체적 위험성을 초래하는 경우를 가리킨다(헌재 2014.12.19, 2013헌다1).

③ ✗▶ 강제적 정당해산은 헌법상 핵심적인 정치적 기본권인 정당활동의 자유에 대한 근본적 제한이므로, 헌법재판소는 이에 관한 결정을 할 때 헌법 제37조 제2항이 규정하고 있는 비례원칙을 준수해야만 한다. 따라서 헌법 제8조 제4항의 명문규정상 요건이 구비된 경우에도 해당 정당의 위헌적 문제성을 해결할 수 있는 다른 대안적 수단이 없고, 정당해산결정을 통하여 얻을 수 있는 사회적 이익이 정당해산결정으로 인해 초래되는 정당활동 자유 제한으로 인한 불이익과 민주주의 사회에 대한 중대한 제약이라는 사회적 불이익을 초과할 수 있을 정도로 큰 경우에 한하여 정당해산결정이 헌법적으로 정당화될 수 있다(헌재 2014.12.19, 2013헌다1).

④ ✗▶ 헌법재판소의 해산결정으로 정당이 해산되는 경우에 그 정당 소속 국회의원이 의원직을 상실하는지에 대하여 명문의 규정은 없으나, 정당해산심판제도의 본질은 민주적 기본질서에 위배되는 정당을 정치적 의사형성과정에서 배제함으로써 국민을 보호하는 데에 있는데 해산 정당 소속 국회의원의 의원직을 상실시키지 않는 경우 정당해산결정의 실효성을 확보할 수 없게 되므로, 이러한 정당해산제도의 취지 등에 비추어 볼 때 헌법재판소의 정당해산결정이 있는 경우 그 정당 소속 국회의원의 의원직은 당선 방식을 불문하고 모두 상실되어야 한다(헌재 2014.12.19, 2013헌다1).

🔍 지방의회의원에 대해서는 헌법재판소가 판시하지 않았고, 중앙선거관리위원회 결정으로 비례대표지방의원직은 상실하되, 지역구 지방의원은 무소속으로 유지

05   🎯 정답 ④

㉠ 원자력안전위원회 위원장이 그 직무를 집행함에 있어 헌법이나 법률을 위반시는 탄핵소추를 의결할 수 있다(원자력안전위원회 설치 및 운영에 관한 법률에 관한 법률 제6조 제5항).

㉡ 방송통신위원회 위원장이 그 직무를 집행함에 있어 헌법이나 법률을 위반시는 탄핵소추를 의결할 수 있다(「방송통신위원회 설치 및 운영에 관한 법률」 제6조 제5항).

㉢ 고위공직자범죄수사처장이 그 직무를 집행함에 있어 헌법이나 법률을 위반시는 탄핵소추를 의결할 수 있다(「고위공직자범죄수사처 설치 및 운영에 관한 법률」 제14조).

㉣ 법관이 그 직무를 집행함에 있어 헌법이나 법률을 위반시는 탄핵소추를 의결할 수 있다(헌법 제65조 제1항).

㉤ 헌법재판소 재판관이 그 직무를 집행함에 있어 헌법이나 법률을 위반시는 탄핵소추를 의결할 수 있다(헌법 제65조 제1항).

㉥ 경찰청장이 그 직무를 집행함에 있어 헌법이나 법률을

위반 시는 탄핵소추를 의결할 수 있다(경찰청법 제11조 제6항).
ⓐ 그 직무를 집행함에 있어 헌법이나 법률을 위반시는 탄핵소추를 의결할 수 있다(헌법 제65조 제1항).

06 정답 ④

④ 개정된 국민연금법은 제64조의2를 신설하여 민법상 재산분할청구제도에 따라 연금의 분할에 관하여 별도로 결정된 경우에는 그에 따르도록 하였으나, 재산분할청구권을 행사할지 여부는 임의적인 것에 불과함에도 위 조항이 신설되었다 하여 심판대상조항을 그대로 둔다면 이는 사실상 노령연금 수급권자로 하여금 먼저 재산분할청구권을 행사하도록 강제하게 되고, 국민연금법 제64조의2의 적용조차 받지 못하는 노령연금 수급권자는 배우자가 가출·별거 등으로 연금 형성에 실질적인 기여를 하지 못하였다는 구체적 사정을 연금분할에 반영시킬 수 없으므로 재산권이 침해된다.
① 국민주권주의는 모든 국가권력이 국민의 의사에 기초해야 한다는 의미로(헌재 2016.10.27. 2012헌마121 참조), 사법권의 민주적 정당성을 위한 국민참여재판을 도입한 근거가 되고 있으나, 그렇다고 하여 국민주권주의 이념이 곧 사법권을 포함한 모든 권력을 국민이 직접 행사하여야 하고 이에 따라 모든 사건을 국민참여재판으로 할 것을 요구한다고 볼 수 없다. 따라서 국민참여재판의 대상을 제한하는 심판대상조항이 국민주권주의에 위배될 여지는 없다(헌재 2016.12.29. 2015헌바63).
② 헌법 제27조 제1항의 재판을 받을 권리는 신분이 보장되고 독립된 법관에 의한 재판의 보장을 주된 내용으로 하므로 국민참여재판을 받을 권리는 헌법 제27조 제1항에서 규정하는 재판받을 권리의 보호범위에 속하지 아니한다(헌재 2016.12.29. 2015헌바63).
③ 정부가 온실가스 배출량을 2030년까지 2018년 국가온실가스 배출 대비 36% 이상의 범위 내에서 대통령령으로 정하는 비율만큼 감축하는 것을 중장기 국가온실가스 목표로 하도록 규정한 탄소중립녹색성장기본법은 헌법에 합치되지 아니한다(헌재 2024.8.29. 2020헌마389).

07 정답 ④

㉠ 합헌. 근로자훈련비용을 부정수급한 사업주에 대하여 부정수급액 상당의 추가징수 및 지원·융자의 제한을 병과하여 명할 수 있도록 규정한 것은 재산권을 침해하지 않으며, 자기책임원리에 위반되지 않는다(헌재 2016.12.29. 2015헌바198).
㉡ 합헌. 국민건강보험법상 직장가입자와 지역가입자의 보험료 산정기준 및 방식을 달리 정하여, 지역가입자에 대한 보험료 산정·부과 시 소득 외에 재산 등의 요소를 추가적으로 고려하는 것은 헌법상 평등원칙에 위반된다고 할 수 없다(헌재 2016.12.29. 2015헌바199).
㉢ 합헌. 공기업의 모든 직원을 형법상 뇌물죄 적용에 있어서 공무원으로 의제하는 것은 과잉금지원칙이나 평등원칙에 위배되지 않으며, 형법상 뇌물죄 적용에 있어서 공무원으로 의제되는 범위를 특가법 제4조와 달리 규정하고 있는 것일 뿐, 특가법 제4조에 대한 가중처벌을 정하고 있는 것이 아니므로 형벌체계상의 정당성과 균형성이 문제될 소지가 없다(다만 위 심판대상조항과 특가법 제4조가 동시에 적용되는 기관인 경우 양 법률에서 공무원으로 의제되는 범위를 달리 규정하고 있는 것은 체계상 문제가 있으므로, 입법론적으로는 특가법 및 같은 법 시행령 개정을 통해 중첩되는 기관을 삭제하는 것이 바람직하다)(헌재 2016.12.29. 2015헌바225).
㉣ 합헌. 신상정보 공개·고지제도는 사회방위를 목적으로 하면서 행위자의 '재범의 위험성'도 고려하고 있으므로 그 실질에 있어서는 형벌이 아니라 보안처분으로서 어떠한 형벌적 효과나 신체의 자유를 박탈하는 효과를 가져오지 아니하므로 소급처벌금지원칙이 적용되지 아니한다. 따라서 성폭력처벌법 시행 당시 신상정보 공개·고지명령의 대상에 포함되지 않았던 사람들을 이후 소급하여 신상정보 공개·고지명령의 대상이 되도록 하였더라도 소급처벌금지원칙에 위배되는 것은 아니다(헌재 2016.12.29. 2015헌바196).

08  정답 ①

㉠ ❶ 심판대상조항의 문언 및 입법목적, 법원의 해석 등을 종합하여 보면, '공포심이나 불안감을 유발하는 문언을 반복적으로 도달하게 한 행위'란 '사회통념상 일반인에게 두려워하고 무서워하는 마음, 마음이 편하지 아니하고 조마조마한 느낌을 일으킬 수 있는 내용의 문언을 되풀이하여 전송하는 일련의 행위'를 의미하는 것으로 풀이할 수 있다. 이와 같이 풀이한다면 건전한 상식과 통상적인 법감정을 가진 수범자는 심판대상조항에 의하여 금지되는 행위가 어떠한 것인지 충분히 알 수 있고, 법관의 보충적인 해석을 통하여 그 의미가 확정될 수 있으므로, 심판대상조항은 명확성원칙에 위배되지 않는다(헌재

- ⓒ ○ 미결수용자가 교정시설 내에서 규율위반행위 등을 이유로 금치처분을 받은 경우 금치기간 중 서신수수·접견·전화통화를 제한하는 것은 통신의 자유를 침해하지 아니한다(헌재 2016.4.28, 2012헌마549).
- ⓒ ✕ 국가기관의 감청설비 보유·사용에 대한 관리와 통제를 위한 법적, 제도적 장치가 마련되어 있으므로, 국가기관이 인가 없이 감청설비를 보유, 사용할 수 있다는 사실만 가지고 바로 국가기관에 의한 통신비밀침해행위를 용이하게 하는 결과를 초래함으로써 통신의 자유를 침해한다고 볼 수는 없다(헌재 2001.3.21, 2000헌바25).
- ㉣ ○ 신병훈련소에서 교육훈련을 받는 동안 신병의 전화사용을 통제하는 육군 신병교육지침에서 신병교육훈련기간 동안 전화사용을 하지 못하도록 정하고 있는 규율이 청구인을 포함한 신병교육훈련생들의 통신의 자유 등 기본권을 필요한 정도를 넘어 과도하게 제한하는 것이라고 보기 어렵다(헌재 2010.10.28, 2007헌마890).
- ㉤ ○ 대판 2001.10.9, 2001도3106
- ㉥ ○ 본인확인제는 본인확인조치를 이행할 의무를 부과하므로 정보통신서비스 제공자의 직업수행자유를 제한하는 것이다(헌재 2010.5.27, 2008헌마663).

09 정답 ④

④ 재외국민선거인에게 국회의원 재·보궐선거의 선거권을 인정하지 않은 것은 보통선거원칙에 위배된다고 볼 수 없다.
🔍 평등선거원칙 위배 아님

10 정답 ③

- ㉠ ✕ 변호인의 조력을 받을 권리를 보장하는 목적은 피의자 또는 피고인의 방어권 행사를 보장하기 위한 것이므로, 미결수용자 또는 변호인이 원하는 특정한 시점에 접견이 이루어지지 못하였다 하더라도 그것만으로 곧바로 변호인의 조력을 받을 권리가 침해되었다고 단정할 수는 없는 것이고, 변호인의 조력을 받을 권리가 침해되었다고 하기 위해서는 접견이 불허된 특정한 시점을 전후한 수사 또는 재판의 진행 경과에 비추어 보아, 그 시점에 접견이 불허됨으로써 피의자 또는 피고인의 방어권 행사에 어느 정도는 불이익이 초래되었다고 인정할 수 있어야만 하며, 그 시점을 전후한 변호인 접견의 상황이나 수사 또는 재판의 진행 과정에 비추어 미결수용자가 방어권을 행사하기 위해 변호인의 조력을 받을 기회가 충분히 보장되었다고 인정될 수 있는 경우에는, 비록 미결수용자 또는 그 상대방인 변호인이 원하는 특정 시점에는 접견이 이루어지지 못하였다 하더라도 변호인의 조력을 받을 권리가 침해되었다고 할 수 없다(헌재 2011.5.26, 2009헌마341).
- ㉡ ○ 적법절차원리는 과잉입법금지원칙과는 구별된다(헌재 1992.12.24, 92헌가8).
- ㉢ ○ 별도의 재판이나 처분 없이 관세법위반자에 대한 국고귀속조치하는 규정은 헌법에 위배된다(헌재 1997.3.27, 96헌가11).
- ㉣ ✕ 헌법 제12조 제3항이 영장의 발부에 관하여 "검사의 신청"에 의할 것을 규정한 취지는 모든 영장의 발부에 검사의 신청이 필요하다는 데에 있는 것이 아니라 수사단계에서 영장의 발부를 신청할 수 있는 자를 검사로 한정함으로써 검사 아닌 다른 수사기관의 영장신청에서 오는 인권유린의 폐해를 방지하고자 함에 있으므로, 공판단계에서 법원이 직권에 의하여 구속영장을 발부할 수 있음을 규정한 형사소송법 제70조 제1항 및 제73조 중 "피고인을 …… 구인 또는 구금함에는 구속영장을 발부하여야 한다." 부분은 헌법 제12조 제3항에 위반되지 아니한다(헌재 1997.3.27, 96헌바28).
- ㉤ ○ 국회조사나 행정절차 등에서도 진술거부권은 인정된다(헌재 1997.5.29, 96헌가17).

11 정답 ④

④ 공무원의 인사·윤리·복무 및 연금에 관한 사무를 관장하기 위하여 국무총리 소속으로 인사혁신처를 둔다. 인사혁신처에 처장 1명과 차장 1명을 두되, 처장은 정무직으로 하고, 차장은 고위공무원단에 속하는 일반직공무원으로 보한다(정부조직법 제22조의3).
① 국가보훈처를 국가보훈부로 승격하고 장관을 국무위원으로 한다. 개정 2023.3.4.
② 국가공무원법 제32조 제1항

12 정답 ②

- ㉠ ○ 지방의회의원 선거구 획정에 관하여 국회 및 시·도의회의 광범위한 재량이 인정된다고 하여도, 선거구 획정이 헌법적 통제로부터 자유로울 수는 없으므로 그 재량에는 평등선거의 실현이라는 헌법적 한계가 존재한다. 즉 선거구 획정에 있어서 인구비례 원칙에 의한 투표가치의 평등은 헌법적 요청으로서 다른 요소에 비하여 기본적이

고 일차적인 기준이다(헌재 2009.3.26, 2006헌마14).
- ⓛ ⭕ 누구든지 선거일 전 90일부터 선거일까지 선거운동을 위하여 인공지능기술 등을 이용하여 만든 실제와 구분하기 어려운 딥페이크를 제작·편집·유포·상영 또는 게시하는 행위를 하여서는 아니 된다(공직선거법 제82조8). 개정 2023.12.28.
- ⓒ ❌ 언론인의 선거 개입으로 인한 문제는 언론매체를 통한 활동의 측면에서 즉, 언론인으로서의 지위를 이용하거나 그 지위에 기초한 활동으로 인해 발생 가능한 것이므로, 언론매체를 이용하지 아니한 언론인 개인의 선거운동까지 전면적으로 금지할 필요는 없다. 인터넷신문을 포함한 언론매체가 대폭 증가하고, 시민이 언론에 적극 참여하는 것이 보편화된 오늘날 심판대상조항들에 해당하는 언론인의 범위는 지나치게 광범위한 것으로 선거운동의 자유를 침해한다(헌재 2016.6.30, 2013헌가1).
- ⓔ ⭕ 대통령의 임기는 전임대통령의 임기만료일의 다음 날 0시부터 개시된다. 다만, 전임자의 임기가 만료된 후에 실시하는 선거와 궐위로 인한 선거에 의한 대통령의 임기는 당선이 결정된 때부터 개시된다(공직선거법 제14조 제1항).
- ⓜ ❌ 선거의 공정성·형평성 확보, 사회복무요원의 정치적 중립성 유지 및 업무전념성 보장이라는 공익은 사회복무요원이 선거운동을 금지당함에 따라 제한받는 사익보다 훨씬 중요하므로, 심판대상조항은 법익의 균형성 원칙에도 위배되지 아니한다. 따라서 사회복무요원이 선거운동을 할 경우 경고처분 및 연장복무를 하게 하는 심판대상조항은 과잉금지 원칙에 위배되어 선거운동의 자유를 침해하지 아니한다(헌재 2016.10.27, 2016헌마252).

13 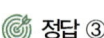 정답 ③

- ㉠ ❌ 법원, 국회, 헌재소공무원에 대해서는 감사원이 직무감찰할 수 없다.
- ㉡ ⭕ 감사원은 법원에 대한 회계검사권을 가진다.
- ㉢ ⭕ 감사원은 지방자치단체에 대한 회계검사권을 가진다.
- ㉣ ❌ 감사원은 공무원에 대한 징계요구권을 가진다.
- ㉤ ⭕ 지방자치단체에 대한 합목적성, 합헌성, 합법성을 감사원이 심사 가능하다.

14 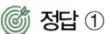 정답 ①

군사법원은 법원조직법상 법원의 종류에 해당하지 아니한다. 회생법원은 2016.12.27. 개정되어 2017.3.1. 시행한다(법원조직법 제3조 제1항).

15  정답 ①

- ㉠ ⭕ 권한쟁의의 심판은 그 사유가 있음을 안 날부터 60일 이내에, 그 사유가 있는 날부터 180일 이내에 청구하여야 한다(헌법재판소법 제63조 제1항).
- ㉡ ❌ 권한쟁의심판의 당사자능력은 헌법에 의하여 설치된 국가기관에 한정하여 인정하는 것이 타당하므로, 법률에 의하여 설치된 국가인권위원회에게는 권한쟁의심판의 당사자능력이 인정되지 아니한다(헌재 2010.10.28, 2009헌라6).
- ㉢ ⭕ 권한쟁의심판에 있어 제3자 소송담당을 허용하는 법률의 규정이 없는 현행법 체계하에서 국회의 구성원인 청구인들은 국회의 조약 체결·비준에 대한 동의권의 침해를 주장하는 권한쟁의심판을 청구할 수 없다고 보아야 한다(헌재 2011.8.30, 2011헌라2).
- ㉣ ❌ 지방자치단체의 의결기관인 지방의회를 구성하는 지방의회 의원과 그 지방의회의 대표자인 지방의회 의장 간의 권한쟁의심판은 헌법 및 헌법재판소법에 의하여 헌법재판소가 관장하는 지방자치단체 상호간의 권한쟁의심판의 범위에 속한다고 볼 수 없으므로 부적법하다(헌재 2010.4.29, 2009헌라11).
- ㉤ ❌ 국가기관 상호간의 권한쟁의 심판에 관하여 규정하고 있는 헌법재판소법 제62조 제1항 제1호의 국회, 정부, 법원 및 중앙선거관리위원회 상호간의 권한쟁의 심판은 예시적 규정으로 해석한다(헌재 1997.7.16, 96헌라2).

16  정답 ②

- ㉠ ❌ 법률이 재판의 전제가 되는 요건을 갖추고 있는지의 여부는 제청법원의 견해를 존중하는 것이 원칙이므로 헌법재판소는 직권으로 조사할 수 있다(헌재 1997.9.25, 97헌가4).
- ㉡ ⭕ 위헌여부 심판의 제청에 관한 결정에 대하여는 항고할 수 없다(헌법재판소법 제41조 제4항).
- ㉢ ❌ 대법원은 관습법이 헌법재판소의 위헌법률심판 대상이 되지 않는다고 보았다.

헌법 제111조 제1항 제1호 및 헌법재판소법 제41조 제1

항에서 규정하는 위헌심사의 대상이 되는 법률은 국회의 의결을 거친 이른바 형식적 의미의 법률을 의미하고, 또한 민사에 관한 관습법은 법원에 의하여 발견되고 성문의 법률에 반하지 아니하는 경우에 한하여 보충적인 법원이 되는 것에 불과하여 관습법이 헌법에 위반되는 경우 법원이 그 관습법의 효력을 부인할 수 있으므로, 결국 관습법은 헌법재판소의 위헌법률심판의 대상이 아니라 할 것이다(대판 2009.5.28, 2007카기134).

ⓔ ✗ 법원이 법률의 위헌여부 심판을 헌법재판소에 제청할 때에는 제청서에 제청법원의 표시, 사건 및 당사자의 표시, 위헌이라고 해석되는 법률 또는 법률의 조항, 위헌이라고 해석되는 이유, 그 밖에 필요한 사항을 적어야 한다(헌법재판소법 제43조).

ⓜ ✗ 각하결정과 기각결정은 헌법소원심판에서 사용한다.

ⓗ ○ 군사법원도 헌법재판소에 위헌여부 심판을 제청할 수 있다(헌법재판소법 제41조 제1항).

17 정답 ④

④ 부부가 공동으로 사용한 가재도구라고 하더라도, 부부의 일방이 혼인 전 자신의 비용으로 구매한 것은 그 일방의 특유재산이라 할 것이므로, 그 일방이 가재도구를 망가뜨렸다고 하더라도 형법상 재물손괴죄가 성립되지 않는다(헌재 2017.4.27, 2016헌마160).

① 국립대학교 총장은 교육공무원으로서 국가공무원의 신분을 가진다. 전북대학교 총장후보자에 지원하려는 사람에게 기탁금을 납부하도록 하는 조항은 기탁금을 납입할 수 없거나 그 납입을 거부하는 사람들의 공무담임권을 제한하며, 총장후보자 지원자에게 기탁금 1,000만원을 납부하도록 한 전북대학교 총장임용후보자 선정에 관한 규정 조항은 침해의 최소성과 법익균형성에 반하여 공무담임권을 침해한다(헌재 2018.4.26, 2014헌마274).

② 가정폭력처벌법상 피해자보호명령 사건에서 피해자보호명령에 우편을 이용한 접근금지에 관한 규정을 두지 아니하는 것은 헌법상 평등원칙에 위배되지 아니한다(헌재 2023.2.23, 2019헌바43).

③ 형사소송법상 즉시항고 제기기간을 3일로 제한한 것은 지나치게 짧아 입법재량의 한계를 일탈하여 재판청구권을 침해한다(헌재 2018.12.27, 2015헌바77).

🔍 판례변경: 합헌 → 위헌

18 정답 ②

② 상급법원 재판에서의 판단은 동종 사건이 아닌 해당 사건에 관하여 하급심을 기속한다(법원조직법 제8조).

① 법원조직법 제47조

③ 고등법원은 법원조직법에 규정되어 있다.

④ 군판사의 임기는 5년으로 하고 연임할 수 있다(군사법원법 제26조 제2항).

19 정답 ①

① 인사혁신처장은 정무직으로 한다. 인사혁신처장은 국무위원이 아니므로 부령을 발할 수 없다.

20 정답 ④

④ 내사종결처분도 공권력 행사에 해당하므로 헌법소원 대상이 된다(헌재 2014.9.25, 2012헌마175).

① 고소하지 아니한 피해자는 예외적으로 불기소처분의 취소를 구하는 헌법소원 청구를 곧바로 청구할 수 있다(헌재 2010.6.24, 2008헌마716).

② 검사의 불기소처분에 대해서는 검찰청법상 항고를 거친 후 고등법원에 재정신청을 할 수 있다.

③ 검사의 기소유예처분의 취소를 구하는 헌법소원심판을 청구하는 경우에는 보충성원칙의 예외에 해당한다(헌재 2010.6.24, 2008헌마716).

제02회 동형모의고사

→ 문제편 32p

정답 모아보기
01 ②　02 ③　03 ②　04 ②　05 ④
06 ①　07 ①　08 ④　09 ②　10 ②
11 ②　12 ②　13 ③　14 ①　15 ④
16 ①　17 ④　18 ③　19 ②　20 ②

01  정답 ②

㉠ O→ 헌재 2010.7.29, 2008헌가15
㉡ O→ 헌재 2018.8.30, 2014헌바180
㉢ X→ 일률적으로 배우자의 상속공제를 부인하는 것은 배우자의 상속권을 침해하는 것이다(헌재 2012.5.31, 2009헌바190).
㉣ X→ 시혜적 급부를 받을 권리는 헌법 제23조에 의해서 보장되는 재산권에 해당하는 것은 아니다(헌재 2015.12.23, 2010헌마620).
㉤ O→ 학교안전공제및사고예방기금은 공제회의 재산권에 해당되지 않는다(헌재 2015.7.30, 2014헌가7).
㉥ O→ 헌재 2014.10.30, 2011헌바172

02 정답 ③

③ 통일정신, 국민주권원리 등은 우리나라 헌법의 연혁적·이념적 기초로서 헌법이나 법률해석에서의 해석기준으로 작용한다고 할 수 있지만 그에 기하여 곧바로 국민의 개별적 기본권성을 도출해내기는 어렵다(헌재 2008.11.27, 2008헌마517).
① 헌법 제1조는 "대한민국은 민주공화국이다.", "대한민국의 주권은 국민에게 있고 모든 권력은 국민으로부터 나온다."라고 규정하여 국민주권의 원리를 천명하고 있다. 그 중요한 의미는 국민의 합의로 국가권력을 조직한다는 것이다(헌재 2007.6.28, 2004헌마644).
② 헌법 제8조 제4항이 의미하는 '민주적 기본질서'는, 개인의 자율적 이성을 신뢰하고 모든 정치적 견해들이 각각 상대적 진리성과 합리성을 지닌다고 전제하는 다원적 세계관에 입각한 것으로서, 모든 폭력적·자의적 지배를 배제하고, 다수를 존중하면서도 소수를 배려하는 민주적 의사결정과 자유·평등을 기본원리로 하여 구성되고 운영되는 정치적 질서를 말하며, 구체적으로는 국민주권의 원리, 기본적 인권의 존중, 권력분립제도, 복수정당제도 등이 현행 헌법상 주요한 요소라고 볼 수 있다(헌재 2014.12.19, 2013헌다1).

> **+ PLUS** 국민주권 판례정리
> • 선거권 등 국민의 참정권은 국민주권의 원칙을 실현하기 위한 가장 기본적이고 필수적인 권리로서 다른 기본권에 대하여 우월한 지위를 갖는 것으로 평가된다(헌재 2011.12.29, 2009헌마476).
> • 형식적 국민주권론은 선거라는 절차를 거쳐 선임된 국민대표의 어떤 의사결정이 바로 전체국민의 의사결정인 양 법적으로 의제되는 것으로 보기 때문에 대표자의 의사결정이 국민의 뜻에 반하더라도 아무런 법적 항변을 할 수 있는 실질적인 수단이 없다(헌재 1989.9.8, 88헌가6).

④ 헌재 2016.3.31, 2015헌마1056

03  정답 ②

㉠ O→ 헌법 제47조 제1항은 대통령은 헌법과 법률이 정하는 바에 의하여 국군을 통수한다고 규정하고 있다.
㉡ X→ 국방부장관은 국방에 관련된 군정 및 군령과 그 밖에 군사에 관한 사무를 관장한다(정부조직법 제33조 제1항).
㉢ O→ 국군의 조직과 편성은 법률로 정한다(헌법 제74조 제2항).
㉣ O→ 국회는 선전포고, 국군의 외국에의 파견 또는 외국군대의 대한민국 영역안에서의 주류에 대한 동의권을 가진다(헌법 제60조 제2항).
㉤ O→ 군사에 관한 중요사항, 합동참모의장과 각군 참모총장의 임명은 국무회의의 심의를 거쳐야 한다(헌법 제89조 제6·16호).
㉥ X→ 계엄을 선포한 때에는 대통령은 지체없이 국회에 통고하여야 하며, 국회는 계엄승인권을 갖지 않으며 계엄해제요구권을 가진다(헌법 제77조 제4·5항).

ⓐ ❶ 전투경찰순경에 대한 징계처분으로 영창을 규정하고 있는 것은 적법절차와 신체의 자유를 침해하지 아니한다(헌재 2016.3.31, 2013헌바190).

04 정답 ②

ⓒ ❌ 담세능력의 원칙은 소득이 많으면 그에 상응하여 많이 과세되어야 한다는 것, 즉 담세능력이 큰 자는 담세능력이 작은 자에 비하여 더 많은 세금을 낼 것과, 최저생계를 위하여 필요한 경비는 과세로부터 제외되어야 한다는 최저생계를 위한 공제를 요청할 뿐 입법자로 하여금 소득세법에 있어서 반드시 누진세율을 도입할 것까지 요구하는 것은 아니다. 소득에 단순비례하여 과세할 것인지 아니면 누진적으로 과세할 것인지는 입법자의 정책적 결정에 맡겨져 있다. 그러므로 금융소득에 대해서만은 분리과세방식을 취하여 단일세율을 적용하는 것은 소득계층에 관계없이 동일한 세율을 적용한다고 하여 담세능력의 원칙에 어긋나는 것이라 할 수 없다(헌재 1999.11.25, 98헌마55).

ⓜ ❌ 기업의 내부정보를 가진 최대주주등이 주식 등을 특수관계인에게 증여하거나 취득하게 한 후 일정한 기간 내에 상장법인과 합병을 실시하여 상장이익이 발생한 경우, 그 합병에 따른 상장이익에 증여세를 과세하도록 규정한 것은 재산권을 침해하지 않으며, 조세평등주의와 과세요건 명확주의에 위배되지 않는다(헌재 2016.3.31, 2013헌바372).

㉠ ❶ 조세평등주의가 요구하는 담세능력에 따른 과세의 원칙 (또는 응능부담의 원칙)은 한편으로 동일한 소득은 원칙적으로 동일하게 과세될 것을 요청하며(이른바 '수평적 조세정의'), 다른 한편으로 소득이 다른 사람들간의 공평한 조세부담의 배분을 요청한다(이른바 '수직적 조세정의'). 담세능력의 원칙은 소득이 많으면 그에 상응하여 많이 과세되어야 한다는 것, 즉 담세능력이 큰 자는 담세능력이 작은 자에 비하여 더 많은 세금을 낼 것과, 최저생계를 위한 공제를 요청할 뿐 입법자로 하여금 소득세법에 있어서 반드시 누진세율을 도입할 것까지 요구하는 것은 아니다(헌재 1999.11.25, 98헌마55).

㉢ ❶ 조세를 비롯한 공과금의 부과에서의 평등원칙은, 공과금 납부의무자가 법률에 의하여 법적 및 사실적으로 평등하게 부담을 받을 것을 요청한다. 따라서 납부의무를 부과하는 실체적 법률은 '사실적 결과에 있어서도 부담의 평등'을 원칙적으로 보장할 수 있는 절차적 규범이나 제도적 조치와 결합되어서 납부의무자간의 균등부담을 보장해야 한다(헌재 2000.6.29, 99헌마289).

㉣ ❶ 양도소득세의 감면요건을 정하면서 도시환경정비사업을 시행하는 토지등소유자는 조합설립인가를 받은 조합과 달리 사업시행인가를 받아야만 과세특례규정상의 사업시행자에 해당되도록 규정한 것이 입법재량의 한계와 범위를 벗어난 자의적인 입법이라고 할 수는 없으므로 조세평등주의에 위배되지 아니한다(헌재 2012.7.26, 2011헌바365).

05 정답 ④

④ 후보자가 아닌 고발인에 대하여 재정신청권을 인정하지 아니하고 공직선거법 제243조(투표함 등에 관한 죄)를 재정신청 대상범죄에 포함시키지 않은 것은 헌법에 위반되지 않는다.

> **참고** 선거범죄에 대한 재정신청 절차에서 검찰항고를 거치도록 한 것은 신속한 재판을 받을 권리를 침해한다고 보기 어렵다(헌재 2015.2.26, 2014헌바181).

① 정당의 당원협의회 사무소 설치를 금지하고 위반시 처벌하는 내용의 정당법 조항들은, 정당의 조직 중 시·도당의 하부조직에 속하는 국회의원지역구나 자치구·시·군, 읍·면·동별로 당원협의회를 설치할 수는 있으나 그 활동을 위한 공간적 거점인 사무소 등을 일체 둘 수 없도록 함으로써 정당활동의 자유를 제한하고 있기는 하나, 과잉금지원칙에 반하여 정당활동의 자유를 침해하지는 않는다(헌재 2016.3.31, 2013헌가22).

② 선거권은 유권자가 자유롭게 후보자를 투표할 뿐 아니라, 투표를 통해 표출된 국민의 의사가 공정한 개표절차에 의해 정확한 선거결과로 반영될 때에만 제대로 보장된다. 따라서 이 사건 개표 조항에 의하여 개표절차가 공정하게 진행되지 아니할 경우 선거권이 제한될 수 있다. 다만, 선거권은 법률이 정하는 바에 의하여 보장되는 것으로서 선거법의 제정에 따라 비로소 구체화되는데, 이 사건 투표지분류기 등 이용 문제는 선거권 자체의 제한이라기보다, 선거권 행사를 위해 요구되는 개표절차를 입법을 통해 형성하는 것으로서 입법정책에 속하는 문제다. 따라서 입법권이 자의적으로 행사되어 현저하게 불합리하고 불공정한 입법이 되었다고 인정되지 않는 한 헌법에 위반된다고 볼 수 없다(헌재 2016.3.31, 2015헌마1056).

③ 1) 정당에 대한 정치자금 기부는 개체로서의 국민이 자신의 정치적 견해를 표명하는 매우 효과적인 수단일 뿐만 아니라 정당에 영향력을 행사하는 중요한 방법의 하나가

되며, 정당이 당원 내지 후원자들로부터 정당의 목적에 따른 활동에 필요한 정치자금을 모금하는 것은 정당의 조직과 기능을 원활하게 수행하는 필수적인 요소이자 정당활동의 자유를 보장하기 위한 필수불가결한 전제로서 정당활동의 자유의 내용에 당연히 포함된다.
2) 정당에 대한 후원을 금지하고 위반시 형사처벌하는 것은, 입법목적의 정당성은 인정되나 수단의 적합성과 침해최소성 원칙에 위배되고 법익 균형성도 충족되었다고 보기 어려우므로 과잉금지원칙에 위배하여 정당의 정당활동의 자유와 국민의 정치적 표현의 자유를 침해하여 헌법에 합치되지 아니하되, 위 각 조항은 2017.6.30.을 시한으로 입법자가 개정할 때까지 계속 적용한다(헌재 2015.12.23, 헌바168).
(헌법재판소는 보론으로 불법 정치자금의 수수와 정경유착의 폐해가 다시 발생하지 않도록 기부내역을 완전히 그리고 상시적으로 공개하는 것이 필요하며, 과도한 국고보조에 의존하는 정당 수입구조도 함께 개선해 나가야 함을 밝혔다.)

> **참고** 정당에 대한 후원 제도는 1965년부터 2006.3.12.까지 약 40년간 존재하다가 2002년 불법 대선자금 사건의 여파로 2006.3.13. 폐지되었으나, 2017.6.30. 정치자금법 개정으로 인하여 정당명의 후원금을 인정하였다.

06  정답 ①

㉠ ✗ 일반 공중의 사용에 제공된 공공용물을 그 제공 목적대로 이용하는 것은 일반사용 내지 보통사용에 해당하는 것으로 따로 행정주체의 허가를 받을 필요가 없는 행위이고, 일반 공중에게 개방된 장소인 서울광장을 개별적으로 통행하거나 서울광장에서 여가활동이나 문화활동을 하는 것은 일반적 행동자유권의 내용으로 보장된다(헌재 2011.6.30, 2009헌마406).

㉡ ○ 정보통신망을 통하여 공중이 게임물을 이용할 수 있도록 서비스하는 게임물 관련사업자로 하여금 게임물 이용자의 회원가입 시 본인인증을 할 수 있는 절차를 마련하도록 한 조항은 일반적 행동의 자유 및 개인정보자기결정권을 침해하지 아니한다(헌재 2015.3.26, 2013헌마517).

㉢ ○ 16세 미만 청소년에게 오전 0시부터 오전 6시까지 인터넷게임의 제공을 금지하는 '강제적 셧다운제'를 규정한 것은 인터넷게임 제공자의 직업수행의 자유, 여가와 오락 활동에 관한 청소년의 일반적 행동자유권 및 부모의 자녀교육권을 침해한다고 볼 수 없다(헌재 2014.4.24, 2011헌마659).

㉣ ○ 헌법 제10조로부터 도출되는 일반적 인격권에는 개인의 명예에 관한 권리도 포함될 수 있으나, '명예'는 사람이나 그 인격에 대한 '사회적 평가', 즉 객관적·외부적 가치평가를 말하는 것이지 단순히 주관적·내면적인 명예감정은 포함되지 않는다(헌재 2005.10.27, 2002헌마425).

㉤ ○ 개인의 성행위 그 자체는 사생활의 내밀영역에 속하고 개인의 성적 자기결정권의 보호대상에 속한다고 할지라도, 그것이 외부로 표출되어 사회의 건전한 성풍속을 해칠 때에는 마땅히 법률의 규제를 받아야 한다.

㉥ ○ 성매매를 형사처벌하여 성매매 당사자(성판매자와 성구매자)의 성적 자기결정권, 사생활의 비밀과 자유 및 성판매자의 직업선택의 자유를 제한하고 있으나 과잉금지원칙에 위반되지 않으며, 불특정인에 대한 성매매만을 금지대상으로 규정하고 있는 것이 평등권을 침해한다고 볼 수도 없다.

07  정답 ①

㉢ ✗ 지방자치단체의 장이 공소제기된 후 구금상태에 있는 경우 부단체장이 권한 대행하는 것은 공무담임권 침해가 아니다(헌재 2011.4.28, 2010헌마474).

㉠ ○ 헌법 제25조는 "모든 국민은 법률이 정하는 바에 의하여 공무담임권을 가진다"고 규정하여 모든 국민에게 선거직공무원을 비롯한 모든 국가기관 및 지방자치단체의 공직에 취임할 수 있는 권리를 내용으로 하는 공무담임권을 보장하고 있다. 그러므로 공무담임권은 여러 가지 선거에 입후보하여 당선될 수 있는 피선거권과 모든 공직에 임명될 수 있는 공직취임권을 포괄하고 있다. 그러나 이 기본권도 다른 기본권들과 마찬가지로 그 본질적 내용을 침해하지 아니하는 한 국가의 안전보장·질서유지 또는 공공복리를 위하여 법률에 의하여 제한할 수 있다(헌법 제37조 제2항 : 헌재 1996.6.26, 96헌마200).

㉡ ○ 헌재 2003.8.21, 2001헌마687 / 헌재 2000.1.27, 99헌마123

㉣ ○ 법학전문대학원 졸업예정자에 한하여 필기전형을 실시하도록 정한 법원행정처장의 '재판연구원 신규 임용계획' 및 법학전문대학원 졸업예정자에 한하여 실무기록평가를 실시하도록 정한 법무부장관의 '검사 임용 지원 안내'는, 사법연수원과 법학전문대학원의 교육 제도 및 평가 과정의 차이를 반영한 것일 뿐이고 법학전문대학원 졸업예정자에게 필기전형이나 실무기록평가를 치르도록

08 정답 ④

㉠ 합헌. 수석교사 임기 중에 교장 등의 자격을 취득할 수 없도록 한 것과 직급보조비의 지급대상에서 수석교사를 제외하고 있는 것은 평등권을 침해하지 아니하므로 헌법에 위반되지 않는다(헌재 2015.6.25, 2012헌마494).

㉡ 합헌. 정보통신서비스 제공자가 이용자의 주민등록번호를 수집·이용하는 것을 원칙적으로 금지한 후, 정보통신서비스 제공자가 본인확인기관으로 지정받은 경우 예외적으로 이를 허용하는 정보통신망 이용촉진 및 정보보호 등에 관한 법률 제23조의2 제1항 제1호는 개인정보자기결정권을 침해하지 않는다(헌재 2015.6.25, 2014헌마463).

㉢ 위헌. 선거운동기간 중 인터넷언론사 게시판 등에 정당·후보자에 대한 지지·반대의 정보를 게시하려고 할 경우 실명확인을 받도록 한 것은 게시판 이용자의 정치적 익명표현의 자유, 개인정보자기결정권 및 인터넷언론사의 언론의 자유를 침해한다(헌재 2021.1.28, 2018헌마456).

㉣ 강제추행죄로 벌금형이 확정된 경우 체육지도자의 자격을 필수적으로 취소하도록 하는 것은 헌법에 위배되지 아니한다(헌재 2024.8.29, 2023헌가10).

㉤ 합헌. 민간어린이집에는 보육교직원 인건비를 지급하지 않는 보건복지부지침은 평등권을 침해하지 아니한다(헌재 2022.2.24, 2020헌마177).

㉥ 위헌. 통신매체이용음란죄로 유죄판결이 확정된 자는 신상정보 등록대상자가 된다고 규정한 조항은 목적의 정당성 및 수단의 적합성은 인정되나, 통신매체이용음란죄로 유죄의 확정판결을 받은 자에 대하여 개별 행위 유형에 따른 죄질 및 재범의 위험성을 고려하지 않고 모두 신상정보 등록대상자가 되도록 하여 개인정보자기결정권을 침해하여 헌법에 위반된다(헌재 2016.3.31, 2015헌마688).

하는 것 외에 양 집단 간 임용 절차상 아무런 차이가 없으므로, 이 사건 공고가 각각의 선발인원을 별도로 내정하기 위하여 임용 절차를 이원화한 것이라고 단정할 수 없다. 따라서 이 사건 공고는 청구인들의 공무담임권이나 평등권을 침해할 가능성이 있다고 할 수 없다(헌재 2015.4.30, 2013헌마504).

㉭ ⭕ 대통령 예비후보자신청자에게 대통령 선거 기탁금의 100분의 20인 6,000만원을 기탁금으로 납부하게 하는 것은 공무담임권을 침해하는 것이 아니다(헌재 2015.7.30, 2012헌마402).

09 정답 ②

㉠ ⭕ 공익을 해할 목적으로 전기통신설비에 의하여 공연히 허위의 통신을 한 자를 형사처벌하는 전기통신기본법 조항은, 수범자인 국민에 대하여 일반적으로 허용되는 '허위의 통신' 가운데 어떤 목적의 통신이 금지되는 것인지 고지하여 주지 못하고 있으므로 표현의 자유에서 요구하는 명확성의 요청 및 죄형법정주의의 명확성원칙에 위배하여 헌법에 위반된다(헌재 2010.12.28, 2008헌바157).

㉡ ❌ 구 「특정범죄 가중처벌 등에 관한 법률」 제5조의4 제6항 중 '제1항 또는 제2항의 죄로 두 번 이상 실형을 선고받고 그 집행이 끝나거나 면제된 후 3년 이내에 다시 제1항 중 「형법」 제329조에 관한 부분의 죄를 범한 경우에는 그 죄에 대하여 정한 형의 단기의 2배까지 가중한다.' 부분은 죄형법정주의의 명확성원칙에 위배된다(헌재 2015.11.26, 2013헌바343).

㉢ ❌ 예시적 입법형식이 법률명확성의 원칙에 위배되지 않으려면 예시한 구체적인 사례(개개 구성요건)들이 그 자체로 일반조항의 해석을 위한 판단지침을 내포하고 있어야 할 뿐 아니라, 그 일반조항 자체가 그러한 구체적인 예시들을 포괄할 수 있는 의미를 담고 있는 개념이어야 한다(헌재 2000.4.27, 98헌바95).

㉣ ⭕ 아동·청소년대상 성범죄 또는 성인대상 성범죄(이하 "성범죄"라 한다)로 형을 선고받아 확정된 자로 하여금 그 형의 집행을 종료한 날부터 10년 동안 의료기관을 개설하거나 위 기관에 취업할 수 없도록 한 조항은, 10년 동안 일률적으로 의료기관에 대한 취업을 금지하여 과도한 제한으로서 직업선택의 자유를 침해한다.

🔍 취업제한 재제 자체가 위헌은 아님
"성인대상 성범죄" 부분은 불명확하다고 볼 수 없어 헌법상 명확성 원칙에 위배되지 않는다.
이류인의 취업제한제도가 시행된 후 형이 확정된 자부터 적용되도록 규정하였는데, 취업제한은 형벌이 아니므로 헌법 제13조 제1항 전단의 형벌불소급 원칙이 적용되지 않으며, 과도하게 기본권을 제약한다고 보기 어렵다(헌재 2016.3.31, 2013헌바585).

㉤ ⭕ 전시·사변 등 국가비상사태에 있어서 전투에 종사하는 자에 대하여는 각령이 정하는 바에 의하여 전투 근무수당을 지급하는 것은 명확성원칙에 위배되지 아니한다(헌재 2023.8.31, 2020헌바594).

10   정답 ②

㉠ O→ 각하 또는 기각결정을 받지 아니하였다면 국가인권위원회의 권고조치 등을 통해 침해된 권리에 대해 구제받을 가능성이 있었을 것이라는 이익은 단순한 간접적인 이익이 아니라 국가인권위원회법이 정한 절차 및 그에 따른 효과를 향유할 수 있는 법률상 이익이다. 그러므로 국가인권위원회가 한 진정에 대한 각하 또는 기각결정은 항고소송의 대상이 되는 행정처분이므로, 헌법소원심판을 청구하기 전에 먼저 행정심판이나 행정소송을 통해 다투어야 하므로, 그러한 사전 구제절차 없이 청구된 헌법소원심판은 보충성 요건을 충족하지 못하여 부적법하다(헌재 2015. 3. 26. 2013헌마214).

㉡ X→ 게임물 관련 사업자에게 게임물 이용자의 회원가입 시 본인인증을 할 수 있는 절차를 마련하도록 하면서 인증방법에 대하여 구체적으로 정하고 있는 것과 청소년의 회원가입 시 법정대리인의 동의를 확보하도록 하면서 동의확보의 방법에 대하여 구체적으로 정하고 있는 것은 일반적 행동의 자유 및 개인정보자기결정권을 침해하지 않는다(헌재 2015. 3. 26. 2013헌마517).

㉢ O→ 청소년유해매체물을 제공하려는 자에게 상대방의 나이 및 본인 여부를 확인하도록 의무를 부과하고, 그 본인확인 방법으로 공인인증서, 아이핀, 휴대전화 등을 통한 인증방법을 정하고 있는 것은 헌법에 위반되지 않는다.

㉣ O→ 전문과목을 표시한 치과의원은 그 표시한 전문과목에 해당하는 환자만을 진료하여야 한다고 규정한 의료법 제77조 제3항은 치과전문의들의 직업수행의 자유와 평등권을 침해한다.

> 참고 직업수행의 자유 침해에 있어서 신뢰보호원칙 및 명확성원칙 위반 ×, 과잉금지원칙 위반 ○

㉤ O→ 1) 근로기준법에 마련된 해고예고제도는 근로자의 인간 존엄성을 보장하기 위한 합리적 근로조건에 해당하고, 근로의 권리의 내용에 포함된다.
2) 월급근로자로서 6개월이 되지 못한 자를 해고예고제도의 적용예외 사유로 규정하고 있는 근로기준법 조항은 근무기간이 6개월 미만인 월급근로자의 근로의 권리를 침해하고 평등원칙에도 위배되어 위헌이다(헌재 2015. 12. 23. 2014헌바3).

㉥ O→ 국적을 이탈하려는 모든 복수국적자에게 '외국에 주소가 있을 것'을 일률적으로 요구하는 국적법 제14조 제1항은 국적이탈의 자유를 침해하지 아니한다(헌재 2023. 2. 23. 2020헌바603).

㉦ O→ 변호사시험 성적 공개를 금지한 변호사시험법 제18조 제1항 본문은 알 권리(정보공개청구권)를 침해하여 헌법에 위반된다(헌재 2015. 6. 25. 2011헌마769).

11   정답 ②

㉠ X→ 상급법원 재판에서의 판단은 해당 사건에 관하여 하급심을 기속한다(법원조직법 제8조).

㉡ O→ 법관이 중대한 신체상 또는 정신상의 장해로 직무를 수행할 수 없을 때에는, 대법관인 경우에는 대법원장의 제청으로 대통령이 퇴직을 명할 수 있고, 판사인 경우에는 인사위원회의 심의를 거쳐 대법원장이 퇴직을 명할 수 있다(법원조직법 제47조).

㉢ X→ 대법관회의는 대법관 전원의 3분의 2 이상의 출석과 출석인원 과반수의 찬성으로 의결한다(법원조직법 제16조 제2항).

㉣ X→ 법관에 대한 징계처분은 정직·감봉·견책의 세 종류로 한다(법관징계법 제3조 제1항).

㉤ X→ 예산편성권은 정부만이 가지고 있다.

㉥ O→ 형사재판에 피고인으로 출석하는 수형자에 대하여 사복착용을 불허하는 것은 공정한 재판을 받을 권리, 인격권, 행복추구권을 침해하므로 헌법에 합치되지 아니한다(헌재 2015. 12. 23. 2013헌마712).

㉦ O→ 민사재판에 당사자로 출석하는 수형자에 대하여 사복착용을 불허하는 것은 공정한 재판을 받을 권리, 인격권, 행복추구권을 침해하지 않는다(헌재 2015. 12. 23. 2013헌마712).

12   정답 ②

㉠ 위헌. 혼인 종료 후 300일 이내에 출생한 자녀를 예외 없이 전남편의 친생자로 추정하는 것은, 입법재량의 한계를 일탈하여 모(母)가 가정생활과 신분관계에서 누려야 할 인격권, 혼인과 가족생활에 관한 기본권을 침해하여 헌법에 합치되지 않는다(헌재 2015. 4. 30. 2013헌마623).

㉡ 합헌. 사립대학 교원이 국회의원으로 당선된 경우 임기개시일 전까지 그 직을 사직하도록 규정한 국회법 조항은 공무담임권, 직업선택의 자유를 침해하지 않는다(헌재 2015. 4. 30. 2014헌마621).

㉢ 고위공직자범죄수사처를 설치·운영하는 것은 적법절차 원칙에 위배되지 아니한다(헌재 2021. 1. 28. 2020헌마274).

㉣ 위헌. 등록대상자의 등록정보를 20년 동안 보존·관리하는 것은 정당한 목적을 위한 적합한 수단이기는 하나, 법

ⓜ 위헌. 2회 이상 음주운전금지규정을 위반한 사람을 2년 이상 5년 이하에 처하는 것은 헌법에 위배된다(헌재 2021.11.25, 2019헌바446).

13 정답 ③

㉠ ○▶ 모든 국민은 인간다운 생활을 할 권리를 가지며 국가는 생활능력 없는 국민을 보호할 의무가 있다는 헌법의 규정은 입법부와 행정부에 대하여는 국가소득, 국가의 재정능력과 정책 등을 고려하여 가능한 범위 안에서 최대한으로 모든 국민이 물질적인 최저생활을 넘어서 인간의 존엄성에 맞는 건강하고 문화적인 생활을 누릴 수 있도록 하여야 한다는 행위의 지침 즉 행위규범으로서 작용하지만, 헌법재판에 있어서는 다른 국가기관, 즉 입법부나 행정부가 국민으로 하여금 인간다운 생활을 영위하도록 하기 위하여 객관적으로 필요한 최소한의 조치를 취할 의무를 다하였는지의 여부를 기준으로 국가기관의 행위의 합헌성을 심사하여야 한다는 통제규범으로 작용하는 것이다(헌재 1997.5.29, 94헌마33).

㉡ ✕▶ 헌법 제34조 제1항의 인간다운 생활을 할 권리는 인간의 존엄에 상응하는 최소한의 물질적인 생활의 유지에 필요한 급부를 요구할 수 있는 권리일 뿐, 사적자치에 의해 규율되는 사인 사이의 법률관계에서 계약갱신을 요구할 수 있는 권리나 보증금을 우선하여 변제받을 수 있는 권리 등은 헌법 제34조 제1항에 의한 보호대상이 아니다. 임대인이 갱신거절권을 행사할 수 있는 사유를 재건축에 정당한 사유가 있는 경우로 한정하지 아니하고, 재건축사업 진행단계에 상관없이 갱신거절권을 행사할 수 있도록 한 것은 생존권을 침해한다고 볼 수 없다(헌새 2014.8.28, 2013헌바76).

㉢ ○▶ 국가가 인간다운 생활을 보장하기 위한 헌법적 의무를 다하였는지의 여부가 사법적 심사의 대상이 된 경우에는, 국가가 최저생활보장에 관한 입법을 전혀 하지 아니하였든가 그 내용이 현저히 불합리하여 헌법상 용인될 수 있는 재량의 범위를 명백히 일탈한 경우에 한하여 헌법에 위반된다고 할 수 있다(헌재 2014.10.28, 2002헌마328).

㉣ ✕▶ 보건복지부장관이 2002년도 최저생계비를 고시함에 있어 장애로 인한 추가지출비용을 반영한 별도의 최저생계비를 결정하지 않은 채 가구별 인원수만을 기준으로 최저생계비를 결정한 것은 생활능력 없는 장애인가구 구성원의 인간의 존엄과 가치 및 행복추구권, 인간다운 생활을 할 권리, 평등권을 침해하였다고 할 수 없다(헌재 2014.10.28, 2002헌마328).

㉤ ○▶ 독립유공자예우에 관한 법률 제8조가 독립유공자의 유족으로서 보상받을 권리가 유족등록을 신청한 날이 속하는 달부터 발생하도록 정한 것은, 독립유공자 등의 파악의 용이성, 국가의 재정 형편, 독립유공자의 유족 등의 상당수는 이미 다른 법률에 의해 보호받고 있던 점 등을 이유로 한 것으로서 자의적인 기준에 의한 것이 아니므로 헌법에 위반되지 않는다. 한편 '5·18 민주화운동 관련자 보상 등에 관한 법률'과 '독립유공자예우에 관한 법률'은 입법목적이나 적용대상이 다르고, 보상금의 성격도 다르므로, 두 법률의 적용을 받는 자들을 동일한 비교대상으로 볼 수는 없다(헌재 2015.9.24, 2015헌바48).

14 정답 ①

㉠ ○▶ 직무감찰의 범위를 정한 감사원법 제24조 제1항 제2호에 의하면, 지방자치단체의 사무와 그에 소속한 지방공무원들의 직무는 감사원의 감찰사항에 포함되며, 여기에는 공무원의 비위사실을 밝히기 위한 비위감찰권뿐만 아니라 공무원의 근무평정·행정관리의 적부심사분석과 그 개선 등에 관한 행정감찰권까지 포함된다고 해석된다(헌재 2008.5.29, 2005헌라3).

㉡ ○▶ 감사원법 규정들의 구체적 내용을 살펴보면 감사원의 직무감찰권의 범위에 인사권자에 대하여 징계 등을 요구할 권한이 포함되고, 위법성뿐 아니라 부당성도 감사의 기준이 되는 것은 명백하며, 지방자치단체의 사무의 성격이나 종류에 따른 어떠한 제한이나 감사기준의 구별도 찾아볼 수 없다(헌재 2008.5.29, 2005헌라3).

㉢ ✕▶ 헌법이 감사원을 독립된 외부감사기관으로 정하고 있는 취지, 국가기능의 총체적 극대화를 위하여 중앙정부와 지방자치단체는 서로 행정기능과 행정책임을 분담하면서 중앙행정의 효율성과 지방행정의 자주성을 조화시켜 국민과 주민의 복리증진이라는 공동목표를 추구하는 협력관계에 있다는 점에 비추어 보면, 감사원에 의한 지방자치단체의 자치사무에 대한 감사를 합법성 감사에 한정하고 있지 아니한 이 사건 관련규정은 그 목적의 정당성과 합리성을 인정할 수 있다(헌재 2008.5.29, 2005헌라3).

㉣ ○▶ 감사원법이 "감사원은 대통령에 소속하되 직무에

관하여는 독립의 지위를 가진다"라고 천명하면서(감사원법 제2조 제1항), 감사원의 인사·조직 및 예산편성상의 독립성 존중(동법 제2조 제2항), 감사위원의 임기보장, 신분보장, 겸직 및 정치운동의 금지(동법 제6조, 제8조, 제9조, 제10조) 등을 규정하고 있는 것은 바로 감사원의 직무상, 기능상의 독립성과 중립성을 보장하기 위한 제도적 장치인 것이다(헌재 1998.7.14, 98헌라2).

ⓜ ○➡ 사립대 결산 시 독립한 공인회계사의 감사 증명서를 첨부하도록 하는 것은 사립운영의 자유를 침해하는 것은 아니다(헌재 2016.2.25, 2013헌마692).

15  정답 ④

㉠ ○➡ 교섭단체에 속하지 아니하는 의원의 발언시간 및 발언자수는 의장이 각 교섭단체대표의원과 협의하여 정한다(국회법 제104조 제5항).

㉡ ○➡ 국회 입법활동의 활성화와 효율화를 이루기 위하여는 우선적으로 교섭단체의 전문성을 제고시켜야 하며, 교섭단체가 필요로 하는 전문인력을 공무원 신분인 정책연구위원으로 임용하여 그 소속의원들의 입법활동을 보좌하도록 할 필요성이 발생하므로 교섭단체에 한하여 정책연구위원을 배정하는 것은 입법재량의 범위 내로서 그 차별에 합리적인 이유가 있다 할 것이다(헌재 2008.3.27, 2004헌마654).

㉢ ○➡ 당론과 다른 견해를 가진 소속 국회의원을 당해 교섭단체의 필요에 따라 다른 상임위원회로 전임(사·보임)하는 조치는 특별한 사정이 없는 한 헌법상 용인될 수 있는 "정당내부의 사실상 강제"의 범위 내에 해당한다고 할 것이다. 피청구인의 이 사건 사·보임 행위는 청구인이 소속된 정당내부의 사실상 강제에 터 잡아 교섭단체대표의원이 상임위원회 사·보임 요청을 하고 이에 따라 이른바 의사정리권한의 일환으로 이를 받아들인 것으로서, 그 절차·과정에 헌법이나 법률의 규정을 명백하게 위반하여 재량권의 한계를 현저히 벗어나 청구인의 권한을 침해한 것으로는 볼 수 없다고 할 것이다(헌재 2003.10.30, 2002헌라1).

㉣ ○➡ 무소속의원도 교섭단체의 구성원이 될 수 있다.

㉤ ○➡ 국회의원 피선거 연령을 제한하는 것은 공무담임권 침해가 아니다(헌재 2014.4.14, 2012헌마287).

🔍 개정(2021.12.31.): 국회의원·지방의원·지방자치단체장 피선거권 → 만 18세 이상

16 정답 ①

① 사법적인 성격을 지니는 농협의 조합장선거에서 조합장을 선출하거나 조합장으로 선출될 권리, 조합장선거에서 선거운동을 하는 것은 헌법에 의하여 보호되는 선거권의 범위에 포함되지 않는다(헌재 2012.2.23, 2011헌바154).

② 인구편차 상하 33⅓%를 넘어 인구편차를 완화하는 것은 지나친 투표가치의 불평등을 야기하는 것으로, 이는 대의민주주의의 관점에서 바람직하지 아니하고, 국회를 구성함에 있어 국회의원의 지역대표성이 고려되어야 한다고 할지라도 이것이 국민주권주의의 출발점인 투표가치의 평등보다 우선시 될 수는 없다(헌재 2014.10.30, 2012헌마192).

③ 투표용지의 후보자 게재순위를 국회에서의 다수의석순에 의하여 정하도록 규정한 공직선거법 제150조 제3항 전단, 제5항 제1호 본문과 투표용지의 후보자 기호를 위 순위에 따라 "1, 2, 3" 등의 아라비아 숫자로 표시하도록 규정한 공직선거법 제150조 제2항 본문 전단에 대한 나머지 청구인들의 심판청구를 모두 기각한다(2020.2.27, 2018헌마454).

④ 선거일 전 180일부터 선거일까지 선거에 영향을 미칠 목적으로 이루어지는 '선거운동에 준하는 내용의 표현행위'만을 규제하고 있다는 점 등을 고려하면, 인쇄물배부금지조항이 선거운동 등 정치적 표현의 자유를 침해한다(헌재 2023.3.23, 2023헌가4).

17  정답 ④

① 헌법재판소는 2020년 2월 27일 재판관 전원일치 의견으로, 외교부장관의 허가 없이 여행금지국가를 방문한 사람을 처벌하는 여권법(2014.1.21. 법률 제12274호로 개정된 것) 제26조 제3호가 헌법에 위반되지 않는다는 결정을 선고하였다. [기각] (2020.2.27, 2016헌마945)

② 사회복무요원에게 현역병의 봉급에 해당하는 보수를 지급하도록 한 병역법 시행령(2013.12.4. 대통령령 제24890호로 개정된 것) 제62조 제1항 본문이 현역병에 비하여 사회복무요원을 합리적 근거 없이 차별한다고 볼 수 없으므로 평등권을 침해하지 않는다(헌재 2018.2.28, 2017헌마374).

③ 중학교 역사 및 고등학교 한국사 과목의 교과용도서를 국정도서로 지정한 교육부장관 고시 등의 위헌확인을 구하는 사건에서, 초·중등교육법 등 상위 법령은 기본권 침해의 직접성이 인정되지 않으므로 부적법하고, 역사교과서

를 국정도서로 정한 교육부장관 고시는 시행되기도 전에 관련 고시가 재개정됨으로써 폐지되어 권리보호이익이 인정되지 아니하고 헌법적 해명의 필요성 등 예외적인 심판의 이익도 인정되지 아니하여 부적법하다(헌재 2018.3.29, 2015헌마1060).
④ 국외강제동원 희생자의 유족을 위로금 지급대상에서 제외하는 것은 평등원칙에 위배되지 아니한다(헌재 2015.12.23, 2011헌바139).

18 정답 ③

㉠ 합헌. 고소득 전문직 사업자 등 현금영수증 의무발행업종 사업자에게 건당 30만원 이상 현금거래 시 현금영수증 발급의무를 부과하고 위반 시 미발급액의 50%에 상당하는 과태료를 부과하는 것은 직업수행의 자유를 침해하지 않는다(청구인들은 과태료 부과에 의한 재산권 침해도 주장했으나 과태료 부과 및 과태료 제재의 획일성 내지 과중성에 대한 문제는 직업수행의 자유 침해 여부를 판단할 때 그 내용이 포함되어 고려되므로 별도로 판단하지 않음)(헌재 2015.7.30, 2013헌바56).
㉡ 합헌. 신고조항과 제재조항은 배우자가 위법한 행위를 한 사실을 알고도 공직자등이 신고의무를 이행하지 아니할 때 비로소 그 의무위반 행위를 처벌하는 것이므로, 헌법 제13조 제3항에서 금지하는 연좌제에 해당하지 아니하며 자기책임 원리에도 위배되지 않는다(헌재 2016.7.28, 2015헌마236).
㉢ 위헌. 행정소송법상 국가를 상대로 한 당사자 소송에는 가집행선고를 할 수 없도록 하는 규정은 평등원칙을 위배하는 것이다(헌재 2022.2.24, 2020헌가12).
㉣ 합헌. 헌법개정 또는 국회의 해산으로 인하여 국회의원의 임기가 단축되거나 종료된 경우를 제외하고 국회의원 재직기간이 1년 미만인 사람에 대하여 연로회원지원금을 지급하지 않도록 규정한 대한민국헌정회 육성법 조항은 평등권을 침해하지 않는다(헌재 2015.4.30, 2013헌마666).
㉤ 위헌. 인수자가 없는 시체를 생전의 본인의 의사와는 무관하게 해부용 시체로 제공될 수 있도록 규정한 것은, 그 입법목적의 정당성과 수단의 적합성은 인정되나, 침해의 최소성 원칙과 법익 균형성을 충족했다고 보기 어려우므로 과잉금지원칙을 위반하여 시체의 처분에 대한 자기결정권을 침해하여 헌법에 위반된다.

참고 사후에 무연고 시신이 되더라도 해부용 시체로 제공되는 것에 반대한 경우에는 본인의 의사를 존중해서 해부용 시체로 제공되지 않도록 해야 한다는 점을 명시한 최초의 사례(헌재 2015.11.26, 2014헌바211)

㉥ 합헌. 학사학위를 취득한 자에 한하여 법학전문대학원의 입학자격을 부여하고 있는 법학전문대학원법 제22조는 직업선택의 자유를 침해하지 않는다(헌재 2016.3.31, 2014헌마1046).

19 정답 ①

① 영화예술의 진흥과 한국영화산업의 발전이라는 공적 과제는 반드시 조세에 의하여만 재원이 조달되어야만 하는 국가의 일반적 과제라기보다 관련된 특정 집단으로부터 그 재원이 조달될 수 있는 특수한 공적 과제의 성격을 가진다. 그리고 영화상영관 관람객은 영화라는 단일 장르의 예술의 향유자로서 집단적 동질성이 있고, 집단적 책임성 및 집단적 효용성도 인정되므로 위와 같은 공적 과제에 대하여 특별히 밀접한 관련성이 있는 집단이다. 영화상영관 입장권에 대한 부과금 제도는 과잉금지원칙에 반하여 영화관 관람객의 재산권과 영화관 경영자의 직업수행의 자유를 침해하였다고 볼 수 없다(헌재 2008.11.27, 2007헌마860).
② 개발사업자는 개발사업을 통해 이익을 얻었다는 점에서 개발사업 지역에서의 학교시설 확보라는 특별한 공익사업에 대해 밀접한 관련성을 가지고 있을 뿐만 아니라 이에 대해 일정한 부담을 져야 할 책임도 가지고 있는바, 개발사업자에 대한 학교용지부담금 부과는 평등원칙에 위배되지 아니하며, 개발사업자의 재산권을 과도하게 침해하지 아니한다(헌재 2008.9.25, 2007헌가1).
③ 사업시행자는 동일한 소유자에게 속하는 일단의 토지의 일부가 취득되거나 사용됨으로 인하여 잔여지의 가격이 감소하거나 그 밖의 손실이 있을 때 또는 잔여지에 통로·도랑·담장 등의 시설이나 그 밖의 공사가 필요할 때에는 국토교통부령으로 정하는 바에 따라 그 손실이나 공사의 비용을 보상하여야 한다. 다만, 잔여지의 가격 감소분과 잔여지에 대한 공사의 비용을 합한 금액이 잔여지의 가격보다 큰 경우에는 사업시행자는 그 잔여지를 매수할 수 있다(공익사업을 위한 토지 등의 취득 및 보상에 관한 법률 제73조 제1항).
④ 개발제한구역의 지정으로 인한 개발가능성의 소멸과 그에 따른 지가의 하락이나 지가상승률의 상대적 감소는 토지

소유자가 감수해야 하는 사회적 제약의 범주에 속하는 것으로 보아야 한다. 자신의 토지를 장래에 건축이나 개발목적으로 사용할 수 있으리라는 기대가능성이나 신뢰 및 이에 따른 지가상승의 기회는 원칙적으로 재산권의 보호범위에 속하지 않는다. 구역지정 당시의 상태대로 토지를 사용·수익·처분할 수 있는 이상, 구역지정에 따른 단순한 토지이용의 제한은 원칙적으로 재산권에 내재하는 사회적 제약의 범주를 넘지 않는다(헌재 1998.12.24, 89헌마214).

20  정답 ②

- ㉠ ⭕ 공직선거법 제16조 제2항
- ㉡ ❌ 국회의원 선거구 획정위원회는 중앙선거관리위원회에 두되, 직무에 관하여 독립의 지위를 가진다(공직선거법 제24조 2항).
- ㉢ ⭕ 공직선거법 제24조 제3항
- ㉣ ⭕ 공직선거법 제47조 제3항
- ㉤ ⭕ 공직선거법 제47조 제4항
- ㉥ ⭕ 공직선거법 제155조 제6항 신설(2022.2.16.)

제03회 동형모의고사

→ 문제편 45p

정답 모아보기

01 ④	02 ④	03 ③	04 ④	05 ②
06 ③	07 ④	08 ①	09 ④	10 ②
11 ④	12 ①	13 ④	14 ①	15 ④
16 ④	17 ③	18 ④	19 ④	20 ③

01 정답 ④

㉠ ✗ 정당해산심판절차에 민사소송에 관한 법령을 준용할 수 있도록 규정한 헌법재판소법 제40조 제1항 전문 중 '정당해산심판의 절차'에 관한 부분('준용조항')은 정당설립과 활동의 자유 및 정당의 공정한 재판받을 권리를 침해하지 않는다(헌재 2014.2.27, 2014헌마7).

㉡ ✗ 정당해산심판에서 가처분에 관한 근거 규정인 헌법재판소법 제57조 가처분 조항은 정당활동의 자유를 침해하는 것이 아니다(헌재 2014.2.27, 2014헌마7).

㉢ ✗ 외국인은 정당가입이 금지된다(정당법 제22조 제2항).

㉣ ○ 통합진보당이 북한식 사회주의를 실현한다는 숨은 목적을 가지고 내란을 논의하는 회합을 개최하는 등 활동을 한 것은 헌법상 민주적 기본질서에 위배된다(헌재 2014.12.19, 2013헌다1).

㉤ ○ 위헌정당의 해산을 명하는 비상상황에서는 국회의원의 국민 대표성은 희생될 수밖에 없으므로 통합진보당 소속 국회의원의 의원직은 상실된다(헌재 2014.12.19, 2013헌다1).

02 정답 ④

㉠ ○ 대통령 및 비례대표국회의원은 전국을 단위로 하여 선거한다(공직선거법 제20조 제1항).

㉡ ○ 광주광역시 지방공단 상근직원의 당원이 아닌 자에게도 투표권을 부여하는 당내경선에서 경선을 금지하는 것은 정치적표현자유를 침해하는 것이다(헌재 2021.4.29, 2019헌가11).

㉢ ✗ 육군훈련소에서 군사교육을 받고 있던 청구인에 대하여 제19대 대통령 선거 대담·토론의 시청을 금지하는 행위는 헌법에 위반되지 아니한다(헌재 2020.8.28, 2018헌마813).

㉣ ○ 인터넷언론사는 선거운동기간 중 당해 홈페이지 게시판 등에 정당·후보자에 대한 지지·반대 등의 정보를 게시하는 경우 실명을 확인받는 기술적 조치를 해야 하고, 행정안전부장관 및 신용정보업자는 실명인증자료를 관리하고 중앙선거관리위원회가 요구하는 경우 지체 없이 그 자료를 제출해야 하며, 실명확인을 위한 기술적 조치를 하지 아니하거나 실명인증의 표시가 없는 정보를 삭제하지 않는 경우 과태료를 부과하도록 정한 공직선거법 조항은 모두 헌법에 위반된다(헌재 2021.1.28, 2018헌마456).

㉤ ○ 미성년자(18세 미만의 자를 말한다.)는 선거운동을 할 수 없다(공직선거법 제60조 제1항 제2호).

03 정답 ③

③ 옳은 것은 ㉠, ㉣이다.

㉠ ○ 우리나라는 제헌헌법 이래 문화국가의 원리를 헌법의 기본원리로 채택해 왔으며, 이 원리의 구체적인 실현을 위해서는 국가가 어떤 문화현상도 특별히 선호하거나 우대하는 경향을 보이지 않는 불편부당의 원칙에 입각한 정책이 바람직하다(헌재 2004.5.27, 2003헌가1).

㉡ ✗ 건설공사 과정에서 매장문화재 발굴로 인하여 문화재 훼손 위험을 야기한 건설공사 시행자에게 원칙적으로 발굴경비를 부담시키는 것은 재산권을 침해하지 않는다(헌재 2011.7.28, 2009헌바244).

㉢ ✗ 문화국가원리의 특성은 문화의 개방성 내지 다원성의 표지와 연결되는데, 국가의 문화육성의 대상에는 원칙적으로 모든 사람에게 문화창조의 기회를 부여한다는 의미에서 모든 문화가 포함된다. 따라서 엘리트문화뿐만 아니라 서민문화, 대중문화도 그 가치를 인정하고 정책적인 배려의 대상으로 하여야 한다(헌재 2004.5.27, 2003헌가1).

㉣ ○ 문화국가원리에서 도출되는 가족제도에 관한 전통·전통문화는 적어도 가족제도에 관한 헌법이념인 개인의

존엄과 양성의 평등에 반하는 것이어서는 안 된다(헌재 2005.2.3. 2001헌가9).

04 정답 ④

④ 금융위원회가 시중은행을 상대로 가상통화거래를 위한 가상계좌의 신규제공을 중단하도록 한 조치는 공권력 행사에 해당하지 아니한다(헌재 2021.11.25. 2017헌마1384).
① 헌법 제119조 제2항의 사회적 시장경제질서 규정은 국가가 경제영역에서 실현하여야 할 목표의 하나로서 "적정한 소득의 분배"를 들고 있지만, 이로부터 반드시 소득에 대하여 누진세율에 따른 종합과세를 시행하여야 할 구체적인 헌법적 의무가 조세입법자에게 부과되는 것이라고 할 수 없다(헌재 1999.11.25. 98헌마55).
② 우리 헌법 제23조 제1항, 제119조 제1항에서 추구하고 있는 경제질서는 개인과 기업의 경제상의 자유와 창의를 최대한도로 존중·보장하는 자본주의에 바탕을 둔 시장경제질서이므로 국가적인 규제와 통제를 가하는 것도 보충의 원칙에 입각하여 어디까지나 자본주의 내지 시장경제질서의 기초라고 할 수 있는 사유재산 제도와 아울러 경제행위에 대한 사적자치의 원칙이 존중되는 범위 내에서만 허용될 뿐이라 할 것이다(헌재 1989.12.22. 88헌가13).
③ 탁주의 공급구역제한제도에 의한 탁주제조업자와 다른 상품제조업자 간의 차별은 탁주의 특성 및 중소기업을 보호하고 지역경제를 육성한다는 헌법상의 경제목표를 고려한 합리적 차별로서 평등원칙에 위반되지 아니하고, 탁주의 공급구역제한제도로 인하여 부득이 다소간의 소비자선택권의 제한이 발생한다고 하더라도, 이를 두고 행복추구권에서 파생되는 소비자의 자기결정권을 정당한 이유 없이 제한하고 있다고 볼 수 없다(헌재 1999.7.22. 98헌가5).

05 정답 ②

② 옳은 것은 ㉠, ㉡, ㉢이다.
㉠  헌법 제117조 제2항은 지방자치단체의 종류를 법률로 정하도록 규정하고 있을 뿐 지방자치단체의 종류 및 구조를 명시하고 있지 않으므로, 이에 관한 사항은 기본적으로 입법자에게 위임된 것으로 볼 수 있다. 헌법상 지방자치제도 보장의 핵심영역 내지 본질적 부분이 특정 지방자치단체의 존속을 보장하는 것이 아니며 지방자치단체에 의한 자치행정을 일반적으로 보장하는 것이므로, 현행법에 따른 지방자치단체의 중층구조 또는 지방자치단체로서 특별시·광역시 및 도와 함께 시·군 및 구를 계속하여 존속하도록 할지 여부는, 결국 입법자의 입법형성권의 범위에 들어가는 것으로 보아야 한다. 같은 이유로 일정구역에 한하여 당해 지역 내의 지방자치단체인 시·군을 모두 폐지하여 중층구조를 단층화하는 것 역시 입법자의 선택범위에 들어가는 것이다(헌재 2006.4.27. 2005헌마1190).
㉡ ⭕ 국내거소신고인명부에 3개월 이상 계속하여 올라 있는 국민으로서 해당 지방자치단체의 관할구역에 국내거소신고가 되어 있는 18세 이상의 국민과 「출입국관리법」 제10조에 따른 영주의 체류자격 취득일 후 3년이 경과한 18세 이상의 외국인으로서 해당 지방자치단체의 외국인등록대장에 올라 있는 사람도 그 구역에서 선거하는 지방자치단체의 의회의원 및 장의 선거권이 있다(공직선거법 제15조 제2항 제2·3호).
㉢ ⭕ 우리 헌법은 법률이 정하는 바에 따른 '선거권'과 '공무담임권' 및 국가안위에 관한 중요정책과 헌법개정에 대한 '국민투표권'만을 헌법상의 참정권으로 보장하고 있다. 따라서 지방자치법 제13조의2에서 규정한 주민투표권은 그 성질상 위에서 본 선거권, 공무담임권, 국민투표권과는 다른 것이어서, 이를 법률이 보장하는 참정권이라고 할 수 있을지언정 헌법이 보장하는 참정권이라고 할 수는 없다(헌재 2001.6.28. 2000헌마735).
㉣ ❌ 자치단체의 폐지에 대한 이해관계자들의 참여, 즉 의견개진의 기회부여는 문제가 된 사항의 본질적 내용과 그 근거에 관하여 이해관계인에게 고지하고 그에 관한 의견의 진술기회를 부여함으로써 그 진술된 의견이 국회에 입법자료를 제공하는 기능을 하도록 하면 족하며, 입법자가 그 의견에 반드시 구속되는 것으로 볼 수는 없다(헌재 2006.4.27. 2005헌마1190).

06 정답 ③

③ 공무원이었던 자가 명예퇴직수당을 지급받은 후 재직 중 사유로 금고 이상의 형을 받은 경우에는 직무관련성이 없는 경우나 과실범 등의 경우를 모두 포함하여 명예퇴직수당을 필요적으로 환수토록 한 것은 그 명예퇴직공무원의 재산권을 침해하지 아니하고, 합리적인 이유가 있어 평등원칙에도 위반되지 아니한다(헌재 2010.11.25. 2010헌바93).
① 직업공무원제도는 국가업무의 계속성이 보장되도록 하고 혼란을 방지하기 위함이다.

② 공선법 제9조의 '공무원'이란, 원칙적으로 국가와 지방자치단체의 모든 공무원, 즉 좁은 의미의 직업공무원은 물론이고, 적극적인 정치활동을 통하여 국가에 봉사하는 정치적 공무원을 포함한다. 다만, 국회의원과 지방의회의원은 정당의 대표자이자 선거운동의 주체로서의 지위로 말미암아 선거에서의 정치적 중립성이 요구될 수 없으므로, 공선법 제9조의 '공무원'에 해당하지 않는다(헌재 2004.5.14, 2004헌나1).

④ 공무원이 선거에서 특정정당 또는 특정일을 지지하기 위하여 타인에게 정당가입을 권유하는 행위를 하면 차별하는 것은 헌법에 위배되지 아니한다(헌재 2021.9.25, 2019헌바58).

07  정답 ④

④ 제3자 소송담당을 명시적으로 허용하는 법률의 규정이 없는 현행법 체계하에서는 국회의 구성원인 국회의원이 국회의 조약에 대한 체결·비준 동의권의 침해를 주장하는 권한쟁의심판을 청구할 수 없다(헌재 2007.7.26, 2005헌라8).

① 국회는 상호원조 또는 안전보장에 관한 조약, 중요한 국제조직에 관한 조약, 우호통상항해조약, 주권의 제약에 관한 조약, 강화조약, 국가나 국민에게 중대한 재정적 부담을 지우는 조약 또는 입법사항에 관한 조약의 체결·비준에 대한 동의권을 가진다(헌법 제60조 제1항).

② 어업조약, 무역조약, 행정협정, 문화교류협정과 국가간의 단순한 행정협조적 또는 기술적 사항에 관한 내용으로 하는 조약을 체결·비준하는 경우에는 국회의 동의 없이 체결가능하다.

③ 대통령이 국회의 동의 없이 조약을 체결·비준하였다 하더라도 국회의원들의 심의·표결권을 침해하는 것은 아니다(헌재 2007.7.26, 2005헌라8).

08 정답 ①

① 모두 옳은 설명이다.

㉠ ➡ 오늘날 법률유보원칙은 단순히 행정작용이 법률에 근거를 두기만 하면 충분한 것이 아니라, 국가공동체와 그 구성원에게 기본적이고도 중요한 의미를 갖는 영역, 특히 국민의 기본권실현과 관련된 영역에 있어서는 국민의 대표자인 입법자가 그 본질적 사항에 대해서 스스로 결정하여야 한다는 요구까지 내포하고 있다(의회유보원칙)(헌재 1999.5.27, 98헌바70).

㉡ ➡ 의료기관 시설에서의 약국개설을 금지하는 입법을 하면서 1년의 유예기간을 두어 법 시행 후 1년 뒤에는 기존의 약국을 더 이상 운영할 수 없게 한 것은 신뢰보호원칙에 위반되지 않는다(헌재 2003.10.30, 2001헌마700).

㉢ ➡ 신법이 피적용자에게 유리한 경우에는 시혜적인 소급입법이 가능하지만 이를 입법자의 의무라고는 할 수 없고, 소급입법을 할 것인지의 여부는 입법재량의 문제로서 그 판단은 일차적으로 입법기관에 맡겨져 있다. 입법자는 입법목적, 사회실정, 법률의 개정이유나 경위 등을 참작하여 시혜적 소급입법을 할 것인가 여부를 결정할 수 있고, 그 판단은 존중되어야 하며, 그 결정이 합리적 재량의 범위를 벗어나 현저하게 불공정한 것이 아닌 한 헌법에 위반된다고 할 수 없다(헌재 1995.12.28, 95헌마196).

㉣ ➡ 임대주택의 분양전환가격 자율화 기준을 강화하는 법 개정을 하면서, 이 법 시행 당시 종전의 규정에 따라 분양전환계획서를 제출한 임대사업자에 대하여는 적용하지 않도록 한 것은 신뢰보호원칙에 위반되지 않는다(헌재 2013.7.25, 2012헌바44).

09  정답 ④

④ 법무부장관은 복수국적자가 국가안보, 외교관계 및 국민경제 등에 있어서 대한민국의 국익에 반하는 행위를 하는 경우 또는 대한민국의 사회질서 유지에 상당한 지장을 초래하는 행위로서 대통령령으로 정하는 경우에 해당하여 대한민국의 국적을 보유함이 현저히 부적합하다고 인정하는 경우에는 청문을 거쳐 대한민국 국적의 상실을 결정할 수 있다. 다만, 출생에 의하여 대한민국 국적을 취득한 자는 제외한다(국적법 제14조의3 제1항).

① 대한민국의 국민이 아닌 자로서 대한민국의 국민인 부 또는 모에 의하여 인지(認知)된 자가 대한민국의 「민법」상 미성년이고, 출생 당시에 부 또는 모가 대한민국의 국민이었다면 법무부장관에게 신고함으로써 대한민국 국적을 취득할 수 있다(국적법 제3조 제1항).

② 복수국적자가 병역준비역에 편입된 때부터 3개월이 지난 경우 병역의무 해소 전에는 대한민국 국적에서 이탈할 수 없도록 제한하는 국적법 제12조 제2항 본문 및 제14조 제1항 단서 중 제12조 제2항 본문에 관한 부분이 헌법에 합치되지 아니한다(헌재 2020.9.24, 2016헌마889).

③ 출생이나 그 밖에 국적법에 따라 대한민국 국적과 외국 국적을 함께 가지게 된 자는 대한민국의 법령 적용에서 대한민국 국민으로만 처우한다(국적법 제11조의2 제1항).

10   정답 ②

㉠ ⭕ 국민투표의 효력에 관하여 이의가 있는 투표인은 투표인 10만인 이상의 찬성을 얻어 중앙선거관리위원회위원장을 피고로 하여 투표일로부터 20일 이내에 대법원에 제소할 수 있다(국민투표법 제92조).

㉡ ⭕ 대법원은 국민투표무효소송에 있어서 국민투표에 관하여 국민투표법 또는 국민투표법에 의하여 발하는 명령에 위반하는 사실이 있는 경우라도 국민투표의 결과에 영향이 미쳤다고 인정하는 때에 한하여 국민투표의 전부 또는 일부의 무효를 판결한다(국민투표법 제93조).

㉢ ❌ 현행 헌법에서는 국민은 헌법개정발의를 할 수 없으나, 제2차 개헌(1954년)에서는 50만명 이상이 서명시에는 헌법개정을 발의할 수 있었다. 그러나 국민의 헌법개정발의제도는 제7차 개헌(1972년)에서 삭제되었다.

㉣ ⭕ 헌법개정안에 대한 국회의결은 재적의원 3분의 2 이상의 찬성을 얻어야 한다. 헌법개정안의 의결정족수는 재적의원 3분의 2 이상의 찬성을 얻어야 한다는 점에서 대통령에 대한 탄핵소추의결, 국회의원의 자격심사, 국회의원에 대한 제명과 동일하다.

㉤ ⭕ 개헌안이 국민투표에서 확정되면 대통령은 즉시 공포하여야 하며, 개헌안에 대해 거부권을 행사할 수 없다.

11   정답 ④

④ 모두 옳은 설명이다.

㉠ 헌법재판소는 북한을 대화와 협력의 동반자인 동시에 반국가단체라는 두 가지의 상반된 존재로 인식하고 있다(헌재 1993.7.29, 92헌바48, 대법원 판례도 동일한 입장임).

㉡ 남북한이 UN에 동시가입하였다 하더라도 그것만으로 곧 다른 가맹국과의 관계에 있어서도 당연히 국가로 승인된 것은 아니다(헌재 1997.1.16, 92헌바6).

㉢ 국가보안법과 남북한 교류협력에 관한 법률은 입법목적과 규제대상이 다르므로, 상호 모순되지 않는다(헌재 1993.7.29, 92헌바48).

㉣ 우리나라 헌법이 "대한민국의 영토는 한반도와 그 부속도서로 한다."라는 영토조항을 두고 있는 이상 대한민국의 헌법은 북한지역을 포함한 한반도 전체에 그 효력이 미치고 따라서 북한지역은 당연히 대한민국의 영토가 되므로, 북한을 외국환거래법 소정의 '외국'으로, 북한의 주민 또는 법인 등을 '비거주자'로 인정하기는 어렵지만, 개별법률의 적용 내지 준용에 있어서는 남북한의 특수관계적 성격을 고려하여 북한지역을 외국에 준하는 지역으로, 북한주민 등을 외국인에 준하는 지위에 있는 자로 규정할 수 있다(헌재 2005.6.30, 2003헌바114).

㉤ 북한은 헌법 제3조의 영토조항에 근거하여 대한민국의 영토이지만, 북한의 의과대학은 헌법 제3조의 영토조항에도 불구하고 국내대학으로 인정될 수 없어, 북한의 의과대학을 졸업한 탈북의료인의 경우 의사면허시험 응시의 자격이 되는 국내대학 의학사 학위를 받은 자에 해당하지 아니한다(헌재 2006.11.30, 2006헌마679).

12   정답 ①

① 헌법재판소는, 과거 국회의원지역선거구의 획정에 있어 인구편차의 허용기준을 인구편차 상하 50%(인구비례 3:1)로 제시(헌재 2001.10.25, 2000헌마92)하였다가 이에 대하여 헌법불합치 결정(헌재 2014.10.30, 2012헌마192)을 내리면서, 국회의원지역선거구의 획정에 있어 헌법이 허용하는 인구편차의 기준으로 인구편차 상하 33⅓%, 인구비례 2:1을 넘어서지 않아야 한다는 결정을 내렸다.

② 자치구·시·군의회의원 선거구의 획정은 인구비례의 원칙과 의원의 지역대표성 및 인구의 도시집중으로 인한 도시와 농어촌간의 극심한 인구편차 등을 참작하여 결정하되, 해당 선거구의 의원 1인당 인구수를 그 선거구가 속한 자치구·시·군 의회의원 1인당 평균인구수와 비교하여 평균인구수로부터 상하 50%의 인구편차는 허용된다(헌재 2018.6.28, 2014헌마166).

③ 전국동시지방선거의 선거운동 과정에서 후보자들이 확성장치를 사용할 수 있도록 허용하면서도 그로 인한 소음의 규제기준을 정하지 아니한 공직선거법 제79조 제3항 제2호 중 '시·도지사 선거' 부분, 같은 항 제3호 및 공직선거법 제216조 제1항은 헌법에 합치되지 아니한다(헌재 2019.12.27, 2018헌마730).

④ 한국철도공사 상근직원에 대하여 선거운동을 금지하고 이를 처벌하는 것은 선거운동의 자유를 지나치게 제한하여 헌법에 위반된다(헌재 2018.2.22, 2015헌바124).

13   정답 ④

④ 청구인(사회당)은 등록이 취소된 이후에도, 취소 전 사회당의 명칭을 사용하면서 대외적인 정치활동을 계속하고 있고, 대내외 조직 구성과 선거에 참여할 것을 전제로 하는 당헌과 대내적 최고의사결정기구로서 당대회와, 대표단 및 중앙위원회, 지역조직으로 시·도위원회를 두는 등

계속적인 조직을 구비하고 있는 사실 등에 비추어 보면, 청구인은 등록이 취소된 이후에도 '등록정당'에 준하는 '권리능력 없는 사단'으로서의 실질을 유지하고 있다고 볼 수 있으므로 이 사건 헌법소원의 청구인능력을 인정할 수 있다. 정당의 청구인능력은 정당법상의 등록요건을 구비함으로써 생기는 것이 아니고, 그 법적 성격이 권리능력 없는 사단이라는 점에서 인정되는 것이기 때문이다(헌재 2006.3.30, 2004헌마246).

① 불법체류 중인 외국인들이라 하더라도, 불법체류라는 것은 관련 법령에 의하여 체류자격이 인정되지 않는다는 것일 뿐이므로, '인간의 권리'로서 외국인에게도 주체성이 인정되는 일정한 기본권에 관하여 불법체류 여부에 따라 그 인정 여부가 달라지는 것은 아니다(헌재 2012.8.23, 2008헌마430).

② 직장 선택의 자유는 인간의 존엄과 가치 및 행복추구권과도 밀접한 관련을 가지는 만큼 단순히 국민의 권리가 아닌 인간의 권리로 보아야 할 것이므로 외국인도 제한적으로라도 직장 선택의 자유를 향유할 수 있다고 보아야 한다. 이미 적법하게 고용허가를 받아 적법하게 우리나라에 입국하여 우리나라에서 일정한 생활관계를 형성, 유지하는 등, 우리 사회에서 정당한 노동인력으로서의 지위를 부여받은 상황임을 전제로 하는 이상, 이 사건 청구인인 외국인에게 직장 선택의 자유에 대한 기본권 주체성을 인정할 수 있다 할 것이다(헌재 2011.9.29, 2009헌마351).

③ 단체와 그 구성원을 서로 별개의 독립된 인격체로 인정하고 있는 현행의 우리나라 법제 아래에서는 헌법상 보장된 기본권을 직접 침해당한 사람만이 원칙적으로 헌법소원심판절차에 따라 권리구제를 청구할 수 있는 것이고, 단체의 구성원이 기본권을 침해당한 경우 단체가 구성원의 권리구제를 위하여 그를 대신하여 헌법소원심판을 청구하는 것은 원칙적으로 허용될 수 없다(헌재 1991.6.3, 90헌마56).

14 정답 ①

① 성인대상 성범죄로 형을 선고받아 확정된 자는 그 형의 집행을 종료한 날부터 10년 동안 아동·청소년 관련 학원이나 교습소를 개설하거나 위 기관에 취업할 수 없도록 한 것은 입법목적이 정당하고 적절한 수단이 될 수 있으나, 10년 동안 일률적인 취업제한을 부과하는 것은 침해의 최소성 원칙과 법익의 균형성 원칙에 위배되어 직업선택의 자유를 침해한다(헌재 2016.7.28, 2015헌마914).

② 상습절도범과 상습장물취득범을 가중처벌한 특정범죄 가중처벌 등에 관한 법률조항들은 형법 조항과 똑같은 구성요건을 규정하면서 법정형만 상향 조정하여 형사특별법으로서 갖추어야 할 형벌 체계상의 정당성과 균형을 잃어 헌법에 위반된다(헌재 2015.2.26, 2014헌가16).

③ 2018학년도 수능시험의 문항 수 기준 70%를 EBS 교재와 연계하여 출제한다는 2018학년도 대학수학능력시험 시행기본계획은 학생들의 자유로운 인격발현권을 침해하지 않는다(헌재 2018.2.22, 2017헌마691).

④ 헌법재판소는 2020년 2월 27일 재판관 전원의 일치된 의견으로, 전동킥보드의 최고속도는 25km/h를 넘지 않아야 한다고 규정한 구'안전확인대상생활용품의 안전기준' 부속서 32 제2부 5.3.2.는 소비자의 자기결정권 및 일반적 행동자유권을 침해하지 않는다는 이유로 심판청구를 기각하는 결정을 선고하였다(2020.2.27, 2017헌마1339).

15 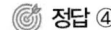 정답 ④

㉠ (합헌) 형사사법에서 권력적 지위에 있는 경찰 등이 그 의무를 저버리고 형사피의자 등을 폭행하는 행위에 대해서는 엄한 처벌이 필요하므로, 입법목적의 정당성이 인정된다. 또한 형법은 심판대상조항과 행위주체가 동일한 경찰 등이 직권을 남용하여 사람을 체포 또는 감금한 때에는 심판대상조항의 법정형보다 가중된 7년 이하의 징역과 10년 이하의 자격정지에 처하도록 하고 있고, 심판대상조항은 법정형의 하한에 제한을 두지 않아 법원이 재량으로 집행유예나 선고유예로 형을 감경하는 것도 가능하다. 따라서 심판대상조항이 책임과 형벌의 비례원칙에 위반된다고 볼 수 없다(헌재 2015.3.26, 2013헌바140).

㉡ (합헌) 금고 이상의 실형의 선고를 받은 자의 자격취득의 가능성을 영구히 박탈하는 것이 아니라 형의 집행이 끝나거나 면제 후 3년이 경과할 때까지만 행정사가 될 수 없도록 규정함으로써 제한되는 사익이 행정사에 대한 국민의 신뢰 획득, 행정사 업무의 공정성 확보라는 심판대상조항이 달성하려는 공익에 비하여 크다고 할 수 없어 법익의 균형성도 갖추었다. 따라서 금고 이상의 실형을 선고받고 그 집행이 끝나거나 집행이 면제된 날로부터 3년이 지나지 아니한 사람은 행정사가 될 수 없도록 규정한 심판대상조항은 과잉금지원칙에 위반되어 직업선택의 자유를 침해하지는 않는다(헌재 2015.3.26, 2013헌마131).

㉢ (합헌) 공연히 사실을 적시하여 사람의 명예를 훼손한 경

우 2년 이하의 징역·금고 또는 500만원 이하의 벌금에 처하도록 규정한 형법 제307조 제1항이 청구인들의 표현의 자유를 침해하지 아니하고 헌법에 위반되지 않는다는 결정을 선고하였다(헌재 2021.2.25., 2017헌마1113).

ㄹ (합헌) 친생부인의 소의 제척기간을 '친생부인의 사유가 있음을 안 날부터 2년 내'로 제한한 민법 조항은 헌법에 위반되지 않는다(헌재 2015.3.26, 2012헌바357).

ㅁ (합헌) 금고 이상의 형의 선고유예를 받고 그 기간 중에 있는 자를 임용결격사유로 삼고, 위 사유에 해당하는 자가 임용되더라도 이를 당연무효로 하는 구 국가공무원법 조항은 공무담임권을 침해하지 않는다.

16 정답 ③

③ 헌법 제12조 제4항 본문에 규정된 "구속"은 사법절차에서 이루어진 구속뿐 아니라, 행정절차에서 이루어진 구속까지 포함하는 개념이다. 따라서 헌법 제12조 제4항 본문에 규정된 변호인의 조력을 받을 권리는 행정절차에서 구속을 당한 사람에게도 즉시 보장된다. 인천공항출입국·외국인청장이 인천국제공항 송환대기실에 수용된 난민에 대한 변호인 접견신청을 거부한 행위는 변호인의 조력을 받을 권리를 침해하였다(헌재 2018.5.31, 2014헌마346).

① 법원에 의한 범죄인인도결정은 신체의 자유에 밀접하게 관련된 문제이므로 인도심사에 있어서 적법절차가 준수되어야 할 것이다. 그런데 범죄인인도심사를 단심제로 규정한 것이 적법절차의 원칙에 위배되는지 여부에 관한 범죄인인도법 제3조 위헌소원에서 다투는 것은 단심제를 규정하고 불복을 허용하지 않는다는 점이므로, 이 사건 조항이 범죄인인도심사를 단심제로 하는 것이 적법절차에 어긋나는지가 쟁점이라고 할 것이다. 일반적으로 심급제도는 사법에 의한 권리보호에 관하여 한정된 법발견, 자원의 합리적인 분배의 문제인 동시에 재판의 적정과 신속이라는 서로 상반되는 두 가지의 요청을 어떻게 조화시키느냐의 문제이므로 기본적으로 입법자의 형성의 자유에 속하는 사항이다(헌재 2003.1.30, 2001헌바95).

② 임의동행의 형식으로 수사기관에 연행된 피의자에게도 변호인 또는 변호인이 되려는 자와의 접견교통권은 당연히 인정된다고 보아야 하고, 임의동행의 형식으로 연행된 피내사자의 경우에도 이는 마찬가지이다(대판 1996.6.3, 96모18).

④ 공주교도소장이 청구인을 경북북부제1교도소로 이송함에 있어서 4시간 정도에 걸쳐 포승과 수갑 2개를 채운 행위로 인하여 제한되는 신체의 자유 등에 비하여 도주 등의 교정사고를 예방함으로써 수형자를 이송함에 있어 안전과 질서를 보호할 수 있는 공익이 더 크다 할 것이므로 위 행위는 신체의 자유 및 인격권을 침해한 것으로 볼 수 없다(헌재 2012.7.26, 2011헌마426).

17  정답 ③

③ 옳은 것은 ㉠, ㉡, ㉢이다.

㉠ ◯ 일반적으로 경제적 내지 직업적 활동은 복합적인 사회적 관계를 전제로 하여 다수 주체 간의 상호작용을 통하여 이루어지는 것이고, 특히 변호사의 업무는 다른 어느 직업적 활동보다도 강한 공공성을 내포한다는 점 등을 감안하여 볼 때, 변호사의 업무와 관련된 수임사건의 건수 및 수임액이 변호사의 내밀한 개인적 영역에 속하는 것이라고 보기 어렵고, 따라서 이 사건 법률조항이 청구인들의 사생활의 비밀과 자유를 침해하는 것이라 할 수 없다(헌재 2009.10.29, 2007헌마667).

㉡ ◯ 자신의 주민등록표를 열람하거나 그 등·초본을 교부받는 경우 소정의 수수료를 부과하고 있는 것은, 수수료 부과 자체의 정당성이 인정되고 소요되는 비용에 비하여 그 수수료 액수가 과다하다고 볼 수 없으므로 개인정보자기결정권, 재산권, 평등권을 침해하지 않는다(헌재 2013.7.25, 2011헌마364).

㉢ ◯ 국민기초생활보장법상의 급여신청자에게 급여신청자의 수급자격 및 급여액의 정도를 파악하기 위하여 금융거래정보의 제출을 요구할 수 있도록 한 보장법시행규칙 조항은 급여신청자의 개인정보자기결정권을 침해하지 않는다(헌재 2005.11.24, 2005헌마112).

㉣ ✗ 자살자의 성명이나 초상을 공개하는 것은 권리포기 이론에 의하여 인정된다.

18 정답 ③

소관상임위원회에서 인사청문회를 실시하는 후보자는 ㉠, ㉡, ㉢, ㉣, ㉤, ㉥이다.

+ PLUS

구분	인사청문+인준·표결 거치는 자	인사청문회만 거치는 자
대상자	• 대통령이 임명시 국회의 동의를 요하는 자: 국무총리, 헌법재판소장, 감사원장, 대법원장, 대법관 • 국회에서 선출하는 자: 중앙선거관리위원회 위원 3인, 헌법재판소 재판관 3인	• 검찰총장, 고위공직자범죄수사처장 • 경찰청장 • 국세청장 • 국무위원 • 국가정보원장, 합동참모의장, 방송통신위원회 위원장 • 대통령이 임명하는 중앙선거관리위원회 위원 3인 • 대통령이 임명하는 헌법재판소 재판관 3인 • 대법원장이 지명하는 중앙선거관리위원회 위원 3인 • 대법원장이 지명하는 헌법재판소 재판관 3인 • 공정거래위원회 위원장, 금융위원회 위원장, 국가인권위원회 위원장 • 한국은행 총재 • 특별감찰관 • 한국방송공사 사장 • 대통령당선인이 지명하는 국무위원후보자
인사청문관할	인사청문특별위원회	소관상임위원회

19 정답 ④

국정감사 및 조사에 관한 법률 제7조(감사의 대상) 감사의 대상기관은 다음 각 호와 같다.
1. 정부조직법 기타 법률에 의하여 설치된 국가기관
2. 지방자치단체 중 특별시·광역시·도. 다만, 그 감사범위는 국가위임사무와 국가가 보조금 등 예산을 지원하는 사업으로 한다.
3. 「공공기관의 운영에 관한 법률」 제4조에 따른 공공기관, 한국은행, 농업협동조합중앙회, 수산업협동조합중앙회
4. 제1호 내지 제3호 외의 지방행정기관·지방자치단체·감사원법에 의한 감사원의 감사대상기관. 다만, 이 경우 본회의가 특히 필요하다고 의결한 경우에 한한다.

20 정답 ③

③ 인터넷 회선에서 오가는 전자신호를 정보전달 경로의 중간에서 개입하여 지득하는 방법으로 감청하는 이른바 패킷감청과 관련하여, 토인제한조치에 대한 서울중앙지방법원의 허가, 국가정보원장의 전기통신 회선에 대한 감청의 집행행위, 감청을 정의한 통신비밀보호법 제2조 제7호, 범죄수사를 위한 통신제한조치의 허가요건과 절차를 규정한 통신비밀보호법 제5조 제2항, 제6조가 사생활의 비밀과 자유, 통신의 자유를 침해한다고 주장하는 헌법소원심판청구가 청구인의 사망으로 2015.9.28. 종료되었음을 확인하였다. 통신의 비밀과 자유, 사생활의 비밀과 자유는 성질상 일신전속적인 것이어서 승계되거나 상속될 수 없다.
① 후보자의 선거운동에서 독자적으로 후보자의 명함을 교부할 수 있는 주체를 후보자의 배우자와 직계존비속으로 제한한 공직선거법 제93조 제1항 제1호 중 제60조의3 제2항 제1호에 관한 부분은 선거운동의 자유와 평등권을 침해하지 않는다.
② 후보자의 배우자가 그와 함께 다니는 사람 중에서 지정한 1명도 명함교부를 할 수 있도록 한 공직선거법 제93조 제1항 제1호 중 제60조의3 제2항 제3호 가운데 '후보자의 배우자가 그와 함께 다니는 사람 중에서 지정한 1명' 부분은 배우자의 유무라는 우연적인 사정에 근거하여 합리적 이유 없이 배우자 없는 후보자와 배우자 있는 후보자를 차별 취급함으로써 배우자 없는 청구인의 평등권을 침해한다.
  ○ 헌재 2013.11.28. 2011헌마267 결정에서, 예비후보자의 배우자가 함께 다니는 사람 중에서 지정한 자도 선거운동을 위하여 명함교부 및 지지호소를 할 수 있도록 한 공직선거법 제60조의3 제2항 제3호의 배우자가 없는 예비후보자의 평등권을 침해한다고 보아 위헌 결정한 바 있다.
④ 청원경찰이 금고 이상의 형의 선고유예를 받은 경우 당연퇴직되도록 규정한 것은 직업의 자유를 침해한다(헌재 2018.1.25. 2017헌가26).
  ○ 지방공무원(2001헌마788), 군무원(2003헌마293), 국가공무원(2002헌마684), 경찰공무원(2004헌가12), 향토예비군 지휘관(2004헌마947), 군무원(2007헌가3)이 선고유예를 받은 경우 당연히 그 직을 상실하도록 규정한 조항들이 과잉금지원칙에 반하여 공무담임권을 침해한다고 위헌결정한 바 있다.

제04회 동형모의고사

→ 문제편 56p

정답 모아보기

01 ④	02 ③	03 ④	04 ④	05 ①
06 ②	07 ①	08 ④	09 ④	10 ③
11 ③	12 ①	13 ④	14 ④	15 ①
16 ①	17 ②	18 ①	19 ③	20 ③

01  정답 ④

④ 모두 옳은 설명이다.

㉠, ㉡ ◯ ▶ 헌법재판소는 사법기관으로서 원칙적으로 탄핵소추기관인 국회의 탄핵소추의결서에 기재된 소추사유에 의하여 구속을 받는다. 따라서 헌법재판소는 탄핵소추의결서에 기재되지 아니한 소추사유를 판단의 대상으로 삼을 수 없다. 그러나 탄핵소추의결서에서 그 위반을 주장하는 '법규정의 판단'에 관하여 헌법재판소는 원칙적으로 구속을 받지 않으므로, 청구인이 그 위반을 주장한 법규정 외에 다른 관련 법규정에 근거하여 탄핵의 원인이 된 사실관계를 판단할 수 있다.

㉢ ◯ ▶ 검사 이정섭 탄핵에 관련하여 소추사유 중에서 감염병 예방 위반 및 위장전입 부문은 직무집행과 관련된 것이 아니어서 탄핵사유가 될 수 없다(헌재 2024.8.29. 2023헌나4).

㉣ ◯ ▶ 헌법은 탄핵사유를 "헌법이나 법률에 위배한 때"로 규정하고 있는데, '헌법'에는 명문의 헌법규정뿐만 아니라 헌법재판소의 결정에 의하여 형성되어 확립된 불문헌법도 포함된다. '법률'이란 단지 형식적 의미의 법률 및 그와 등등한 효력을 가지는 국제조약, 일반적으로 승인된 국제법규 등을 의미한다(헌재 2004.5.14. 2004헌나1).

㉤ ◯ ▶ 국회의 탄핵소추절차는 국회와 대통령이라는 헌법기관 사이의 문제이고, 국회의 탄핵소추의결에 의하여 사인으로서의 대통령의 기본권이 침해되는 것이 아니라, 국가기관으로서의 대통령의 권한행사가 정지되는 것이다(헌재 2004.5.14. 2004헌나1).

㉥ ◯ ▶ 행정안전부장관 이상민 탄핵은 기각하였다(헌재 2023.7.25. 2023헌나1).

02  정답 ③

㉠ ◯ ▶ 국회의원의 발언이란 의제와 관계되는 의사표시를 말하는 것으로 토론·연설·질문·진술 등을 들 수 있다. 국회의원의 표결이란 의제에 관한 찬반의사표시를 말한다. 표결방법은 제한이 없고, 표결행위에서 기권하거나 퇴장하는 행위도 포함된다. 문서행위도 직무와 관련이 있는 경우에는 포함된다.

㉡ ◯ ▶ 국회의원의 면책특권은 국회 외에서 책임지지 아니함을 말한다. 그러나 국회 내에서의 징계책임은 부과가능하다는 것이 통설적인 견해이다. 면책특권은 책임면제의 성격을 가지는 것으로 형법상의 명예훼손죄 등으로 소추받지 아니하는 것을 의미한다.

㉢ ◯ ▶ 면책특권을 인정하더라도 정치적 책임, 소속정당에 의한 징계처분이나 국회에서 국회법에 따라 징계하는 것은 가능하다. 국회 내에서 행한 발언을 다시 원외에서 발표하거나 출판하는 것은 면책되지 아니한다.

㉣ ✗ ▶ 발언내용 자체에 의하더라도 직무와는 아무런 관련이 없음이 분명하거나 명백히 허위임을 알면서도 허위의 사실을 적시하여 타인의 명예를 훼손하는 경우 등까지 면책특권의 대상이 될 수 없지만, 발언내용이 허위라는 점을 인식하지 못하였다면 비록 발언내용에 다소 근거가 부족하거나 진위여부를 확인하기 위한 조사를 제대로 하지 않았다고 하더라도, 그것이 직무수행의 일환으로 이루어진 것인 이상 이는 면책특권의 대상이 된다(대판 2007.1.12. 2005다57752).

03  정답 ④

④ 의원은 의장으로부터 종사하고 있는 영리업무가 국회법 제29조의2 제1항 단서의 영리업무(국회의원으로서 종사 가능한 영리업무)에 해당하지 아니한다는 통보를 받은 때에는 통보를 받은 날부터 6개월 이내에 그 영리업무를 휴업 또는 폐업하여야 한다(국회법 제29조의2 제6항).

① 국회의원의 보유주식과 직무 사이의 이해충돌을 방지하기 위하여 국회의원 및 그 이해관계인이 직무관련성이 인정되는 주식을 보유하고 있는 경우 당해 국회의원으로 하여금 그 보유주식을 매각 또는 독립된 지위에 있는 수탁자에게 백지신탁하도록 강제하는 것은 국회의원의 재산권과 평등권을 침해하지 않고, 연좌제 금지원칙에 위배되는 것도 아니다(헌재 2012.8.23, 2010헌가65).

②, ③ **국회법 제29조의2(영리업무 종사 금지)** ① 의원은 그 직무 외에 영리를 목적으로 하는 업무에 종사할 수 없다. 다만, 의원 본인 소유의 토지·건물 등의 재산을 활용한 임대업 등 영리업무를 하는 경우로서 의원 직무수행에 지장이 없는 경우에는 그러하지 아니하다.

② 의원이 당선 전부터 제1항 단서의 영리업무 외의 영리업무에 종사하고 있는 경우에는 임기 개시 후 6개월 이내에 그 영리업무를 휴업하거나 폐업하여야 한다.

③ 의원이 당선 전부터 제1항 단서의 영리업무에 종사하고 있는 경우에는 임기 개시 후 1개월 이내에, 임기 중에 제1항 단서의 영리업무에 종사하게 된 경우에는 지체 없이 이를 의장에게 서면으로 신고하여야 한다.

④ 의장은 의원이 제3항에 따라 신고한 영리업무가 제1항 단서의 영리업무에 해당하는지를 제46조의2에 따른 윤리심사자문위원회의 의견을 들어 결정하고 그 결과를 해당 의원에게 통보한다. 이 경우 의장은 윤리심사자문위원회의 의견을 존중하여야 한다.

⑤ 윤리심사자문위원회는 의장으로부터 의견제출을 요구받은 날부터 1개월 이내에 그 의견을 의장에게 제출하여야 한다. 다만, 필요한 경우에는 1개월의 범위에서 한 차례만 의견제출 기간을 연장할 수 있다.

⑥ 의원은 의장으로부터 종사하고 있는 영리업무가 제1항 단서의 영리업무에 해당하지 아니한다는 통보를 받은 때에는 통보를 받은 날부터 6개월 이내에 그 영리업무를 휴업하거나 폐업하여야 한다.

04 정답 ④

④ 특별사면이란 특정한 형의 선고를 받은 범죄자에 대하여 그 형의 집행을 면제하는 것을 말한다. 특별사면은 국회의 동의 없이 가능하며, 법무부장관 산하의 사면심사위원회와 국무회의의 심의를 거친 후 대통령이 행한다. 특별사면은 대통령이 단지 자신의 권한으로써 명할 수 있지만, 일반사면은 국회의 동의를 얻어야 할 뿐만 아니라 대통령령의 형식으로만 가능하다.

① 형법 제41조, 사면법 제5조 제1항 제2호, 제7조 등의 규정의 내용 및 취지에 비추어 보면, 여러 개의 형이 병과된 사람에 대하여 그 병과형 중 일부의 집행을 면제하거나 그에 대한 형의 선고의 효력을 상실케 하는 특별사면이 있은 경우, 그 특별사면의 효력이 병과된 나머지 형에까지 미치는 것은 아니므로, 징역형의 집행유예와 벌금형이 병과된 신청인에 대하여 징역형의 집행유예의 효력을 상실케 하는 내용의 특별사면이 그 벌금형의 선고의 효력까지 상실케 하는 것은 아니다(대판 1997.10.13, 96모33).

② 특별사면으로 형 선고의 효력이 상실된 유죄의 확정판결도 형사소송법 제420조의 '유죄의 확정판결'에 해당하여 재심청구의 대상이 될 수 있다(대판 2015.5.21, 2011도1932).

③ 형사소송법 제326조 제2호 소정의 면소판결의 사유인 사면이 있을 때란 일반사면이 있을 때를 말한다(대판 2000.2.11, 99도2983).

05  정답 ①

① 국가과학기술자문회의는 헌법상 근거만 있으며, 법률상 기구이다.

+ PLUS

구분	명칭	신설	특징
필수적 자문기구	국가안전보장회의	제5차 개헌	심의기관이 아닌 자문기관에 불과함.
임의적 자문기구	민주평화통일자문회의	제8차 개헌	
	국가원로자문회의	• 제8차 개헌 국정자문회의 • 제9차 개헌 국가원로자문회의	현재 설치되지 않았음.
	국민경제자문회의	제9차 개헌	
	국가과학기술자문회의	헌법상 근거 있음.	헌법상 기관이 아님 (법률상 기구)

06   정답 ②

㉠ ⭕ 국무총리는 국회재적의원 과반수의 출석과 출석의원 과반수의 찬성을 얻어서 대통령이 임명한다. 국무총리는 국회가 인사청문특별위원회의 인사청문회를 거쳐 본회의의 동의를 얻어 대통령이 임명한다. 헌법 제86조 제3항에서는 "군인은 현역을 면한 후가 아니면 국무총리에 임명될 수 없다."라고 하여 문민주의 원칙을 규정하고 있다. 문민주의의 취지는 군국주의를 예방하기 위함이다.

㉡ ⭕ 국무총리의 헌법상 지위와 관련하여 헌법재판소는 정부조직법상의 위헌 유무에 관한 헌법소원에서 대통령의 보좌기관으로서의 지위를 강조하고 있다(헌재 1994.4.28, 89헌마221).

㉢ ⭕ 국무총리제를 최초로 규정한 것은 제헌헌법이며 현행 헌법과 달리, 제헌헌법에서 국무총리는 국회의 승인을 얻어서 대통령이 임명하였다.

㉣ ❌ 국무총리가 사고로 직무를 수행할 수 없는 경우에는 기획재정부장관이 겸임하는 부총리, 교육부장관이 겸임하는 부총리의 순으로 직무를 대행하고, 국무총리와 부총리가 모두 사고로 직무를 수행할 수 없는 경우에는 대통령의 지명이 있으면 그 지명을 받은 국무위원이, 지명이 없는 경우에는 제26조 제1항에 규정된 순서에 따른 국무위원이 그 직무를 대행한다(정부조직법 제22조).

07   정답 ①

① 감사원은 헌법 제98조 규정에 의해서 감사원장을 포함하여 5인 이상 11인 이하의 감사위원으로 구성되며, 현재 감사위원의 수는 감사원법 제3조 규정에 의해서 7인으로 구성되어 있다.

08   정답 ④

④ 군사법원은 헌법 제110조에 규정된 헌법상 유일한 예외법원으로서 특별법원이다. 우리나라 헌법은 법관의 자격이 없는 자가 재판을 담당하는 특별법원의 설치를 예정하고 있다. 군사법원의 최종심은 대법원이다(군사법원법 제9조).

① 군사법원에 관할관을 두고 군검찰관에 대한 임명, 지휘, 감독권을 가지고 있는 관할관이 심판관의 임명권 및 재판관의 지정권을 가지며 심판관은 일반장교 중에서 임명할 수 있도록 규정하였다고 하여 바로 위 조항들 자체가 군사법원의 헌법적 한계를 일탈하여 사법권의 독립과 재판의 독립을 침해하고 죄형법정주의에 반하거나 인간의 존엄과 가치, 행복추구권, 평등권, 신체의 자유, 정당한 재판을 받을 권리 및 정신적 자유를 본질적으로 침해하는 것이라고 할 수 없다(헌재 1996.10.31, 93헌바25).

② 군판사는 군판사인사위원회의 심의를 거치고 군사법원 운영위원회의 동의를 받아 국방부장관이 임명한다(군사법원법 제23조 제1항).

③ 군판사의 소속은 국방부로 한다(군사법원법 제23조 제2항).

09   정답 ④

④ 모두 옳은 설명이다.

㉠ ⭕ 대법원장과 대법관이 아닌 법관은 대법관회의의 동의를 얻어 대법원장이 임명한다(헌법 제104조 제3항).

㉡ ⭕ 법관의 자격은 법률로 정한다. 법관의 자격은 법원조직법 제42조 규정에 의해서 일반법관은 사법시험에 합격하여 사법연수원의 소정과정을 마친 자나 변호사의 자격이 있는 자를 임용한다. 대법원장과 대법관은 20년 이상 판사·검사·변호사, 변호사의 자격이 있는 자로서 국가기관·지방자치단체·공공기관·그 밖의 법인에서 법률에 관한 사무에 종사한 자, 변호사의 자격이 있는 자로서 공인된 대학의 법률학 조교수 이상의 직에 있던 자로서 45세 이상의 사람 중에서 임용한다(법원조직법 제42조).

㉢ ⭕ 법원조직법 제49조

㉣ ⭕ 대법원의 판례가 법률해석의 일반적인 기준을 제시한 경우에 유사한 사건을 재판하는 하급법원의 법관은 판례의 견해를 존중하여 재판하여야 하는 것이나, 판례가 사안이 서로 다른 사건을 재판하는 하급법원을 직접 기속하는 효력이 있는 것은 아니다(대판 1996.10.25, 96다31307).

㉤ ⭕ 대법원장과 대법관의 정년은 각각 70세, 판사의 정년은 65세로 한다(법원조직법 제45조 제4항).

10   정답 ③

③ 법원의 명령·규칙심사에는 명령·규칙이 적법한 제정 및 공포절차에 따라 성립한 것인지에 관한 형식적 심사와 명령·규칙의 내용이 상위규범에 위반하는지에 관한 실질적 심사가 모두 포함된다. 다만, 실질적 심사의 효력의 심사는 합헌성과 합법성의 심사에 머물러야 하고, 합목적성의 심사까지는 할 수 없다.

① 명령·규칙 또는 처분이 헌법이나 법률에 위반되는 여부가 재판의 전제가 된 경우에는 대법원은 이를 최종적으로 심사할 권한을 가진다(헌법 제107조 제2항).

② 명령·규칙심사의 대상은 명령과 규칙이다. 명령이란 법규명령을 의미하며 위임명령·집행명령의 여부, 대통령·총리령·부령인지의 여부는 불문한다. 규칙이란 국가기관에 의하여 정립되고 규칙이라는 명칭을 가진 법규범으로서 국회제정규칙, 헌법재판소규칙, 대법원규칙, 지방자치단체의 조례와 규칙, 중앙선거관리위원회규칙 중 국민에 대하여 일반적 구속력을 가지는 법규명령으로서의 규칙을 말한다. 대외적 구속력을 가짐이 없이 기관 내규로서의 성질을 가지는 행정규칙은 원칙적으로 심사대상에서 제외된다. 다만, 최근의 판례에 따라 예외적으로 행정규칙이 법규로서의 성질을 가질 때에는 심사대상이 될 수 있다고 할 것이다.

④ 명령이나 규칙이 헌법이나 법률에 위반된다고 인정한 경우에 법원은 그 명령 또는 규칙을 당해 사건에 적용하는 것을 거부할 수 있을 뿐, 그 무효를 선언할 수는 없다. 법원의 본래의 임무는 구체적 사건의 심판이지, 명령·규칙의 효력을 심사하는 것은 아니기 때문이다. 다만, 행정소송법 제6조에 따라 명령·규칙의 적용을 금지하므로 사실상 무효선언을 하는 것과 같은 효과가 나타난다.

11 정답 ③

③ 대법원장과 대법관의 정년은 각각 70세, 판사의 정년은 65세로 한다(법원조직법 제45조 제4항). 헌법재판소장과 헌법재판소재판관의 임기는 70세이다(헌법재판소법 제7조 제2항).

12 정답 ①

㉠ ❶ 헌법재판소는 헌법소원심판을 청구하려는 자가 변호사를 대리인으로 선임할 자력(資力)이 없는 경우에는 신청에 따라 변호사 중에서 국선대리인을 선정하나, 그 심판청구가 명백히 부적법하거나 이유 없는 경우 또는 권리의 남용이라고 인정되는 경우에는 국선대리인을 선정하지 아니할 수 있다.

㉡ ❶ 헌법재판소장이 궐위(闕位)되거나 부득이한 사유로 직무를 수행할 수 없을 때에는 다른 재판관이 헌법재판소규칙으로 정하는 순서에 따라 그 권한을 대행한다(헌법재판소법 제12조 제4항).

㉢ ❶ 각종 심판절차에서 당사자인 사인(私人)은 변호사를 대리인으로 선임하지 아니하면 심판청구를 하거나 심판수행을 하지 못한다. 다만, 그가 변호사의 자격이 있는 경우에는 그러하지 아니하다(헌법재판소법 제25조 제3항).

㉣ ❶ 헌법재판소는 정당해산심판의 청구를 받은 때에는 직권 또는 청구인의 신청에 의하여 종국결정의 선고 시까지 피청구인의 활동을 정지하는 결정을 할 수 있다(헌법재판소법 제57조).

㉤ ❶ 헌법재판소가 권한쟁의심판의 청구를 받았을 때에는 직권 또는 청구인의 신청에 의하여 종국결정의 선고 시까지 심판 대상이 된 피청구인의 처분의 효력을 정지하는 결정을 할 수 있다(헌법재판소법 제65조).

㉥ ❶ 헌법재판소장은 헌법재판소에 재판관 3명으로 구성되는 지정재판부를 두어 헌법소원심판의 사전심사를 담당하게 할 수 있다(헌법재판소법 제72조 제1항). 지정재판부에서는 가처분을 불인정한다.

13 정답 ④

④ 형벌에 관한 법률이 위헌결정을 받은 경우 그 효력이 소급하여 적용되기는 하지만, 그것이 불처벌의 특례를 규정하고 있는 경우에는 소급효가 인정되지 아니한다.

① 위헌결정의 소급효 인정여부에 관한 학설 중 폐지무효설은 위헌결정된 법률은 헌법재판소의 결정으로 비로소 그 효력을 상실한다는 입장이다. 위헌결정된 법률에 소급효을 인정하면 법적 안정성을 해할 우려가 있으므로, 위헌결정은 창설적이고 장래효만을 가진다는 것이다.

② 위헌결정의 소급효 인정여부에 관한 학설 중 소급무효설은 위헌결정된 법률은 당연히 무효여서 처음부터 법률이 존재하지 않는 것이므로, 소급하여 무효가 된다는 입장이다. 법적 안정성보다는 법적 정의를 중시한다. 따라서 위헌결정은 확인적 의미를 가진다.

③ 위헌으로 결정된 형벌에 관한 법률 또는 법률의 조항에 근거한 유죄의 확정판결에 대하여는 재심을 청구할 수 있다(헌법재판소법 제47조 제4항).

14 정답 ④

④ 국회의 구성원인 국회의원이 국회의 조약에 대한 체결·비준 동의권의 침해를 주장하는 권한쟁의심판을 청구할 수 없다(헌재 2007.7.26. 2005헌라8).

① 국회 상임위원회 위원장이 위원회 전체회의 개의 직전부터 회의가 종료될 때까지 회의장 출입문을 폐쇄하여 회의의 주체인 소수당 소속 상임위원회 위원들의 출입을 봉쇄한 상태에서 상임위원회 전체회의를 개의하여 안건을 상정

행위 및 소위원회로 안건심사를 회부한 행위는 회의에 참석하지 못한 소수당 소속 상임위원회 위원들의 조약비준동의안에 대한 심의권을 침해한 것이지만, 위 안건 상정·소위원회 회부행위가 무효인 것은 아니다(헌재 2010.12.28, 2008헌라7).
② 중앙선거관리위원회 외에 각급 구·시·군 선거관리위원회도 헌법에 의하여 설치된 기관으로서 헌법과 법률에 의하여 독자적인 권한을 부여받은 기관에 해당하고, 따라서 피청구인 강남구선거관리위원회도 권한쟁의심판의 당사자 능력이 인정된다(헌재 2008.6.26, 2005헌라7).
③ 국회부의장은 국회의장의 직무를 대리하여 법률안을 가결선포할 수 있을뿐, 법률안 가결선포행위에 따른 법적 책임을 지는 주체가 될 수 없으므로, 법률안 심의·표결권 침해여부에 관한 권한쟁의심판에서 국회부의장은 피청구인 적격이 인정되지 않는다(헌재 2009.10.29, 2009헌라8).

15 정답 ①

① 정당의 목적이나 활동이 민주적 기본질서에 위배될 때에는 정부는 헌법재판소에 그 해산을 제소할 수 있고, 정당은 헌법재판소의 심판에 의하여 해산된다(헌법 제8조 제4항).
② 헌법 제8조 제1항
③ 헌법 제8조 제2항
④ 헌법 제8조 제3항

16 정답 ①

① 모두 옳은 설명이다.
㉠ ❶ 당선되거나 되게 하거나 되지 못하게 할 목적으로 공연히 사실을 적시하여 후보자 등을 비방한 자를 처벌하는 공직선거법 규정 중, '후보자가 되고자 하는 자'에 대한 비방행위를 처벌하는 것은 죄형법정주의의 명확성원칙에 위배되지 않고, 선거운동의 자유나 정치적 표현의 자유를 침해하지 않는다(헌재 2013.6.27, 2011헌바75).
㉡ ❶ 비례대표지방의회의원에 궐원이 생긴 때에 비례대표지방의회의원후보자명부에 의한 승계원칙의 예외를 규정한 공직선거법 제200조 제2항 단서 중 '비례대표지방의회의원 당선인이 제264조(당선인의 선거범죄로 인한 당선무효)의 규정에 의하여 당선이 무효로 된 때' 부분은 대의제 민주주의 원리 및 자기책임의 원리에 부합하지 않는 것

으로서 궐원된 의원이 소속한 정당의 비례대표지방의회의 원후보자명부상의 차순위후보자의 공무담임권을 침해하여 헌법에 위반된다(헌재 2009.6.25, 2007헌마40).
㉢ ❶ 지방자치단체장 선거권 역시 다른 선거권과 마찬가지로 헌법 제24조에 의해 보호되는 헌법상 권리이다(헌재 2016.10.27, 2014헌마797).
㉣ ❶ 국회의원 비례대표 후보자 명단을 확정하기 위한 당내 경선은 정당의 대표자나 대의원을 선출하는 절차와 달리 국회의원 당선으로 연결될 수 있는 중요한 절차로서 직접투표의 원칙이 그러한 경선절차의 민주성을 확보하기 위한 최소한의 기준이 된다고 할 수 있는 점 등 제반 사정을 종합할 때, 당내 경선에도 직접·평등·비밀투표 등 일반적인 선거원칙이 그대로 적용된다(대판 2013.11.28, 2013도5117).
㉤ ❶ 재외선거인의 임기만료지역구국회의원선거권을 인정하지 않은 것은 선거권을 침해하거나 보통선거원칙에 위배된다고 볼 수 없다(헌재 2014.7.24, 2009헌마256).

17 정답 ①

① 형법상 간통죄 조항은 선량한 성풍속 및 일부일처제에 기초한 혼인제도를 보호하고 부부간 정조의무를 지키게 하기 위한 것으로서, 헌법상 보장되는 성적 자기결정권 및 사생활의 비밀과 자유를 제한한다(헌재 2015.2.26, 2009헌바17).

18 정답 ①

① 위헌결정한 것은 ㉠, ㉡, ㉢이다.
㉠ (위헌) 평시 민간인에 대한 군사법원의 재판권 행사의 근거인 헌법 제27조 제2항이 규정한 '군용물에 관한 죄'의 범위에 '군사시설에 관한 죄'가 포함되지 아니하므로, '군사시설'에 항상 해당하는 '전투용에 공하는 시설'을 손괴한 일반 국민이 군사법원에서 재판받도록 규정한 것은, 비상계엄이 선포된 경우를 제외하고는 '군사시설'에 관한 죄를 범한 일반 국민은 군사법원의 재판을 받지 아니하도록 규정한 헌법 제27조 제2항에 위반되고, 일반 국민이 헌법과 법률이 정한 법관에 의한 재판을 받을 권리를 침해한다(헌재 2013.11.28, 2012헌가10).
㉡ (위헌) 양심적 병역거부자에 대한 대체복무제를 규정하지 아니한 병역종류조항은 과잉금지원칙에 위배하여 양심적 병역거부자의 양심의 자유를 침해한다(헌재 2018.6.28,

ⓒ (위헌) 임대차존속기간을 20년으로 제한하는 민법 제651조 제1항은 계약의 자유를 침해한다(헌재 2013.12.26. 2011헌바234).

ⓓ (합헌) 공무원연금법상의 유족연금수급권자에서 형제자매를 제외하고 있는 것은 재산권 및 평등권 등을 침해하는 것이 아니다(헌재 2014.5.29. 2012헌마555).

ⓔ (합헌) 민간기업이 도시계획시설사업의 시행을 위하여 수용권을 행사할 수 있도록 규정한 것은 헌법에 위반되지 않는다(헌재 2014.7.24. 2012헌바294).

ⓕ (합헌) 미결수용자에 대한 금치기간 중 집필제한 조항은 표현의 자유를 침해하지 않는다(헌재 2014.8.28. 2012헌마623).

🔍 헌재 2005.2.24. 2003헌마289 결정에서 금치기간 중 집필을 전면 금지한 조항을 위헌으로 판단한 이후, 입법자는 집필을 허가할 수 있는 예외를 규정하였고, 금치처분 기간도 단축하였다.

19   🎯 정답 ③

③ 합헌결정한 것은 ㉠, ㉡, ㉢, ㉣, ㉥이다.

㉠ (합헌) 사회복무요원이 선거운동을 할 경우 경고처분 및 연장복무를 하게 하는 병역법 조항은 사회복무요원이 병역의무를 이행하고 공무를 수행하는 사람으로서 공무원에 준하는 공적 지위를 가진다는 점을 고려하여 사회복무요원의 선거운동의 자유를 침해하지 않는다(헌재 2016.10.27. 2016헌마252).

㉡ (합헌) 변호사시험 합격자의 6개월 실무수습 기간 중 단독 법률사무소 개설과 수임을 금지한 변호사법 제21조의2 제1항 등이 변호사시험 합격자인 청구인들의 직업수행의 자유나 평등권 등 기본권을 침해하지 아니한다는 결정을 선고하였다(헌재 2014.9.25. 2013헌마424).

㉢ (합헌) 4인 이하 사업장에 부당해고제한 규정을 적용하지 않는 것은 헌법에 위배되지 아니한다(헌재 2019.4.11. 2017헌마820).

㉣ (합헌) 공무원의 징계 사유가 공금의 횡령인 경우 공금 횡령액의 5배 내의 징계부가금을 부과하도록 한 것은 이중처벌금지원칙·무죄추정원칙·과잉금지원칙에 위배되지 않는다(헌재 2015.2.26. 2012헌바435).

㉤ (위헌) 개인이 고용한 종업원 등이 일정한 범죄행위를 저지른 경우 곧바로 그를 고용한 영업주 개인도 종업원 등과 똑같이 처벌하도록 규정하고 있는 구 정신보건법 조항은 책임주의원칙에 위반되어 헌법에 위반된다(헌재 2015.2.26. 2013헌마789).

㉥ (합헌) 주택재개발 정비사업조합의 임원을 형법상 뇌물죄의 적용에 있어 공무원으로 의제하도록 한 구 도시 및 주거환경정비법 조항은 지나치게 무겁게 처벌하는 것이라고 볼 수 없다(헌재 2015.2.26. 2013헌바200).

20   🎯 정답 ③

③ 주민소환은 제3조의 규정에 의한 주민소환투표권자 총수의 3분의 1 이상의 투표와 유효투표 총수 과반수의 찬성으로 확정된다(주민소환에 관한 법률 제22조 제1항).

① 19세 이상의 외국인으로서 「출입국관리법」 제10조의 규정에 따른 영주의 체류자격 취득일 후 3년이 경과한 자 중 당해 지방자치단체 관할구역의 외국인등록대장에 등재된 자는 주민소환투표권이 있다(주민소환에 관한 법률 제3조 제1항 제2호).

② 선출직 지방공직자의 임기개시일부터 1년이 경과하지 아니한 때에는 주민소환투표의 실시를 청구할 수 없다(주민소환에 관한 법률 제8조 제1호).

④ 전체 주민소환투표자의 수가 주민소환투표권자 총수의 3분의 1에 미달하는 때에는 개표를 하지 아니한다(주민소환에 관한 법률 제22조 제2항).

제 05 회 동형모의고사

→ 문제편 67p

정답 모아보기

01 ④	02 ②	03 ④	04 ①	05 ④
06 ②	07 ④	08 ②	09 ③	10 ②
11 ②	12 ③	13 ③	14 ③	15 ④
16 ①	17 ②	18 ②	19 ④	20 ①

01 정답 ④

모두 옳은 설명이다.

㉠ O→ 공직선거법 제8조의8 제1항

> 참고 **공직선거법 제8조의8(선거여론조사심의위원회)** ① 중앙선거관리위원회와 시·도선거관리위원회는 선거에 관한 여론조사의 객관성·신뢰성을 확보하기 위하여 선거여론조사심의위원회를 각각 설치·운영하여야 한다.
> ② 중앙선거관리위원회에 설치하는 선거여론조사심의위원회(이하 "중앙선거여론조사심의위원회"라 한다) 및 시·도선거관리위원회에 설치하는 선거여론조사심의위원회(이하 "시·도선거여론조사심의위원회"라 한다)는 국회에 교섭단체를 구성한 정당이 추천하는 각 1명과 학계, 법조계, 여론조사 관련 기관·단체의 전문가 등을 포함하여 중립적이고 공정한 사람 중에서 중앙선거관리위원회 또는 시·도선거관리위원회가 위촉하는 사람으로 총 9명 이내의 위원으로 각각 구성하며, 위원의 임기는 3년으로 한다. 이 경우 위원정수에 관하여는 제8조의2 제2항 후단을 준용한다.
> ③ 선거여론조사심의위원회에 위원장 1명을 두되, 위원장은 위원 중에서 호선한다.

㉡ O→ 1년 이상 징역 또는 금고의 형의 선고를 받고 그 집행이 종료되지 아니하거나 그 집행을 받지 아니하기로 확정되지 아니한 사람은 선거권을 불인정한다(공직선거법 제18조 제1항 제2호).

㉢ O→ 재외선거인에게 국회의원 재·보궐선거의 선거권을 인정하지 않은 것은 재외선거인의 선거권을 침해하거나 보통선거원칙에 위배된다고 볼 수 없다(헌재 2014.7.24. 2009헌마256).

㉣ O→ 공직선거법 제158조 제1·2항

> 참고 **공직선거법 제158조(사전투표)** ① 선거인(거소투표자와 선상투표자는 제외한다)은 누구든지 사전투표 기간 중에 사전투표소에 가서 투표할 수 있다.
> ② 사전투표를 하려는 선거인은 사전투표소에서 신분증명서를 제시하여 본인임을 확인받은 다음 전자적 방식으로 손도장을 찍거나 서명한 후 투표용지를 받아야 한다.

㉤ O→ 공직선거법상 대통령령으로 정하는 언론인의 선거운동을 금지하는 것은 포괄위임금지원칙을 위반하는 것이다(헌재 2016. 6.30. 2013헌가1).

02  정답 ②

㉠ O→ 집회시위법의 사전신고는 경찰관청 등 행정관청으로 하여금 집회의 순조로운 개최와 공공의 안전보호를 위하여 필요한 준비를 할 수 있는 시간적 여유를 주기 위한 것으로서, 협력의무로서의 신고이다. 집회시위법 전체의 규정 체제에서 보면 집회시위법은 일정한 신고절차만 밟으면 일반적·원칙적으로 옥외집회 및 시위를 할 수 있도록 보장하고 있으므로, 집회에 대한 사전신고제도는 헌법 제21조 제2항의 사전허가 금지에 위배되지 않는다. 심판대상조항의 신고사항은 여러 옥외집회·시위가 경합하지 않도록 하기 위해 필요한 사항이고, 질서유지 등 필요한 조치를 할 수 있도록 하는 중요한 정보이다. <u>옥외집회·시위에 대한 사전신고 이후 기재사항의 보완, 금지통고 및 이의절차 등이 원활하게 진행되기 위하여 늦어도 집회가 개최되기 48시간 전까지 사전신고를 하도록 규정한 것이 지나치다고 볼 수 없다</u>(헌재 2014.1.28. 2011헌바174).

㉡ O→ 이 사건 효력상실조항은 학원교육에 대한 국가의 규제·감독이 형해화되는 폐단을 방지하고, 학원교육이 최소한의 공적 기능을 수행하도록 함으로써 교육소비자를 보호하고 평생교육을 실현하고자 하는 것으로서 입법목적의 정당성 및 수단의 적합성은 인정되나, 벌금형이 확정되기만 하면 일률적으로 등록을 상실하도록 규정한 것은 지나친 제재라 할 것이다. 그러므로 '학원의 설립·운영 및 과외교습에 관한 법률'을 위반하여 벌금형을 선고받은

경우 등록의 효력을 잃도록 규정하고 있는 것은 직업선택의 자유를 침해하는 것이다(헌재 2014.1.28, 2011헌바252).

ⓒ ◯ 특별시장·광역시장·특별자치시장·도지사·특별자치도지사(이하 '광역자치단체장'이라 한다) 선거의 예비후보자를 후원회지정권자에서 제외하고(이하 '광역자치단체장선거의 예비후보자에 관한 부분'이라 한다), 자치구의 지역구의회의원(이하 '자치구의회의원'이라 한다) 선거의 예비후보자를 후원회지정권자에서 제외하고 있는(이하 '자치구의회의원선거의 예비후보자에 관한 부분'이라 한다) 정치자금법 조항에 관한 심판청구사건에서, 광역자치단체장선거의 예비후보자에 관한 부분은 청구인들 평등권을 침해하여 헌법에 위반되지만, 2021.12.31.을 시한으로 입법자가 개정할 때까지 이를 계속 적용한다는 결정을 선고하였다(2019.12.27, 2018헌마301).

ⓔ ◯ 집행유예자와 수형자의 선거권을 제한함으로써 달성하고자 하는 '중대한 범죄자에 대한 제재나 일반 시민의 법치주의에 대한 존중의식 제고' 등의 공익보다 이로 인하여 침해되는 '집행유예자와 수형자 개인의 사익 또는 민주적 선거제도의 공익적 가치'가 더 크다. 그러므로 심판대상조항은 헌법 제37조 제2항에 위반하여 청구인들의 선거권을 침해하고, 헌법 제41조 제1항 및 제67조 제1항이 규정한 보통선거원칙에 위반하여 집행유예자와 수형자를 차별취급하는 것이므로 평등의 원칙에도 어긋난다. 하지만 심판대상조항 중 수형자에 관한 부분의 위헌성은 지나치게 전면적·획일적으로 수형자의 선거권을 제한한다는 데 있으므로 수형자에 대한 선거권 제한은 헌법불합치 결정을 하고, 집행유예자에 대한 선거권 제한은 위헌결정을 한다(헌재 2014.1.28, 2012헌마409).

ⓜ ✗ 헌법 제8조 제1항의 정당설립의 자유와 헌법 제8조 제4항의 입법취지를 고려하여 볼 때, 단지 일정 수준의 정치적 지지를 얻지 못한 군소정당이라는 이유만으로 정당을 국민의 정치적 의사형성과정에서 배제하기 위한 입법은 헌법상 허용될 수 없다. 그러므로 국회의원선거에 참여하여 의석을 얻지 못하고 유효투표총수의 100분의 2 이상을 득표하지 못한 정당에 대해 그 등록을 취소하도록 한 정당법 제44조 제1항 제3호와, 등록취소된 정당의 명칭과 동일한 명칭을 일정 기간 정당의 명칭으로 사용할 수 없도록 한 정당법 제41조 제4항 중 제44조 제1항 제3호는 정당설립의 자유를 침해하는 것이다(헌재 2014.1.28, 2012헌마431).

03   정답 ④

모두 옳은 설명이다.

㉠ ◯ 교섭단체에 속하지 아니하는 의원의 발언시간 및 발언자 수는 의장이 각 교섭단체 대표의원과 협의하여 정한다(국회법 제104조 제5항).

㉡ ◯ 소위원회는 폐회 중에도 활동할 수 있으며 그 의결로 의안 심사와 직접 관련된 보고 또는 서류 및 해당 기관이 보유한 사진·영상물의 제출을 정부·행정기관 등에 요구할 수 있고, 증인·감정인·참고인의 출석을 요구할 수 있다. 이 경우 그 요구는 위원장의 명의로 한다(국회법 제57조 제6항).

㉢ ◯ 2014.6.19.부터, 대통령의 친인척 등 대통령과 특수한 관계에 있는 사람의 비위행위에 대한 감찰을 담당하는 특별감찰관에 관하여 규정한 특별감찰관법이 시행됨에 따라, 상임위원회의 인사청문대상자에 특별감찰관을 추가하였다(국회법 제65조의2 제2항).

㉣ ◯ 본회의, 위원회 또는 소위원회는 그 의결로 안건의 심의 또는 국정감사나 국정조사와 직접 관련된 보고 또는 서류와 해당 기관이 보유한 사진·영상물(이하 이 조에서 "서류등"이라 한다)의 제출을 정부, 행정기관 등에 요구할 수 있다. 다만, 위원회가 청문회, 국정감사 또는 국정조사와 관련된 서류등의 제출을 요구하는 경우에는 그 의결 또는 재적위원 3분의 1 이상의 요구로 할 수 있다(국회법 제128조 제1항).

㉤ ◯ 본회의, 위원회 또는 소위원회는 그 의결로 안건의 심의 또는 국정감사나 국정조사와 직접 관련된 보고 또는 서류와 해당 기관이 보유한 사진·영상물(이하 이 조에서 "서류등"이라 한다)의 제출을 정부, 행정기관 등에 요구할 수 있다. 다만, 위원회가 청문회, 국정감사 또는 국정조사와 관련된 서류 등의 제출을 요구하는 경우에는 그 의결 또는 재적위원 3분의 1 이상의 요구로 할 수 있다(국회법 제128조 제1항).

04   정답 ①

㉠ ◯ 주거침입강제추행죄 또는 주거침입준강제추행죄에 대하여 무기징역 또는 7년 이상의 징역에 처하도록 하는 규정은 비례성 원칙에 위배된다(헌재 2023.2.23, 2021헌가9).

㉡ ◯ 헌법상 권력분립의 원리는 지방자치단체 내 지방의회와 지방자치단체의 장 사이의 관계에서도 상호견제와 균형

의 원리로서 실현되고 있다. 다만 그 구체적인 실현은, 국회와 중앙정부 사이의 원칙적인 권력분립과는 달리 현재 우리 사회 내 지방자치의 수준과 특성을 감안하여 국민주권·민주주의원리가 최대한 구현될 수 있도록 하는 효율적이고도 발전적인 방식이 되어야 한다. <u>지방의회 사무직원을 그 지방자치단체의 장이 임명하도록 규정하고 있는 지방자치법 제91조 제1항은, 지방자치법 제101조, 제105조 등이 규정하고 있는 지방자치단체 장의 권한을 구체화한 것으로서 우리 지방자치의 현황 등에 근거하여 지방의회 사무직원의 인력수급 및 운영 방법을 최대한 효율적으로 규율하고 있으므로, 상호견제와 균형의 원리를 침해한다거나 지방자치제도의 본질적 내용을 침해한다고 볼 수는 없다</u>(헌재 2014.1.28. 2012헌바216).

ⓒ O▶ 대학교수에게 대학총장 후보자 선출에 참여할 권리가 있고, 이 권리는 대학의 자치의 본질적인 내용에 포함되므로 헌법상의 기본권으로 인정될 수 있다. 그러나 단과대학은 대학을 구성하는 하나의 조직·기관일 뿐이고, 단과대학장은 '총장의 명을 받아' 단과대학의 교무를 통할하고 소속 교직원을 감독하는 지위를 갖는 자로서 그 지위와 권한 및 중요도에서 대학의 장과 구별된다. <u>단과대학장의 지명권이 있는 대학의 장을 구성원들의 참여에 따라 자율적으로 선출한 이상, 하나의 보직에 불과한 단과대학장의 선출에 다시 한 번 대학교수들이 참여할 권리가 대학의 자율에서 당연히 도출된다고 보기는 어렵다</u>(헌재 2014.1.28. 2011헌마239).

ⓔ O▶ 유사군복을 판매목적으로 소지하는 행위에 대하여 1년 이하 징역 또는 1,000만원 이하 벌금 처하도록 하는 것은 과잉금지원칙에 위배되지 아니한다(헌재 2019.4.11. 2018헌가14).

05   🎯 정답 ④

④ 세금계산서 교부의무위반 등의 금액이 총 매출액의 100분의 10 이상인 때 주류판매업면허를 취소하도록 규정한 구 주세법 제15조 제2항 제4호가 직업선택의 자유를 침해하지 않는다(헌재 2014.3.27. 2012헌바178).

① 해가 뜨기 전이나 해가 진 후에는 시위를 하여서는 아니 된다고 규정한 조문과 이에 위반하여 시위에 참가한 자를 처벌하는 조문은, 이미 보편화된 야간의 일상적인 생활의 범주에 속하는 '해가 진 후부터 같은 날 24시까지의 시위'에 적용하는 한 헌법에 위반된다(헌재 2014.3.27. 2010헌가2).

② 이해관계인의 검사를 상대로 한 친생자관계부존재확인의 소는 당사자가 사망한 사실을 안 날로부터 2년 내에 제기하여야 한다고 정한 것은 인간의 존엄과 가치, 행복추구권, 재판청구권을 침해한다거나 혼인과 가족생활에 관한 기본권을 제한하여 헌법에 위반된다고 볼 수 없다(헌재 2014.3.27. 2010헌바397).

③ 국회, 법원, 헌법재판소, 선거관리위원회, 행정부 등 소속 공무원에 대하여 금지하여야 할 정치행위의 내용을 개별적으로 구체화할 필요성이 있고, 그 내용을 일일이 법률로 규정하는 것은 입법기술상 매우 곤란하므로 그 위임의 필요성이 인정되며, 그 내용 또한 충분히 예상할 수 있으므로, 공무원의 정치행위 규제조항은 포괄위임금지원칙에 위배되지 않는다(헌재 2014.3.27. 2011헌바42).

06   🎯 정답 ②

옳은 것은 ㉠, ㉡, ㉢, ㉣이다.

㉠ O▶ 병역을 기피할 목적으로 대한민국 국적을 상실하였거나 이탈하였던 자는 국적회복을 허가하지 아니한다(국적법 제9조 제2항 제3호).

㉡ O▶ 대한민국 국적을 상실한 자는 국적을 상실한 때부터 대한민국의 국민만이 누릴 수 있는 권리 중 대한민국의 국민이었을 때 취득한 것으로서 양도할 수 있는 것은 그 권리와 관련된 법령에서 따로 정한 바가 없으면 3년 내에 대한민국의 국민에게 양도하여야 한다(국적법 제18조 제2항).

㉢ O▶ 복수국적자로서 외국 국적을 선택하려는 자는 외국에 주소가 있는 경우에만 주소지 관할 재외공관의 장을 거쳐 법무부장관에게 대한민국 국적을 이탈한다는 뜻을 신고할 수 있다. 다만, 제12조 제2항 본문 또는 같은 조 제3항에 해당하는 자는 그 기간 이내에 또는 해당 사유가 발생한 때부터만 신고할 수 있다. 국적 이탈의 신고를 한 자는 법무부장관이 신고를 수리한 때에 대한민국 국적을 상실한다(국적법 제14조).

㉣ O▶ 직계존속이 외국에서 영주할 목적 없이 체류한 상태에서 출생한 자는 병역의무의 이행과 관련하여 현역·상근예비역 또는 보충역으로 복무를 마치거나 마친 것으로 보게 되는 경우, 전시근로역에 편입된 경우, 병역면제처분을 받은 경우의 어느 하나에 해당하는 경우에만 국적이탈신고를 할 수 있다(국적법 제12조 제3항).

㉤ X▶ 일반귀화의 경우 5년 이상 계속하여 대한민국에 주소가 있을 것, 대한민국의 민법상 성년일 것, 품행이 단

정할 것, 자신의 자산이나 기능에 의하거나 생계를 같이 하는 가족에 의존하여 생계를 유지할 능력이 있을 것, 국어능력과 대한민국의 풍습에 대한 이해 등 대한민국 국민으로서의 기본 소양을 갖추고 있을 것의 요건을 갖추어야 한다(국적법 제5조).

07 정답 ④

모두 옳은 설명이다.
- ㉠ ○ ▶ 헌법상 영토조항은 제헌헌법에서 규정되어 현행헌법까지 계속적으로 규정되어 왔다.
- ㉡ ○ ▶ 헌법 제3조의 법리상 이 지역에서는 대한민국의 주권과 부딪치는 어떠한 국가단체도 인정할 수가 없는 것이므로 비록 북한이 국제사회에서 하나의 주권국가로 존속하고 있고, 우리 정부가 북한 당국자의 명칭을 쓰면서 정상회담 등을 제의하였다 하여 북한이 대한민국의 영토고권을 침해하는 반국가단체가 아니라고 단정할 수 없다(대판 1990.9.25, 90도1451).
- ㉢ ○ ▶ 국가보안법과 남북교류협력에관한법률은 상호 그 입법목적과 규제대상을 달리하고 있으며 따라서 구 국가보안법 제6조 제1항 소정의 잠입·탈출죄와 남북교류협력에관한법률 제27조 제2항 제1호 소정의 죄는 각기 그 구성요건을 달리하고 있는 것이므로 위 두 법률조항에 관하여 형법 제1조 제2항이 적용될 수 없다(헌재 1993.7.29, 92헌바48).
- ㉣ ○ ▶ 소위 남북합의서는 남북관계를 "나라와 나라 사이의 관계가 아닌 통일을 지향하는 과정에서 잠정적으로 형성되는 특수관계"임을 전제로 하여 이루어진 합의문서인바, 이는 한민족공동체 내부의 특수관계를 바탕으로 한 당국 간의 합의로서 남북당국의 성의 있는 이행을 상호 약속하는 일종의 공동성명 또는 신사협정에 준하는 성격을 가짐에 불과하다(헌재 1997.1.16, 92헌바6).
- ㉤ ○ ▶ 우리 헌법에 외교통상부(현행 외교부)장관 또는 대한민국 정부가 현재 중국의 영토인 간도 지역을 회복하여야 할 작위의무가 특별히 규정되어 있다거나 헌법 해석상 그러한 작위의무가 도출된다고 보기 어려울 뿐만 아니라, 중국에 대해 간도협약이 무효임을 주장하여야 하는 어떠한 법적인 의무가 있다고도 볼 수 없다. 따라서, 설령 <u>외교통상부 장관이 중국에 대해 간도협약의 무효를 주장하는 등 간도 지역을 우리의 영토로 회복하기 위한 적극적인 행위를 하지 않고 있다고 하더라도, 청구인은 피청구인에 대해 그와 같은 적극적인 공권력 행사를 청구할 수 있는 권리가 있다고 볼 수 없으므로, 이 사건 심판청구는 헌법소원이 허용될 수 없는 공권력의 불행사를 대상으로 한 것이어서 부적법하다</u>(헌재 2009.9.22, 2009헌마516).
- ㉥ ○ ▶ 헌법 제3조의 영토조항은 우리나라의 공간적인 존립기반을 선언하는 것인바, 영토변경은 우리나라의 공간적인 존립기반에 변동을 가져오고, 또한 국가의 법질서에도 변화를 가져옴으로써, 필연적으로 국민의 주관적 기본권에도 영향을 미치지 않을 수 없는 것이다(헌재 2001.3.21, 99헌마139).

08  정답 ②

- ㉠ ○ ▶ 헌법재판소는 2020.4.23. 재판관 6 : 3의 의견으로, 초·중등학교의 교육공무원이 정치단체의 결성에 관여하거나 이에 가입하는 행위를 금지한 국가공무원법 제65조 제1항 중 '국가공무원법 제2조 제2항 제2호의 교육공무원 가운데 초·중등교육법 제19조 제1항의 교원은 그 밖의 정치단체의 결성에 관여하거나 이에 가입할 수 없다.' 부분은 헌법에 위반된다는 결정을 선고하였다. [위헌] 이에 대하여는 위 조항이 헌법에 위반되지 않는다는 재판관 이선애, 재판관 이은애, 재판관 이종석의 반대의견이 있다. 청구인 7 내지 9의 심판청구를 각하하였다. [각하] 초·중등학교의 교육공무원이 정당의 결성에 관여하거나 이에 가입하는 행위를 금지한 정당법 제22조 제1항 단서 제1호 본문 중 국가공무원법 제2조 제2항 제2호의 교육공무원 가운데 초·중등교육법 제19조 제1항의 교원에 관한 부분 및 국가공무원법 제65조 제1항 중 '국가공무원법 제2조 제2항 제2호의 교육공무원 가운데 초·중등교육법 제19조 제1항의 교원은 정당의 결성에 관여하거나 이에 가입할 수 없다.' 부분은 헌법에 위반되지 않는다는 결정을 선고하였다. [기각] 이에 대하여는 위 조항이 헌법에 위반된다는 재판관 이석태, 재판관 김기영, 재판관 이미선의 반대의견이 있다(2020.4.23, 2018헌마551).
- ㉡ ○ ▶ 학교폭력가해 학생에 대하여 수개조치를 병과할 수 있도록 하고 출석정지 기간의 상한을 두지 아니하는 것은 헌법상 학습권 위배가 아니다(헌재 2019.4.11, 2017헌바140).
- ㉢ ○ ▶ 일반적으로 국민적 구속력을 갖는 행정계획은 행정행위에 해당되지만, 구속력을 갖지 않고 행정기관 내부의 행동지침에 지나지 않는 행정계획은 행정행위가 될 수 없고, 이와 같이 행정기관의 내부적 의사결정에 불과하여 직접 국민의 권리의무에 영향을 미치지 않는 경우에는

헌법소원의 대상의 공권력의 행사 또는 불행사로 볼 수 없다(헌재 2014.3.27. 2011헌마291).

㉣ ❍→ 강제퇴거명령을 받은 사람을 즉시 대한민국 밖으로 송환할 수 없으면 송환할 수 있을 때까지 보호시설에 보호할 수 있도록 규정한 것은, 과잉금지원칙에 위배되어 신체의 자유를 침해하지 않으며 적법절차원칙에도 위반되지 않는다(헌재 2018.2.22. 2017헌가29).

㉤ ❍→ 법무부장관의 2013.4.26.자 "2014년 제3회 변호사시험 합격자는 원칙적으로 입학정원 대비 75%(1,500명) 이상 합격시키는 것으로 한다."라는 공표는 헌법소원의 대상이 되는 공권력 행사에 해당하지 않는다(헌재 2014.3.27. 2013헌마523).

㉥ ✕→ 비록 경찰관이 촬영허용 당시 각 언론사를 상대로 청구인의 개인정보와 초상권을 보호해 달라는 취지의 요청을 수차례 하였고 실제로 모자이크 처리되어 방영되었다고 하나, 이는 언론사가 '국민'을 상대로 보도하는 단계에서 사후적으로 문제되는 것일 뿐, '언론사' 자체에 대한 청구인의 얼굴 공개행위에 대하여는 이러한 사후적 요청이 청구인의 침해를 최소화하기 위한 특별한 조치로서의 의미를 갖는다고 보기 어렵다. 결국 경찰관이 언론사 기자들의 취재 요청에 응하여 피의자가 경찰서 내에서 양손에 수갑을 찬 채 조사받는 모습을 촬영할 수 있도록 허용한 행위는, 피의자의 인격권을 침해하는 것이다(헌재 2014.3.27. 2012헌마652).

09 정답 ④

옳은 것은 ㉡, ㉢, ㉣, ㉤, ㉥이다.

㉠ ✕→ 도로 등 영조물 주변 50m 범위 내에서는 관할관청의 허가 또는 소유자 등의 승낙이 없으면 광물을 채굴할 수 없도록 정하면서 보상의무를 따로 규정하지 않고 있는 것은, 비례의 원칙에 위배되지 않고 광업권자가 수인하여야 하는 사회적 제약의 범주 내에서 광업권을 제한하는 것이므로, 광업권자의 재산권을 침해하지 않는다. 또한 고속도로 등 국가중요건설사업의 경우에 광업권의 취소 또는 광구감소처분을 할 수 있도록 정한 광업법 제34조와 일정구역에서 허가 또는 승낙 하에만 채굴을 할 수 있도록 정한 이 사건 심판대상조항은, 광업권을 제한하는 정도가 서로 다르기 때문에 두 경우에 보상여부가 달라지더라도 이를 차별취급이라고 볼 수 없다. 따라서 일반국도를 설치하는 경우에 광업법 제34조가 아닌 이 사건 법률조항을 적용하여 보상의무가 발생하지 않게 되더라도 이를 들어 평등원칙 위반이라 할 수 없다(헌재 2014.2.27. 2010헌바483).

㉡ ❍→ 박근혜 정부의 최순실 등 민간인에 의한 국정농단의 혹사건규명을 위한 특별검사 임용시 후보자 추천을 여당을 배제하고 교섭단체를 구성하는 두 야당이 2인을 추천하는 것은 헌법 위배가 아니다(헌재 2019.2.28. 2017헌바126).

㉢ ❍→ 후보자가 되고자 하는 자의 기부행위를 제한하는 것은 명확성원칙 및 포괄위임입법금지원칙에 위배되지 않으며, 행복추구권, 일반적 행동자유권, 선거운동의 자유를 침해한다고 볼 수 없다(헌재 2014.2.27. 2013헌바106).

㉣ ❍→ 헌법재판소는 2020.4.23. 재판관 8:1의 의견으로, 피청구인들이 2015.11.14. 19:00경 종로구청입구 사거리에서 살수차를 이용하여 물줄기가 일직선 형태로 청구인 백○○에게 도달되도록 살수한 행위는 청구인 백○○의 생명권 및 집회의 자유를 침해한 것으로서 헌법에 위반됨을 확인하는 결정을 선고하였다. [위헌] 나머지 청구인들의 각 심판청구 및 청구인 백○○의 나머지 심판청구는 모두 각하하였다. [각하] 이에 대하여 청구인 백○○의 공동심판참가신청은 존재하지 않거나 부적법하다는 재판관 이종석의 반대의견이 있다(2020.4.23. 2015헌마1149).

㉤ ❍→ 헌법 제8조 제2항 및 헌법 제8조 제4항은 정당의 자유에 대한 한계를 정하고 있으므로, 정당활동의 자유 역시 헌법 제37조 제2항의 일반적 법률유보의 대상이 되고, 헌법재판소법 제57조 가처분조항은 이에 근거하여 정당활동의 자유를 제한하는 법률조항이다. 그러나 가처분조항에 의해 달성될 수 있는 정당해산심판의 실효성 확보 및 헌법질서의 유지 및 수호라는 공익은, 정당해산심판의 종국결정 시까지 잠정적으로 제한되는 정당활동의 자유에 비하여 결코 작다고 볼 수 없으므로 가처분조항은 과잉금지원칙에 위배하여 정당활동의 자유를 침해한다고 볼 수 없다(헌재 2014.2.27. 2014헌마7).

㉥ ❍→ 정보위원회 회의를 공개하지 아니하는 것은 헌법에 위배된다(헌재 2022.1.27. 2018헌마1162).

10 정답 ②

옳지 않은 것은 ㉠, ㉣이다.

㉠ ✗ 구 법관징계법 제2조 제2호가 '품위 손상', '위신 실추'와 같은 추상적인 용어를 사용하고 있기는 하나, 수범자인 법관이 구체적으로 어떠한 행위가 이에 해당하는지를 충분히 예측할 수 없을 정도로 그 적용범위가 모호하다거나 불분명하다고 할 수 없고, 법관이 사법부 내부 혁신 등을 위한 표현행위를 하였다는 것 자체가 위 법률조항의 징계사유가 되는 것이 아니라, 표현행위가 이루어진 시기와 장소, 표현의 내용 및 방법, 행위의 상대방 등 제반 사정을 종합하여 볼 때 법관으로서의 품위를 손상하거나 법원의 위신을 실추시킨 행위에 해당하는 경우에 한하여 징계사유가 되는 것이므로, 구 법관징계법 제2조 제2호는 그 적용범위가 지나치게 광범위하거나 포괄적이어서 법관의 표현의 자유를 과도하게 제한한다고 볼 수 없어 과잉금지원칙에 위배되지 아니한다(헌재 2012.2.23, 2009헌바34).

㉡ ○ 인터넷게시판을 설치·운영하는 정보통신서비스 제공자에게 본인확인조치의무를 부과하여 게시판 이용자로 하여금 본인확인절차를 거쳐야만 게시판을 이용할 수 있도록 하는 본인확인제를 규율한 이 사건 법령조항들은 과잉금지원칙에 위배하여 인터넷게시판 이용자의 표현의 자유, 개인정보자기결정권 및 인터넷게시판을 운영하는 정보통신서비스 제공자의 언론의 자유를 침해를 침해한다(헌재 2012.8.23, 2010헌마47).

㉢ ○ 정보통신망을 통하여 일반에게 공개된 정보로 말미암아 사생활 침해나 명예훼손 등 타인의 권리가 침해된 경우 그 침해를 받은 자가 삭제요청을 하면 정보통신서비스 제공자는 권리의 침해 여부를 판단하기 어렵거나 이해당사자 간에 다툼이 예상되는 경우에는 30일 이내에서 해당 정보에 대한 접근을 임시적으로 차단하는 조치를 하여야 한다고 규정한 것은 표현의 자유를 침해하는 것이 아니다(헌재 2012.5.31, 2010헌마88).

㉣ ✗ 공무원의 신분과 지위의 특수성에 비추어 볼 때 공무원에 대해서는 일반 국민에 비해 보다 넓고 강한 기본권 제한이 가능한바, 위 규정들은 공무원의 정치적 의사표현이 집단적인 행위가 아닌 개인적·개별적인 행위인 경우에는 허용하고 있고, 공무원의 행위는 그것이 직무 내의 것인지 직무 외의 것인지 구분하기 어려운 경우가 많으며, 설사 공무원이 직무 외에서 집단적인 정치적 표현 행위를 한다 하더라도 공무원의 정치적 중립성에 대한 국민의 신뢰는 유지되기 어려우므로 직무 내외를 불문하고 금지한다 하더라도 침해의 최소성원칙에 위배되지 아니하며, 법익의 균형성 또한 인정된다. 따라서 위 규정들은 과잉금지원칙에 반하여 공무원의 정치적 표현의 자유를 침해한다고 할 수 없다(헌재 2012.5.31, 2009헌마705).

11 정답 ②

옳은 것은 ㉠, ㉡이다.

㉠ ○ 한정위헌 결정의 경우에는 헌법재판소의 결정에 불구하고 법률이나 법률조항은 그 문언이 전혀 달라지지 않은 채 그냥 존속하고 있는 것이므로 이와 같이 법률이나 법률조항의 문언이 변경되지 아니한 이상 이러한 한정위헌 결정은 법률 또는 법률조항의 의미, 내용과 그 적용범위를 정하는 법률해석이라고 이해하지 않을 수 없다. 그런데 구체적 사건에 있어서 당해 법률 또는 법률조항의 의미·내용과 적용범위가 어떠한 것인지를 정하는 권한 곧 법령의 해석·적용 권한은 바로 사법권의 본질적 내용을 이루는 것으로서, 전적으로 대법원을 최고법원으로 하는 법원에 전속한다. 이러한 법리는 우리 헌법에 규정된 국가권력분립구조의 기본원리와 대법원을 최고법원으로 규정한 헌법의 정신으로부터 당연히 도출되는 이치로서, 만일 법원의 이러한 권한이 훼손된다면 이는 헌법 제101조는 물론이요, 어떤 국가기관으로부터도 간섭받지 않고 오직 헌법과 법률에 의하여 그 양심에 따라 독립하여 심판하도록 사법권 독립을 보장한 헌법 제103조에도 위반되는 결과를 초래한다. 그러므로 한정위헌 결정에 표현되어 있는 헌법재판소의 법률해석에 관한 견해는 법률의 의미·내용과 그 적용범위에 관한 헌법재판소의 견해를 일응 표명한 데 불과하여 이와 같이 법원에 전속되어 있는 법령의 해석·적용 권한에 대하여 어떠한 영향을 미치거나 기속력도 가질 수 없다(대판 1996.4.9, 95누11405).

㉡ ○ 임원과 과점주주에게 연대책임을 부과하는 것 자체가 위헌이 아니라 부실경영에 기여한 바가 없는 임원과 과점주주에게도 연대책임을 지도록 하는 것이 위헌이라는 점에서 연대책임을 지는 임원과 과점주주의 범위를 적절하게 제한함으로써 그 위헌성이 제거될 수 있을 뿐만 아니라, 위 상호신용금고법 제37조의3을 단순위헌으로 선언할 경우 임원과 과점주주가 금고의 채무에 대하여 단지 상법상의 책임만을 지는 결과가 발생하고 이로써 예금주인 금고의 채권자의 이익이 충분히 보호될 수 없기 때문에, 가급적이면 위 법규정의 효력을 유지하는 쪽

으로 이를 해석하는 것이 바람직하다. 따라서 이 사건 법률조항은 '부실경영의 책임이 없는 임원'과 '금고의 경영에 영향력을 행사하여 부실의 결과를 초래한 자 이외의 과점주주'에 대해서도 연대채무를 부담하게 하는 범위 내에서 헌법에 위반된다(헌재 2002.8.29, 2000헌가5).

ⓒ ✗ 군인사법 제48조 제4항 후단의 '무죄의 선고를 받은 때'의 의미와 관련하여, 형식상 무죄판결뿐 아니라 공소기각재판을 받았다 하더라도 그와 같은 공소기각의 사유가 없었더라면 무죄가 선고될 현저한 사유가 있는 이른바 내용상 무죄재판의 경우도 이에 포함된다고 확대 해석함이 법률의 문의적 한계 내의 합헌적 법률해석에 부합한다(대판 2004.8.20, 2004다22377).

ⓔ ✗ 압수물을 보관하는 것 자체가 위험하다고 볼 수 없을 뿐만 아니라 이를 보관하는 데 아무런 불편이 없는 물건임이 명백함에도 압수물에 대하여 소유권포기가 있다는 이유로 이를 사건종결 전에 폐기한 행위는 적법절차의 원칙을 위반하고, 공정한 재판을 받을 권리를 침해한 것이다(헌재 2012.12.27, 2011헌마351).

12   정답 ③

③ 위원회(소위원회를 포함한다. 이하 이 조에서 같다)는 중요한 안건 또는 전문지식이 필요한 안건을 심사하기 위하여 그 의결 또는 재적위원 3분의 1 이상의 요구로 공청회를 열고 이해관계자 또는 학식·경험이 있는 사람 등(이하 "진술인"이라 한다)으로부터 의견을 들을 수 있다. 다만, 제정법률안과 전부개정법률안의 경우에는 제58조 제6항에 따른다(국회법 제64조 제1항).

① 의장은 위원회에 출석하여 발언할 수 있다. 다만, 표결에는 참가할 수 없다(국회법 제11조).

② 의장이 심신상실 등 부득이한 사유로 의사표시를 할 수 없게 되어 직무대리자를 지정할 수 없을 때에는 소속 의원수가 많은 교섭단체 소속 부의장의 순으로 의장의 직무를 대행한다(국회법 제12조 제2항).

④ 소관 위원회는 다른 위원회와 협의하여 연석회의를 열고 의견을 교환할 수 있다. 다만 표결은 할 수 없다(국회법 제63조 제1항).

13   정답 ③

옳은 것은 ㉠, ㉢, ㉣이다.

㉠ 헌법 제88조 제2항

㉢ 대통령이 국회에 파병동의안을 제출하기 전에 대통령을 보좌하기 위하여 파병 정책을 심의, 의결한 국무회의의 의결은 국가기관의 내부적 의사결정행위에 불과하여 그 자체로 국민에 대하여 직접적인 법률효과를 발생시키는 행위가 아니므로 헌법재판소법 제68조 제1항에서 말하는 공권력의 행사에 해당하지 아니한다(헌재 2003.12.18, 2003헌마225).

㉣ 대통령은 국무회의의 의장으로서 회의를 소집하고 이를 주재한다. 국무위원은 정무직으로 하며 의장에게 의안을 제출하고 국무회의 소집을 요구할 수 있다(정부조직법 제12조 제1·3항).

㉡ 행정각부의 장 임명은 국무회의 심의대상이 아니다.

㉤ 국무회의 심의사항에 관하여 헌법 제89조는 정부의 권한에 속하는 중요정책으로서 제1호에서 제17호까지 규정하고 있다.

14   정답 ③

옳은 것은 ㉠, ㉡, ㉣, ㉤이다.

㉠  헌법의 기본원리는 헌법의 이념적 기초인 동시에 헌법을 지배하는 지도원리로서 입법이나 정책결정의 방향을 제시하며 공무원을 비롯한 모든 국민·국가기관이 헌법을 존중하고 수호하도록 하는 지침이 되며, 구체적 기본권을 도출하는 근거로 될 수는 없으나 기본권의 해석 및 기본권제한입법의 합헌성 심사에 있어 해석기준의 하나로서 작용한다(헌재 1996.4.25, 92헌바47).

㉡  우리 헌법의 전문과 본문의 전체에 담겨있는 최고 이념은 국민주권주의와 자유민주주에 입각한 입헌민주헌법의 본질적 기본원리에 기초하고 있다. 기타 헌법상의 제원칙도 여기에서 연유되는 것이므로 이는 헌법전을 비롯한 모든 법령해석의 기준이 되고, 입법형성권 행사의 한계와 정책결정의 방향을 제시하며, 나아가 모든 국가기관과 국민이 존중하고 지켜가야 하는 최고의 가치규범이다(헌재 1989.9.8, 88헌가6).

㉢ ✗ 신뢰보호의 원칙의 판단은 신뢰보호의 필요성과 개정법률로 달성하려는 공익을 비교형량하여 종합적으로 판단하여야 하며, 이는 부진정 소급입법의 경우에도 당연히 적용되어야 할 것이다(헌재 1995.10.26, 94헌바12).

㉣ ⭕ 자기책임의 원리는 인간의 자유와 유책성, 그리고 인간의 존엄성을 진지하게 반영한 원리로서 그것이 비단 민사법이나 형사법에 국한된 원리라기보다는 근대법의 기본이념으로서 법치주의에 당연히 내재하는 원리로 볼 것이고 헌법 제13조 제3항은 그 한 표현에 해당하는 것으로서 자기책임의 원리에 반하는 제재는 그 자체로서 헌법위반을 구성한다고 할 것이다(헌재 2009.6.25, 2007헌마40).

㉤ ⭕ 자유민주적 기본질서를 부정하고 이를 적극적으로 제거하려는 조직도, 국민의 정치적 의사형성에 참여하는 한, '정당의 자유'의 보호를 받는 정당에 해당하며, 오로지 헌법재판소가 그의 위헌성을 확인한 경우에만 정당은 정치생활의 영역으로부터 축출될 수 있다(헌재 1999.12.23, 99헌마135).

15  정답 ④

㉠ ❌ 이륜차는 운전자가 외부에 노출되는 구조로 말미암은 사고위험성과 사고결과의 중대성 때문에 고속도로 등의 통행이 금지되는 것이기 때문에 구조적 위험성이 적은 일반 자동차에 비하여 고속통행의 자유가 제한된다고 하더라도 이를 불합리한 차별이라고 볼 수 없다. 구조적 위험성의 정도가 현저히 다르기 때문에 차별 여부의 비교대상이 되지 아니한다(헌재 2007.1.17, 2005헌마1111).

㉡ ❌ 시각장애인 안마시술소 개설 독점제도는 생활전반에 걸쳐 시각장애인에게 가해진 유·무형의 사회적 차별을 보상해 주고 실질적인 평등을 이룰 수 있는 수단이며, 이 사건 개설조항으로 인해 얻게 되는 시각장애인의 생존권 등 공익과 그로 인해 잃게 되는 일반국민의 직업선택의 자유 등 사익을 비교해 보더라도, 공익과 사익 사이에 법익 불균형이 발생한다고 할 수 없으므로, 이 사건 개설조항이 <u>비시각장애인을 시각장애인에 비하여 비례의 원칙에 반하여 차별하는 것이라고 할 수 없을 뿐 아니라, 비시각장애인의 직업선택의 자유를 과도하게 침해하여 헌법에 위반된다고 보기도 어렵다</u>(헌재 2013.6.27, 2011헌가39).

㉢ ❌ 병역법상 28세가 된 사람은 대부분 더 이상 입영의무를 연기할 사유가 없어 곧 징·소집의무를 이행하여야 할 경우에 해당하고, 국외여행을 하여야 할 부득이한 사유가 있는 사람은 병역의무부과에 지장이 없는 한 특별한 연령제한 없이 국외여행을 허가받을 수 있는 규정이 마련되어 있으므로, 병역의무 회피방지와 병역자원의 원활한 수급 필요성에 비추어 볼 때 제1국민역의 단기 국외여행을 "1년 범위 내에서 27세까지"로 제한하고 있는 심판대상규정이 거주·이전의 자유를 침해하지 않는다(헌재 2013.6.27, 2011헌마475).

㉣ ❌ 다른 전문직에 비하여 변호사는 포괄적인 직무영역과 그에 따른 더 엄격한 직무의무를 부담하고 있는바, 이는 변호사 직무의 공공성 및 그 포괄적 직무범위에 따른 사회적 책임성을 고려한 것으로서, 다른 전문직과 비교하여 차별취급의 합리적 이유가 있다고 할 것이므로, 변호인선임서 등을 공공기관에 제출할 때 소속 지방변호사회를 경유하도록 하는 변호사법 제29조는 변호사의 평등권을 침해하지 아니한다(헌재 2013.5.30, 2011헌마131).

㉤ ⭕ 위헌법률심판이나 헌법재판소법 제68조 제2항의 규정에 의한 헌법소원심판에 있어서 위헌 여부가 문제되는 법률이 재판의 전제성 요건을 갖추고 있는지의 여부는 헌법재판소가 별도로 독자적인 심사를 하기보다는 되도록 법원의 이에 관한 법률적 견해를 존중해야 할 것이며, 다만 그 전제성에 관한 법률적 견해가 명백히 유지될 수 없을 때에만 헌법재판소는 이를 직권으로 조사할 수 있다(헌재 1999.6.24, 98헌바42).

16 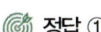 정답 ①

옳은 것은 ㉠이다.

㉠ ⭕ 헌법상 진술거부권의 보호대상이 되는 "진술"이라 함은 언어적 표출, 즉 개인의 생각이나 지식, 경험사실을 정신작용의 일환인 언어를 통하여 표출하는 것을 의미하는바, 정치자금을 받고 지출하는 행위는 당사자가 직접 경험한 사실로서 이를 문자로 기재하도록 하는 것은 당사자가 자신의 경험을 말로 표출한 것의 등가물(等價物)로 평가할 수 있으므로, 위 조항들이 정하고 있는 기재행위 역시 "진술"의 범위에 포함된다고 할 것이다(헌재 2005.12.22, 2004헌바25).

㉡ ❌ 서울남대문경찰서장은 옥외집회의 관리 책임을 맡고 있는 행정기관으로서 이미 접수된 청구인들의 옥외집회신고서에 대하여 법률상 근거 없이 이를 반려하였는바, 청구인들의 입장에서는 이 반려행위를 옥외집회신고에 대한 접수거부 또는 집회의 금지통고로 보지 않을 수 없었고, 그 결과 형사적 처벌이나 집회의 해산을 받지 않기 위하여 집회의 개최를 포기할 수밖에 없었다고 할 것이므로 피청구인의 이 사건 반려행위는 주무 행정기관에 의한 행위로서 기본권침해 가능성이 있는 공권력의 행사

에 해당한다(헌재 2008.5.29, 2007헌마712).

ⓒ ✗→ '다중의 위력으로써' 주거침입의 범죄를 범한 자를 형사처벌하고 있는 규정의 '다중'은 단체를 구성하지는 못하였으나 다수인이 모여 집합을 이루고 있는 것을 말하는 것으로서 집단적 위력을 보일 정도의 다수 혹은 그에 의해 압력을 느끼게 해 불안을 줄 정도의 다수를 의미하고, '위력'이라 함은 다중의 형태로 집결한 다수 인원으로 사람의 의사를 제압하기에 족한 세력을 의미한다고 할 것이다. 따라서 이 사건 규정은 죄형법정주의의 명확성원칙에 위반된다고 볼 수 없다(헌재 2008.11.27, 2007헌가24).

ⓔ ✗→ 특별검사가 참고인에게 지정된 장소까지 동행할 것을 명령할 수 있게 하고 참고인이 정당한 이유 없이 위 동행명령을 거부한 경우 천만원 이하의 벌금형에 처하도록 규정한 것은 신체의 자유를 침해하는 것이다(헌재 2008.1.10, 2007헌마1468).

ⓜ ✗→ '장애인활동지원 급여비용 등에 관한 고시'상 활동보조기관에게 지급되는 시간당 급여비용을 매일 일반적으로 제공하는 경우에는 9,240원으로, 공휴일과 근로자의 날에 제공하는 경우에는 13,860원으로 정한 조항들은 활동보조기관을 운영하는 청구인들의 직업수행의 자유를 침해하지 않는다(헌재 2018.2.22, 2017헌마322).

17  정답 ③

옳은 것은 ㉠, ㉢, ㉣이다.

㉠ ○→ 지방자치단체의 의결기관인 지방의회를 구성하는 지방의회 의원과 그 지방의회의 대표자인 지방의회 의장 간의 권한쟁의심판은 헌법 및 헌법재판소법에 의하여 헌법재판소가 관장하는 지방자치단체 상호간의 권한쟁의심판의 범위에 속한다고 볼 수 없으므로 부적법하다(헌재 2010.4.29, 2009헌라11).

㉡ ✗→ 권한쟁의심판이 개인의 주관적 권리구제를 목적으로 삼는 것이 아니라 헌법적 가치질서를 보호하는 객관적 기능을 수행하는 것이고, 특히 국회의원의 법률안에 대한 심의·표결권의 침해 여부가 다투어진 이 사건 권한쟁의심판의 경우에는 국회의원의 객관적 권한을 보호함으로써 헌법적 가치질서를 수호·유지하기 위한 쟁송으로서 공익적 성격이 강하다고는 할 것이다. 그러나 법률안에 대한 심의·표결권의 행사 여부가 국회의원 스스로의 판단에 맡겨져 있는 사항일 뿐만 아니라, 그러한 심의·표결권이 침해당한 경우에 권한쟁의심판을 청구할 것인지 여부도 국회의원의 판단에 맡겨져 있어서 심판청구의 자유가 인정되고 있는 만큼, 권한쟁의심판의 공익적 성격만을 이유로 이미 제기한 심판청구를 스스로의 의사에 기하여 자유롭게 철회할 수 있는 심판청구의 취하를 배제하는 것은 타당하지 않다(헌재 2001.5.8, 2000헌라1).

ⓒ ○→ 헌법재판소법 제62조 제1항 제1호가 국가기관 상호간의 권한쟁의심판을 "국회, 정부, 법원 및 중앙선거관리위원회 상호간의 권한쟁의심판"이라고 규정하고 있더라도 이는 한정적, 열거적인 조항이 아니라 예시적인 조항이라고 해석하는 것이 헌법에 합치되므로 이들 기관 외에는 권한쟁의심판의 당사자가 될 수 없다고 단정할 수 없으며, 국회의원과 국회의장은 위 헌법조항 소정의 "국가기관"에 해당하므로 권한쟁의심판의 당사자가 될 수 있다(헌재 1997.7.16, 96헌라2).

ⓔ ○→ 권한쟁의심판에서는 처분 또는 부작위를 야기한 기관으로서 법적 책임을 지는 기관만이 피청구인적격을 가지므로, 국회의원이 국회의장의 직무를 대리하여 법률안 가결선포행위를 한 국회부의장을 상대로 위 가결선포행위가 자신의 법률안 심의·표결권을 침해하였음을 주장하는 이 사건 심판은 의안의 상정·가결선포 등의 권한을 갖는 국회의장을 상대로 제기되어야 한다. 국회부의장은 국회의장의 직무를 대리하여 법률안을 가결선포할 수 있을 뿐(국회법 제12조 제1항), 법률안 가결선포행위에 따른 법적 책임을 지는 주체가 될 수 없으므로, 국회부의장에 대한 이 사건 심판청구는 피청구인 적격이 인정되지 아니한 자를 상대로 제기되어 부적법하다(헌재 2009.10.29, 2009헌라8).

18  정답 ②

옳은 것은 ㉠, ㉢이다.

㉠ ○→ 감사 또는 조사를 마쳤을 때에는 위원회는 지체 없이 그 감사 또는 조사 보고서를 작성하여 의장에게 제출하여야 하며, 보고서를 제출받은 의장은 이를 지체 없이 본회의에 보고하여야 한다(국정감사및조사에관한법률 제15조 제1·3항). 국회는 본회의 의결로 감사 또는 조사결과를 처리한다(동법 제16조 제1항).

㉡ ✗→ 국정조사는 입법·사법·행정·재정에 관한 사항도 조사할 수 있으나, 개인의 사생활을 침해하거나 계속중인 재판 또는 수사중인 사건의 소추에 관여할 목적으로 행사되어서는 아니된다.

ⓒ ✗→ 국회는 재적의원 4분의 1 이상의 요구가 있는 때에

는 특별위원회 또는 상임위원회로 하여금 국정의 특정사안에 관하여 국정조사(이하 "조사"라 한다)를 하게 한다(국정감사및조사에관한법률 제3조 제1항).
ㄹ. ✗ 국정조사를 시행할 특별위원회는 교섭단체의원수의 비율에 따라 구성하여야 한다. 다만, 조사에 참여하기를 거부하는 교섭단체의 의원은 제외할 수 있다(국정감사및조사에관한법률 제4조 제1항).
ㅁ. ○ 국정조사는 제8차 개헌에서 신설되었고, 국정감사는 제헌헌법에서 처음 규정되었다가 제7차 개헌에서 삭제되고 현행 헌법에서 부활하였다.

19   정답 ④

옳은 것은 ㄱ, ㄷ, ㄹ, ㅁ이다.
ㄱ. ○ 공직선거법 제33조
ㄴ. ✗ 지역구국회의원 예비후보자의 기탁금 반환 사유를 예비후보자의 사망, 당내경선 탈락으로 한정하고 있는 공직선거법 조항이 정한 기탁금 반환 대상이 불완전·불충분하여 예비후보자가 정당 공천관리위원회의 심사에서 탈락하여 본선거의 후보자로 등록하지 아니한 경우에 그가 납부한 기탁금 전액을 반환하지 아니하도록 하는 것은 헌법에 위반된다(헌재 2018.1.25, 2016헌마541).
ㄷ. ○ 인구비례가 아닌 행정구역별로 시·도의원 정수를 2인으로 배분하고 있는 공직선거법 조항은 헌법상 보장된 선거권과 평등권을 침해한다(헌재 2007.3.29, 2005헌마985).
ㄹ. ○ 모사전송 시스템을 이용한 선상투표와 같은 제도는 국외를 항해하는 대한민국 선원들의 선거권을 충실히 보장하기 위한 입법수단으로 충분히 수용될 수 있고, 입법자는 비밀선거원칙을 이유로 이를 거부할 수 없다 할 것이다(헌재 2007.6.28, 2005헌마772).
ㅁ. ○ 공직선거법 제15조 제2항 제3호, 동법 제60조 제1항 제1호

20   정답 ①

위헌결정한 것은 ㄱ이다.
ㄱ. (위헌) 인터넷신문의 취재 및 편집 인력 5명 이상을 상시 고용하고, 이를 확인할 수 있는 서류를 제출할 것을 규정한 고용조항은 인터넷신문사업자인 청구인들의 언론의 자유를 침해한다(헌재 2016.10.27, 2015헌마734).
ㄴ. (합헌) 헌법 제12조 제1항의 적법절차원칙은 형사소송절차에 국한되지 않고 모든 국가작용 전반에 대하여 적용되므로, 전투경찰순경의 인신구금을 내용으로 하는 영창처분에 있어서도 적법절차원칙이 준수되어야 하는데, 전투경찰순경에 대한 징계처분으로 영창을 규정하고 있는 조항이 헌법에서 요구하는 수준의 절차적 보장기준을 충족하지 못했다고 볼 수 없으므로 적법절차원칙에 위배되지 아니한다(헌재 2016.3.31, 2013헌바26).
ㄷ. (합헌) 구치소 내의 변호인접견실에 CCTV를 설치하여 미결수용자와 변호인 간의 접견을 관찰한 행위는 법률유보원칙에 위반되지 않으며 변호인의 조력을 받을 권리를 침해하지 않는다(헌재 2016.4.28, 2015헌마243).
ㄹ. (합헌) 지역구국회의원선거에 있어서 선거구선거관리위원회가 당해 국회의원지역구에서 유효투표의 다수를 얻은 자를 당선인으로 결정하도록 한 공직선거법 조항이 소선거구 다수대표제를 규정하여 다수의 사표가 발생한다 하더라도 그 이유만으로 헌법상 요구된 선거의 대표성의 본질이나 국민주권원리를 침해하고 있다고 할 수 없고, 평등권과 선거권을 침해한다고 할 수 없다(헌재 2016.5.26, 2012헌마374).
ㅁ. (합헌) 부정청탁금지조항과 금품수수금지조항 및 신고조항과 제재조항은 전체 민간부문을 대상으로 하지 않고 사립학교 관계자와 언론인만 '공직자등'에 포함시켜 공직자와 같은 의무를 부담시키고 있다. 그런데 이들 조항이 청구인들의 일반적 행동자유권 등을 침해하지 않는 이상, 민간부문 중 우선 이들만 '공직자등'에 포함시킨 입법자의 결단이 자의적 차별이라 보기는 어렵다. 따라서 사립학교 관계자와 언론인 못지않게 공공성이 큰 민간분야 종사자에 대해서 청탁금지법이 적용되지 않는다는 이유만으로 부정청탁금지조항과 금품수수금지조항 및 신고조항과 제재조항이 청구인들의 평등권을 침해한다고 볼 수 없다(헌재 2016.7.28, 2015헌마236).

제06회 동형모의고사

→ 문제편 81p

정답 모아보기

01 ④	02 ①	03 ②	04 ①	05 ①
06 ①	07 ②	08 ①	09 ③	10 ④
11 ②	12 ④	13 ④	14 ②	15 ③
16 ③	17 ②	18 ①	19 ④	20 ①

01    정답 ④

모두 옳은 설명이다.
㉠ 부총리는 기획재정부장관과 교육부장관이 각각 겸임하는데, 기획재정부장관은 경제정책에 관하여 국무총리의 명을 받아 관계 중앙행정기관을 총괄·조정하고, 교육부장관은 교육·사회 및 문화 정책에 관하여 국무총리의 명을 받아 관계 중앙행정기관을 총괄·조정한다(정부조직법 제19조 제3·4·5항).
㉡ 현행 정부조직법상 국무위원의 수는 19인으로 한다.
  [개정] 2023.3.4
㉢ 방역·검역 등 감염병에 관한 사무 및 각종 질병에 관한 조사·시험·연구에 관한 사무를 관장하기 위하여 보건복지부장관 소속으로 질병관리청을 둔다(정부조직법 제38조 제2항).
㉣ 중소기업 중심의 경제구조와 창업 생태계 조성을 위하여 중소기업청을 중소벤처기업부로 격상하여 창업·벤처기업의 지원 및 대·중소기업 간 협력 등에 관한 사무를 관장하도록 한다(정부조직법 제44조).
㉤ 국무조정실장·인사혁신처장·법제처장·식품의약품안전처장 그 밖에 법률로 정하는 공무원은 필요한 경우 국무회의에 출석하여 발언할 수 있다(정부조직법 제13조 제1항).
  🔍 [개정] 국가보훈부 승격. 재외동포청 신설(2023.3.4)

02   정답 ①

옳지 않은 것은 ㉠이다.
㉠ 검사에 대한 징계사유 중 하나로서 구 검사징계법 제2조 제3호의 "검사로서의 체면이나 위신을 손상하는 행위"의 의미는, 공직자로서의 검사의 구체적 언행과 그에 대한 검찰 내부의 평가 및 사회 일반의 여론, 그리고 검사의 언행이 사회에 미친 파장 등을 종합적으로 고려하여 구체적인 상황에 따라 건전한 사회통념에 의하여 판단할 수 있으므로 명확성원칙에 위배되지 아니한다(헌재 2011.12.29. 2009헌바282).
㉡ 종업원 등의 범죄행위에 관하여 비난할 근거가 되는 법인의 의사결정 및 행위구조, 즉 종업원 등이 저지른 행위의 결과에 대한 법인의 독자적인 책임에 관하여 전혀 규정하지 않은 채, 단순히 법인이 고용한 종업원 등이 업무에 관하여 범죄행위를 하였다는 이유만으로 법인에 대하여 형사처벌을 과하는 것은 다른 사람의 범죄에 대하여 그 책임 유무를 묻지 않고 형벌을 부과함으로써 법치국가의 원리 및 죄형법정주의로부터 도출되는 책임주의원칙에 반한다(헌재 2012.2.23. 2012헌가2).
㉢ 오늘날 법률유보원칙은 단순히 행정작용이 법률에 근거를 두기만 하면 충분한 것이 아니라, 국가공동체와 그 구성원에게 기본적이고도 중요한 의미를 갖는 영역, 특히 국민의 기본권실현과 관련된 영역에 있어서는 국민의 대표자인 입법자가 그 본질적 사항에 대해서 스스로 결정하여야 한다는 요구까지 내포하고 있다(의회유보원칙)(헌재 1999.5.27. 98헌바70).
㉣ '게임산업진흥에 관한 법률'은 부칙의 경과규정을 통하여 종전부터 PC방 영업을 영위하여 온 청구인들을 비롯한 인터넷컴퓨터게임시설제공업자의 신뢰이익을 충분히 고려하고 있으므로, 기존에 자유업종이었던 인터넷컴퓨터게임시설제공업에 대하여 등록제를 도입하고 등록하지 아니하면 영업을 할 수 없도록 한 이 사건 법률조항은 신뢰보호의 원칙에 위배된다고 할 수 없다(헌재 2009.9.24. 2009헌바28).
㉤ 신법이 피적용자에게 유리한 경우에는 이른바 시혜적인 소급입법이 가능하지만 이를 입법자의 의무라고는 할 수 없고, 그러한 소급입법을 할 것인지의 여부는 입법재량의 문제로서 그 판단은 일차적으로 입법기관에 맡겨져 있으며, 이와 같은 시혜적 조치를 할 것인가 하는 문제는 국민의 권리를 제한하거나 새로운 의무를 부과하는 경우와는 달리 입법자에게 보다 광범위한 입법형성의 자유가 인정된

다. 입법자는 입법목적, 사회실정이나 국민의 법감정, 법률의 개정이유나 경위 등을 참작하여 시혜적 소급입법을 할 것인가 여부를 결정할 수 있고, 그 판단은 존중되어야 하며 그 결정이 합리적 재량의 범위를 벗어나 현저하게 불합리하고 불공정한 것이 아닌 한 헌법에 위반된다고 할 수는 없는 것이다(헌재 1995.12.28. 95헌마196).
ⓗ 초·중등학교의 교육공무원이 정치단체의 결성에 관여하거나 이에 가입하는 행위를 금지한 국가공무원법 제65조 제1항 중 '국가공무원법 제2조 제2항 제2호의 교육공무원 가운데 초·중등교육법 제19조 제1항의 교원은 그 밖의 정치단체의 결성에 관여하거나 이에 가입할 수 없다.' 부분은 헌법에 위반된다는 결정을 선고하였다(헌재 2020.04.23. 2018헌마551).

03  정답 ②

옳지 않은 것은 ⓛ, ⓒ이다.
ⓛ 대통령긴급조치도 법률과 동일한 효력을 가지므로 이에 대한 위헌심사권한은 헌법재판소에 전속한다(헌재 2013.3.21. 2010헌바132).
ⓒ 대통령긴급조치의 위헌성을 심사하는 준거규범은 원칙적으로 현행헌법이다(헌재 2013.3.21. 2010헌바132).
㉠ 일정한 규범이 위헌법률심판 또는 헌법재판소법 제68조 제2항에 의한 헌법소원심판의 대상이 되는 '법률'인지 여부는 그 제정 형식이나 명칭이 아니라 그 규범의 효력을 기준으로 판단하여야 한다. 따라서 헌법이 법률과 동일한 효력을 가진다고 규정한 긴급재정경제명령(제76조 제1항) 및 긴급명령(제76조 제2항)은 물론, 헌법상 형식적 의미의 법률은 아니지만 국내법과 동일한 효력이 인정되는 '헌법에 의하여 체결·공포된 조약과 일반적으로 승인된 국제법규'(제6조)의 위헌 여부의 심사권한은 헌법재판소에 전속한다. 이 사건 긴급조치들은 유신헌법 제53조에 근거한 것으로서 그에 정해진 요건과 한계를 준수해야 한다는 점에서 헌법과 동일한 효력을 갖는 것으로 보기는 어렵지만, 표현의 자유 등 기본권을 제한하고, 형벌로 처벌하는 규정을 두고 있으며, 영장주의나 법원의 권한에 대한 특별한 규정 등을 두고 있는 점에 비추어 보면, 이 사건 긴급조치들은 최소한 법률과 동일한 효력을 가지는 것으로 보아야 하므로, 그 위헌 여부 심사권한은 헌법재판소에 전속한다(헌재 2013.3.21. 2010헌바132).
㉣ 2010헌바70 사건의 당해사건에서 대법원이 긴급조치 제1호 위반의 점에 대하여 무죄판결을 선고하였다. 원칙적으로는 헌법재판소법 제68조 제2항에 의한 헌법소원심판청구인이 당해 사건인 형사사건에서 무죄판결을 받고 이것이 확정되면, 더 이상 재판의 전제성이 인정되지 아니한다. 그러나, 법률과 같은 효력이 있는 긴급조치의 위헌 여부를 심사할 권한은 본래 헌법재판소의 전속적 관할 사항인 점, 법률과 같은 효력이 있는 규범인 긴급조치의 위헌 여부에 대한 헌법적 해명의 필요성이 있는 점, 당해사건의 대법원판결은 대세적 효력이 없는데 비하여 형벌조항에 대한 헌법재판소의 위헌결정은 대세적 기속력을 가지고 유죄 확정판결에 대한 재심사유가 되는 점(헌법재판소법 제47조 제1항, 제3항) 등에 비추어 볼 때, 이 사건에서는 긴급조치 제1호, 제2호에 대하여 예외적으로 객관적인 헌법질서의 수호·유지 및 관련 당사자의 권리구제를 위하여 심판의 필요성을 인정하여 적극적으로 그 위헌 여부를 판단하는 것이 헌법재판소의 존재 이유에도 부합하고 그 임무를 다하는 것이 된다(헌재 2013.3.21. 2010헌바132).
ⓜ 긴급조치 제9호를 심판대상으로 하는 사건들(2010헌바132, 170)의 당해사건 법원들은 재심사유가 없다는 이유로 청구인들의 재심청구를 기각하였다. 원칙적으로는, 확정된 유죄판결에서 처벌의 근거가 된 법률조항은 '재심의 청구에 대한 심판', 즉 재심의 개시 여부를 결정하는 재판에서는 재판의 전제성이 인정되지 않는다. 그러나 만약 피고인이 재심대상사건의 재판절차에서 그 처벌조항의 위헌성을 다툴 수 없는 규범적 장애가 있는 특수한 상황이었다면, 그에게 그 재판절차에서 처벌의 근거 조항에 대한 위헌 여부를 다투라고 요구하는 것은 규범상 불가능한 것을 요구하는 노릇이므로 이러한 경우에는 예외적으로 유죄판결이 확정된 후에도 재판의 전제성을 인정하여 위헌성을 다툴 수 있는 길을 열어줄 필요가 있다. 유신헌법 당시 긴급조치 위반으로 처벌을 받게 된 사람은 재심대상사건 재판절차에서 긴급조치의 위헌성을 다툴 수조차 없는 규범적 장애가 있었고, 그 재심청구에 대한 재판절차에서 긴급조치의 위헌성을 비로소 다툴 수밖에 없으므로 긴급조치 위반에 대한 재심사건에서는 예외적으로 형사재판 재심 개시 여부에 관한 재판과 본안에 관한 재판 전체를 당해사건으로 보아 재판의 전제성을 인정함이 타당하다(헌재 2013.3.21. 2010헌바132).
ⓑ 우리 헌법의 전문과 본문의 전체에 담겨 있는 최고 이념은 국민주권주의와 자유민주주의에 입각한 입헌민주헌법의 본질적 기본원리에 기초하고 있다. 기타 헌법상의 여러 원칙도 여기에서 연유되는 것이므로 이는 헌법전을

비롯한 모든 법령해석의 기준이 되고, 입법형성권 행사의 한계와 정책결정의 방향을 제시하며, 나아가 모든 국가기관과 국민이 존중하고 지켜가야 하는 최고의 가치규범이다. 헌법을 개정하거나 폐지하고 다른 내용의 헌법을 모색하는 것은 주권자인 국민이 보유하는 가장 기본적인 권리로서, 가장 강력하게 보호되어야 할 권리 중의 권리에 해당한다. 무릇 집권세력의 정책과 도덕성, 혹은 정당성에 대하여 정치적인 반대의사를 표시하는 것은 헌법이 보장하는 정치적 자유의 가장 핵심적인 부분이다. 자신의 정치적 생각을 합법적인 집회와 시위를 통해 설파하거나 서명운동 등을 통해 자신과 의견이 같은 세력을 규합해 나가는 것은, 국가의 안전에 대한 위협이 아니라, 우리 헌법의 근본이념인 '자유민주적 기본질서'의 핵심적인 보장 영역에 속하는 것이다. 정부에 대한 비판에 대하여 합리적인 홍보와 설득으로 대처하는 것이 아니라, 비판 자체를 원천적으로 배제하려는 공권력의 행사나 규범의 제정은 대한민국 헌법이 예정하고 있는 자유민주적 기본질서에 부합하지 아니하므로 그 정당성을 부여할 수 없다(헌재 2013.3.21, 2010헌바132).

04  정답 ①

옳지 않은 것은 ㉠이다.

㉠ 우리 헌법은 전문에서 "3·1운동으로 건립된 대한민국임시정부의 법통"의 계승을 천명하고 있는바, 비록 우리 헌법이 제정되기 전의 일이라 할지라도 국가가 국민의 안전과 생명을 보호하여야 할 가장 기본적인 의무를 수행하지 못한 일제강점기에 일본군위안부로 강제 동원되어 인간의 존엄과 가치가 말살된 상태에서 장기간 비극적인 삶을 영위하였던 피해자들의 훼손된 인간의 존엄과 가치를 회복시켜야 할 의무는 대한민국임시정부의 법통을 계승한 지금의 정부가 국민에 대하여 부담하는 가장 근본적인 보호의무에 속한다고 할 것이다(헌재 2011.8.30, 2006헌마788).

㉡ 장애인의 복지를 향상해야 할 국가의 의무가 다른 다양한 국가과제에 대하여 최우선적인 배려를 요청할 수 없을 뿐 아니라, 나아가 헌법의 규범으로부터는 '장애인을 위한 저상버스의 도입'과 같은 구체적인 국가의 행위의무를 도출할 수 없는 것이다. 국가에게 헌법 제34조에 의하여 장애인의 복지를 위하여 노력을 해야 할 의무가 있다는 것은, 장애인도 인간다운 생활을 누릴 수 있는 정의로운 사회질서를 형성해야 할 국가의 일반적인 의무를 뜻하는 것이지, 장애인을 위하여 저상버스를 도입해야 한다는 구체적 내용의 의무가 헌법으로부터 나오는 것은 아니다(헌재 2002.12.18, 2002헌마52).

㉢ 헌법상 권력분립의 원칙이란 국가권력의 기계적 분립과 엄격한 절연을 의미하는 것이 아니라, 권력 상호간의 견제와 균형을 통한 국가권력의 통제를 의미하는 것이다. 따라서 특정한 국가기관을 구성함에 있어 입법부, 행정부, 사법부가 그 권한을 나누어 가지거나 기능적인 분담을 하는 것은 권력분립의 원칙에 반하는 것이 아니라 권력분립의 원칙을 실현하는 것으로 볼 수 있다. 이러한 원리에 따라 우리 헌법은 대통령이 국무총리, 대법원장, 헌법재판소장을 임명할 때에 국회의 동의를 얻도록 하고 있고(헌법 제86조 제1항, 제104조 제1항, 제111조 제4항), 헌법재판소와 중앙선거관리위원회의 구성에 대통령, 국회 및 대법원장이 공동으로 관여하도록 하고 있는 것이다(헌법 제111조 제3항, 제114조 제2항)(헌재 2008.1.10, 2007헌마1468).

㉣ 오늘날 문화국가에서의 문화정책은 그 초점이 문화 그 자체에 있는 것이 아니라 문화가 생겨날 수 있는 문화풍토를 조성하는 데 두어야 한다. 문화국가원리의 이러한 특성은 문화의 개방성 내지 다원성의 표지와 연결되는데, 국가의 문화육성의 대상에는 원칙적으로 모든 사람에게 문화창조의 기회를 부여한다는 의미에서 모든 문화가 포함된다. 따라서 엘리트문화뿐만 아니라 서민문화, 대중문화도 그 가치를 인정하고 정책적인 배려의 대상으로 하여야 한다(헌재 2004.5.27, 2003헌가1).

㉤ 우리 헌법 제23조 제1항, 제119조 제1항에서 추구하고 있는 경제질서는 개인과 기업의 경제상의 자유와 창의를 최대한도로 존중·보장하는 자본주의에 바탕을 둔 시장경제질서이므로 국가적인 규제와 통제를 가하는 것도 보충의 원칙에 입각하여 어디까지나 자본주의 내지 시장경제질서의 기초라고 할 수 있는 사유재산 제도와 아울러 경제행위에 대한 사적자치의 원칙이 존중되는 범위내에서만 허용될 뿐이라 할 것이다(헌재 1989.12.22, 88헌가13).

㉥ 헌법재판소는 2020년 4월 23일 여객자동차 운수사업법 제53조 제3항 중 학원이나 체육시설에서 어린이통학버스를 운영하는 자는 어린이통학버스에 보호자를 동승하여 운행하도록 한 부분이 청구인들의 직업수행의 자유를 침해하지 않는다는 결정을 선고하였다. [기각] 이에 대하여 위 조항의 청구기간 기산점은 유예기간 경과일이 아니라 그 시행일로 보아야 한다는 재판관 이선애, 재판관 이미

선의 반대의견이 있다(2020.4.23, 2017헌마479).

05   정답 ①

① 조례에 의한 규제가 지역의 여건이나 환경 등 그 특성에 따라 다르게 나타나는 것은 헌법이 지방자치단체의 자치입법권을 인정한 이상 당연히 예상되는 불가피한 결과이므로, 학교교과교습학원 및 교습소의 교습시간을 05:00부터 22:00까지(고등학생의 경우 05:00부터 23:00까지) 규정하고 있는 부산광역시 학원의 설립·운영 및 과외교습에 관한 조례 조항으로 인하여 다른 지역의 주민들에 비하여 더한 규제를 받게 되었다 하더라도 평등권이 침해되었다고 볼 수는 없다(헌재 2009.10.29, 2008헌마454).
② 조례안의 일부 규정이 법령에 위반된 이상, 그 나머지 규정이 법령에 위반되지 아니한다고 하더라도 조례안에 대한 재의결은 그 전체의 효력을 부정할 수밖에 없다(대판 2000.12.12, 99추61).
③ 헌법 제117조 제2항은 지방자치단체의 종류를 법률로 정하도록 규정하고 있을 뿐 지방자치단체의 종류 및 구조를 명시하고 있지 않으므로 이에 관한 사항은 기본적으로 입법자에게 위임된 것으로 볼 수 있다. 헌법상 지방자치 제도보장의 핵심영역 내지 본질적 부분이 특정 지방자치단체의 존속을 보장하는 것이 아니며 지방자치단체에 의한 자치행정을 일반적으로 보장하는 것이므로, 현행법에 따른 지방자치단체의 중층구조 또는 지방자치단체로서 특별시·광역시 및 도와 함께 시·군 및 구를 계속하여 존속하도록 할지 여부는 결국 입법자의 입법형성권의 범위에 들어가는 것으로 보아야 한다(헌재 2006.4.27, 2005헌마1190).
④ 공무원에 대하여 국가 또는 지방자치단체의 정책에 대한 반대·방해 행위를 금지한 것은 공무원이 개인적·개별적으로 비공인이 주도하는 집단적 행위에 참가하는 것을 허용한다고 해석되며, 국가 또는 지방자치단체의 정책에 대한 반대·방해 행위가 일회적이고 우연한 것인지 혹은 계속적이고 계획적인 것인지 등을 묻지 아니하고 금지하는 것으로 해석되므로, 명확성원칙에 위배되지 아니한다(헌재 2012.5.31, 2009헌마705).
⑤ 지방의회의원이 지방공사 직원의 직을 겸할 수 없도록 규정하고 있는 지방자치법 규정은 직업선택의 자유를 침해하지 않는다(헌재 2012.4.24, 2010헌마605).

06   정답 ①

㉠ ✗ 국회의원이 국회 내에서 행하는 질의권·토론권 및 표결권 등은 입법권 등 공권력을 행사하는 국가기관인 국회의 구성원의 지위에 있는 국회의원에게 부여된 권한이지 국회의원 개인에게 헌법이 보장하는 권리, 즉 기본권으로 인정된 것이라고 할 수 없다(헌재 1995.2.23, 90헌마125).
㉡ ✗ 국회는 국무총리 또는 국무위원의 해임을 대통령에게 건의할 수 있다. 해임건의는 국회재적의원 3분의 1 이상의 발의에 의하여 국회재적의원 과반수의 찬성이 있어야 한다(헌법 제63조). 해임건의는 대통령을 구속하지 않는다.
㉢ ✗ 헌법 제65조 제1항은 탄핵사유를 '헌법이나 법률에 위배한 때'로 제한하고 있고, 헌법재판소의 탄핵심판절차는 법적인 관점에서 단지 탄핵사유의 존부만을 판단하는 것이므로, 이 사건에서 청구인이 주장하는 바와 같은 정치적 무능력이나 정책결정상의 잘못 등 직책수행의 성실성여부는 그 자체로서 소추사유가 될 수 없어, 탄핵심판절차의 판단대상이 되지 아니한다(헌재 2004.5.14, 2004헌나1).
㉣ ◯ 의원은 20명 이상의 찬성으로 회기 중 현안이 되고 있는 중요한 사항을 대상으로 정부에 대하여 질문(이하 이 조에서 "긴급현안질문"이라 한다)을 할 것을 의장에게 요구할 수 있다(국회법 제122조의3 제1항).
㉤ ◯ 국정감사 및 조사에 관한 법률 제3조 제4·5항

07   정답 ②

② 선거운동의 자유가 인정되는 구체적인 연령을 입법자의 재량으로 하는 것으로 평등권에 위배되지 아니한다(헌재 2024.5.30, 2020헌마1743).
① 주거침입강간치상죄의 법정형을 무기징역 또는 10년 이상의 징역으로 규정한 것은 헌법상 형벌과 책임 간의 비례원칙 및 평등원칙에 위반되지 않는다(헌재 2012.5.31, 2010헌바401).
③ 7급 및 9급 전산직 공무원시험의 응시자격으로 전산관련 산업기사 이상의 자격증 소지를 요구하는 것은 공무담임권 및 평등권을 침해하지 않는다(헌재 2012.7.26, 2010헌마264).
④ 종전 결정은 국가유공자와 그 가족에 대한 가산점제도는 모두 헌법 제32조 제6항에 근거를 두고 있으므로 평등권

침해 여부에 관하여 보다 완화된 기준을 적용한 비례심사를 하였으나, 국가유공자 본인의 경우는 별론으로 하고, 그 가족의 경우는 위에서 본 바와 같이 헌법 제32조 제6항이 가산점제도의 근거라고 볼 수 없으므로 그러한 완화된 심사는 부적절한 것이다(헌재 2006.2.23, 2004헌마675).

08 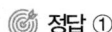 정답 ①

옳지 않은 것은 ⓒ이다.

ⓒ 군인의 퇴직 후 61세 이후에 혼인한 배우자를 유족에서 제외하도록 규정한 것은, 군인의 재직 당시에 있었던 혼인관계가 도중에 이혼으로 중단되었다가 퇴직 후 61세 이후에 다시 혼인한 배우자인 청구인의 평등권을 침해하지 않는다(헌재 2012.6.27, 2011헌바115).

㉠ 개인의 성행위 그 자체는 사생활영역에 속하고 개인의 성적자기결정권의 보호대상에 속한다고 할지라도 법률상 제한 가능하다(헌재 2016.3.31, 2013헌가2).

㉢ 단체협약에 대한 행정관청의 시정명령을 위반한 자를 500만원 이하의 벌금으로 처벌하고 있는 노동조합 및 노동관계조정법 규정은 죄형법정주의 및 적법절차원칙에 위반되지 않는다(헌재 2012.8.23, 2011헌가22).

㉣ 변호사시험 응시한도를 '5년 내 5회'로 정한 변호사시험법 제7조 제1항에 대하여, 직업선택의 자유를 침해하지 않는다(헌재 2020.9.24, 2018헌마739).

㉤ 지역농협의 임원선거와 관련하여 공연히 사실을 적시하여 후보자를 비방한 자에 대하여 벌금에 처하도록 한 것은 명확성원칙에 위배되지 아니한다(헌재 2012.11.29, 2011헌바137).

09  정답 ③

+ PLUS

대통령 보좌기관	국무총리 보좌기관
• 대통령직 인수위원회 • 대통령 비서실장 • 대통령 국가안보실장 • 국무총리 • 국무위원	• 국무조정실장

10  정답 ④

④ 공무담임권의 보호영역에는 일반적으로 공직취임의 기회보장, 신분박탈, 직무의 정지가 포함되는 것일 뿐, 특별한 사정도 없이 여기서 더 나아가 공무원이 특정의 장소에서 근무하는 것 또는 특정의 보직을 받아 근무하는 것을 포함하는 일종의 '공무수행의 자유'까지 그 보호영역에 포함된다고 보기는 어렵다(헌재 2008.6.26, 2005헌마1275).

① 헌법 제25조는 "모든 국민은 법률이 정하는 바에 의하여 공무담임권을 가진다."라고 정하고 있는바, 공무담임권은 국민주권의 실현방법으로 국가의 공적인 업무를 수행함에 있어 참여하고 이를 수행하는 권리이다. 이러한 공무담임권은 헌법이 인정하는 임명직과 선거직의 공직에 취임할 수 있는 권리를 뜻한다(헌재 2007.3.29, 2005헌마1144).

② 국가기관 등의 취업지원 실시기관이 시행하는 공무원 채용시험의 가점 대상이 되는 공무원의 범위에서 기능직 공무원과 달리 계약직 공무원을 배제하도록 규정한 것은 평등권을 침해하지 않는다(헌재 2012.11.29, 2011헌마533).

③ 우리 헌법 제25조는 "모든 국민은 법률이 정하는 바에 의하여 공무담임권을 가진다."고 규정하여 공무담임권을 기본권으로 보장하고 있고, 공무담임권의 보호영역에는 공직취임 기회의 자의적인 배제뿐 아니라 공무원 신분의 부당한 박탈이나 권한(직무)의 부당한 정지도 포함된다(헌재 2010.9.2, 2010헌마418).

11 정답 ②

② '자유로운' 표명과 전파의 자유에는 자신의 신원을 누구에게도 밝히지 아니한 채 익명 또는 가명으로 자신의 사상이나 견해를 표명하고 전파할 익명표현의 자유도 그 보호영역에 포함된다고 할 것이다(헌재 2010.2.25, 2008헌마324).

① 헌법 제21조에서 보장하고 있는 언론·출판의 자유, 즉 표현의 자유는 전통적으로는 사상 또는 의견의 자유로운 표명(발표의 자유)과 그것을 전파할 자유(전달의 자유)를 의미하고, 개인이 인간으로서의 존엄과 가치를 유지하고 행복을 추구하며 국민주권을 실현하는 데 필수불가결한 것으로서, 종교의 자유, 양심의 자유, 학문과 예술의 자유 등의 정신적인 자유를 외부적으로 표현하는 자유라고 할 수 있으며, 위 언론·출판의 자유의 내용으로서는 의사표

현·전파의 자유, 정보의 자유, 신문의 자유 및 방송·방영의 자유 등이 있는데, 이러한 언론·출판의 자유의 내용 중 의사표현·전파의 자유에 있어서 의사표현 또는 전파의 매개체는 어떠한 형태이건 가능하며 그 제한이 없으므로, 담화·연설·토론·연극·방송·음악·영화·가요 등과 문서·소설·시가·도화·사진·조각·서화 등 모든 형상의 의사표현 또는 의사전파의 매개체를 포함한다(헌재 2002.4.25, 2001헌가27).
③ 의사표현의 매개체를 의사표현을 위한 수단이라고 전제할 때, 이러한 의사표현의 매개체는 헌법 제21조 제1항이 보장하고 있는 언론·출판의 자유의 보호대상이 된다고 할 것이다(헌재 2001.8.30, 2000헌가9).
④ 자신의 정치적 견해를 특정한 정당의 '당원경력의 표시'라는 간단한 방법으로 알리지 못함으로써 교육감선거후보자가 침해받는 사익은 교육감선거과정에서 정당의 관여를 철저히 배제함으로써 교육의 정치적 중립성을 확보하려는 공익에 비하여 크지 않다 할 것이므로, 법익의 균형성 요건 역시 충족하였다. 따라서 교육감선거운동과정에서 후보자의 당원경력 표시를 금지시키는 지방교육자치에 관한 법률 조항은 정치적 표현의 자유 등 기본권을 침해하지 않는다(헌재 2011.12.29, 2010헌마285).

12 정답 ④

④ 공직선거법 제34조 제1항 제1호

+ PLUS 임기만료에 의한 선거의 선거일

대통령 선거	국회의원 선거	지방의회의원 및 지방자치단체장 선거
임기만료일전 70일 이후 첫 번째 수요일	임기만료일전 50일 이후 첫 번째 수요일	임기만료일전 30일 이후 첫 번째 수요일

위 선거일이 국민생활과 밀접한 관련이 있는 민속절 또는 공휴일인 때와 선거일 전일이나 그 다음날이 공휴일인 때에는 그 다음주 수요일

① 대통령으로 선거될 수 있는 자는 국회의원의 피선거권이 있고 선거일 현재 40세에 달하여야 한다(헌법 제67조 제4항).
② 선거일 현재 5년 이상 국내에 거주하고 있는 40세 이상의 국민은 대통령의 피선거권이 있다(공직선거법 제16조 제1항).
③ 대통령선거의 후보자 등록을 신청하는 자는 3억원의 기탁금을 관할 선거구선거관리위원회에 납부하여야 한다(공직선거법 제56조 제1항 제1호).

13 정답 ④

옳은 것은 ㉠, ㉡, ㉣이다.
㉠ 정보통신망 이용촉진 및 정보보호 등에 관한 법률 제44조의7 제2항
㉡ 헌재 2009.5.28, 2006헌바109
㉣ 통신제한조치기간의 연장을 허가함에 있어 총기간 내지 총연장횟수의 제한을 두지 않고 무제한 연장을 허가할 수 있도록 한 것은 통신의 비밀을 침해하는 법률로서 헌법에 합치하지 아니한다(헌재 2010.12.28, 2009헌가30).
㉢ 정보통신망을 통하여 일반에게 공개된 정보로 말미암아 사생활 침해나 명예훼손 등 타인의 권리가 침해된 경우 그 침해를 받은 자가 삭제요청을 하면 정보통신서비스제공자는 권리의 침해 여부를 판단하기 어렵거나 이해당사자 간에 다툼이 예상되는 경우에는 해당 정보에 대한 접근을 임시적으로 차단하는 조치를 하여야 한다고 규정한 것은 정보게재자의 표현의 자유를 침해하지 않는다(헌재 2012.5.31, 2010헌마88).
㉤ 선거운동기간 전에 개별적으로 대면하여 말로 하는 선거운동에 관한 부분, 공직선거법 제254조 제2항 중 그 밖의 방법에 관한 부분 가운데 개별적으로 대면하여 말로 하는 선거운동하는 규정은 표현자유를 침해하는 것이다(헌재 2022.2.24, 2018헌바146).

14 정답 ②

옳지 않은 것은 ㉢, ㉤, ㉥이다.
㉢ 지방자치단체 장의 계속 재임을 3기로 제한한 것은 공무담임권을 제한하고 있는바, 이는 헌법이 차별을 특히 금지하고 있는 영역이거나 차별적 취급으로 인하여 관련 기본권에 대한 중대한 제한을 초래하고 있다고 볼 수 없다. 따라서 이 사건 법률조항에 대한 평등권 심사는 합리성 심사로 족하다. 같은 선출직공무원인 지방의회의원 등과 비교해볼 때, 지방자치단체 장의 장기 재임만을 규제대상으로 삼아 달리 취급하는 데에는 합리적인 이유가 있다고 할 것이므로, 평등권을 침해하지 않는다(헌재 2006.2.23, 2005헌마403).
㉤ 음주음전자와 도주차량운전자에 대하여 임의적 면허취소를 규정하고 있다고 하여 음주측정거부자에 대해 필요

적 면허취소를 규정한 것은 법상 면허취소·정지 사유 간의 체계를 파괴할 만큼 형평성에서 벗어나 평등권을 침해한다고 볼 수도 없다(헌재 2007.12.27, 2005헌바95).
ⓑ 예비후보자의 선거운동에서 예비후보자 외에 독자적으로 명함을 교부하거나 지지를 호소할 수 있는 주체를 예비후보자의 배우자와 직계존·비속으로 제한한 것은 합리적 이유가 있다 할 것이므로, 선거운동을 할 배우자나 직계존·비속이 없는 예외적인 경우까지 고려하지 않았다고 하여 평등권을 침해한 것이라고 볼 수는 없다(헌재 2011.8.30, 2010헌마259).
㉠ 변호사시험의 응시자격을 법학전문대학원의 석사학위 취득자로 제한하는 것은 직업선택의 자유와 평등권을 침해하지 않는다(헌재 2012.4.24, 2009헌마608).
㉡ 헌법 제11조 제1항은 "모든 국민은 법 앞에 평등하다. 누구든지 성별·종교 또는 사회적 신분에 의하여 정치적·경제적·사회적·문화적 생활의 모든 영역에 있어서 차별을 받지 아니한다"라고 규정하고 있는바 여기서 사회적 신분이란 사회에서 장기간 점하는 지위로서 일정한 사회적 평가를 수반하는 것을 의미한다 할 것이므로 전과자도 사회적 신분에 해당된다(헌재 1995.2.23, 93헌바43).
㉣ 시·도의원 지역선거구의 획정에는 인구 외에 행정구역·지세·교통 등 여러 가지 조건을 고려하여야 하므로, 그 기준은 선거구 획정에 있어서 투표가치의 평등으로서 가장 중요한 요소인 인구비례의 원칙과 우리나라의 특수사정으로서 시·도의원의 지역대표성 및 인구의 도시집중으로 인한 도시와 농어촌 간의 극심한 인구편차 등 3개의 요소를 합리적으로 참작하여 결정되어야 할 것이며, 현시점에서는 상하 50%의 인구편차(상한 인구수와 하한 인구수의 비율은 3 : 1) 기준을 시·도의원 지역선거구 획정에서 헌법상 허용되는 인구편차기준으로 삼는 것이 가장 적절하다고 할 것이다(헌재 2018.6.28, 2014헌마166).

15  정답 ③

③ 국무위원은 국정에 관하여 대통령을 보좌하며, 국무회의의 구성원으로서 국정을 심의한다(헌법 87조 제2항).
① 헌법 제88조 제2항에 따라 국무회의는 대통령·국무총리와 15인 이상 30인 이하의 국무위원으로 구성하며, 개정된(2023.3.4) 정부조직법상 국무위원수는 19인이다.
② 국가안전보장에 관련되는 대외정책·군사정책과 국내정책의 수립에 관하여 국무회의의 심의에 앞서 대통령의 자문에 응하기 위하여 국가안전보장회의를 둔다(헌법 제91조 제1항).
④ 국가원로자문회의의 의장은 직전대통령이 된다. 다만, 직전대통령이 없을 때에는 대통령이 지명한다(헌법 제90조 제2항).

16  정답 ③

③ 상임위원장은 제48조 제1항부터 제3항까지에 따라 선임된 해당 상임위원 중에서 임시의장 선거의 예에 준하여 본회의에서 선거한다(국회법 제41조 제2항).
① 청문회는 공개한다. 다만, 위원회의 의결로 청문회의 전부 또는 일부를 공개하지 아니할 수 있다(국회법 제65조 제4항).
② 국회는 둘 이상의 상임위원회와 관련된 안건이거나 특히 필요하다고 인정한 안건을 효율적으로 심사하기 위하여 본회의의 의결로 특별위원회를 둘 수 있다(국회법 제44조 제1항).
④ 위원회는 재적위원 5분의 1 이상의 출석으로 개회하고, 재적위원 과반수의 출석과 출석위원 과반수의 찬성으로 의결한다(국회법 제54조).

17  정답 ③

옳은 것은 ㉠, ㉡, ㉣이다.
㉠ 헌재 1992.2.25, 89헌가104
㉡ 헌재 2002.2.28, 99헌가8
㉣ 대한민국 국적을 가지고 있는 영유아 중에서도 재외국민인 영유아를 보육료·양육수당 지원대상에서 제외하는 보건복지부지침은 국내에 거주하면서 재외국민인 영유아를 양육하는 부모들의 평등권을 침해한다(헌재 2018.1.25, 2015헌마1047).
㉢ 공중보건의사가 군사교육에 소집된 기간을 복무기간에 산입하지 않도록 규정한 병역법 제34조 제3항 중 '군사교육소집기간은 복무기간에 산입하지 아니한다.' 부분 가운데 공중보건의사에 관한 부분 및 '농어촌 등 보건의료를 위한 특별조치법' 제7조 제1항 중 「병역법」제55조에 따라 받는 군사교육소집기간 외에'부분이 헌법에 위반되지 않는다는 결정을 선고하였다(헌재 2020.9.24, 2017헌마643).
㉤ 지방의회의원의 지방공사 직원 겸직을 금지하는 것은 직업선택의 자유 및 평등권을 침해하는 것이 아니다(헌재 2012.4.24, 2010헌마605).

18 정답 ①

① 군복무로 인하여 휴직함으로써 법원사무직렬 공무원으로 실제 근무하지 못하게 된 사정과 법무사시험의 제1차 시험 면제의 취지에 비추어 보면, 군복무로 인한 휴직기간을 법무사시험의 일부 면제에 관한 법무사법 제5조의2 제1항의 공무원 근무경력에 산입하지 아니하였다고 하여 이를 두고 병역의무의 이행으로 인하여 불이익한 처우를 받지 아니한다고 규정한 헌법 제39조 제2항 위반이라고 할 수 없다(대판 2006.6.30, 2004두4802).
② 대판 2007.12.27, 2007도7941
③ 병역의무 그 자체를 이행하느라 받는 불이익은 병역의무의 이행으로 인한 불이익한 처우의 금지(헌법 제39조 제2항)와는 무관한 바, 예비역이 병역법에 의하여 병력동원훈련 등을 위하여 소집을 받는 것은 헌법과 법률에 따른 국방의 의무를 이행하는 것이고, 그 동안 군형법의 적용을 받는 것 또한 국방의 의무를 이행하는 중에 범한 군사상의 범죄에 대하여 형벌이라는 제재를 받는 것이므로, 어느 것이나 헌법 제39조 제1항에 규정된 국방의 의무를 이행하느라 입는 불이익이라고 할 수는 있을지언정, 병역의무의 이행으로 불이익한 처우를 받는 것이라고는 할 수 없다(헌재 1999.2.25, 97헌바3).
④ 병역의무 그 자체를 이행하느라 받는 불이익은 병역의무의 이행으로 인한 불이익한 처우의 금지(헌법 제39조 제2항)와는 무관한 바, 예비역이 병역법에 의하여 병력동원훈련 등을 위하여 소집을 받는 것은 헌법과 법률에 따른 국방의 의무를 이행하는 것이고, 그 동안 군형법의 적용을 받는 것 또한 국방의 의무를 이행하는 중에 범한 군사상의 범죄에 대하여 형벌이라는 제재를 받는 것이므로, 어느 것이나 헌법 제39조 제1항에 규정된 국방의 의무를 이행하느라 입는 불이익이라고 할 수는 있을지언정, 병역의무의 이행으로 불이익한 처우를 받는 것이라고는 할 수 없다(헌재 1999.2.25, 97헌바3).

19 정답 ④

④ 대통령은 그의 지휘·감독을 받는 행정부 구성원을 임명하고 해임할 권한(헌법 제78조)을 가지고 있으므로, 국가정보원장의 임명행위는 헌법상 대통령의 고유권한으로서 법적으로 국회 인사청문회의 견해를 수용해야 할 의무를 지지는 않는다(헌재 2004.5.14, 2004헌나1).
① 국회법 제65조의2 제2항 제2호
② 국회법 제46조의3 제1항
③ 인사청문회법 제3조 제3·4항

20 정답 ①

대법원장의 권한이 아닌 것은 ㉢이다.
㉢ 대법원장은 국가인권위원회 위원 3인 지명권을 가진다.

제 07 회 동형모의고사

→ 문제편 92p

정답 모아보기

01 ④	02 ③	03 ④	04 ①	05 ③
06 ①	07 ③	08 ③	09 ②	10 ①
11 ②	12 ①	13 ④	14 ④	15 ③
16 ①	17 ③	18 ①	19 ③	20 ①

01 정답 ④

④ 특별감찰관 후보자, 공정거래위원회 위원장 후보자, 금융위원회 위원장 후보자, 국가인권위원회 후보자, KBS 대표이사 후보자는 소관 상임위원회에서 인사청문회를 받아야 한다(국회법 제65조의2 제2항 제1호). 〈2014.5.28 개정〉

02 정답 ③

옳은 것은 ㉠, ㉡, ㉣이다.
㉢ 헌법 개정에 관한 국민발안제는 제2차 개헌에서 최초로 채택한 후 1972년 제7차 개헌에서 삭제하였다.

03 정답 ④

㉠ 헌재 2009.6.25, 2007헌마40
㉡ 헌재 2009.3.26, 2007헌마843
㉢ 헌재 1998.5.28, 96헌바83
㉣ 헌재 2009.3.26, 2007헌마843

04 정답 ①

① 헌법 제69조는 대통령의 취임선서의무를 규정하면서, 대통령으로서 '직책을 성실히 수행할 의무'를 언급하고 있다. 비록 대통령의 '성실한 직책수행의무'는 헌법적 의무에 해당하나, '헌법을 수호해야 할 의무'와는 달리, 규범적으로 그 이행이 관철될 수 있는 성격의 의무가 아니므로, 원칙적으로 사법적 판단의 대상이 될 수 없다고 할 것이다(헌재 2004.5.14, 2004헌나1).
② 헌재 2004.5.14, 2004헌나1

05 정답 ③

③ 행정사 자격시험의 실시 여부를 시·도지사의 재량사항으로 규정한 것은 모법으로부터 위임받지 아니한 사항을 하위법규에서 기본권 제한 사유로 설정하고 있는 것이므로 위임입법의 한계를 일탈하고, 법률상 근거 없이 기본권을 제한하여 법률유보원칙에 위반하여 직업선택의 자유를 침해한다(헌재 2010.4.29, 2007헌마910).
① 헌재 2010.10.28, 2007헌마890
② 헌재 1996.2.29, 94헌마213
④ 헌재 2009.2.26, 2005헌바94

06 정답 ①

헌법재판소 판례입장과 다른 것은 ㉢이다.
㉠ O 헌재 2011.4.28, 2010헌마474
㉡ O 헌재 2010.9.2, 2010헌마418
㉢ X 농협 임·직원이 조합장 선거에서 선거운동의 기획에 참여하거나 그 기획의 실시에 관여하는 행위를 금지하고 처벌하는 것은 평등원칙 및 죄형법정주의 명확성원칙에 위배되지 않는다(헌재 2011.4.28, 2010헌바339).
㉣ O 공직선거법상 공무원이 선거운동의 기획에 참여하거나 그 기획의 실시에 관여하는 행위는 죄형법정주의의 명확성원칙에 위배되지 않으며, 공무원이 그 지위를 이용하지 않고 사적인 지위에서 선거운동의 기획에 참여하거나 그 기획의 실시에 관여하는 행위까지 금지하는 것은 정치적 표현의 자유와 평등권을 침해하는 것이다(헌재 2008.5.29, 2006헌마1096).

07 정답 ③

③ 지방자치법이 비록 주민에게 주민투표권과 조례의 제정 및 개폐청구권 및 감사청구권을 부여함으로써 주민이 지방자치사무에 직접 참여할 수 있는 길을 열어 놓고 있다 하더라도 이러한 제도는 어디까지나 입법자의 결단에 의하여 채택된 것일 뿐, 헌법이 이러한 제도의 도입을 보장하고 있는 것은 아니다(헌재 2001.6.28, 2000헌마735).

① 법령에 위배되지 않는 한 원칙적으로 구체적인 수권 내지 위임이 없더라도 헌법 제117조에 근거하여 조례를 제정할 수 있다.
② 지방의회가 재의결한 내용 전부가 아니라 그 일부만이 위법한 경우에도 대법원은 의결 전부의 효력을 부인할 수밖에 없다(대판 1992.7.28. 92추31).
④ 지방자치법 제169조 제2항

08 정답 ③

옳은 것은 ㉠, ㉡, ㉣이다.
㉠ 헌재 2021.1.28. 2018헌바88
㉡ 헌재 2012.4.24. 2010헌바164
㉢ 허가받은 지역 밖에서 응급환자이송업의 영업을 하면 처벌하는 것은, 명확성 원칙과 평등원칙에 위배되지 않으며 과잉금지원칙에 위반되어 직업수행의 자유를 침해하지 않는다(헌재 2018.2.22. 2016헌바100).
㉣ 헌재 2012.4.24. 2010헌마437

09 정답 ②

② 평화적 생존권이란 이름으로 주장하고 있는 평화란 헌법의 이념 내지 목적으로서 추상적인 개념에 지나지 아니하고, 평화적 생존권은 이를 헌법에 열거되지 아니한 기본권으로서 특별히 새롭게 인정할 필요성이 있다거나 그 권리내용이 비교적 명확하여 구체적 권리로서의 실질에 부합한다고 보기 어려워 헌법상 보장된 기본권이라고 할 수 없다(헌재 2009.5.28. 2007헌마369).
① 헌재 2001.4.26. 99헌가13
③ 헌재 2008.12.26. 2008헌마419
④ 헌재 1997.1.16. 92헌바6

10 정답 ①

㉠ 헌재 2005.12.22. 2004헌라3
㉡ 헌법재판소법 제72조 제4항
㉣ 헌재 2005.5.26. 2002헌마699

11 정답 ②

② 지역농협 이사 선거와 관련하여 선거 공보의 배부를 통한 선거운동만을 허용하고 전화·컴퓨터통신을 이용한 지지호소의 선거운동을 금지하며 이를 위반하여 선거운동을 한 자를 처벌하는 것은 결사의 자유 및 표현의 자유를 침해한다(헌재 2016.11.24. 2015헌바62).
① 헌재 2007.6.28. 2004헌마644
③ 헌재 2020.5.27. 2018헌바264
④ 공직선거법 제60조 제1항 제1호(2020.1.14. 개정)

12 정답 ①

① 위헌인 것은 ㉡이다.
㉠ 합헌 : 직선제 조합장선거의 경우 후보자가 아닌 사람의 선거운동을 전면 금지하고, 이를 위반하면 형사처벌하는 것은 결사의 자유 등 기본권을 침해하지 않는다(헌재 2017.6.29. 2016헌가1).
㉡ 위헌 : 지방자치단체장은 임기중에 그 직을 사퇴하여 대통령·국회의원 선거 등에 출마금지하게 하는 것은 보통선거원칙에 위반되어 청구인들의 피선거권을 침해하는 위헌적인 규정이다(헌재 1999.5.27. 98헌마214).
㉢ 합헌 : 19세 미만의 미성년자는 선거운동을 할 수 없도록 한 것은 19세 미만인 청구인들의 선거운동의 자유를 침해한다 할 수 없다(헌재 2014.4.24. 2012헌마287).
개정 현행법률개정: 만 18세 이상
㉣ 합헌 : 비례대표국회의원후보자의 공개장소에서의 연설·대담을 금지하는 것은 선거운동의 자유 및 정당활동의 자유를 침해하지 않는다(헌재 2016.12.29. 2015헌마1160).
㉤ 합헌 : 개표사무를 보조하기 위하여 투표지를 구분하거나 계산에 필요한 기계장치 등을 이용할 수 있도록 한 입법자의 선택이 현저히 불합리하거나 불공정하여 청구인들의 선거권을 침해하였다고 볼 수 없다(헌재 2016.3.31. 2015헌마1056).

13 정답 ④

④ 국회는 국정전반에 관하여 소관 상임위원회별로 매년 정기회 집회일 이전에 감사시작일부터 30일 이내의 기간을 정하여 감사를 실시한다. 다만, 본회의 의결로 정기회 기간 중에 감사를 실시할 수 있다(국정감사 및 조사에 관한 법률 제2조 제1항).
① 국정감사 및 조사에 관한 법률 제16조 제1항
② 국정감사 및 조사에 관한 법률 제4조 제1항
③ 헌재 2010.7.29. 2010헌라1

14   정답 ④

모두 옳은 설명이다.
㉠ 헌재 2005.10.27, 2006헌바50
㉡ 헌재 2008.1.17, 2007헌마700
㉢ 헌재 2010.10.28, 2009헌마544
㉣ 헌재 2010.11.25, 2009헌바27

15   정답 ③

③ 위원회에서 본회의에 부의할 필요가 없다고 결정된 의안은 본회의에 부의하지 아니한다. 다만, 위원회의 결정이 본회의에 보고된 날부터 폐회 또는 휴회 중의 기간을 제외한 7일 이내에 의원 30명 이상의 요구가 있을 때에는 그 의안을 본회의에 부의하여야 한다(국회법 제87조 제1항).
① 국회법 제86조 제1항
② 국회법 제106조 제1항
④ 헌법 제51조

16   정답 ①

옳지 않은 것은 ㉢이다.
㉠ 헌재 2009.2.26, 2007헌바27
㉡ 헌재 2006.4.27, 2005헌마1047
㉢ 국가균형발전특별법에 의한 도지사의 혁신도시 입지선정과 관련하여 그 입지의 선정에서 제외된 지방자치단체인 춘천시는 헌법소원청구가 인정되지 않는다(헌재 2006.12.28, 2006헌마312).
㉣ 헌재 2007.8.30, 2004헌마67

17   정답 ③

③ 헌법 제39조 제2항에서 금지하는 "불이익한 처우"라 함은 단순한 사실상, 경제상의 불이익을 모두 포함하는 것이 아니라 법적인 불이익을 의미하는 것으로 보아야 한다(헌재 1999.12.23, 98헌바33).
① 헌재 1999.12.23, 93헌마363
② 헌재 2007.5.31, 2006헌마627
④ 헌재 1999.2.25, 97헌바3

18   정답 ①

㉣은 위헌이다.
㉠ 합헌(헌재 2010.11.25, 2009헌바57)
㉡ 합헌(헌재 2007.1.17, 2005헌바86)
㉢ 합헌(헌재 2010.4.29, 2008헌마622)
㉣ 위헌 : 형사보상의 청구에 대하여 법원의 보상금지급결정 시 불복신청을 불인정하는 것은 헌법에 위배된다(헌재 2010.10.28, 2008헌마514).
㉤ 합헌(헌재 2012.4.24, 2010헌바379)

19   정답 ③

③ 수사과정에서의 비공개 지명수배조치는 수사기관의 내부의 단순한 공조 내지 의사연락에 불과한 것으로 헌법소원의 대상이 될 수 없다(헌재 2002.9.19, 99헌마181).
① 헌재 2006.4.25, 2006헌마409
② 헌재 2010.4.29, 2009헌마399
④ 헌재 2007.10.25, 2006헌마1236

20   정답 ①

옳지 않은 것은 ㉣이다.
㉠ O 헌재 2024.1.25, 2021헌바233
㉡ O 헌재 2012.3.29, 2010헌바100
㉢ O 헌재 2022.12.22, 2020헌바39
㉣ X 새마을금고의 정하는 기간 중에 새마을금고 임원 선거운동을 위한 호별 방문 행위를 처벌하는 것은 죄형법정주의에 위배된다(헌재 2019.5.30, 2018헌가12).
㉤ O 여러 사람의 눈에 뜨이는 곳에서 공공연하게 알몸을 지나치게 내놓거나 가려야 할 곳을 내놓아 다른 사람에게 부끄러운 느낌이나 불쾌감을 준 사람을 10만원 이하의 벌금, 구류 또는 과료(科料)의 형으로 처벌하는 것은 죄형법정주의의 명확성원칙에 위배된다(헌재 2016.11.24, 2016헌가3).

제08회 동형모의고사

→ 문제편 102p

정답 모아보기

01 ④	02 ④	03 ④	04 ③	05 ④
06 ④	07 ①	08 ④	09 ②	10 ③
11 ③	12 ②	13 ①	14 ④	15 ④
16 ④	17 ①	18 ③	19 ④	20 ②

01  정답 ④

합헌이다.
㉠ 합헌(헌재 2024.7.18. 2023헌바379)
㉡ 합헌(헌재 2020.5.27. 2018헌마362)
㉢ 합헌(헌재 1997.12.24. 95헌바29)
㉣ 합헌(헌재 2012.3.29. 2010헌마97)
㉤ 합헌(헌재 2012.3.29. 2009헌마754)
㉥ 위헌(공중도덕상 유해한 업무에 취업시킬 목적으로 근로자파견을 한 사람을 처벌하도록 규정한 것은 죄형법정주의의 명확성원칙에 위배된다(헌재 2016.11.24. 2015헌가23).)

02 정답 ④

④ 경찰청장 임명시는 국무회의의 심의대상이 아니나, 검찰총장 임명시는 국무회의 심의를 거쳐서 대통령이 임명한다(헌법 제89조 제16호).
① 정부조직법 제12조 제1항 제3호
② 국무회의는 제1·2공화국에서 의결기관, 제3·4·5·6공화국에서는 심의기관이었다. 미국식의 자문기관은 채택한 바 없다.
③ 헌재 2003.12.18. 2003헌마225

03 정답 ④

④ 공익사업의 시행으로 인하여 영업을 폐지하거나 휴업함에 따른 영업손실에 대하여 그 보상액의 구체적인 산정 및 평가방법과 보상기준을 국토부령으로 정하도록 한 것은 포괄위임입법금지 원칙에 위반되지 않는다(헌재 2012.2.23. 2010헌바206).
① 헌재 2015.12.23. 2015헌바75
② 헌재 2019.5.30. 2019헌가4
③ 헌재 2012.2.23. 2010헌바99

04  정답 ③

① 시이예스와 칼 슈미트는 헌법상의 상하가치질서를 인정해야 하기 때문에 헌법개정의 무한계를 불인정하였다.
② 우리나라 헌정사상 헌법개정의 한계를 직접 명시한 시기는 제1공화국인 제2차 개헌(1954년)이었으며, 제3공화국인 제5차 개헌(1962년)에서 삭제한 바 있다.
④ 개헌안이 국민투표에서 확정되면 대통령은 즉시 공포하여야 하며, 개헌안에 대해서는 대통령이 거부권을 행사할 수 없다.

05 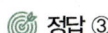 정답 ④

④ 국가경제정책의 변화로 그 동안 영위하던 영업을 폐업하게 된 경우, 그로 인한 재산적 손실은 재산권의 보호범위에 속하지 않는다(헌재 2000.7.20. 99헌마452).
① 헌재 2005.6.30. 2004헌바42
② 헌재 2011.10.25. 2010헌바384
③ 헌재 2002.12.18. 2001헌바55

06  정답 ①

④ 입후보와 선거운동을 위한 준비행위는 선거운동으로 보지 아니한다(공직선거법 제58조 제1항 제2호).
① 공직선거법 제21조 제1항(2016.3.3. 개정)
② 공직선거법 제6조 제5항
③ 공직선거법 제24조 제2항

07 정답 ①

옳지 않은 것은 ㄹ이다.
㉠ 헌재 2002.6.27, 2001헌바100
㉡ 헌재 1997.10.30, 97헌바37
㉢ 헌재 2012.3.29, 2010헌마475
㉣ 교원징계재심위원회의 재심결정에 대하여 교원에게만 행정소송을 제기할 수 있도록 하고 학교법인에게는 이를 금지한 것은 재판청구권을 침해한다(헌재 2006.2.23, 2005헌가7).

08 정답 ④

④ "신고일"이나 "납세고지서 발송일"을 기준으로 국세채권이 우선하도록 하는 것은, 담보권자의 예측가능성을 해한다거나 또는 과세관청의 자의가 개재될 소지를 허용하는 것이 아니고, 달리 그 기준시기의 설정이 현저히 불합리하다고 볼 수도 없으므로 담보권자의 재산권 등을 침해하지 않는다(헌재 2001.7.19, 2000헌바68).
① 이혼시 재산분할을 청구하여 상속세 인적공제액을 초과하는 재산을 취득한 경우 그 초과부분에 대하여 증여세를 부과하는 것은, 증여세제의 본질에 반하여 증여라는 과세원인 없음에도 불구하고 증여세를 부과하는 것이어서 현저히 불합리하고 자의적이며 재산권보장의 헌법이념에 부합하지 않으므로 실질적 조세법률주의에 위배된다(헌재 1997.10.30, 96헌바14).
② 담세능력에 따른 과세의 원칙이라 하여 예외없이 절대적으로 관철되어야 한다고 할 수 없고, 합리적 이유가 있는 경우라면 납세자간의 차별취급도 예외적으로 허용된다 할 것이다(헌재 1999.11.25, 98헌마55).
③ 신의칙이나 국세기본법 제18조 제3항 소정의 조세관행 존중의 원칙은 합법성의 원칙을 희생하여서라도 납세자의 신뢰를 보호함이 정의에 부합하는 것으로 인정되는 특별한 사정이 있을 경우에 한하여 적용된다고 할 것이고, 위 조항 소정의 일반적으로 납세자에게 받아들여진 세법의 해석 또는 국세행정의 관행이란 비록 잘못된 해석 또는 관행이라도 특정납세자가 아닌 불특정한 일반납세자에게 정당한 것으로 이의 없이 받아들여져 납세자가 그와 같은 해석또는 관행을 신뢰하는 것이 무리가 아니라고 인정될 정도에 이른 것을 말하고, 단순히 세법의 해석 기준에 관한 공적 견해의 표명이 있었다는 사실만으로 그러한 해석 또는 관행이 있다고 볼 수는 없는 것이며, 그러한 해석 또는 관행의 존재에 대한 입증책임은 그 주장자인 납세자에게 있다(대판 1992.9.8, 91누13670).

09 정답 ②

② 국회의 임시회는 대통령 또는 국회재적의원 4분의 1 이상의 요구에 의하여 집회된다(헌법 제47조 제1항).
① 헌법 제48조
③ 회의공개원칙(헌법 제50조)과 회기계속원칙(헌법 제51조)은 헌법상 인정한다. 일사부재의 원칙은 국회법 제92조에 규정되어 있다.
④ 헌법 제49조

10 정답 ③

옳은 것은 ㉠, ㉢, ㉣이다.
㉠ 검찰청법 제37조 제1항
㉡ 탄핵결정은 징계벌에 해당하므로 탄핵결정과 민·형사재판 간에는 일사부재리 원칙이 적용되지 않는다.
㉢ 헌재 2004.5.14, 2004헌나1
㉣ 헌법재판소법 제54조 제2항

11 정답 ③

옳은 것은 ㉠, ㉡, ㉢이다.
㉠ 헌재 1996.6.26, 93헌바2
㉡ 헌재 1992.12.24, 90헌바21
㉢ 헌재 1995.10.26, 94헌마242
㉣ 유추해석이나 확장해석은 조세법규에 관해서는 합리적인 이유가 있더라도 불인정한다.

12 정답 ③

옳은 것은 ㉠, ㉡, ㉢이다.
㉠ 국가인권위원회법 제5조 제1·5항
㉡ 국가인권위원회법 제5조 제3항
㉢ 국가인권위원회법 제43조
㉣ 국가인권위원회법은 대한민국 국민과 대한민국의 영역에 있는 외국인에 대하여 적용한다(국가인권위원회법 제4조).

13   정답 ①

① 합헌(헌재 2011.11.24. 2011헌바51)
② 위헌(헌재 1999.5.27. 97헌마137)
③ 위헌(헌재 1997.3.27. 95헌가14)
④ 위헌(헌재 1993.5.13. 92헌마80)

14   정답 ③

헌법재판소가 사전검열에 해당한다고 본 것은 ㉠, ㉡, ㉢이다.
㉠ 영상물등급위원회는 실질적으로 행정기관인 검열기관에 해당하고, 이에 의한 등급분류보류는 비디오물 유통 이전에 그 내용을 심사하여 허가받지 아니한 것의 발표를 금지하는 제도, 즉 검열에 해당되므로 헌법에 위반된다(헌재 2008.10.30. 2004헌가18).
㉡ 허가를 받기 위한 표현물의 제출의무, 행정권이 주체가 된 사전심사절차, 허가를 받지 아니한 의사표현의 금지, 심사절차를 관철할 수 있는 강제수단의 존재라는 제 요소를 모두 갖추고 있으므로, 영상물등급위원회에 의한 외국음반 국내제작 추천제도는 우리 헌법 제21조 제2항이 절대적으로 금지하고 있는 사전검열에 해당하여 헌법에 위반된다(헌재 2006.10.26. 2005헌가14).
㉢ 공연윤리위원회에 의한 영화사전심의제도는 검열기관에 의한 사전검열제도에 해당한다(헌재 1996.10.4. 93헌가13).
㉣ 제한상영가 등급의 영화에 대한 정의는 명확성의 원칙에 위배된다(헌재 2008.7.31. 2007헌가4).
🔍 주의: 사전검열 해당여부에 대한 판단이 아님

15   정답 ④

㉠ 합헌(헌재 2002.4.25. 98헌마425)
㉡ 합헌(헌재 1998.7.16. 96헌바35)
㉢ 합헌(헌재 1997.3.27. 96헌가11)
㉣ 공정거래법에 위반하였는지 여부는 헌법 제19조에 의하여 보장되는 양심의 영역에 포함되지 않는다. 공정거래위원회의 법위반사실의 공표명령은 양심의 자유를 침해하지 않으며, 일반적 행동의 자유 및 명예권을 침해하며 무죄추정의 원칙에 반하는 것이다(헌재 2002.1.31. 2001헌바43).

16   정답 ④

④ 일반론으로는 어떠한 규정이 부담적 성격을 가지는 경우에는 수익적 성격을 가지는 경우에 비하여 명확성의 원칙이 더욱 엄격하게 요구되고, 죄형법정주의가 지배하는 형사관련 법률에서는 명확성의 정도가 강화되어 더 엄격한 기준이 적용된다(헌재 2002.7.18. 2000헌바57).
① 헌재 1992.2.25. 89헌가104
② 헌재 2004.2.26. 2003헌바4
③ 헌재 2001.6.28. 99헌바34

17   정답 ①

① 명령·규칙이 헌법에 위반된다고 법원이 결정한 경우에 명령·규칙은 당해 사건에 적용을 거부한다.
③ 법원조직법 제7조 제1항 제1호
④ 헌재 1990.10.15. 89헌마178

18   정답 ③

옳은 것은 ㉠, ㉡, ㉣이다.
㉠ 헌법재판소법 제42조 제1항
㉡ 헌법재판소법 제41조 제1항
㉢ 중재재판소나 외국법원은 위헌법률심판제청권을 행사할 수 없다.
㉣ 헌법재판소법 제41조 제4·5항

19   정답 ④

④ 현행 헌법에서 신설된 것은 ㉠, ㉡, ㉢, ㉣, ㉥이다. 국가의 중소기업 보호·육성의무는 제8차 개헌에서 규정되었다.

20   정답 ②

위헌인 것은 ㉠, ㉢이다.
㉠ 학교운영지원비를 중학교 학생으로부터 징수하는 것에 관한 공립중학교 학부모들의 청구부분에서, 이 조항은 헌법 제31조 제3항에서 규정하는 의무교육의 무상원칙에 위배되어 헌법에 위반된다(헌재 2012.8.23. 2010헌바220).
㉡ 양심적 병역거부자의 처벌 근거가 된 병역법규정은 헌법에 위반되지 않는다(헌재 2018.6.28. 2011헌바379).

🔍 주의: 양심적 병역거부자에 대한 대체복무를 규정하지 아니한 병역법 종류조항은 양심자유 침해이다.

ⓒ 방송사업자가 심의규정을 위반한 경우 방송통신위원회로 하여금 방송통신심의위원회의 심의를 거쳐 시청자에 대한 사과를 명할 수 있도록 규정한 것은 방송사업자의 인격권을 침해한다(헌재 2012.8.23. 2009헌가27).

ⓔ 공무원에 대해 국가 또는 지방자치단체의 정책에 집단적으로 반대·방해하는 행위를 금지하고, 정치적 주장을 표시·상징하는 복장 등을 착용하는 행위를 금지하는 것은, 공무원의 신분과 지위의 특수성을 고려할 때 그러한 제한은 공무원의 정치적 표현의 자유 등 기본권을 침해하지 않는다(헌재 2012.5.31. 2009헌마705).

ⓜ 초중등교육과정에서 한자를 국어과목의 일환으로 가르치지 않고, 한자 내지 한문을 필수과목으로 하지 않았다고 하여 학생들의 자유로운 인격발현권 및 부모의 자녀교육권을 침해한다고 볼 수 없다(헌재 2016.11.24. 2012헌마854).

제09회 동형모의고사

→ 문제편 110p

정답 모아보기

01 ④	02 ④	03 ①	04 ③	05 ③
06 ③	07 ③	08 ①	09 ④	10 ②
11 ③	12 ①	13 ②	14 ①	15 ④
16 ②	17 ③	18 ④	19 ②	20 ②

01  정답 ④

④ 헌법개정안의 의결정족수, 대통령의 탄핵소추의결, 국회의원의 제명처분, 국회의원 자격심사는 재적의원 3분의 2 이상의 찬성을 요한다.
① 1954년 제2차 개헌에서는 국민 50만명 이상 서명 시 헌법개정안 발의가 가능하였으나, 1972년 제7차 개헌에서 삭제하였다.
② 국무회의는 심의기관으로서 구속력을 갖지 않는다.
③ 헌법개정안은 국민투표에서 통과되면 확정된다.

02  정답 ④

옳은 것은 ㉠, ㉢, ㉣이다.
㉡ 헌법재판소는 평등권 침해의 심사에 있어서는 원칙적으로 입법부의 입법형성의 자유를 존중한다는 의미에서 자의금지원칙을 적용하고, 헌법에서 특별히 평등을 요구하고 있거나 차별적 취급으로 인해 기본권의 중대한 제한을 초래하게 되는 경우에는 비례성 원칙이 적용된다.
㉢, ㉣ 헌재 1999.12.23, 98헌마363

03  정답 ①

① 정당공천에 탈락한 자가 그 공천과정의 비민주성을 이유로 정당공천의 효력을 다투고자 할 때에는 헌법소원을 청구할 수 없다(헌재 2007.10.30, 2007헌마1128).
② 헌재 2006.7.27, 2004헌마655
③ 헌재 2003.10.30, 2002헌라1

04  정답 ③

③ 폐지되는 지방자치단체의 장이 통합 창원시장 선거에 출마할 경우 폐지되는 지방자치단체장으로 재임한 기간을 포함하여 계속 재임이 3기에 한하도록 하는 명시적인 규정을 두지 아니한 입법부작위에 대한 심판청구는 진정입법부작위에 대하여 헌법소원을 제기할 수 있는 경우에 해당하지 아니하므로 각하한다(헌재 2010.6.24, 2010헌마167).
① 지방자치법 제28조 제1항
④ 지방자치법 제19조 제1항

05  정답 ③

③ 토지재산권은 강한 사회성·공공성을 지니고 있어 이에 대해서는 다른 재산권에 비하여 보다 강한 제한과 의무를 부과할 수 있으므로 위헌심사기준으로 비례성 원칙을 적용한다(헌재 2006.7.27, 2003헌바18).
① 헌재 2005.6.30, 2004헌바42
② 헌재 2006.7.27, 2003헌바18
④ 헌재 2006.11.30, 2003헌바66

06 정답 ③

옳은 것은 ㉠, ㉡, ㉢이다.
㉣ 종교의 자유의 핵심적인 내용은 신앙의 자유이므로 무신앙의 자유는 종교의 자유에서 보호된다.
㉠ 헌재 1998.7.16, 96헌바35
㉡ 헌재 2004.8.26, 2002헌가1
㉢ 헌재 1997.11.27, 92헌바28

07  정답 ③

옳은 것은 ㉠, ㉢, ㉣이다.
㉡ 변호인 자신의 구속된 피의자·피고인과의 접견교통권은 헌법상의 권리라고 할 수 있다(헌재 2019.9.28, 2015헌마1204).

㉠ 헌재 1992.1.28, 91헌마111
㉢ 헌재 1995.7.21, 92헌마144
㉣ 헌재 2003.3.27, 2000헌마474

08 정답 ①

① 헌재 2007.8.30, 2004헌마670
② 평등권 및 평등선거원칙으로부터 나오는 선거에 있어서의 기회균등의 원칙은 후보자는 물론 정당에 대해서도 보장되는 것이므로, 정당은 평등권의 주체로서 헌법소원심판을 제기할 수 있다(헌재 1991.3.11, 91헌마21).
③ 모든 인간은 헌법상 생명권의 주체가 되며, 형성 중의 생명인 태아에게도 생명에 대한 권리가 인정되어야 한다. 따라서 태아도 헌법상 생명권의 주체가 되며, 국가는 헌법 제10조에 따라 태아의 생명을 보호할 의무가 있다(헌재 2008.7.31, 2004헌바81).
④ 국가나 국가기관 또는 국가조직의 일부나 공법인은 기본권의 수범자이지 기본권의 주체가 되는 것은 아니다(헌재 1998.3.26, 96헌마345).

09 정답 ④

㉠, ㉡, ㉢, ㉤은 국회동의를 요한다.
㉣ 한미쇠고기 수입시는 농림축산식품부장관의 고시에 의해서 가능하다.

10 정답 ②

옳은 것은 ㉠, ㉣이다.
㉠ 사면법 제3조 제1호, 동법 제5조 제1항 제1호
㉣ 사면법 제10조의2 제1항
㉡ 특별사면은 법무부장관의 상신을 받아 대통령이 명한다. 국회의 의견을 들어야 하는 것은 아니다. 일반감형은 국회의 동의를 얻어야 하는 것은 아니다.
㉢ 형의 집행을 종료하지 않았거나 집행의 면제를 받지 않은 경우에는 복권을 행할 수 없다(사면법 제6조).

11 정답 ③

① 국채를 모집하거나 예산외에 국가의 부담이 될 계약을 체결하려 할 때에는 정부는 미리 국회의 의결을 얻어야 한다(헌법 제58조).
② 국회는 국가재정법의 적용을 받는 기금을 운용하는 기금 관리주체에 대해서 국정감사를 실시할 수 있다.
④ 정부는 예산이 여성과 남성에게 미칠 영향을 미리 분석한 보고서(성인지 예산서)를 작성하여야 한다(국가재정법 제26조 제1항).

12 정답 ①

㉥ 국무위원은 부령을 제정할 수 없다.

13 정답 ②

② 국무총리는 대통령직속기구에 대하여 직무와 관련하여 구체적인 지시를 할 수 없다.

14 정답 ①

㉠ ✗ 법관징계는 정직, 감봉, 견책을 들 수 있다(법관징계법 제3조 제1항).
㉡ ✗ 법관의 징계사건을 심의·결정하기 위하여 대법원에 법관징계위원회를 둔다(법관징계법 제4조 제1항).
㉢ ○ 특별법원에 관하여 예외법원설과 특별법원설이 있으며, 예외법원설은 법관이 아닌 자도 재판에 관여할 수 있다는 것으로 군사법원은 일반법원과 다르게 정할 수 있다는 입장이다. 특별법원설은 법관의 자격을 가진 자가 재판을 해야 한다는 입장이다.
㉣ ○ 대법관 3인의 의사가 일치하면 부에서 결정할 수 있다.

15 정답 ④

④ 공중보건의사에 편입되어 군사교육에 소집된 사람을 군인보수법의 적용대상에서 제외하여 군사교육 소집기간 동안의 보수를 지급하지 않도록 한 군인보수법 제2조 제1항 중 '군사교육소집된 자' 가운데 '병역법 제5조 제1항 제3호 나목 4) 공중보건의사'에 관한 부분이 헌법에 위반되지 않는다는 결정을 선고하였다(헌재 2020.9.24, 2017헌마643).
① 헌재 2024.1.25, 2020헌바475
② 헌재 2011.2.24, 2009헌마94
③ 헌재 2011.2.24, 2010헌바199

16 정답 ②

옳은 것은 ㉠, ㉢이다.

㉠ 헌법재판소는 현재성의 요건을 완화하여 현재성의 예외를 인정한다.
㉢ 헌재 1996.2.29. 94헌마213
㉡ 헌법재판소법 제68조 제1항에 의한 헌법소원심판의 청구인이 어떠한 법률조항으로 인하여 자신의 기본권이 침해된다는 주장 이외에 그 조항으로 인하여 제3자의 기본권도 침해된다는 주장도 있는 경우에는 헌법재판소가 제3자의 기본권 침해부분에 대해서도 판단하여야 하는 것은 아니다.
㉣ 제3자가 자신의 이름으로 타인의 이익을 위하여 헌법소원을 제기할 수 없다.

17 정답 ④

④ 특수한 유형의 온라인서비스제공자의 범위 및 권리자의 요청, 필요한 조치에 관하여 문화체육관광부장관 고시 및 대통령령에 규정될 내용을 충분히 예측할 수 있다고 할 것이므로 포괄위임입법금지의 원칙에 위반되지 않는다(헌재 2011.2.24. 2009헌바13).
① 헌재 2024.1.25. 2020헌바479
② 헌재 2022.12.22. 2018헌바48
③ 100세대 이상 민간임대사업자가 임대기간동안 임대료를 증액하여 신규임대계약을 체결하거나 종전 임대계약을 갱신하는 경우 변동률을 초과하여 계약을 금지하는 것은 헌법에 위배되지 아니한다(헌재 2024.7.18. 2020헌마1434).

18 정답 ④

④ 변호인의 조력을 받을 권리는 헌법상 신체의 자유에 관한 내용으로 규정되어 있고, 형사절차에서 국가권력의 수사나 공소에 대항하여 피의자나 피고인의 방어권 및 대등한 당사자의 지위를 보장하는 데에 의의가 있다. 가사소송에서 당사자가 변호사를 대리인으로 선임하여 소송절차 중 그 변호사의 조력을 받는 것은 헌법 제12조 제4항의 변호인의 조력을 받을 권리의 보호영역에 포함되지 않는다(헌재 2012.10.25. 2011헌마598).
①, ② 헌재 2010.12.28. 2008헌바157
③ 헌재 2018.6.28. 2012헌바191

19 정답 ②

옳은 것은 ㉠, ㉡, ㉢이다.
㉠, ㉢ 헌재 2007.7.26. 2005헌라8
㉡ 헌재 2006.8.31. 2003헌라1
㉣ 법률에 의하여 설치된 국가기관인 국가경찰위원회에게는 권한쟁의 심판의 당사자능력이 인정되지 아니한다(헌재 2022.12.22. 2022헌라5).

20 정답 ②

② 헌재 1996.2.16. 96헌가2
① 헌법은 실질적 의미의 입법에 관한 권한을 국회에 독점시키지 아니하고 국회입법의 원칙에 관한 예외를 규정하고 있다. 헌법 제114조에서 중앙선거관리위원회에 규칙 제정권을 부여하고 있는 것이 그 예이다.
③ 국민은 단순한 입법절차상의 하자만을 이유로 하여 헌법재판소법 제68조 제1항에 의한 헌법소원심판을 청구할 수 없다(헌재 2009.4.30. 2006헌마1322).
④ 헌법재판소는 미디어관련법의 가결선포행위와 관련하여 입법절차의 준수 여부를 심판한 바 있다.

제10회 동형모의고사

→ 문제편 118p

정답 모아보기

01 ②	02 ④	03 ④	04 ④	05 ③
06 ③	07 ①	08 ①	09 ④	10 ④
11 ①	12 ③	13 ④	14 ④	15 ①
16 ④	17 ④	18 ③	19 ①	20 ④

01  정답 ②

옳은 설명은 ㉠, ㉡, ㉢이다.
㉠ 헌법재판소법 제57조의 위헌정당해산과 제65조의 권한쟁의조정에 대해서만 규정하고 있다.
㉡ 헌재 2000.12.8, 2000헌사471
㉢ 헌재 1999.3.25, 98헌사98
㉣ 가처분을 인용한 뒤 종국결정에서 청구가 기각되었을 때 발생하게 될 불이익과 가처분을 기각한 뒤 청구가 인용되었을 때 발생하게 될 불이익에 대한 비교형량을 하여 행한다(헌재 1999.3.25, 98헌사98).

02  정답 ④

헌재 2006.6.29, 98헌마443
① 일사부재의 원칙은 국회법 제92조에 규정되어 있는 법률상의 제도이다.
② 임기만료시에는 회기계속의 원칙이 적용되지 않는다.
③ 국회법 제55조 제1항은 위원회 회의의 공개원칙을 전제로 한 것으로 위원장이 자의적으로 공개여부를 결정하는 것은 아니다(헌재 2000.6.29, 98헌마443).

03  정답 ④

국민의 형사재판 참여에 관한 법률이 정하는 국민참여재판을 이 법 시행 후 최초로 공소제기되는 사건부터 적용하도록 한 부칙규정은 헌법에 위배되지 않는다(헌재 2009.11.26, 2008헌바12).
① 헌재 1993.12.23, 92헌마247

04  정답 ④

헌법에 규정되어 있지 않은 것은 ㉠, ㉡, ㉢, ㉣, ㉤, ㉥, ㉦, ㉧이다.
㉨ 과학기술의 혁신과 정보 및 인력개발은 헌법 제127조 제1항에 규정되어 있다.

05  정답 ③

헌재 2009.7.30, 2008헌바162
① 불복절차에서 행정심판을 임의적 전치주의 제도로 규정하고 있다면 불복신청인에게 행정심판을 거치지 아니하고 곧바로 행정소송을 제기할 수 있는 선택권이 보장되어 있으므로, 그 행정심판에 사법절차가 준용되지 않더라도 헌법에 위반되는 것은 아니다(헌재 2000.6.1, 98헌바8).
② 국가가 소송구조를 하지 않는다고 하여 국민의 재판청구권이 소멸되거나 그 행사에 직접 제한을 받는다거나 하는 일은 있을 수 없으므로 소송구조의 거부 자체가 국민의 재판청구권의 본질을 침해한다고는 할 수 없다(헌재 2001.2.22, 99헌바74).
④ 헌법재판소는 심판사건을 접수한 날로부터 180일 이내에 종국결정의 선고를 하도록 한 헌법재판소 규정은 헌법에 위반되지 않는다(헌재 2009.7.30, 2007헌마732).

06  정답 ③

헌법 제21조 제2항에서 금지하고 있는 '허가'제는 집회의 자유에 대한 일반적 금지가 원칙이고 예외적으로 행정권의 허가가 있을 때에만 이를 허용한다는 점에서, 집회의 자유가 원칙이고 금지가 예외인 집회에 대한 신고제와는 집회의 자유에 대한 이해와 접근방법의 출발점을 달리 하고 있는 것이다(헌재 2009.9.24, 2008헌가25).
④ 헌재 2018.5.31, 2013헌바322

07  정답 ①

헌재 2005.6.30, 2003헌바114
② 북한의 의과대학을 졸업한 탈북의료인의 경우 의사면허시험 응시자격이 되는 국내대학의 학사학위를 받은 자에 해당하는 것은 아니다(헌재 2006.11.30, 2006헌마679).
③ 남북기본합의서는 남북관계를 나라와 나라 사이가 아닌 잠정적 특수관계로 규정하였다(헌재 2000.7.20, 98헌바63).
④ 헌법상의 영토조항만을 근거로 하여 독자적인 헌법소원을 청구할 수 없다(헌재 2001.3.21, 99헌마139).

08 정답 ①

지방자치단체의 주민으로서 자치권 또는 주민권은 헌법에 의하여 직접 보장된 개인의 주관적 공권이 아니기 때문에 그 침해만을 이유로 국가사무인 고속철도의 역의 명칭 결정의 취소를 구하는 헌법소원심판 청구는 할 수 없다(헌재 2006.3.30, 2003헌마837).
② 주민소환에 관한 법률 제3조 제1항 제2호
③ 헌재 1999.7.22, 98헌라4

09  정답 ④

헌재 2009.5.28, 2006헌바109
① 외국인의 정보공개청구에 관하여는 대통령령으로 정한다(공공기관의 정보공개에 관한 법률 제5조 제2항).
② 정부의 국가정책을 집행하는 과정에서 배포·홍보하는 공무원의 언론활동은 언론·출판의 자유의 보호영역에 포함되지 않는다.
③ 시험에 관한 정보를 비공개 정보로 할 수 있도록 규정한 공공기관의 정보공개에 관한 법률 제7조 제1항 제5호는 헌법에 위반되지 않는다(헌재 2009.9.24, 2007헌바107).

10  정답 ④

징역형 수형자는 형무소 내에 구치하여 정역에 복무하도록 한 규정은 신체의 자유 및 평등권을 침해하지 않는다(헌재 2012.11.29, 2011헌마318).
① 헌재 2009.7.30, 2008헌가10
② 헌재 2010.9.2, 2009헌가15
③ 헌재 2009.10.29, 2007헌마992

11  정답 ①

군인의 퇴역연금수급권에 대하여 전액압류를 금지하는 공무원연금법 규정은 헌법에 위반되지 않는다(헌재 2009.7.30, 2007헌바139).
② 헌재 2001.4.26, 2000헌마390
④ 헌재 2007.8.30, 2004헌바88

12 정답 ③

고시공고일을 기준으로 고등학교에서 퇴학된 날로부터 6월이 지나지 아니한 자는 고등학교 졸업학력 검정고시를 볼 수 없게 하는 것은 교육받을 권리를 침해하는 것이 아니다(헌재 2008.4.24, 2007헌마1456).
① 헌재 2009.4.30, 2005헌마514
② 헌재 1992.11.12, 89헌마88
④ 의무교육은 6년의 초등교육과 3년의 중등교육으로 함을 교육기본법 제8조 제1항은 규정하고 있다.

13  정답 ④

사립학교의 설립·경영자들은 교원노조와 개별적으로 단체교섭을 할 수 없고 반드시 연합하여 단체교섭에 응하도록 하는 규정은 헌법에 위반되지 아니한다(헌재 2006.12.28, 2004헌바67).
① 헌재 2009.10.29, 2007헌마1359
② 헌재 1998.2.27, 94헌바13
③ 헌재 2005.11.24, 2002헌바95

14 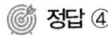 정답 ④

모두 합헌이다.
㉠ 합헌(헌재 2009.10.29, 2008헌마432)
㉡ 합헌(헌재 2009.9.24, 2006헌마1264)
㉢ 합헌(헌재 2008.6.26, 2007헌마917)
㉣ 합헌(헌재 2007.10.4, 2005헌마1148)
㉤ 합헌(헌재 2009.2.26, 2008헌마370)
㉥ 합헌(헌재 2003.9.25, 2002헌마519)

15 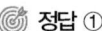 정답 ①

대한민국에서 발견된 기아는 대한민국에서 출생한 것으로 추정한다(국적법 제2조 제2항).
② 헌법 제2조 제1항
③ 대판 2003.5.30, 2002두9797
④ 국적법 제12조

16  정답 ④

병영 안과 종교시설 안에는 투표소를 설치하지 못한다. 다만, 종교시설의 경우 투표소를 설치할 적합한 장소가 없는 부득이한 경우에는 그러하지 아니하다(공직선거법 제147조 제4항).
① 공직선거법 제57조의2 제2항
② 공직선거법 제60조의2 제1항
③ 헌재 2024.1.25, 2021헌가14

17  정답 ④

국회법 제112조 제4항 ① 국회의원수는 헌법 제41조 제2항에 200인 이상으로 규정되어 있으므로, 199인으로 감원할 때에는 헌법개정이 필요하다.
② 헌법개정과 관련하여 국민투표에 이의가 있는 투표인은 투표인 10만명 이상의 찬성을 얻어 투표일로부터 20일 이내에 대법원에 제소할 수 있다고 국민투표법 제92조에 규정되어 있다.
③ 대통령의 임기연장 또는 중임변경을 위한 헌법개정은 그 헌법개정 제안 당시의 대통령에 대하여는 효력이 없다(헌법 제128조 제2항).

18 정답 ③

사법행정은 국정조사나 감사 대상이 될 수 있다.
① 국회에서의 증언·감정 등에 관한 법률 제6조 제1항
② 국회에서의 증언·감정 등에 관한 법률 제9조 제1항
④ 국정감사 및 조사에 관한 법률 제7조 제2호

19 정답 ①

국무총리의 권한대행이 될 수 없는 자는 ㉣, ㉤이다.
국무총리의 권한대행은 부총리가 1순위이고 대통령의 지명을 받은 국무위원이 2순위이고, 지명이 없는 경우에는 법률에 정하는 국무위원 순으로 한다. 법제처장과 인사혁신처장, 식품의약품안전처장은 정부위원으로 국무총리의 권한대행이 될 수 없다.

20  정답 ④

심판에 관여한 재판관은 결정서에 의견을 표시하여야 한다(헌법재판소법 제36조 제3항). 그러므로 탄핵심판에서도 결정문에 소수의견을 표시하여야 한다.
① 헌정사상 헌법재판소가 대통령, 대법원장, 대법관의 선거소송을 관할하였던 시기는 제2공화국 헌법이다.
② 제헌헌법에서는 부통령을 위원장으로 하는 헌법위원회를 구성한 바 있다.
③ 헌법재판소 재판관의 징계처분규정은 헌법에 규정되어 있지 않다. 헌법재판소 재판관은 탄핵 또는 금고 이상의 형의 선고에 의하지 아니하고는 파면되지 아니한다(헌법 제112조 제3항).

제11회 동형모의고사

→ 문제편 125p

정답 모아보기

01 ③	02 ④	03 ④	04 ④	05 ④
06 ④	07 ③	08 ③	09 ①	10 ③
11 ②	12 ②	13 ②	14 ②	15 ③
16 ③	17 ③	18 ③	19 ①	20 ②

01  정답 ③

국회법 제12조 제2항 ① 확정법률이 정부에 이송된 후 5일 이내에 대통령이 공포하지 아니할 때 국회의장은 예외적으로 법률을 공포한다(헌법 제53조 제6항).
② 국회의장과 부의장은 국무위원직을 겸할 수 없다(국회법 제19조).
④ 비례대표의원은 국회의장이 될 수 있다.

02 정답 ④

④ 조세법규를 어떠한 내용으로 규정할 것인지에 관하여는 정책적·기술적인 판단에 의하여 정하여야 하는 문제이므로 입법자의 입법형성적 재량에 해당한다(헌재 2003.1.30, 2002헌바65).
① 가사사용인을 일반 근로자와 달리 퇴직급여법의 적용범위에서 배제하더라도 헌법에 위배되지 아니한다(헌재 2022.10.27, 2019헌바454).

03 정답 ④

국회의원이 겸직할 수 없는 것은 ㉢, ㉤, ㉥, ㉦이다(국회법 제29조 제1·2항).

04  정답 ④

임기만료에 의한 대통령선거는 그 임기만료일 전 70일 이후 첫 번째 수요일에 실시함이 원칙이다(공직선거법 제34조 제3항).

① 헌법 제67조 제2항
② 공직선거법 제53조 제1항
③ 대통령이 궐위된 때 또는 대통령 당선자가 사망하거나 판결 기타의 사유로 그 자격을 상실한 때에는 60일 이내에 후임자를 선거한다(헌법 제68조 제2항). 헌법에 규정되어 있지는 않지만 후임자의 임기는 새로이 시작한다는 것이 통설이다.

05  정답 ④

정치자금법 제6조 제6호 ① 정당이 그 소속 국회의원을 제명하기 위해서는 당헌이 정하는 절차를 거치는 외에 그 소속 국회의원 전원의 2분의 1 이상의 찬성이 있어야 한다(정당법 제33조).
② 정당은 국회의원지역구 및 자치구·시·군, 읍·면·동별로 당원협의회를 둘 수 있다. 다만, 누구든지 시·도당 하부조직의 운영을 위하여 당원협의회 등의 사무소를 둘 수 없다(정당법 제37조 제3항).
③ 정당의 명의로 후원회를 지정하여 둘 수 있다(정치자금법 제6조).

06  정답 ④

지방자치단체의 의결기관을 구성하는 지방의회 의원과 그 기관의 대표자인 지방의회 의장 사이의 내부적 분쟁에 관련된 심판청구는 헌법재판소가 관장하는 권한쟁의심판에 해당하지 아니한다(헌재 2010.4.29, 2009헌라11).
① 헌재 2020.11.26, 2019헌마26
② 금융감독원의 4급 이상 직원에 대하여 퇴직일로부터 2년간 사기업체 등에의 취업을 제한하는 구 공직자윤리법 조항은, 금융감독원 직원이 퇴직 이후 특정업체로의 취업을 목적으로 재직 중 특정업체에 특혜를 부여하거나, 퇴직 이후 재취업한 특정업체를 위해 재직 중에 취득한 기밀이나 정보를 이용하거나, 재직했던 부서에 대하여 부당한 영향력을 행사할 가능성을 사전에 방지함으로써 궁극적으로 금융감독원 직무의 공정성을 확보하고 건전한 금융질서를 확보하려는 것으로서 직업선택의 자유를 침

해하지 아니한다(헌재 2014.6.26, 2012헌마331).
③ 사립대학의 신설이나 학생정원 증원의 사무는 국가사무이지 지방자치단체의 사무가 아니므로, 수도권정비계획법 제18조 제1항에 근거한 국토교통부장관의 총량규제에 따라 수도권 소재 사립대학의 학생정원 증원을 제한하는 내용을 담은 교육과학기술부(현행 교육부)장관의 "2011학년도 대학 및 산업대학 학생정원 조정계획"은 경기도의 자치권한을 침해하거나 침해할 현저한 위험이 없다(헌재 2012.7.26, 2010헌라3).

07  정답 ③

옳은 항목은 ㉠, ㉡, ㉢이다.
㉠ 헌재 2007.6.28, 2005헌마772
㉡ 헌재 2001.7.19, 2000헌마91
㉢ 헌재 2010.4.29, 2008헌마438. 현행 공직선거법에 따르면, 사전투표기간은 선거일 전 5일부터 2일 동안이다.
㉣ 선거일 전 180일부터 선거일까지 선거에 영향을 미치게 하기 위하여 정당 또는 후보자를 지지·추천하거나 반대하는 내용이 포함되어 있거나 정당의 명칭 또는 후보자의 성명을 나타내는 문서·도화의 배부·게시 등을 금지하고 처벌하는 공직선거법 규정의 각 '기타 이와 유사한 것' 부분에 '정보통신망을 이용하여 인터넷 홈페이지 또는 그 게시판·대화방 등에 글이나 동영상 등 정보를 게시하거나 전자우편을 전송하는 방법'이 포함된다고 해석한다면, 정치적 표현의 자유 내지 선거운동의 자유를 침해하는 것이다(헌재 2011.12.29, 2007헌마1001).
㉤ 물품·음식물·서적·관광 기타 교통편의를 제공받은 자는 그 제공받은 금액 또는 음식물·물품 가액의 50배에 상당하는 과태료 금액에 처하는 것은 과잉금지원칙에 위배된다(헌재 2009.3.26, 2007헌가22).

08 정답 ③

헌법재판소 재판관은 정당에 가입하거나 정치에 관여할 수 없음이 헌법에 규정(헌법 제112조 제2항)되어 있으나, 대법관은 헌법에 미규정되어 있다.
① 헌재 2009.7.30, 2006헌마358
② 공무원의 노동조합 설립 및 운영 등에 관한 법률 제6조 제2항 제2호
④ 헌재 2010.3.25, 2009헌마538

09 정답 ①

헌재 2009.11.26, 2008헌라4
② 이장은 헌법상 보호되는 공무담임권의 대상으로서 공무원에 해당하지 아니한다(헌재 2009.10.29, 2009헌마127).
③ 헌법상 지방자치제도보장의 핵심영역 내지 본질적 부분이 특정 지방자치단체의 존속을 보장하는 것이 아니며 지방자치단체에 의한 자치행정을 일반적으로 보장하는 것이므로, 현행법에 따른 지방자치단체의 중층구조 또는 지방자치단체로서 특별시·광역시 및 도와 함께 시·군 및 구를 계속하여 존속하도록 할지 여부는 결국 입법자의 입법형성권의 범위에 들어가는 것으로 보아야 한다(헌재 2006.4.27, 2005헌마1190).
④ 국가, 지방자치단체, 지방자치단체조합에 귀속을 조건으로 취득하는 부동산 및 그 등기에 대하여 취득세 및 등록세를 비과세하는 것은 헌법에 위반되지 않는다(헌재 2011.12.29, 2010헌바191).

10  정답 ③

헌법재판소가 기본권 주체성을 인정한 것은 ㉠, ㉢, ㉤, ㉦이다.
㉠ 인정(헌재 2008.1.17, 2007헌마700)
㉡ 불인정(헌재 1994.12.29, 93헌마120)
㉢ 인정(헌재 2006.5.25, 2004헌가1)
㉣ 불인정(헌재 1993.7.29, 89헌마345)
㉤ 인정(헌재 2008.7.31, 2004헌바81)
㉥ 불인정(생명·신체의 안전에 관한 기본권은 자연인만 인정: 헌재 2008.12.26, 2008헌마419)
㉦ 인정(헌재 1991.3.11, 91헌마21)

11 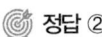 정답 ②

헌법소원심판에 있어 반드시 변호사를 대리인으로 선임하도록 규정하고 있는 헌법재판소법 제25조 제3항은 과잉금지원칙과 청구인의 재판청구권을 침해하는 것이 아니다(헌재 2010.3.25, 2008헌마439).
① 헌재 2019.12.27, 2014헌바381
③ 헌재 2010.3.25, 2008헌바510
④ 헌재 2010.3.25, 2007헌마933

12 정답 ②

국가인권위원회법 제30조 제1항 ① 국가인권위원회 위원은 국회에서 4인 선출, 대통령이 4인 임명, 대법원장이 3인을 지명하며 11인으로 구성된다(국가인권위원회법 제5조).
③ 사인 기업의 인권침해에 대해서 국가인권위원회의 조사대상이 될 수 있다.
④ 법원의 재판을 국가인권위원회에 진정할 수 있는 대상에서 제외하는 것은 평등권에 위배되지 아니한다(헌재 2004.8.26, 2002헌마302).

13 정답 ③

연명치료 중인 환자의 자녀들이 제기한 연명치료 중단 등에 관한 법률의 입법부작위위헌확인에 관한 헌법소원 심판청구에서 입법부작위로 인한 기본권 침해의 자기관련성이 부인정되어 각하되었다(헌재 2009.11.26, 2008헌마385).
② 헌재 2010.2.25, 2008헌가23
④ 대판 2009.5.21, 2009다17417

14 정답 ④

정부조직법 제5조 ① 국무회의는 심의기관이지만 집행기관은 아니다.
② 국무총리는 중앙행정기관의 장의 명령이나 처분이 위법 또는 부당하다고 인정될 경우에는 대통령의 승인을 받아 이를 중지 또는 취소할 수 있다(정부조직법 제16조 제2항).
③ 특임장관 규정은 삭제되었다. 국무위원은 19인으로 한다(정부조직법 제26조 제1항).

15 정답 ③

감사원은 국회·법원 및 헌법재판소의 회계검사권을 행사할 수 있다.
① 감사원장이 2009.4.경 60개 공공기관에 대하여 공공기관 선진화 계획의 이행실태, 노사관계 선진화 추진실태 등을 점검하고, 2009.6.30. 공공기관 감사책임자회의에서 자율시정하도록 개선방향을 제시한 이 사건 점검 및 개선 제시 중, 점검행위는 감사원 내부의 자료수집에 불과하고, 개선 제시는 이를 따르지 않을 경우의 불이익을 명시적으로 예정하고 있다고 보기 어려우므로 행정지도로서의 한계를 넘어 규제적·구속적 성격을 강하게 갖는다고 볼 수 없다. 따라서 이 사건 점검 및 개선 제시는 헌법소원의 대상이 되는 공권력의 행사라고 보기 어렵다(헌재 2011.12.29, 2009헌마330).
② 감사원법 제4조 제3항
④ 부패방지법(제40조)상의 국민감사청구제도는 일정한 요건을 갖춘 국민들이 감사청구를 한 경우에 감사원장으로 하여금 감사청구된 사항에 대하여 감사실시 여부를 결정하고 그 결과를 감사청구인에게 통보하도록 의무를 지운 것이므로(동법 제42조·제43조), 이러한 국민감사청구에 대한 기각결정은 공권력주체의 고권적 처분이라는 점에서 헌법소원의 대상이 될 수 있는 공권력행사라고 보아야 할 것이다. 감사원장의 국민감사청구기각결정의 처분성 인정 여부에 대하여 대법원판례는 물론 하급심판례도 아직 없으며 부패방지법상 구체적인 구제절차가 마련되어 있는 것도 아니므로, 청구인들이 행정소송을 거치지 않았다고 하여 보충성 요건에 어긋난다고 볼 수는 없다(헌재 2006.2.23, 2004헌마414).

16 정답 ③

옳은 것은 ㉠, ㉡, ㉢이다.
㉠ 헌재 2007.7.26, 2005헌라8
㉡ 국회법 제84조 제4항
㉢ 헌재 1996.2.29, 93헌마186
㉣ 징계로 제명된 자는 그로 인하여 궐원된 의원의 보궐선거에 있어서는 후보자가 될 수 없다(국회법 제164조).

17 정답 ④

양심적 병역 거부자에 대한 병역종류조항은 과잉금지원칙과 양심자유를 침해하는 것이다(헌재 2018.6.28, 2011헌바379).
① 헌재 2000.6.29, 99헌바66
② 헌재 2007.11.29, 2006헌마876
③ 헌재 2005.6.30, 2003헌마841

18 정답 ③

법률이 헌법에 위반되는지 여부가 재판의 전제가 될 때 당해 소송의 당사자는 직접 헌법재판소에 위헌심판을 청구할 수 없다(헌법재판소법 제41조 제1·5항).
② 헌재 2000.7.20, 99헌바61

④ 헌재 2001.10.25, 2000헌바5

19 정답 ①

모두 합헌결정하였다.
㉠ 합헌(헌재 2008.6.26, 2007헌마1366)
㉡ 합헌(헌재 1996.6.26, 96헌마200)
㉢ 합헌(헌재 1998.2.27, 97헌바79)
㉣ 합헌(헌재 2009.7.30, 2007헌바120)
㉤ 합헌(헌재 2014.6.26, 2011헌마502)

20 정답 ②

대법원장과 대법관은 인사청문특별위원회의 인사청문을 거친 후에 국회본회의에서 인준표결을 거쳐야 한다.

제12회 동형모의고사

→ 문제편 133p

정답 모아보기

01 ③	02 ③	03 ④	04 ②	05 ①
06 ②	07 ④	08 ②	09 ④	10 ③
11 ③	12 ①	13 ③	14 ②	15 ④
16 ④	17 ①	18 ①	19 ①	20 ①

01   정답 ③

옳은 것은 ㉠, ㉡, ㉣, ㉤이다.
- ㉠ O→ 개정 국회법은 국회 상임위원회의 수를 17개로 규정, 소관상임위원회 업무를 규정하고 있다(국회법 제37조 제1항).
- ㉡ O→ 국회상임위원회는 헌법소원을 제기할 적격이 없다 (헌재 1994.12.29. 93헌마120).
- ㉢ X→ 국회의원의 자격심사·징계에 관한 사항은 윤리특별위원회의 소관사항이다(국회법 제46조).
- ㉣ O→ 국회의원은 2 이상의 상임위원회 위원이 될 수 있다. 국회의장은 상임위원회 위원이 될 수 없다(국회법 제39조).
- ㉤ O→ 헌재 2000.8.31. 2000헌마156

02   정답 ③

옳은 것은 ㉠, ㉢, ㉣이다.
- ㉡ X→ 교섭단체의 대표가 정당의 대표는 아니다.
- ㉤ X→ 국회의원이 국회의장을 상대로 제기한 권한쟁의 심판청구를 기각하는 결정을 하였다(헌재 2003.10.30. 2002헌라1).
- ㉢, ㉣ O→ 국회법 제33조 제1항

03   정답 ④

① 예산안은 단지 관보로써 공고하도록 되어 있으므로, 공포가 효력발생요건이 아니다.
② 예산안은 정부만이 제출권을 가지며, 법률안은 정부와 국회가 제출권을 가진다.
③ 국회는 정부의 동의 없이 정부가 제출한 지출예산 각항의 금액을 증가하거나 새 비목을 설치할 수 없다.

04   정답 ②

옳은 것은 ㉢이다.
- ㉠ X→ 현행법상 대통령의 궐위 내지 사고가 있음을 확인·선언하는 기관은 미규정하고 있다.
- ㉡ X→ 국회가 대통령에 대하여 탄핵소추를 의결함으로써 그 권한 행사가 정지된 경우에는 헌법 제71조의 사고에 해당한다.
- ㉢ O→ 제2공화국 헌법 제52조
- ㉣ X→ 대통령이 궐위된 때에는 60일 이내에 후임자를 선거한다. 사고 때에는 재·보궐선거 실시 사유가 아니다.

05   정답 ①

① O→ 사면법 제4조
② X→ 군사법원에서 형의 선고를 받은 자에 대해서는 사면·감형이 허용된다.
③ X→ 중한 형에 대하여 사면을 하면서 그보다 가벼운 형에 대하여 사면을 하지 않는 것이 평등원칙에 위배되는 것은 아니다(헌재 2000.6.1. 97헌바74).
④ X→ 특별사면의 대상을 형으로 규정할 것인지 사람으로 규정할 것인지는 입법자에게 광범위한 재량권을 인정한다(헌재 2000.6.1. 97헌바74).

06   정답 ②

② 국무총리가 사고로 직무를 수행할 수 없는 경우에는 기획재정부장관이 겸임하는 부총리, 교육부장관이 겸임하는 부총리의 순으로 직무를 대행하고, 국무총리와 부총리가 모두 사고로 직무를 수행할 수 없는 경우에는 대통령의 지명이 있으면 그 지명을 받은 국무위원이, 지명이 없는 경우에는 제26조 제1항에 규정된 순서에 따른 국무위원이 그 직무를 대행한다(정부조직법 제22조).

➕ PLUS 정부조직법(일부개정 2017.7.26, 2020.8.11, 2023.2.28) 총정리

I. 개정이유

중소기업 육성과 과학기술 융합을 기반으로 미래 성장동력 확충과 일자리 창출 등 경제 활성화를 뒷받침할 수 있도록 정부 조직체계를 재설계하고, 안전·재난 분야의 유기적 연계와 현장 기관의 전문 역량을 강화하기 위하여 국가 안전관리 체계를 재조정하는 한편, 통상행정 분야를 효율화하고, 국가보훈 및 대통령 경호 시스템을 환경변화에 맞게 조정하는 등 국민들의 요구에 신속하게 반응하는 열린 민주 정부를 구현할 수 있도록 정부기능을 재배치하려는 것임.

II. 주요 내용

가. 대통령 경호수행 체계를 합리화하기 위하여 대통령경호실(장관급)을 대통령경호처(차관급)로 개편함(제16조).
나. 국가유공자 예우와 지원 등 보훈기능을 강화하기 위하여 국가보훈처를 장관급 기구로 격상함(제22조의2).
다. 기술창업활성화 관련 창조경제 진흥 업무의 중소벤처기업부 이관 및 과학기술·정보통신 정책의 중요성을 고려하여 미래창조과학부의 명칭을 과학기술정보통신부로 변경하는 한편, 과학기술의 융합과 혁신을 가속화하고 연구개발의 전문성과 독립성을 보장하기 위하여 과학기술정보통신부에 과학기술혁신본부를 설치함(제29조 제1항, 제29조 제2항 신설).
라. 국가 재난에 대한 대응 역량을 강화하고 안전에 대한 국가와 지방자치단체 간 유기적 연계가 가능하도록 국민안전처와 행정자치부를 통합하여 행정안전부를 신설하고, 신설되는 행정안전부에 재난 및 안전 관리를 전담할 재난안전관리본부를 설치함(제34조 제1항, 제34조 제3항 신설).
마. 소방 정책과 구조구급 등 소방에 대한 현장 대응 역량을 강화하기 위하여 행정안전부장관 소속으로 소방청을 신설함(제34조 제7항 신설).
바. 방역·검역 등 감염병에 관한 사무 및 각종 질병에 관한 조사·시험·연구에 관한 사무를 관장하기 위하여 보건복지부장관 소속으로 질병관리청을 둔다(제38조 제2항).
사. 해양경찰의 역할을 재정립하여 해양안전을 확보하고, 해양주권 수호 역량을 강화하기 위하여 해양수산부장관 소속으로 해양경찰청을 신설함(제43조 제2항 신설).
아. 중소기업 중심의 경제구조와 창업 생태계 조성을 위하여 중소기업청을 중소벤처기업부로 격상하여 창업·벤처기업의 지원 및 대·중소기업 간 협력 등에 관한 사무를 관장하도록 함(제44조 신설).

III. 정부조직개편 개요

개정 전(前)	개정 후(後)
17부 5처 16청 (정부조직법+특별법상)	18부 5처 18청 (정부조직법+특별법상)
국무위원 18명 (17부장관+국민안전처장관)	국무위원 19명
부총리 2인 (기획재정부장관, 교육부장관)	동일
차관급 대우(정부위원): 법제처장, 국가보훈처장, 식품의약품안전처장, 국민안전처본부장, 인사혁신처장 추가	• 국가보훈처를 국가보훈부로 승격 • 재외동포청 신설
안전행정부의 공무원 인사·윤리·복무 및 연금 기능을 이관하여 인사혁신처를 신설하고 행정자치부로 변경	행정안전부 (국민안전처 폐지)
소방방재청, 해양경찰청 폐지 후 국민안전처 신설	소방청과 해양경찰청 부활

07  정답 ④

옳은 항목은 ㉡, ㉣, ㉤이다.
㉠ ❌ 감사위원 임명시는 국무회의의 심의사항이 아니다(헌법 제89조 제17호).
㉡ ⭕ 국무총리는 국무회의의 구성원으로서 국무회의의 부의장의 지위를 가진다.
㉢ ❌ 법제처장이나 식품의약품안전처장은 국무회의에 참석하여 발언할 수 있으나 표결은 할 수 없다.
㉣ ⭕ 국무회의규정 제6조 제1항
㉤ ⭕ 국무회의는 행정부의 최고 정책심의기관으로 헌법상 필수기관이다.

08  정답 ②

기본권의 이중성과 조화될 수 없는 것은 ㉡, ㉣이다.
㉡ 기본권의 포기는 불인정한다.
㉣ 기본권의 이중성은 국가가 개입하여 보장하는 것으로 사적자치를 제한하는 것이다.

09  정답 ④

경찰청장이 주민등록발급신청서에 날인되어 있는 지문정보를 보관·전산화하고 이를 범죄 수사 목적에 이용하는 것은 비례성 원칙과 자기정보통제관리권을 침해하는 것이 아니다(헌재 2005.5.26, 99헌마513).
① 헌재 2005.2.24, 2003헌마289
② 성폭력범죄를 2회 이상 범하여 그 습벽이 인정된 때에 해당하고 성폭력범죄를 다시 범할 위험성이 인정되는 자에 대해 검사의 청구와 법원의 판결로 3년 이상 20년 이하의 기간 동안 전자장치 부착을 명할 수 있도록 한 것, 법원이 부착기간 중 기간을 정하여 야간 외출제한 및 아동시설 출입금지 등의 준수사항을 명할 수 있도록 한 것은 헌법에 위반되지 않는다(헌재 2012.12.27, 2011헌바89).
③ 검사의 약물치료청구는 합헌, 법원의 약물치료 선고조항은 과잉금지원칙에 위배된다(헌재 2015.12.23, 2013헌가9).

10 정답 ③

모든 의료기관을 의료보험법상 요양기관으로 강제지정하는 것은 평등권을 위배하는 것이 아니다(헌재 2002.10.3, 99헌바76).
② 헌재 2002.6.27, 2000헌마642
④ 헌재 2000.8.31, 97헌가12

11  정답 ③

③ 예산은 일종의 법규범이고 법률과 마찬가지로 국회의 의결을 거쳐 제정되지만 법률과 달리 국가기관만을 구속할 뿐 일반국민을 구속하지 않는다. 국회가 의결한 예산 또는 국회의 예산안 의결은 헌법재판소법 제68조 제1항 소정의 '공권력의 행사'에 해당하지 않고 따라서 헌법소원의 대상이 되지 아니한다(헌재 2006.4.25, 2006헌마409).
①, ② 헌법 제54조 제2항
④ 헌법 제54조 제3항

12  정답 ①

자신의 인격권이나 명예권을 보호하기 위하여 대외적으로 해명하는 행위는 사생활의 자유가 아닌 표현의 자유에 해당된다(헌재 2001.8.30, 99헌바92).

② 헌재 2016.4.28, 2012헌마630
③ 헌재 2024.4.25, 2020헌마1028
④ 보장법상의 급여신청자에게 금융거래정보의 제출을 요구할 수 있도록 한 보장법시행규칙 조항은 급여신청자의 수급자격 및 급여액 결정을 객관적이고 공정하게 판정하려는 데 그 목적이 있는 것으로 그 정당성이 인정되고, 이를 위해서 금융거래정보를 파악하는 것은 적절한 수단이며 금융기관과의 금융거래정보로 제한된 범위에서 수집되고 조사를 통해 얻은 정보와 자료를 목적 외의 다른 용도로 사용하거나 다른 기관에 제공하는 것이 금지될 뿐만 아니라 이를 어긴 경우 형벌을 부과하고 있으므로 정보주체의 자기결정권을 제한하는 데 따른 피해를 최소화하고 있고 위 시행규칙조항으로 인한 정보주체의 불이익보다 추구하는 공익이 더 크므로 개인정보자기결정권을 침해하지 아니한다(헌재 2005.11.24, 2005헌마112).

13  정답 ③

옳지 않은 것은 ㉡, ㉣이다.
㉡ 대법원장은 법원의 조직, 인사, 운영, 재판절차, 등기, 가족관계등록 기타 법원업무에 관련된 법률의 제정 또는 개정이 필요하다고 인정하는 경우에는 국회에 서면으로 그 의견을 제출할 수 있다(법원조직법 제9조). 법률안을 제출할 수 있는 권한은 대통령과 국회의원(10인 이상)만이 가진다.
㉣ 의원이 예산상 또는 기금상의 조치를 수반하는 의안을 발의하는 경우에는 그 의안의 시행에 수반될 것으로 예상되는 비용에 관한 국회예산정책처의 추계서 또는 국회예산정책처에 대한 추계요구서를 함께 제출하여야 한다. 다만, 국회예산정책처에 대한 비용추계요구서를 제출한 경우에는 제58조 제1항에 따른 위원회의 심사 전에 국회예산정책처의 비용 추계서를 제출하여야 한다(국회법 제79조의2 제1항). 위원회가 예산상 또는 기금상의 조치를 수반하는 의안을 제안하는 경우에는 그 의안의 시행에 수반될 것으로 예상되는 비용에 관한 국회예산정책처의 추계서를 함께 제출하여야 한다. 다만, 긴급한 사유가 있는 경우 위원회의 의결로 추계서 제출을 생략할 수 있다(국회법 제79조의2 제2항).
㉠ 헌법 제53조 제4항
㉢ 국회법 제95조 제1항

14 정답 ②

헌법재판소가 재산권으로 인정한 것은 ㉢, ㉣, ㉥이다.
㉢ 헌재 2004.6.24. 2002헌바15
㉣ 헌재 2000.6.29. 99헌마289
㉥ 헌재 1999.7.22. 97헌바76
㉠ 의료보험조합의 적립금은 재산권에 해당되지 아니한다(헌재 2000.6.29. 99헌마289).
㉡ 학교안전공제 및 사고예방기금은 재산권에 해당하지 아니한다(헌재 2015.7.30. 2014헌가7).
㉤ 폐기물 재생처리업자의 영업권은 재산권에 해당하지 아니한다(헌재 2000.7.20. 99헌마452).

15 정답 ④

심히 중대한 공익상의 사유가 소급입법을 정당화하는 경우에는 예외적으로 진정소급입법을 인정한다(헌재 1999.7.22. 97헌바76).

16 정답 ④

특별시장·광역시장·도지사·시장·군수·자치구청장 후보자는 후원회를 결성할 수 있으나, 예비후보자는 후원회를 결성할 수 있으나 특별시장·광역시장·도지사·시장·군수·자치구청장은 후원회를 둘 수 없다(정치자금법 제6조).

17 정답 ①

㉠ 수사기관의 피의자에 대한 강제처분에 관한 법률이 형식적으로 영장주의에 위배된다면 곧바로 헌법에 위반된다고 할 것이고, 나아가 형식적으로는 영장주의를 준수하였더라도 실질적인 측면에서 입법자가 합리적인 선택범위를 일탈하는 등 그 입법형성권을 남용하였다면 그러한 법률은 자의금지원칙에 위배되어 헌법에 위반된다. 국가보안법위반죄 등을 범한 자를 법관의 영장 없이 구속, 압수, 수색할 수 있도록 했던 구 인신구속 등에 관한 임시특례법 규정은 영장주의에 위배된다(헌재 2012.12. 27. 2011헌가5).
㉡ 합헌(헌재 2009.3.26. 2007헌바50)
㉢ 합헌(헌재 2009.3.26. 2008헌바7)
㉣ 합헌(헌재 2009.3.26. 2006헌마526)
㉤ 합헌(헌재 2009.3.26. 2007헌마843)

18 정답 ①

헌법상 국무총리나 국무위원에 대한 해임의결권이 아닌 해임건의권을 인정하고 있다.

19 정답 ①

헌법에 탄핵대상자로 열거되지 않은 사람은 ㉥ 경찰청장이다. 경찰청장은 헌법이 아닌 경찰청법 제11조 제6항에 의해서 탄핵대상자에 포함된다.

20 정답 ①

국가원로자문회의는 직전대통령이 의장이다.

제13회 동형모의고사

→ 문제편 140p

정답 모아보기

01 ④	02 ④	03 ④	04 ①	05 ④
06 ②	07 ④	08 ③	09 ③	10 ①
11 ②	12 ③	13 ④	14 ③	15 ②
16 ②	17 ①	18 ①	19 ③	20 ④

01 · 정답 ④

④ 모두 옳은 설명이다(국회법 제106조의2 제1·2·3·5항).

02 · 정답 ④

④ 헌재 2005.2.3, 2004헌마34
① 감사위원수는 7인으로 구성된다고 감사원법 제3조는 규정하고 있다.
② 감사위원은 탄핵·금고 이상의 형의 선고를 받았을 때, 장기의 심신쇠약으로 직무를 수행할 수 없게 된 때를 제외하고는 그 의사에 반하여 면직되지 아니한다(감사원법 제5조 제2항).
③ 국회, 법원, 헌법재판소에 소속된 공무원은 직무감찰대상에서 제외한다(감사원법 제24조 제3항). 중앙선거관리위원회에 소속된 공무원은 직무감찰대상 공무원에 포함된다.

03 · 정답 ④

옳은 항목은 ⓒ, ㉢이다.
㉠ ✗→ 중앙선거관리위원회는 선거범죄에 대한 수사권이 아닌 수사의뢰권과 고발권을 가진다(공직선거법 제272조의2).
㉡ ✗→ 중앙선거관리위원회는 행정명령에 해당하는 규칙과 법규명령을 제정할 수 있다.
ⓒ  헌법 제115조 제1항
㉢  선거관리위원회법 제10조 제2항

04 · 정답 ①

① 지역구국회의원선거에서 후보자가 당선되거나 사망한 경우와 유효투표총수의 100분의 15 이상을 득표한 경우에는 기탁금 전액에서 일정비용을 공제한 나머지 금액을 반환한다(공직선거법 제57조).
② 출입국관리법 제10조에 따른 영주의 체류자격 취득일 후 3년이 경과한 18세 이상의 외국인으로서 같은 법 제34조에 따라 해당 지방자치단체의 외국인등록대장에 올라 있는 사람은 그 구역에서 선거하는 지방자치단체의 의회의원 및 장의 선거권이 있다(공직선거법 제15조 제2항 제3호).
③ 선거운동은 선거기간개시일부터 선거일 전일까지에 한하여 할 수 있지만, 선거일이 아닌 때에 문자(문자 외의 음성·화상·동영상 등 제외)메시지를 전송하는 방법으로 선거운동을 하는 경우에는 그러하지 않는다(공직선거법 제59조 제2호).

> **참고** 공직선거법 제59조(선거운동기간) 선거운동은 선거기간개시일부터 선거일 전일까지에 한하여 할 수 있다. 다만, 다음 각 호의 어느 하나에 해당하는 경우에는 그러하지 아니하다.
> 1. 제60조의3(예비후보자 등의 선거운동) 제1항 및 제2항의 규정에 따라 예비후보자 등이 선거운동을 하는 경우
> 2. 선거일이 아닌 때에 문자(문자 외의 음성·화상·동영상 등은 제외한다)메시지를 전송하는 방법으로 선거운동을 하는 경우. 이 경우 컴퓨터 및 컴퓨터 이용기술을 활용한 자동 동보통신의 방법으로 전송할 수 있는 자는 후보자와 예비후보자에 한하되, 그 횟수는 5회(후보자의 경우 예비후보자로서 선송한 횟수를 포함한다)를 넘을 수 없으며, 매회 전송하는 때마다 중앙선거관리위원회규칙에 따라 신고한 1개의 전화번호만을 사용하여야 한다.
> 3. 선거일이 아닌 때에 인터넷 홈페이지 또는 그 게시판·대화방 등에 글이나 동영상 등을 게시하거나 전자우편(컴퓨터 이용자끼리 네트워크를 통하여 문자·음성·화상 또는 동영상 등의 정보를 주고받는 통신시스템을 말한다. 이하 같다)을 전송하는 방법으로 선거운동을 하는 경우. 이 경우 전자우편 전송대행업체에 위탁하여 전자우편을 전송할 수 있는 사람은 후보자와 예비후보자에 한한다.

④ 향우회·종친회·동창회, 산악회 등 동호인회, 계모임 등 개인간의 사적모임은 그 기관·단체의 명의 또는 그 대표의 명의로 선거운동을 할 수 없다(공직선거법 제87조 제1항 제3호).

05 정답 ④

누구든지 법정 안에서 재판장의 허가 없이는 녹화·촬영·중계방송 등의 행위를 하지 못한다(법원조직법 제59조).
① 법원조직법 제58조 제1항, 제60조 제1항
② 법원조직법 제61조 제1항
③ 법정질서유지권은 개정중이거나 인접한 개정 전후의 시간에 행사할 수 있다.

06 정답 ②

옳은 항목은 ㉠, ㉣이다.
㉠  헌법재판소법 제72조 제1항
㉡ ✗ 개정된 헌법재판소법에서는 모든 심판에 관여한 재판관은 결정문에 의견을 표시하도록 하였다(헌법재판소법 제36조 제3항).
㉢ ✗ 변호사 강제주의가 적용되는 사건은 탄핵심판과 헌법소원이다. 헌법소원에서의 변호사강제주의는 합헌결정한 바 있다(헌재 1990.9.3, 89헌가120).
㉣  헌법재판소법 제30조

07 정답 ④

폐지된 법률이라 하더라도 당해 소송사건에 적용될 수 있어 재판의 전제가 되는 경우에는 예외적으로 인정한다(헌재 1994.6.30, 92헌가18).
① 법률의 위헌여부 심판은 특별한 사정이 없는 한 현재 시행중이거나 과거에 시행되었던 법률이어야 한다.
② 진정입법부작위는 권리구제형 헌법소원대상이 된다.
③ 헌법재판소에서 이미 위헌결정이 선고된 법률조항에 대한 위헌법률심판 제청은 부적법하다(헌재 1994.8.31, 91헌가1).

08 정답 ③

우리나라의 수도가 서울이라는 점에 대한 관습헌법을 폐지하기 위해서는 헌법이 정한 절차에 따른 헌법개정에 의해서 가능하다(헌재 2004.10.21, 2004헌마554).

09 정답 ③

옳은 항목은 ㉠, ㉢, ㉣이다.
㉡ 합헌적 법률해석은 사법소극주의와 밀접한 관련이 있다.

10 정답 ①

규범통제인 위헌법률심사제는 헌법 제107조 제1항에서 인정하고 있다.
② 현행 헌법은 국무위원에 대한 해임건의제도를 인정하고 있다.
③ 저항권은 헌법상 미규정되어 있다.
④ 법관국민심사제는 우리나라는 채택하고 있지 않다.

11  정답 ②

정부수립 이후의 이주동포에게만 광범위한 혜택을 부여하는 입법을 하면서 정부수립 이전의 이주동포를 그 적용대상에서 제외하는 것은 헌법상 평등원칙에 위배된다(헌재 2001.11.29, 99헌마494).
① 대판 1996.11.12, 96누1221
③ 헌재 1998.5.28, 97헌마282
④ 2009.2.12. 개정된 공직선거법에서는 재외국민에게 대통령선거권과 비례대표 국회의원 선거권을 인정하고 있다.

12 정답 ③

대한민국의 영해는 12해리가 원칙이며, 일정한 수역은 대통령령이 정하는 바에 따라 12해리 이내에서 따로 정할 수 있다.
① 헌재 1997.1.16, 92헌바6
② 헌재 1993.7.29, 92헌바48
④ 헌재 2001.3.21, 99헌마139

13  정답 ④

헌법전문에서 규정하고 있는 것은 ㉠, ㉡, ㉢, ㉣, ㉤, ㉥이다.

14  정답 ③

국무총리에 대한 탄핵소추의결에 국회재적의원 과반수의 찬성을 요하는 것은 소수자 보호와 관련이 없다.

15  정답 ②

헌법 제119조 제2항은 국가가 경제영역에서 실현하여야 할 목표의 하나로서 "적정한 소득의 분배"를 들고 있지만, 이로부터 반드시 소득에 대하여 누진세율에 따른 종합과세를 시행하여야 할 구체적인 헌법적 의무가 조세입법자에게 부과되는 것이라고 할 수 없다(헌재 1999.11.25, 98헌마55).
① 헌재 1996.4.25, 92헌바47
③ 헌법 제121조
④ 헌법 제126조

16  정답 ②

야간에 흉기 기타 위험한 물건을 휴대하여 협박의 죄를 범한 자를 5년 이상의 유기징역에 처하도록 하는 것은 평등원칙과 체계정당성을 위배하는 것이다(헌재 2004.12.16, 2003헌가12).
① 조세감면시에 법률의 근거를 요한다(헌재 1997.7.16, 96헌바36).
③ 헌재 2004.11.25, 2002헌바66
④ 헌재 2005.6.30, 2005헌가1

17 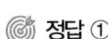 정답 ①

정당은 헌법소원의 청구인이 될 수 있으나(헌재 1991.3.11, 91헌마21), 교섭단체는 헌법소원의 청구인 적격이 없다. 정당은 권한쟁의심판의 당사자가 될 수 없다.
② 헌재 2003.1.30, 2001헌가4
③ 헌법재판소법 제57조
④ 정치자금법 제22조 제3항

18  정답 ①

국민건강보험법에 의하여 설립된 국민건강보험공단의 상근임직원은 선거운동을 할 수 있다(공직선거법 제60조).
② 공직선거법 제10조 제1항 제6호
③ 헌재 2023.10.26, 2022헌마232
④ 공직선거법 제60조 제1항 제1호

19  정답 ③

국회의원과 지방의회의원은 선거에서 중립의무를 지는 공직선거법 제9조의 공무원에 포함되지 아니한다.
① 국가공무원법 제70조 제1항 제3호
② 공무원의노동조합설립및운영등에관한법률 제4·11조
④ 공무원의노동조합설립및운영등에관한법률 제5조 제1항

20 정답 ④

① 이해당사자가 아닌 제3자도 국가인권위원회에 진정가능하며, 필요한 경우에는 국가인권위원회가 직권조사도 가능하다.
② 국가인권위원회는 사인간의 평등이나 인권 침해시 개입하여 시정·권고가 가능하다.
④ 헌법재판소는 국가인권위원회가 대통령을 상대로 제기한 권한쟁의심판청구에서, 국가인권위원회는 법률에 의해서 설치된 국가기관에 해당하므로 권한쟁의심판을 청구할 당사자능력이 인정되지 않는다고 판시하였다(헌재 2010.10.28, 2009헌라6).

제 14 회 동형모의고사

→ 문제편 147p

정답 모아보기

01 ③	02 ③	03 ③	04 ①	05 ③
06 ②	07 ③	08 ①	09 ①	10 ③
11 ④	12 ①	13 ④	14 ④	15 ③
16 ②	17 ③	18 ②	19 ④	20 ①

01  정답 ③

감사원법은 지방자치단체의 위임사무나 자치사무의 구별 없이 합법성 감사뿐만 아니라 합목적성 감사도 허용하고 있는 것으로 보이므로, 감사원의 지방자치단체에 대한 이 사건 감사는 법률상 권한 없이 이루어진 것은 아니다(헌재 2008.5.29, 2005헌라3).
① 헌재 2022.11.24, 2019헌바108
② 헌재 2015.12.23, 2014헌마1149
④ 헌재 2024.4.25, 2020헌가4

02 정답 ③

국회의원 출석의원 과반수의 찬성이 있거나 의장이 국가안보를 위하여 필요하다고 인정할 때에는 비공개로 할 수 있다(헌법 제50조).
④ 헌재 2000.6.29, 98헌마443

03 정답 ③

일반사면과 특별사면은 국무회의 심의를 거쳐서 대통령이 행사한다(헌법 제89조 제9호).

04 정답 ①

현행 법제상 취재원 비익권은 인정되지 아니한다.
② 신문등의진흥에관한법률 제13조 제3항
④ 헌재 2002.2.28, 99헌마117

05  정답 ③

국립묘지 안장 대상자의 배우자 가운데 안장 대상자 사후에 재혼한 자를 합장 대상에서 제외하는 것은 평등원칙에 위배되지 아니한다(헌재 2022.11.24, 2020헌바463).
① 공중도덕상 유해한 업무에 취업시킬 목적으로 근로자를 파견한 사람을 형사처벌하도록 하는 조항의 '공중도덕상 유해한 업무' 부분은 죄형법정주의 명확성원칙에 위배된다(헌재 2016.11.24, 2015헌가23).
② 헌재 2009.2.26, 2007헌바41
④ 유신헌법 제53조 제4항은 '긴급조치는 사법적 심사의 대상이 되지 아니한다.'라고 규정하고 있었다. 그러나, 비록 고도의 정치적 결단에 의하여 행해지는 국가긴급권의 행사라고 할지라도 그것이 국민의 기본권 침해와 직접 관련되는 경우에는 헌법재판소의 심판대상이 될 수 있고, 이러한 사법심사 배제조항은 근대입헌주의에 대한 중대한 예외로 기본권보장 규정이나 위헌법률심판제도에 관한 규정 등 다른 헌법 조항들과 정면으로 모순·충돌되며, 현행헌법이 반성적 견지에서 긴급재정경제명령·긴급명령에 관한 규정(제76조)에서 사법심사 배제 규정을 삭제하여 제소금지조항을 승계하지 아니하였으므로, 이 사건에서 유신헌법 제53조 제4항의 적용은 배제되고, 현행헌법에 따라 이 사건 긴급조치들의 위헌성을 다툴 수 있다.

06  정답 ②

법원조직법 제16조 제2항 ① 대법원장과 대법관의 정년은 각각 70세, 판사의 정년은 65세로 한다(법원조직법 제45조 제4항).

> **참고** **법원조직법 제45조(임기·연임·정년)** ① 대법원장의 임기는 6년으로 하며, 중임할 수 없다.
> ② 대법관의 임기는 6년으로 하며, 연임할 수 있다.
> ③ 판사의 임기는 10년으로 하며, 연임할 수 있다.
> ④ 대법원장과 대법관의 정년은 각각 70세, 판사의 정년은 65세로 한다.

③ 전원합의체에서는 대법원장은 가부동수인 때에 결정권을 가지지 아니한다. 대법관회의에서 결정권을

가진다.
④ 대법원장이 궐위되거나 사고로 직무를 수행할 수 없을 때에는 선임대법관이 그 권한을 대행한다(법원조직법 제13조 제3항).

07 정답 ③

위헌으로 결정된 법률 또는 법률 조항에 근거한 유죄의 확정판결에 대하여는 재심을 청구할 수 있다.

08 정답 ①

감사원의 변상책임의 심리·판정권은 법률상 권한에 해당한다(감사원법 제31조).

09 정답 ①

투표구 선거관리위원회는 7인으로 구성된다.

10 정답 ③

국무회의 심의 사항에 해당하는 것은 ㉠, ㉢, ㉥이다.

11 정답 ④

비상계엄하의 군사재판에 있어 사형을 선고하는 경우를 제외하고 군인·군무원의 범죄의 경우에는 죄의 종류를 불문하고 단심재판을 할 수 있다(헌법 제110조 제4항).
① 비상계엄이 선포된 때에는 영장제도, 법원의 권한, 정부의 권한, 언론·출판·집회·결사의 자유에 대한 특별한 조치를 할 수 있다.
② 경비계엄이 선포되면 계엄사령관은 계엄지역내의 군사에 관한 행정사무와 사법사무를 관장한다(계엄법 제7조).
③ 계엄을 선포한 때에는 대통령은 지체없이 국회에 통고하여야 한다(헌법 제77조).

12 정답 ①

④ 국회재적의원 4분의 1 이상의 요구가 있는 때에는 국정조사를 위한 조사위원회를 구성할 수 있다(국정감사와 조사에 관한 법률 제3조).
③ 국회는 국정전반에 관하여 소관 상임위원회별로 매년 정기회 집회일 이전에 감사시작일부터 30일 이내의 기간을 정하여 감사를 실시한다. 다만, 본회의 의결로 정기회 기간 중에 감사를 실시할 수 있다(국정감사 및 조사에 관한 법률 제2조 제1항).

13 정답 ④

맞는 것은 ㉡, ㉢, ㉣, ㉥이다.
㉠ 정부는 회계연도마다 예산을 편성하여 회계연도 개시 90일 전까지 국회에 제출하여야 한다(헌법 제54조 제2항).
㉣ 위원회는 예산안, 기금운용계획안, 임대형 민자사업 한도액안(이하 "예산안등"이라 한다)과 제4항에 따라 지정된 세입예산안 부수 법률안의 심사를 매년 11월 30일까지 마쳐야 한다(국회법 제85조의3 제1항).

14 정답 ④

양원제의 분류핵심은 상원의 형태이다.

15 정답 ③

국회는 대법원장과 대법관 해임건의권은 불인정한다.

16 정답 ②

옳은 것은 ㉠, ㉡이다.
㉢ 환경보호의 원칙은 존속보장 협동, 사전배려, 원인자책임을 들 수 있다.
㉣ 헌법상의 환경권에 기하여 직접방해배제 청구권이 인정되는 것은 아니다.
㉠ 환경정책기본법 제31조
㉡ 대판 1977.4.12. 76다2707

17 정답 ②

주거생활의 안정은 국민의 인간다운 생활을 위한 필요불가결한 요소로 대항력을 갖춘 임대차 보증금의 우선변제제도는 헌법에 위배되지 아니한다(헌재 1998.2.27. 97헌바20).
① 헌재 1999.4.29. 97헌마333
③ 헌재 2000.6.1. 98헌마216
④ 긴급재난지원금 지급대상에 외국인중에서도 영주권자 및 결혼이민자를 포함시키면서도 난민인정자를 제외하

는 것은 비례성원칙과 평등권을 침해하는 것이다(헌재 2024. 3. 28. 2020헌마1079).

18  정답 ②

ⓒ, ⓜ은 형사보상청구권을 행사할 수 없다.

19 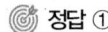 정답 ④

소비자 권리는 제3세대 인권에 해당하므로 국제적으로 연대하여 불매운동을 할 수 있다.
① 광고물도 언론·출판의 자유의 보호대상에 포함된다.
② 외국인도 소비자 권리의 주체가 되므로 불매운동에 참여할 수 있다.
③ 검사의 불기소처분은 헌법소원을 원칙적으로 제기할 수 없다.

20 정답 ①

중앙선거관리위원회는 제3차 개헌에 신설하였다.
㉠, ㉡, ㉢ (국무총리제, 탄핵재판소, 헌법위원회) : 제헌헌법
㉣ (인간존엄과 가치) : 제5차 개헌
㉤, ㉥ (행복추구권, 재외국민보호) : 제8차 개헌

제15회 동형모의고사

→ 문제편 154p

정답 모아보기

01 ①	02 ④	03 ①	04 ②	05 ③
06 ④	07 ③	08 ④	09 ①	10 ②
11 ③	12 ①	13 ②	14 ①	15 ②
16 ②	17 ④	18 ④	19 ①	20 ④

01 정답 ①

㉠ O 헌법재판소법 제35조 제1항
㉡ O 헌법재판소법 제34조 제1항
㉢ X 누구든지 심판정 안에서 재판장의 허가 없이는 녹화·촬영·중계방송 등의 행위를 하지 못한다(헌법재판소법 제35조 제2항).
㉣ O 헌법재판소법 제36조 제5항
㉤ O 헌법재판소법 제39조

02 정답 ④

조례는 헌법재판소법 제68조 제1항에 의한 헌법소원의 심판대상이 된다.
① 헌재 1994.8.31, 91헌가1
② 헌재 1996.10.4, 96헌가6
③ 헌재 2001.2.22, 99헌바87

03 정답 ①

법률이 정하는 주요방위산업체에 종사하는 근로자의 단체행동권은 법률이 정하는 바에 의하여 이를 제한하거나 인정하지 아니할 수 있다(헌법 제33조 제3항).

04 정답 ②

헌재 2004.5.14, 2004헌나1
① 현행 헌법에 재신임투표는 국민투표대상으로 명시되어 있지 아니한다.

③ 국민창안은 제2차 개헌에서 채택한 후에 제7차 개헌에서 삭제하였다.
④ 자동성의 원리는 직접민주정치, 대표의 원리는 간접민주정치와 관련된다.

05 정답 ③

국회의원은 면책특권과 관련하여 정치적 책임은 진다.
② 대판 1992.9.22, 91도3317

06 정답 ④

특별검사법상 참고인에 대한 동행명령조항에서도 영장제도가 적용된다(헌재 2008.1.10, 2007헌마1468).
① 헌재 2006.7.27, 2005헌마777
② 헌재 2002.10.31, 2000헌가12

07 정답 ③

㉠ X 경찰청장은 탄핵대상자에 포함된다.
㉡ X 긴급명령이나 관습헌법을 위배한 경우에도 탄핵사유가 된다.
㉢ X 국회법에 사퇴원 규정은 미규정되어 있다(국회법 제134조 제2항).
㉣ O 헌법재판소법 제53조 제2항
㉤ O 헌재 2004.5.14, 2004헌나1

08 정답 ④

옳은 것은 ㉠, ㉣이다.
㉠ 국회의원은 면책특권을 갖지만, 지방의회의원은 인정되지 않는다.
㉣ 헌법 제64조에 따라 국회의원은 징계처분에 대해 법원에 제소할 수 없지만, 지방의회의원에 대한 지방의회의 징계의결에 대해서는 법원에 제소할 수 있다.
㉡ 헌법은 국회의원이 재직 중 형사상의 소추를 받지 아니한다는 권리를 갖는다고 규정하고 있지 않다. 헌법은 국

회의원에게 면책특권과 불체포특권을 부여하지만, 불체포특권은 현행범인 경우, 국회의 체포동의가 있는 경우, 회기 전에 체포·구금된 경우, 석방요구가 없는 경우에는 인정되지 않는다.
ⓒ 지방의회에 청원을 하려는 자는 지방의회의원의 소개를 받아 청원서를 제출하여야 한다(지방자치법 제73조 제1항).
ⓑ 지방의회의원은 주민이 보통·평등·직접·비밀선거에 따라 선출한다(지방자치법 제31조).

09  정답 ①

이 사건 법률조항은 이륜자동차 운전자가 고속도로 등을 통행하는 것을 금지하고 있을 뿐, 퀵서비스 배달업의 직업수행행위를 직접적으로 제한하는 것이 아니다. 사륜자동차를 이용하여 퀵서비스업을 수행하는 사람은 이 사건 법률조항으로 인하여 아무런 제한을 받지 아니한다. 이 사건 법률조항으로 인하여 청구인들이 퀵서비스 배달업의 수행에 지장을 받는 점이 있다고 하더라도, 그것은 청구인들이 이륜자동차를 운행하고 이 사건 법률조항이 이륜자동차의 고속도로 등 통행을 금지하는 데서 비롯되는 간접적·사실상의 효과일 뿐이다(헌재 2008.7.31, 2007헌바90).
② 헌재 2016.4.28, 2015헌바247
③ 헌재 2008.6.26, 2005헌라7
④ 주택 재건축 사업을 통하여 발생한 정상 주택 가격 상승분을 초과하는 주택가액의 전가분 중 일부를 환수하는 조항 등은 재건축 조항에 재산권을 침해하는 것은 아니다(헌재 2019.12.27, 2014헌바381).

10 정답 ②

헌법에 헌법재판소 재판관이나 선거관리위원회 위원은 정당에 가입하거나 정치에 관여할 수 없음을 명시적으로 규정하고 있다(헌법 제112조 제2항, 헌법 제114조 제4항).

11 정답 ③

헌법재판소는 위임의 한계를 벗어나지 않은 경우에는 국민의 기본권 보장을 위해서 조례에 의해 재산권을 제한할 수 있다고 판시한 바 있다(헌재 1995.4.20, 92헌마264).
① 헌재 2020.7.16, 2015헌라3
② 지방자치법 제73·74조
④ 지방자치법 제27조 제1항

12 정답 ①

헌법재판소가 기본권 주체성을 불인정한 것은 ⓜ이다.
㉠ O▶ 헌재 1991.6.3, 90헌마56
㉡ O▶ 헌재 2001.11.29, 99헌마494
㉢ O▶ 헌재 2000.3.30, 99헌바14
㉣ O▶ 헌재 2001.2.22, 99헌마613
㉤ X▶ 국회의 일부조직인 노동위원회는 기본권 주체가 될 수 없다(헌재 1994.12.29, 93헌마120).
㉥ O▶ 국민생활에 직접 편입되어 있는 공법인의 기본권 주체성을 인정한다.

13 정답 ②

영상물등급위원회는 실질적으로 행정기관인 검열기관에 해당하고, 이에 의한 등급분류보류는 비디오물 유통 이전에 그 내용을 심사하여 허가받지 아니한 것의 발표를 금지하는 제도, 즉 검열에 해당되므로 헌법에 위반된다(헌재 2008.10.30, 2004헌가18).
① 헌재 2009.2.26, 2005헌마764
③ 헌재 2016.4.28, 2015헌라5
④ 헌재 2008.9.25, 2007헌마419

14  정답 ①

㉠ 헌재 2003.6.26, 2002헌마677
㉡ 헌재 1997.3.27, 96헌가11
㉢ 금융회사 등에 종사하는 자에게 거래정보 등의 제공을 요구하는 것을 금지하고 위반시 형사처벌하는 것은 헌법에 위배된다(헌재 2022.2.24, 2020헌가5).
㉣ 헌재 2003.7.24, 2002헌마522

15  정답 ②

㉠ O▶ 헌재 2017.12.28, 2016헌마649
㉡ O▶ 헌재 2018.2.22, 2017헌마691
㉢ O▶ 헌재 2023.7.25, 2019헌마1443
㉣ X▶ 러일전쟁 개전 시부터 1945년 8월 15일까지 친일반민족행위자가 취득한 재산을 친일행위의 대가로 취득한 재산으로 추정하여 친일재산을 그 취득원인행위 시에 국가의 소유로 하는 것은 평등원칙에 위배되지 않는다(헌재 2011.3.31, 2008헌바111).

16 　　　　　　　　　　 정답 ②

② 대통령 등의 경호를 담당하기 위하여 대통령경호처를 둔다(정부조직법 제16조 제1항). 대통령경호처는 보좌기관이 아니다.
① 국무조정실장·인사혁신처장·법제처장·식품의약품안전처장 그 밖에 법률로 정하는 공무원은 필요한 경우 국무회의에 출석하여 발언할 수 있고, 소관사무에 관하여 국무총리에게 의안의 제출을 건의할 수 있다(정부조직법 제13조 제1·2항).
③ 정부조직법 제15조 제1·2항
④ 정부조직법 제19조 제4항

17 　　　　　　　　　　 정답 ④

모두 옳은 설명이다.
㉠, ㉡, ㉢, ㉣ 국회법 제37조

18 　　　　　　　　　　 정답 ④

④ 소환된 증인 또는 그 친족 등이 보복을 당할 우려가 있는 경우 재판장이 피고인을 퇴정시키고 증인신문을 행할 수 있도록 한 법률규정은 공정한 재판을 받을 권리를 침해하지 않는다(헌재 2010.11.25. 2009헌바57).
① 헌재 2010.4.29. 2008헌마622
② 원행정처분에 대하여 법원에 행정소송을 제기하여 패소판결을 받고 그 판결이 확정된 경우에는 당사자는 그 판결의 기판력에 의한 기속을 받게 되므로, 별도의 절차에 의하여 위 판결의 기판력이 제거되지 아니하는 한, 행정처분의 위법성을 주장하는 것은 확정판결의 기판력에 어긋나므로 원행정처분은 헌법소원심판의 대상이 되지 아니한다(헌재 1998.5.28. 91헌마98).
③ 헌재 2007.1.17. 2005헌바86

19 　　　　　　　　　　 정답 ①

㉢ 대법관은 국회의 동의를 얻어 대통령이 임명한다.
㉠ 감사위원은 감사원장의 제청에 의해서 대통령이 임명한다.

20 　　　　　　　　　　 정답 ④

㉠ ✗ 법률안 거부권의 사유는 헌법에 미규정되어 있다.
㉡ ✗ 국회법상 국회가 폐회 중인 때에 대통령이 법률안거부권을 행사시 임시회소집을 요구해야 하는 것은 아니다.
㉢ ✗ 대통령이 정부에 이송된 법률을 15일 이내에 공포하지 아니하는 때에 그 법률안은 법률로서 확정된다.
㉣ ○ 헌법상 대통령의 일부거부나 수정거부는 불인정한다(헌법 제53조 제3항).

제16회 동형모의고사

→ 문제편 163p

정답 모아보기

01 ②	02 ①	03 ④	04 ③	05 ③
06 ②	07 ①	08 ③	09 ④	10 ②
11 ②	12 ③	13 ①	14 ①	15 ②
16 ④	17 ①	18 ②	19 ④	20 ②

01  정답 ②

㉠ 건설업자가 국가기술자격증을 대여하여 건설업 등록기준을 충족시킨 경우 그 건설업 등록을 필요적으로 말소하도록 규정한 것은 직업의 자유를 침해하지 않는다(헌재 2016.12.29, 2015헌바429).
㉡ 헌재 2004.1.29, 2002헌마293
㉢ 헌재 2003.10.30, 2002헌마518
㉣ 헌재 1998.5.28, 97헌마362
㉤ 헌재 2015.12.23, 2014헌바294
㉥ 5급 국가공무원 공채 시 응시연령을 제한하는 것은 공무담임권과 평등권을 위배하는 것이다(헌재 2008.5.29, 2007헌마1105).

02 정답 ①

① 누구든지 체포 또는 구속을 당한 때에는 적부의 심사를 법원에 청구할 권리를 가진다(헌법 제12조 제6항).
② 헌법 제12조 제4항
③ 헌법 제27조 제3항
④ 헌법 제12조 제2항

03  정답 ④

+ PLUS 국회운영위원회 소관사항(국회법 제37조 제1항 제1호)
① 국회 운영에 관한 사항
② 「국회법」과 국회규칙에 관한 사항
③ 국회사무처 소관에 속하는 사항
④ 국회도서관 소관에 속하는 사항
⑤ 국회예산정책처 소관에 속하는 사항
⑥ 국회입법조사처 소관에 속하는 사항
⑦ 대통령비서실, 국가안보실, 대통령경호처 소관에 속하는 사항
⑧ 국가인권위원회 소관에 속하는 사항

04 정답 ③

법관에 대한 징계처분 불복시에는 대법원에 징계처분의 취소를 청구하여야 한다(법관징계법 제27조 제1항).
① 헌법 제106조 제2항
② 법원조직법 제50조

05 정답 ③

옳은 것은 ㉡, ㉢, ㉣이다.
㉠ ✗ 권한쟁의는 7인이 출석하여 과반수의 찬성을 요한다(헌법재판소법 제23조).
㉡ ○ 헌법재판소법 제8조
㉢ ○ 헌법재판소법 제16조 제2·3항
㉣ ○ 헌법재판소법 제12조 제4항

06  정답 ②

예산은 일종의 법규범이고 법률과 마찬가지로 국회의 의결을 거쳐 제정되지만 법률과 달리 국가기관만을 구속할 뿐 일반 국민을 구속하지 않는다. 국회가 의결한 예산 또는 국회의 예산안 의결은 헌법재판소법 제68조 제1항 소정의 '공권력의 행사'에 해당하지 않고 따라서 헌법소원의 대상이 되지 아니한다(헌재 2006. 4.25, 2006헌마409).
① 국가재정법 제41조

07 정답 ①

① 국회의원의 원내활동을 기본적으로 각자에 맡기는 자유위임은 자유로운 토론과 의사형성을 가능하게 함으로써 당내민주주의를 구현하고 정당의 독재화 또는 과두화를 막아주는 순기능을 갖는다. 그러나 자유위임은 의회내에서의 정치의사형성에 정당의 협력을 배척하는 것이 아니며, 의원이 정당과 교섭단체의 지시에 기속되는 것을 배제하는 근거가 되는 것도 아니다. 또한 국회의원의 국민대표성을 중시하는 입장에서도 특정 정당에 소속된 국회의원이 정당기속 내지는 교섭단체의 결정(소위 '당론')에 위반하는 정치활동을 한 이유로 제재를 받는 경우, 국회의원 신분을 상실하게 할 수는 없으나 "정당내부의 사실상의 강제" 또는 소속 "정당으로부터의 제명"은 가능하다고 보고 있다. 그렇다면, 당론과 다른 견해를 가진 소속 국회의원을 당해 교섭단체의 필요에 따라 다른 상임위원회로 전임(사·보임)하는 조치는 특별한 사정이 없는 한 헌법상 용인될 수 있는 "정당내부의 사실상 강제"의 범위 내에 해당한다고 할 것이다(헌재 2003.10.30, 2002헌라1).
② 국회의원의 면책특권에 속하는 행위에 대하여는 공소를 제기할 수 없으며 이에 반하여 공소가 제기된 것은 결국 공소권이 없음에도 공소가 제기된 것이 되어 형사소송법 제327조 제2호의 "공소제기의 절차가 법률의 규정에 위반하여 무효인 때"에 해당되므로 공소를 기각하여야 한다(대판 1992.9.22, 91도3317).
③ 전국구 국회의원도 의장이나 부의장이 될 수 있다.
④ 국회의원은 대통령, 헌법재판소 재판관, 각급 선거관리위원회 위원, 감사위원, 지방자치단체장, 지방의회의원, 법관 등을 겸직할 수 없지만, 국무총리, 국무위원은 겸직할 수 있다.

08 정답 ③

③ 부동산 보유세를 국세로 할 것인지 지방세로 할 것인지는 입법정책의 문제에 해당되고, 입법정책상 종합부동산세법이 부동산 보유세인 종합부동산세를 국세로 규정하였다 하더라도 지방자치단체의 자치재정권의 본질을 훼손하는 것이라고 보기 어려우므로 이 사건 국세 규정은 헌법에 위반된다고 볼 수 없다(헌재 2008.11.13, 2006헌바112).
①, ②, ④ 헌재 2008.11.13, 2006헌바112

09 정답 ④

주권보장이 아닌 주권을 제약하는 조약은 국회동의를 요한다(헌법 제60조 제1항).

10 정답 ②

㉠ O 공직선거법 제270조의2
㉡ X 비례대표국회의원 여성후보자 추천 비율과 순위를 위반한 후보자 등록신청은 수리할 수 없도록 하고, 이를 위반한 후보자의 등록은 무효로 하도록 한다(공직선거법 제49조 제8항 및 제52조 제1항 제2호).
㉢ O 공직선거법 제268조
㉣ X 배우자를 포함한 선거사무장 등의 선거범죄로 인한 후보자의 당선 무효 규정은 연좌제에 해당하지 아니한다(헌재 2005.12.22, 2005헌마19).

11 정답 ②

헌법재판소 재판관과 선거관리위원회위원은 헌법에 의해서 정당가입이나 정치관여를 금지하고 있다(헌법 제112조 제2항·헌법 제114조 제4항).
① 헌재 1994.4.28, 91헌마5
③ 헌재 2004.5.14, 2004헌나1
④ 헌재 2005.6.30, 2004헌바42

12 정답 ③

㉠ O 주민소환에 관한 법률 제2조 제1항
㉡ X 임기개시일로부터 1년이 경과하지 아니한 때에는 주민소환 투표실시를 청구할 수 없다(동법 제8조).
㉢ O 주민소환에 관한 법률 제7조 제1항
㉣ O 주민소환에 관한 법률 제17조 제1호

13 정답 ①

국가는 중소기업을 보호·육성하여야 한다(헌법 제123조 제3항).
② 헌법 제123조 제2항
③ 헌법 제123조 제5항
④ 헌법 제123조 제1항

14  정답 ①

㉠ ⭕ 헌법 제128조 제1항에 헌법개정발의는 대통령 또는 국회재적의원 과반수의 찬성을 요한다고 규정하고 있다.
㉡ ❌ 국회의결 후에는 국민투표에 30일 이내에 회부하여야 한다(헌법 제130조 제2항).
㉢ ❌ 헌법개정안은 기명투표로 표결한다(국회법 제112조 제4항).
㉣ ❌ 국민투표에 대한 이의제기소송은 중앙선거관리위원회 위원장을 피고로 하여 대법원에 제기하여야 한다(국민투표법 제92조).

15 정답 ②

사전적 헌법 보장은 ㉠, ㉡을 들 수 있다.
㉢, ㉣은 사후적 보장이다.

16  정답 ④

옳은 항목은 ㉠, ㉡, ㉢, ㉤이다.
㉠ ⭕
㉡ ⭕
㉢ ⭕ 헌재 1993.7.29, 89헌마31
㉣ ❌ 지명수배처분취소는 공권력 행사에 해당하지 아니한다(헌재 2002.9.19, 99헌마181).
㉤ ⭕ 헌재 2006.2.23, 2004헌마414

17  정답 ①

사법부와 행정부 간의 통제는 고전적 권력통제이다.

18 정답 ②

감사원의 규칙제정권은 헌법에 미규정되어 있다. 감사원법 제52조 제4항에 규정되어 있다.

19  정답 ④

수분양자가 아닌 개발사업자를 부과대상자로 하는 학교용지 부담금 제도는 개발사업자의 평등권과 재산권을 침해하지 아니한다(헌재 2008.9.25, 2007헌가1).
① 헌재 2009.2.26, 2007헌마1285
② 헌재 2008.12.26, 2006헌마462
③ 헌재 2008.7.31, 2004헌바81

20  정답 ②

TV 방송광고에 관하여 사전 심의를 받도록 규정하고 있는 방송법규정은 헌법에 위배된다(헌재 2008.6.26, 2005헌마506).
① 헌재 2008.6.26, 2005헌라7
③ 헌재 2008.6.26, 2007헌마1366
④ 헌재 2016.4.28, 2015헌바216

제17회 동형모의고사

→ 문제편 170p

정답 모아보기

01 ③	02 ②	03 ③	04 ①	05 ②
06 ③	07 ③	08 ④	09 ①	10 ①
11 ④	12 ①	13 ②	14 ④	15 ②
16 ③	17 ③	18 ①	19 ④	20 ②

01   정답 ③

㉠ ✗ 헌법의 최고규범성을 간접적인 규정은 부칙 제5조에 규정하고 있다.
㉡ ○
㉢ ○ 헌법은 권력제한성을 가진다.
㉣ ○ 위헌법률 심사는 헌법의 최고규범성을 간접적으로 인정하는 제도이다.

02   정답 ②

관습헌법도 성문헌법과 마찬가지로 주권자인 국민의 헌법적 결단의 의사의 표현이며 성문헌법과 동등한 효력을 가진다고 보아야 한다(헌재 2004.10.21, 2004헌마554).

03   정답 ③

㉠ ✗ 국적법 제12조 제1항, 제14조의2 제1항·제4항
㉡ ○ 우리나라는 부모양계혈통주의를 원칙으로 하고, 출생지주의를 예외적으로 인정하고 있다.
㉢ ○ 우리나라의 국적법은 단일국적주의를 기본으로 한다.
㉣ ✗ 직계존속이 외국에서 영주할 목적 없이 체류한 상태에서 출생한 자는 현역, 상근 예비역 또는 보충역, 대체역으로 복무를 마치거나 마친 것으로 보는 때, 병역면제처분을 받은 때, 전시근로역으로 편입된 때부터 국적이탈 신고를 할 수 있다.

04   정답 ①

법학전문대학원은 입학자 중 비법학 학사학위 취득자의 비율과 당해 법학전문대학원이 설치된 대학 외의 대학의 학사학위 취득자의 비율을 각각 입학자의 3분의 1 이상이 되도록 한 규정은 법과대학 졸업생과 자대 졸업자들의 직업교육장 선택의 자유 내지 직업선택의 자유를 침해하지 아니한다고 할 것이다(헌재 2009.2.26, 2007헌마1262).
② 일용근로자로서 3개월을 계속 근무하지 아니한 자를 해고예고제도의 적용제외사유로 규정하고 있는 근로기준법 조항은 근로의 권리를 침해하지 않는다(헌재 2017.5.25, 2016헌마640).
③ 헌재 2008.7.31, 2005헌마667
④ 헌재 2023.9.26, 2020헌마1724

05   정답 ②

② 옳은 것은 ㉠, ㉡, ㉢이다.
㉣ 탄핵제도는 영국에서 유래된 제도로서 대통령제에만 존재하는 고유한 요소는 아니다.

06   정답 ③

신문고시는 자유시장 경제질서에 위배되지 아니한다(헌재 2002.7.18, 2001헌마605).
① 헌법 제121조 제2항
② 민간기업이 도시계획시설사업의 시행을 위하여 수용권을 행사할 수 있도록 규정한 것은 헌법에 위반되지 않는다(헌재 2014.7.24, 2013헌바127).
④ 헌법 제127조 제1항

07   정답 ③

국회동의를 요하지 않는 조약은 대통령령과 동일한 효력이 수반하는 것이므로 헌법소원의 심판의 대상이 될 수 있다.
④ 헌재 2000.7.20, 98헌바63

08 정답 ④

㉠ ✗ 시·도당은 1,000명 이상의 당원을 가져야 한다(정당법 제18조 제1항).
㉡ ○ 정당법 제3조
㉢ ○ 감사원법 제10조, 정당법 제22조 제2항
㉣ ○ 정당법 제30조 제1항
㉤ ○ 검찰총장과 경찰청장의 퇴임 후 2년 이내에 정당가입 금지 및 공직제한규정은 위헌결정 되었다(헌재 1997.7.16, 96헌바36 ; 헌재 1997.7.16, 97헌마2).

09 정답 ①

하나의 자치구·시·군의원지역구에서 선출할 지역구자치구·시·군 의원정수는 2인 이상 4인 이하의 범위 안에서 선출하는 중선거구제를 도입하고 있다(공직선거법 제26조 제2항).
② 공직선거법 부칙 〈제11374호, 2012.2.29.〉 제3조
③ 선거인은 당선소송을 제기할 수 없다(공직선거법 제223조 제1항).

10 정답 ①

헌법 제32조 제2항에 의하여 근로자의 단체 행동권은 제한 가능하다.

11 정답 ④

행정중심복합도시에는 상당수의 행정기관이 국가 행정의 중요부문을 담당하기는 하나, 그렇다고 수도로서의 지위를 획득하게 되는 것은 아니다(헌재 2005.11.24, 2005헌마579).
① 공직선거법 제16조
② 헌법 제117조 제2항은 지방자치단체의 종류를 법률로 정하도록 규정하고 있을 뿐 지방자치단체의 종류 및 구조를 명시하고 있지 않으므로 이에 관한 사항은 기본적으로 입법자에게 위임된 것으로 볼 수 있다. 헌법상 지방자치제도보장의 핵심영역 내지 본질적 부분이 특정 지방자치단체의 존속을 보장하는 것이 아니며 지방자치단체에 의한 자치행정을 일반적으로 보장하는 것이므로, 현행법에 따른 지방자치단체의 중층구조 또는 지방자치단체로서 특별시·광역시 및 도와 함께 시·군 및 구를 계속하여 존속하도록 할지 여부는 결국 입법자의 입법형성권의 범위에 들어가는 것으로 보아야 한다. 같은 이유로 일정구역에 한하여 당해 지역 내의 지방자치단체인 시·군을 모두 폐지하여 중층구조를 단층화하는 것 역시 입법자의 선택범위에 들어가는 것이다(헌재 2006.4.27, 2005헌마1190).
③ 지방자치법 제15조 제2항

12 정답 ①

① 지도직 공무원 채용시험에 응시한 경우 국가유공자 가점을 주지 않도록 규정한 것은, 전문성을 기준으로 임용되고 그러한 전문성을 즉시 활용할 필요가 있는 지도직 공무원의 특수성을 반영한 것이므로, 평등권을 침해하지 않으며 입법재량의 한계를 일탈하여 국가유공자에 대한 근로기회 우선보장 의무를 규정한 헌법 제32조 제6항을 위반하였다고 볼 수도 없다(헌재 2016.10.27, 2014헌마254).
② 헌재 2009.9.24, 2007헌마872
③ 헌재 2005.3.31, 2003헌마87
④ 헌재 2016.2.25, 2011헌마165

13 정답 ②

이 사건 법률조항으로 인하여 타 지역 사범대 출신 응시자들이 받는 피해는 입법 기타 공권력행사로 인하여 자신의 의사와 관계없이 받아야 하는 기본권의 침해와는 달리 보아야 할 여지가 있고, 이 사건 법률조항은 한시적으로만 적용되는 점을 고려해 보면 이 사건 법률조항이 비례의 원칙에 반하여 제청신청인의 공무담임권이나 평등권을 침해한다고 보기 어려우므로 헌법에 위반되지 아니한다(헌재 2007.12.27, 2005헌가11).
① 헌재 2007.12.27, 2006헌가8
③ 소액 임대차 보증금 반환 채권의 대한 압류를 금지하는 것은 채권자의 재산권을 침해하지 아니한다(헌재 2019.12.27, 2018헌바825).
④ 헌재 2007.12.27, 2005헌바95

14 정답 ①

① 경제적 실질에 따라 양도를 규정하여 공익사업시행자로부터 손실보상을 받고 건물을 철거하는 경우도 건물 소유자에게 양도소득세를 부과하는 근거규정은 재산권과 계약의 자유를 침해하지 않는다(헌재 2012.11.29, 2011헌바11).
② 헌재 1996.8.29, 95헌바36

③ 헌재 2005.5.26, 2004헌가10
④ 헌재 2003.12.18, 2001헌바91

15 　　　　　　　　　　🎯 정답 ②

② 정보통신망을 통하여 일반에게 공개된 정보로 말미암아 사생활 침해나 명예훼손 등 타인의 권리가 침해된 경우 그 침해를 받은 자가 삭제요청을 하면 정보통신서비스 제공자는 권리의 침해 여부를 판단하기 어렵거나 이해당사자 간에 다툼이 예상되는 경우에는 해당 정보에 대한 접근을 임시적으로 차단하는 조치를 하여야 한다고 규정한 것은 정보게재자의 표현의 자유를 침해하지 않는다(헌재 2012.5.31, 2010헌마88).
① 헌재 2000.6.29, 99헌가16
③ 헌재 1992.11.12, 89헌가88
④ 헌재 2022.10.27, 2021헌가4

16 　　　　　　　　　　🎯 정답 ③

㉠ ✗ 기도의 자유는 상대적 기본권으로 제한 가능하다.
㉡ O 종교적 집회는 신고 없이 가능하다(집시법 제13조).
㉢ O 경향기업은 인정한다.
㉣ O 대판 1998.11.10, 96다37268

17 　　　　　　　　　　🎯 정답 ③

행정법규위반시에도 특별사면의 대상이 된다.

18 　　　　　　　　　　🎯 정답 ①

㉣ ✗ 변호사나 세무사 등의 보수는 자율화하면서 공인중개사에게는 법정수수료제도를 규정하는 것은 평등원칙에 위배되는 것은 아니다(헌재 2002.6.27, 2000헌마642).
㉠ O 헌재 2003.12.18, 2001헌바94
㉡ O 헌재 1992.4.28, 90헌바24
㉢ O 헌재 1999.7.22, 98헌바14

19 　　　　　　　　　　🎯 정답 ④

모두 옳은 설명이다.
㉠ 헌재 2011.3.31, 2008헌바111
㉡ 헌재 2021.10.28, 2021헌나1
㉢ 헌재 2011.3.31, 2010헌바86
㉣ 헌재 2015.12.23, 2013헌바68

20 　　　　　　　　　　🎯 정답 ②

일정 기간 동안 세무 행정사무에 종사한 공무원 등에 대하여 세무사자격시험의 일부를 면제해 주는 것은 일반 응시자들의 평등권, 직업선택의 자유를 침해하지 아니한다(헌재 2008.12.26, 2007헌마1149).
① 헌재 2009.2.26, 2007헌마279
③ 헌재 2008.10.30, 2004헌가18
④ 헌재 2009.12.29, 2008헌가13

제 18 회 동형모의고사

→ 문제편 178p

정답 모아보기

01 ②	02 ③	03 ③	04 ①	05 ④
06 ④	07 ①	08 ④	09 ③	10 ①
11 ②	12 ③	13 ③	14 ①	15 ①
16 ②	17 ④	18 ②	19 ③	20 ②

01  정답 ②

구법 아래에서 하자가 발생한 경우에 공동주택 소유자들이 지녔던 신뢰이익의 보호가치, 부칙 제3항이 진정소급입법으로서 하자담보청구권을 박탈하는 점에서의 침해의 중대성, 신법을 통하여 실현하고자 하는 공익목적의 중요성 정도를 종합적으로 비교형량하여 볼 때, 부칙 제3항이 신법 시행 전에 발생한 하자에 대하여서까지 주택법을 적용하도록 한 것은 당사자의 신뢰를 헌법에 위반된 방법으로 침해하는 것으로서, 신뢰보호원칙에 위배된다(헌재 2008.7.31, 2005헌가16).

① 헌재 2008.3.27, 2004헌마654
③ 헌재 2008.10.30, 2005헌마1156
④ 헌재 2009.2.26, 2008헌바9

02 정답 ③

국가인권위원회위원 4인은 국회에서 선출, 4인은 대통령이 지명, 3인은 대법원장이 지명하며 이 위원들을 대통령이 임명한다(국가인권위원회법 제5조 제2항).
① 헌법 제111조 제4항
② 헌법 제62조 제2항
④ 헌법 제60조 제1항

03 정답 ③

소위 남북합의서는 남북관계를 "나라와 나라 사이의 관계가 아닌 통일을 지향하는 과정에서 잠정적으로 형성되는 특수관계"임을 전제로 하여 이루어진 합의문서인 바, 이는 한민족공동체 내부의 특수관계를 바탕으로 한 당국간의 합의로서 남북당국의 성의있는 이행을 상호 약속하는 일종의 공동성명 또는 신사협정에 준하는 성격을 가짐에 불과하다(헌재 1997.1.16, 92헌바6등).

04 정답 ①

회기 중에는 의원을 체포·구금할 수 없다. 회기 중이라 함은 집회일로부터 폐회일까지의 기간을 말하며 휴회 중도 이에 포함된다.
② 불체포특권은 일반국민에게는 인정되지 아니하는 특권을 의원이란 신분을 가진 자에 대해서만 인정하는 것이므로, 헌법 제11조의 법 앞의 평등에 위배되는 것이 아니냐 하는 의문이 있다. 그러나 불체포특권은 의회의 자주성과 의원의 원활한 직무수행을 보장하기 위한 것으로서 합리적 이유가 있는 것이므로, 평등의 원칙에 위배되지 아니한다는 것이 다수설이다.
③ 헌법 제44조
④ 불체포특권은 의회의 자주적 활동과 의원의 대집행부통제 등 그 직무수행을 원활하게 하고, 집행부에 의한 불법·부당한 탄압을 방지하려는 데 그 제도적 의의가 있고 목적이 있으므로 남용될 수 없다. 그러므로 정당한 이유가 있고, 적법한 절차에 따라 정부가 의원을 체포하는 경우에는 이 특권이 인정되지 아니한다.

05  정답 ④

옳은 항목은 ㉠, ㉢, ㉣, ㉤이다.
㉡ 헌법재판소는 제41조 제1항의 규정에 의해서, 군사법원도 위헌법률심판제청을 할 수 있다.

06 정답 ④

④ 법률안에 이의가 있을 때에는 대통령은 법률안이 정부에 이송되어 15일 이내에 이의서를 붙여 국회로 환부하고, 그 재의를 요구할 수 있다. 국회가 폐회 중일 경우에도 동일하게 적용된다(헌법 제53조 제2항).
① 대통령은 재의결된 확정법률을 지체없이 공포하여야 한다.

316 PART 2 정답 및 해설편

재의결된 확정법률이 정부에 이송된 후 5일 이내에 대통령이 공포하지 아니할 때에는 국회의장이 이를 공포한다(헌법 제53조 제6항).

② 대통령의 법률안 거부권 행사에 대한 특별한 요건은 없다. 그러나 정당한 이유가 없는 권한남용의 경우에는 대통령에 대한 탄핵소추사유가 된다.

③ 재의의 요구가 있을 때에는 국회는 재의에 부치고, 재적의원 과반수의 출석과 출석의원 3분의 2 이상의 찬성으로 전과 같은 의결을 하면 그 법률안은 법률로서 확정된다(헌법 제53조 제2항).

07 정답 ①

① 대법원장은 필요하다고 인정할 경우에는 대법원장의 자문기관으로 사법정책자문위원회를 둘 수 있다. 사법정책자문위원회는 사법정책에 관하여 학식과 덕망이 높은 자 중에서 대법원장이 위촉하는 7인 이내의 위원으로 구성하며, 그 조직·운영에 관하여 필요한 사항은 대법원규칙으로 정한다(법원조직법 제25조).

② **법원조직법 제25조의2(법관인사위원회)** ① 법관의 인사에 관한 중요 사항을 심의하기 위하여 대법원에 법관인사위원회(이하 "인사위원회"라 한다)를 둔다.

② 인사위원회는 다음 각 호의 사항을 심의한다.
1. 인사에 관한 기본계획의 수립에 관한 사항
2. 제41조 제3항에 따른 판사의 임명에 관한 사항
3. 제45조의2에 따른 판사의 연임에 관한 사항
4. 제47조에 따른 판사의 퇴직에 관한 사항
5. 그 밖에 대법원장이 중요하다고 인정하여 부의하는 사항

③ 인사위원회는 위원장 1명을 포함한 11명의 위원으로 구성한다.

③ **법원조직법 제24조(재판연구관)** ① 대법원에 재판연구관을 둔다.

② 재판연구관은 대법원장의 명을 받아 대법원에서 사건의 심리 및 재판에 관한 조사·연구업무를 담당한다.

④ 대법원에 대법관을 둔다(법원조직법 제4조 제1항).

08 정답 ④

국회 내에서 행한 발언을 다시 원외에서 발표하거나 출판하는 것은 면책되지 않으나, 공개회의의 회의록을 공개하는 것은 인정된다.

09 정답 ③

법원조직법 제13조 제3항 ① 사법정책자문위원회는 임의적 자문기관으로 대법원장 산하에 둘 수 있다(법원조직법 제25조).

② 대법관회의는 예산편성권을 불인정한다.

④ 대법관회의는 헌법상 필수기관이다.

10 정답 ①

① 옳은 항목은 ㉢, ㉥이다.

㉠ 정당의 공천이 헌법과 정당법이 규정하고 있는 민주주의 원리에 위배되거나 그 절차가 현저하게 불공정하거나 정당 스스로가 정한 내부규정에 위배되는 경우에는 사법부 심사대상이 된다(서울지법 남부지원 2000.3.24, 2000카합489).

㉡ 헌법 제8조 제4항에 규정된 정당의 목적과 활동에서 당의 활동은 당의 총재 및 수뇌부의 활동을 의미하며, 평당원의 당의 명령에 의한 활동도 포함된다.

㉣ 위헌정당해산시 제소권자는 정부이며, 헌법재판소에 제소하기 전 국무회의의 심의를 반드시 거쳐야 한다.

㉤ 위헌정당해산결정시 필요한 의결정족수는 재판관 9인 중 7인 이상이 출석하여 6인 이상의 찬성이 있어야 한다. 정당해산의 심판은 헌법재판소법에 특별한 규정이 있는 경우를 제외하고는 민사소송법의 규정을 준용하며, 구두변론주의와 공개주의를 그 원칙으로 한다.

11 정답 ②

② 교육위원의 선거에 있어서 선고공보의 발행·배포와 소견발표회의 개최 이외에 일체의 선거운동을 금지하는 것은 과잉금지원칙에 위배되지 아니한다(헌재 2000.3.30, 99헌바113).

① 헌재 2003.9.25, 2001헌마156
③ 헌재 2002.11.28, 2001헌가28
④ 헌재 2003.6.26, 2001헌바17

12 정답 ③

③ 사립대학의 신설이나 학생정원 증원의 사무는 국가사무이지 지방자치단체의 사무가 아니므로, 수도권정비계획법 제18조 제1항에 근거한 국토해양부(현행 국토교통부) 장관의 총량규제에 따라 수도권 소재 사립대학의 학생

정원 증원을 제한하는 내용을 담은 교육과학기술부(현행 교육부)장관의 "2011학년도 대학 및 산업대학 학생정원 조정계획"은 경기도의 자치권한을 침해하거나 침해할 현저한 위험이 없다(헌재 2012.7.26, 2010헌라3).

13 정답 ③

㉠, ㉡, ㉢, ㉣은 소관상임위원회에서 인사청문회를 거친 후에 임명하여야 한다. 2014.3.18. 개정되어 특별감찰관후보자도 소관 상임위원회에서 인사청문회를 거쳐서 임명하여야 한다(시행 2014.6.19.).

14 정답 ①

① 일반행정작용에 대한 그 적법성과 타당성은 국정조사나 국정감사의 대상이 될 수 있다.

15 정답 ①

㉠ ⭕ 헌법 제68조 제1항
㉡ ❌ 대통령 사고시는 재보궐 선거사유가 아니다.
㉢ ❌ 대통령 후보자가 1인일 때에는 그 득표수가 국회의원 선거권자 총수의 3분의 1 이상이 아니면 대통령으로 당선될 수 없다.
㉣ ❌ 직선제 개헌은 제1·2·5·6·9차 개헌이다.

16 정답 ②

대통령의 긴급재정경제처분도 긴급명령의 경우와 같이 국회의 승인을 요한다. 국회의 승인을 얻지 못한 때에는 그 처분 또는 명령은 그때부터 효력을 상실한다(헌법 제76조 제2항·3항).

17 정답 ④

범죄혐의로 수사를 받은 피의자가 검사로부터 '혐의없음'의 불기소처분을 받은 경우 혐의범죄의 법정형에 따라 일정기간 피의자의 지문정보와 함께 인적사항·죄명·입건관서·입건일자·처분결과 등을 보존하도록 규정한 것은 개인정보자기결정권을 침해하는 것이 아니다(헌재 2009.10.29, 2008헌마257).
① 헌재 2003.12.18, 2003헌마225

② 헌재 2007.6.28, 2005헌마772
③ 헌재 2007.6.28, 2005헌마1179

18 정답 ②

청원권은 자기와 이해관계 없는 내용에 대해서 청원가능하다.

19 정답 ②

㉢ 국무총리는 대통령 권한대행의 1순위이다.
㉣ 구 국가안전기획부는 대통령의 직속기구로 국무총리가 통할할 수 없다.

20 정답 ②

㉠, ㉡은 공직선거법 제60조 제1항에 의해서 선거운동을 할 수 없다.

제 19 회 동형모의고사

→ 문제편 185p

정답 모아보기

01 ②	02 ②	03 ①	04 ①	05 ④
06 ①	07 ②	08 ①	09 ④	10 ①
11 ④	12 ④	13 ③	14 ④	15 ③
16 ②	17 ③	18 ①	19 ①	20 ④

01 정답 ②

② 한미문화협정, 행정협정, VISA협정 등은 국회 동의 없이 체결이 가능하다.

02 정답 ②

감사원은 원장을 포함한 5인 이상 11인 이하의 감사위원으로 구성한다(헌법 제98조 제1항).

03 정답 ①

① 구조금은 유족구조금·장해구조금 및 중상해구조금으로 구분하며, 일시금으로 지급한다(범죄피해자보호법 제17조 제1항).
② 범죄피해자보호법 제20조
③ 범죄피해자보호법 제25조 제2항
④ 범죄피해자보호법 제31·32조

04 정답 ①

㉣ 방송통신위원회는 대통령 직속기구에 해당한다.

05 정답 ④

인사혁신처장은 정부위원으로서 대통령의 권한을 대행할 수 없다.

06 정답 ①

① 탄핵소추의 의결이 있는 때에는 의장은 지체없이 소추의결서의 정본을 법제사법위원장인 소추위원에게, 그 등본을 헌법재판소·피소추자와 그 소속기관의 장에게 송달한다. 소추의결서가 송달된 때에는 피소추자의 권한행사는 정지되며, 임명권자는 피소추자의 사직원을 접수하거나 해임할 수 없다(국회법 제134조).
② 국회법 제130조 제1항
③, ④ 헌재 2004.5.14, 2004헌나1

07 정답 ②

② 국가공무원법상 임용결격사유가 존재함에도 불구하고 공무원으로 임용되어 근무하거나 하였던 자를 공무원 퇴직연금수급권자에 포함시키지 않는 것은 재산권이 침해될 여지가 없으며, 인간다운 생활을 할 권리를 침해하지 않는다(헌재 2012.8.23, 2010헌바425).
① 공무원연금법상 퇴직연금의 수급자가 사립학교교직원연금법 제3조의 학교기관으로부터 보수 기타 급여를 지급받고 있는 경우, 그 기간 중 퇴직연금의 지급을 정지하도록 한 것은 기본권 제한의 입법한계를 일탈한 것으로 볼 수 없다(헌재 2000.6.29, 98헌바106).
③ 공무원연금법상의 연금수급권은 국가에 대하여 적극적으로 급부를 요구하는 것이므로 헌법규정만으로는 실현될 수 없고, 법률에 의한 형성을 필요로 한다(헌재 1999.4.29, 97헌마333).
④ 국가가 개인에게 특정한 이유로 시혜적 급부를 하는 경우 이러한 급부는 국민이 낸 세금 등을 재원으로 하는 것이므로 특별한 사정이 없는 한 그 나라의 국민을 급부의 대상으로 하는 것이 원칙이다.

08 정답 ①

㉢ 군국주의를 예방하기 위해 병정통합주의를 채택하고 있다.

09 정답 ④

개인택시운송사업자의 운전면허가 취소된 경우 개인택시운송사업면허를 취소할 수 있도록 한 것은 개인택시운송사업자의 직업의 자유 및 재산권을 침해하지 아니한다(헌재 2008.

5.29. 2006헌바85).
① 헌재 2008.10.30. 2006헌마1401
② 헌재 2008.6.26. 2005헌라7
③ 헌재 2009.2.26. 2007헌바8

10 정답 ①

ⓒ 대통령이 내란죄나 외환죄를 범했을 경우 재직 중에도 형사소추할 수 있다(헌법 제84조).

11 정답 ④

자기정보 통제관리권은 자기 정보를 열람하거나 정정을 요구할 수 있는 권리로서 적극적 권리에 해당한다.

12 정답 ④

④ 정무위원회는 국무조정실, 국무총리비서실 소관에 속하는 사항, 국가보훈부 소관에 속하는 사항, 공정거래위원회 소관에 속하는 사항, 금융위원회 소관에 속하는 사항, 국민권익위원회 소관에 속하는 사항을 소관한다(국회법 제37조 제3호). 특임장관은 개정 정부조직법(2013.3.23.)에서 폐지하였다.

13 정답 ③

헌재 1997.8.21. 94헌바19
① 현행 헌법에 상속권은 규정되어 있지 아니하다.
② 약사의 한약조제권은 재산권에 해당하지 아니한다(헌재 1997.11.27. 97헌바10).
④ 구체적인 권리가 아닌 영리 획득의 기회나 기업활동의 사실적·법적 여건은 재산권 보장의 대상이 될 수 없다(헌재 2000.7.20. 99헌마452).

14 정답 ④

1단계에 해당하는 것은 ⓒ, ⓔ, ⓜ, ⓗ이다. ⓐ, ⓛ은 3단계에 해당한다.

15 정답 ③

주민투표권은 헌법상 보장되는 참정권이 아니므로 이에 대한 침해를 이유로 한 헌법소원심판청구는 부적법하다(헌재 2001.6.28. 2000헌마735).
① 헌재 2003.9.25. 2003헌마106

② 헌재 2003.11.27. 2002헌마787
④ 헌재 2004.2.26. 2003헌바4

16 정답 ②

한국방송광고공사와 이로부터 출자를 받은 회사에 대해서만 지상파 방송광고 판매대행을 할 수 있도록 한 것은 청구인의 직업수행의 자유와 평등권을 침해한다(헌재 2008.11.27. 2006헌마352).
① 헌재 2008.10.30. 2007헌마1281
③ 헌재 2008.5.29. 2005헌마137
④ 헌재 2008.12.26. 2008헌마419

17 정답 ③

통일정신, 국민주권원리 등은 우리나라 헌법의 연혁적·이념적 기초로서 헌법이나 법률해석에서의 해석기준으로 작용한다고 할 수 있지만, 그에 기하여 곧바로 국민의 개별적 기본권성을 도출해 내기는 어렵다(헌재 2008.11.27. 2008헌마517).
① 헌재 2008.4.24. 2006헌마402
② 헌재 2008.2.28. 2006헌바70
④ 헌재 2008.11.27. 2007헌마860

18 정답 ①

국회의장이 국회의원들에게 토론권을 인정하지 아니하고 법률안을 처리한 것을 이유로 국회의원은 헌법소원심판청구를 할 수 없다(헌재 2003.10.30. 2002헌라1).
② 헌법 제64조 제4항

19 정답 ①

ⓜ 국회는 계엄해제요구권을 행사할 수 있다.

20 정답 ④

① 제3차 개헌에서 대법관은 법관회의에서 선거로 선출되었다.
② 특수법원인 특허법원은 법원조직법에 규정되어 있다.
③ 법관은 탄핵·금고 이상의 형의 선고에 의하지 아니하고는 파면되지 아니한다.

제20회 동형모의고사

→ 문제편 192p

정답 모아보기

01 ④	02 ③	03 ③	04 ②	05 ②
06 ②	07 ②	08 ④	09 ②	10 ①
11 ④	12 ④	13 ③	14 ②	15 ②
16 ①	17 ④	18 ③	19 ④	20 ①

01   정답 ④

④ 예산상 조치를 수반하는 법률안의 경우에도 30인 이상의 찬성이 있으면 가능하다. 예산안에 대한 수정동의는 50인 이상의 찬성을 요한다(국회법 제95조 제1항).
① 법률안 제출은 헌법 제52조 규정에 의하면 국회의원과 정부가 제출할 수 있다. 그러므로 법률안 제출을 국회의원 5인 이상으로 하향하는 경우에는 헌법개정 없이 가능하다.
② 법률안 부서는 국무총리와 관계 국무위원이 부서한다.
③ 법률안의 의결정족수는 재적의원 과반수가 출석하여 출석의원 과반수의 찬성을 요하나, 국무총리에 대한 해임건의권은 재적의원 과반수의 찬성을 요한다.

02   정답 ③

③ 직업의 자유에 '해당 직업에 합당한 보수를 받을 권리'까지 포함되어 있다고 보기 어렵다(헌재 2004.2.26. 2001헌마718).
① 직업의 개념표지들은 개방적 성질을 지녀 엄격하게 해석할 필요는 없는바, '계속성'과 관련하여서는 주관적으로 활동의 주체가 어느 정도 계속적으로 해당 소득활동을 영위할 의사가 있고, 객관적으로도 그러한 활동이 계속성을 띨 수 있으면 족하다고 해석되므로 휴가기간 중에 하는 일, 수습직으로서의 활동 따위도 이에 포함된다(헌재 2003.9.25. 2002헌마519).
② 국가 정책에 따라 정부의 허가를 받은 외국인은 정부가 허가한 범위 내에서 소득활동을 할 수 있는 것이므로, 외국인이 국내에서 누리는 직업의 자유는 법률 이전에 헌법에 의해서 부여된 기본권이라고 할 수는 없고, 법률에 따른 정부의 허가에 의해 비로소 발생하는 권리이다(헌재 2014.8.28. 2013헌마359).
④ 광고물은 사상·지식·정보 등을 불특정 다수인에게 전파하는 것으로서 헌법 제21조 제1항이 보장하는 언론·출판의 자유에 의해 보호받는 대상이 되므로, 의료광고를 규제하는 심판대상조항은 청구인의 표현의 자유를 제한한다. 또한, 헌법 제15조는 직업수행의 자유 내지 영업의 자유를 포함하는 직업의 자유를 보장하고 있는바, 의료인 등이 의료서비스를 판매하는 영업활동의 중요한 수단이 되는 의료광고를 규제하는 심판대상조항은 직업수행의 자유도 동시에 제한한다. 의료법인·의료기관 또는 의료인이 '치료효과를 보장하는 등 소비자를 현혹할 우려가 있는 내용의 광고'를 한 경우 형사처벌하도록 규정한 의료법 조항은 과잉금지원칙을 위배하여 의료인 등의 표현의 자유나 직업수행의 자유를 침해한다고 볼 수 없다(헌재 2014.9.25. 2013헌바28).
⑤ 성인 대상 성범죄로 형을 선고받아 확정된 자로 하여금 그 형의 집행을 종료한 날부터 10년 동안 의료기관에 취업할 수 없도록 한 것은, 일정한 직업을 선택함에 있어 기본권 주체의 능력과 자질에 따른 제한이므로 이른바 '주관적 요건에 의한 좁은 의미의 직업선택의 자유'에 대한 제한에 해당한다(헌재 2016.3.31. 2013헌마585).

03   정답 ③

옳은 항목은 ㉠, ㉡, ㉤이다.
㉠ O▶ 헌법재판소의 모든 사건에 대하여 재판관은 소수의 견을 표시하여야 한다(헌법재판소법 제36조 제3항).
㉡ O▶ 헌법재판소법 제72조 제1항
㉢ X▶ 헌법소원에서 청구인이 변호사를 대리인으로 선임할 자격이 없는 경우에는 국선대리인을 선임하여 줄 것을 신청할 수 있다(헌법재판소법 제70조 제2항·제3항).
㉣ X▶ 탄핵심판절차는 구술주의 원칙이고, 위헌법률심사절차는 서면심리주의를 채택한다.
㉤ O▶ 헌법재판소법 제44조

04   정답 ②

옳은 항목은 ㉠, ㉣이다.

㉠ O 민사사건에 대한 상고 허가제는 입법자의 재량에 해당한다(헌재 1997.10.30, 97헌바37 등).
㉡ X 대법원장과 대법관은 20년 이상 법조경력을 가진 자로서 45세 이상의 사람 중에서 임용한다(법원조직법 제42조 제1항). 대법원장은 국회의 동의를 얻어서 대통령이 임명한다(헌법 제104조 제1항).
㉢ X 대법원에는 대법관을 둔다(헌법 제102조 제2항).
㉣ O 대법원 합의체는 대법관 전원의 3분의 2 이상으로 구성된다.

05   정답 ②

② 국무총리의 직무대행이 될 수 없는 자는 ㉣, ㉥이다. 식품의약품안전처장과 법제처장·인사혁신처장은 국무총리 직속기관으로서 국무총리 직무대행이 될 수 없다.

> 참고 **정부조직법 제22조(국무총리의 직무대행)** 국무총리가 사고로 직무를 수행할 수 없는 경우에는 기획재정부장관이 겸임하는 부총리, 교육부장관이 겸임하는 부총리의 순으로 직무를 대행하고, 국무총리와 부총리가 모두 사고로 직무를 수행할 수 없는 경우에는 대통령의 지명이 있으면 그 지명을 받은 국무위원이, 지명이 없는 경우에는 제26조 제1항에 규정된 순서에 따른 국무위원이 그 직무를 대행한다.

06   정답 ②

범죄피의자에게 지문채취를 강제하는 것은 적법절차원칙에 위배되는 것은 아니다(헌재 2004.9.23, 2002헌가17).
① 주거침입강간치상죄의 법정형을 무기징역 또는 10년 이상의 징역으로 규정한 것은 헌법상 형벌과 책임 간의 비례원칙 및 평등원칙에 위반되지 않는다(헌재 2012.5.31, 2010헌바401).
③ 공판단계에서 법관에 의한 직권으로 영장을 발부하는 것은 명령장의 성격이고 검사의 신청에 의해서 발부하는 것은 허가장의 성격이다.
④ 주거침입강제추행죄 및 주거침입준강제추행죄에 대하여 무기징역 또는 7년 이상의 징역에 처하도록 하는 성폭력범죄의 처벌 등에 관한 특례법 규정은 비례성원칙에 위배된다(헌재 2023.2.23, 2021헌가9).

07   정답 ②

헌법 제95조 규정에 의하여 국무총리는 총리령을 발할 수 있다.
① 국무총리의 총리령 제정시에는 국무회의 심의사항에 포함되지 아니한다(헌법 제89조 제3호).
③ 대통령에 대하여 국무총리는 행정각부의 장이나 국무위원에 대한 해임건의권을 행사할 수 있다.
④ 국무총리 최초규정은 제헌헌법이고 제2차 개헌에서 삭제된 후 제3차 개헌에서 부활해 계속적으로 규정하고 있다.

08   정답 ④

부서권을 가지는 자는 ㉠, ㉡, ㉢, ㉥, ㉦이다. 부서권은 국무총리와 관계 국무위원이 부서한다. 법제처장과 식품의약품안전처장·인사혁신처장은 정부위원으로 부서권이 없다.

09   정답 ②

② 학교용지부담금을 부과하는 것은 의무교육의 무상주의에 위배된다(헌재 2005.3.31, 2003헌가20).
① 퇴직연금수급권은 국가재정 및 기금의 상황 등 여러 가지 사정을 참작하여 퇴직연금수급권을 축소하는 것은 원칙적으로 가능하다(헌재 2005.10.27, 2004헌가20).
③ 보건복지부장관의 2002년도 최저생계비를 고시함에 있어서 장애인 가구의 추가지출비용을 반영한 최저생계비를 별도로 정하지 아니한 채 가구별 인원수를 기준으로 하는 것은 인간다운 생활할 권리를 침해하는 것은 아니다(헌재 2004.10.28, 2002헌마328).
④ 국가가 인간다운 생활을 보장하기 위한 헌법적인 의무를 다하였는지 여부가 사법적 심사의 대상이 된 경우에는 국가가 생계보호에 관한 입법을 전혀 하지 아니한 경우에는 재량범위를 일탈한 것으로 헌법에 위배된다(헌재 2004.10.28, 2002헌마328).

10   정답 ①

중학교 의무교육실시 시기는 입법정책적으로 판단하여 법률로 규정할 때에 비로소 헌법상 구체화 된다(헌재 1991.2.11, 90헌가27).
② 의무교육의 취학연령을 획일적으로 하는 것은 균등하게 교육받을 권리를 침해하는 것이 아니다(헌재 1994.2.24, 93헌마192).

③ 대학이 정한 수학능력이 없는 자에 대하여 정원미달시 불합격 처분하는 것은 재량권의 남용으로 볼 수 없다(대판 1983.6.28, 83누193).
④ 현행헌법상 의무교육은 초등교육으로 한다고 규정하고 있다(헌법 제31조).

11
정답 ④

④ 1960년 제3차 개헌에서는 헌법재판소가 대법원장, 대법관, 대통령 선거소송을 관할하였다.

12
정답 ④

맞는 것은 ㉠, ㉡, ㉢, ㉣이다.
㉠ O→ 부부자산의 합산과세는 헌법 제36조 제1항에 위배된다(헌재 2002.8.29, 2001헌바82).
㉡ O→ 인지청구소송에 관한 1년 이내 규정은 인간존엄성을 침해하는 것은 아니다(헌재 2001. 5.31, 98헌바91).
㉢ O→ 헌법은 문화국가 실현을 위한 필수적인 규정을 헌법 제36조에 규정하고 있다.
㉣ O→ 민법 제781조 제1항에 규정한 부성주의는 헌법에 합치되지 아니한다(헌재 2005.12.22, 2003헌가5).
㉤ X→ 존속상해치사죄를 범한 자를 가중 처벌하는 것은 헌법에 위배되지 아니한다(헌재 2002.3.28, 2000헌바53).

13
정답 ③

맞는 항목은 ㉠, ㉡, ㉣, ㉥이다.
㉠ O→ 청원법 제5조 제1항 제1호
㉡ O→ 청원법 제9조 제1항
㉢ X→ 헌법상의무는 수리·심사의무이고 법률상의무는 통지의무이다. 대법원판례는 청원에 대한 구체적인 조치를 취할 것인지의 여부는 국가기관의 자유재량에 속한다고 판시한 바 있다(대판 1990.5.25, 90누1458).
㉣ O→ 헌재 2000.10.25, 99헌마458
㉤ X→ 국회에 청원을 하려고 하는 자는 의원의 소개를 얻어 청원서를 제출하여야 한다.
㉥ O→ 청원권의 주체는 국민, 외국인, 법인도 제기할 수 있다.

14
정답 ②

헌재 1999.9.16, 98헌마75
① 재심제도의 규범적 형성에 있어서는 재판의 적정성과 정의실현이라는 법치주의 요청에 의해 입법형성의 자유가 넓게 인정되는 영역이라 할 수 있다(헌재 2012.12.27, 2011헌바5).
③ 교원에 대한 징계처분에 관하여 재심을 거치지 아니하고 행정소송을 제기할 수 없도록 하는 것은 재심위원회의 독립성과 공정성이 확보되어 있으므로 재판청구권 내지 평등권을 침해하는 것은 아니다(헌재 2007.1.17, 2005헌바86).
④ 상소시 인지액을 심급에 따라 2배, 3배로 규정하는 것은 재판청구권을 침해하는 것은 아니다(헌재 1994.2.24, 93헌바10).

15
정답 ②

맞는 것은 ㉠, ㉡이다.
㉠ O→ 정당법 제22조 제1항(개정 2022.1.12.)
㉡ O→ 정당의 법률관계에 있어서 정당법의 관계조문 이외에 일반사법규정이 적용되므로 정당은 공권력 행사의 주체가 될 수 없다(헌재 2007.10.30, 2007헌마1128).
㉢ X→ 정당의 명칭에 특정인의 성을 표시하는 것은 가능하다.
㉣ X→ 정당의 등록취소 규정은 헌법에 미규정되어 있다. 정당법 제44조에 규정하고 있다.
㉤ X→ 정당의 설립은 등록제이나 정당의 합당시는 등록제 또는 신고제이다.

16
정답 ①

① 공직선거법 제15조
② 예비군 소대장은 선거운동을 할 수 있다(공직선거법 제60조).
③ 국회의원 선거 출마시 기탁금은 1,500만원이다.
④ 지방자치단체의 관할구역에 국내거소신고인명부에 올라 있는 경우에는 재외국민에게도 해당 지방자치단체의 지방의원 및 지방자치단체장 선거권을 인정한다(공직선거법 제15조 제2항 제2호).

17 정답 ④

④ 외국인 근로자와 내국인 근로자에게 대등하게 보장되는 것은 ⓒ, ⓒ, ⓔ, ⓜ이다. 근로기회제공청구권은 내국인 근로자에게 우선적으로 보장된다.

18 정답 ③

③ 제3차 개헌은 법관회의에서 대법원장과 대법관이 선거한다.
① 근로자의 이익균점권은 제5차 개헌에서 삭제하였다.
② 제2차 개헌은 평등권과 의결정족수가 미달된다.
④ 제4차 개헌은 반민주행위자와 부정축재자 처벌을 위한 특별법의 제정근거를 헌법부칙에 명시하였다.

19 정답 ④

맞는 것은 ⓐ, ⓒ, ⓔ, ⓜ이다.
ⓐ O 헌법상의 여러 통일 관련조항들은 국가의 통일의무를 선언한 것이기는 하지만 그로부터 국민 개개인의 통일에 대한 기본권 특히 국가기관에 대하여 통일과 관련된 구체적인 행위를 요구할 수 있는 권리가 도출된다고는 볼 수 없다(헌재 2000.7.20, 98헌바63).
ⓑ X 남북한의 관계는 민족내부거래로 본다.
ⓒ O 헌재 1993.7.29, 92헌바48
ⓔ O
ⓜ O 대판 1999.7.23, 98두14525

20 정답 ①

① 대통령 탄핵소추의결정족수와 개헌안의 의결정족수는 재적의원 2/3 이상의 찬성을 요한다.
② 개헌안의 수정의결은 불인정한다.
③ 개헌안의 국민투표 통과 정족수는 국회의원 선거권자 과반수의 투표와 투표자 과반수의 찬성을 요한다.
④ 개헌안 공포는 대통령이 거부할 수 없다.

제21회 동형모의고사

→ 문제편 200p

정답 모아보기

01 ④ 02 ③ 03 ③ 04 ④ 05 ②
06 ③ 07 ① 08 ② 09 ④ 10 ④
11 ④ 12 ① 13 ② 14 ④ 15 ④
16 ① 17 ① 18 ④ 19 ① 20 ③

01 정답 ④

④ 국가인권위원회의 시정권고 결정은 현실성이 부족했다는 비판을 받기도 한다.
① 국가인권위원회의 시정권고 사항에 대하여 전북 순창군은 반드시 시정해야 하는 것은 아니다.
② 국가인권위원회에는 당사자·제3자·직권·대한민국영역 안에 있는 외국인도 진정할 수 있다(국가인권위원회법 제30조).
③ 현행법상 교직원 노동조합은 시·도 교직원 노동조합과 전국교직원 노동조합까지만 결성할 수 있다.

02 정답 ③

③ 자연자원인 지하수의 이용에 관하여 부담금을 부과하는 것은 헌법에 위배되지 아니한다(헌재 1998.12.24, 98헌가1).
① 가맹사업거래의 공정화에 관한 법률에서 정한 계약해지 절차를 거치지 아니한 가맹본부의 가맹계약해지에 대하여 불공정거래행위에 해당하지 않는다고 판단하여 한 공정거래위원회의 무혐의처분은 현저히 정의에 반하는 조사 또는 잘못된 법률의 적용이나 증거판단에 따른 자의적 처분으로서, 청구인의 평등권을 침해한다(헌재 2012.2.23, 2010헌마750).
② 공정거래법에서 형사처벌과 부당내부거래자에 대하여 그 매출액의 2% 범위 내에서 과징금을 부과할 수 있도록 한 것은 이중처벌금지원칙에 위배되는 것은 아니다(헌재 2003.7.24, 2001헌가25).
④ 헌법 제119조 제2항에 규정된 경제주체 간의 조화를 통한 경제민주화 이념은 개인의 기본권을 제한하는 국가행위를 정당화하는 헌법규범이다(헌재 2003.11.27, 2001헌바35).

03 정답 ③

맞는 항목은 ㉠, ㉡, ㉢이다.
㉠ O→ 헌재 2002.11.2, 2002헌바45
㉡ O→ 헌재 2002.11.2, 2002헌바45
㉢ O→ 법치주의는 행정작용에 국회가 제정한 형식적 법률의 근거가 요청된다는 법률유보를 그 핵심적인 내용으로 한다.
㉣ X→ 부진정 소급효의 입법을 하는 경우에는 특단의 사정이 없는 한 새 입법을 하면서 구법관계내지 구법상의 기대이익을 존중하여야 할 의무를 발생하는 것은 아니다(헌재 1989.3.17, 88헌마1).

04 정답 ④

④ 형사피의자의 무죄추정권과 보석규정은 헌법에 규정되어 있지 아니하다.
㉢ 구속적부심사청구권: 헌법 제12조 제6항
㉣ 고문금지: 헌법 제12조 제2항
㉤ 변호인의 조력을 받을 권리: 헌법 제12조 제4항
㉥ 연좌제금지: 헌법 제13조 제3항

05 정답 ②

맞는 항목은 ㉠, ㉡이다.
㉠ O→ 헌재 1997.11.27, 95헌바14
㉡ O→ 헌재 2003.9.25, 2003헌마293
㉢ X→ 지방자치단체의 직제가 폐지된 경우에 해당공무원을 직권면직하는 것은 직업공무원제를 위배하는 것은 아니다(헌재 2004.11.25, 2002헌바8).
㉣ X→ 초·중·고 교사의 정년을 만 65세에서 만 62세로 단축한 교육공무원법 규정은 공무담임권을 침해하는 것은 아니다(헌재 2000.12.14, 99헌마112).

제21회 동형모의고사 325

06  정답 ③

③ 헌재 2004.10.21. 2004헌마554
① 현대복지국가헌법은 재산권의 공공복리성을 그 특징으로 한다.
② 불문헌법 국가인 영국에서도 헌법보장의 실익은 있다.
④ 실질적 의미의 헌법은 성문헌법을 포함하여 정부조직법, 국회법, 법원조직법 등을 말한다.

07 정답 ①

① 헌법재판소는 통합진보당 해산 청구 사건(헌재 2014.12.19. 2013헌다1)에서 통합진보당의 해산결정을 내린 바 있다.
② 위헌정당해산제는 제3차 개헌에서 헌법상 수용했으나 기본권 상실제도는 인정한 바 없다.
③ 방어적 민주주의는 소수자 보호와 권력남용을 통제하는 기능을 수행하는 것이다.
④ 방어적 민주주의는 공산주의가 몰락한 지금도 이론적·논리적으로 가치가 있다.

08  정답 ②

맞는 항목은 ㉠, ㉡이다.
㉠ ⭕ 영리를 목적으로 하는 광고성 정보인 스팸메일도 영업의 자유와 표현의 자유의 보호 대상이 된다(헌재 2000.3.30. 97헌마108).
㉡ ⭕ 정정보도청구권은 반론권을 입법화한 것으로 정정보도 청구는 그 보도 내용의 진실여부를 따지거나 허위보도의 정정을 청구하기 위한 것은 아니다(헌재 1996.4.25. 95헌바25).
㉢ ❌ 언론·출판이 타인의 명예나 권리를 침해한 때에는 피해자는 이에 대한 피해의 배상을 청구할 수 있다(헌법 제21조 제4항).
㉣ ❌ 소고기수입을 반대하는 촛불시위와 같은 상징적 표현권도 언론·출판의 자유에 의한 보호대상에 해당한다.

09  정답 ④

④ ⭕ 법원의 기능에 대한 보호는 헌법적으로 요청되는 특수성이 있기 때문에 각급법원 앞에서 집회나 시위 제한은 헌법에 위배된다(헌재 2018.7.26. 2018헌바137).
① ❌ 본질적인 내용 침해금지는 제2·3·5·6공화국에서 규정하였다.
② ❌ 기본권 제한시 국가안전보장 규정은 제7차 개헌에서 최초로 규정되었다.
③ ❌ 필수공익사업장에서 노동쟁의가 발생한 경우에 노동위원회위원장이 직권중재하는 것은 과잉제한 금지원칙에 위배되지 아니한다(헌재 2003.5.15. 2001헌가31).

10  정답 ④

④ 고양지방법원의 제청신청에 대한 기각결정시 항고나 재항고할 수 없다.
① 위헌법률심사 제청권자인 법원은 소송법상 법원에 해당한다.
② 법원은 살인죄의 위헌여부를 심사하여 합헌이라는 이유로 위헌법률심사 제청을 기각할 수 있다.
③ 대법원은 반드시 헌법재판소에 위헌법률심사를 송부하여야 한다.

11  정답 ④

④ 옳은 것은 ㉠, ㉢, ㉣, ㉤이다.
㉡ 대한민국에서 발견된 기아는 대한민국에서 출생한 것으로 추정한다(국적법 제2조 제2항).
㉠ 법무부장관은 일반귀화, 간이귀화, 특별귀화의 요건을 심사하여 허가한다.
㉢ 부모양계주의를 원칙으로 속인주의를 채택하고 있다(국적법 제2조 제1항).
㉣ 국적법 제18조 제2항
㉤ 헌재 2023.2.23. 2020헌바603(최초판례)

12  정답 ①

① 형사보상 및 명예회복에 관한 법률 제4조 제3호
② 면소 또는 공소기각의 재판을 받아 확정된 피고인이 면소 또는 공소기각의 재판을 할 만한 사유가 없었더라면 무죄재판을 받을 만한 현저한 사유가 있었을 경우에도 국가에 대하여 구금에 대한 보상을 청구할 수 있다(형사보상 및 명예회복에 관한 법률 제26조 제1항 제1호).
③ 형사보상제도는 국가배상법상의 손해배상과는 그 근거 및 요건을 달리하므로 형사보상금을 수령한 피고인은 다시 국가배상법에 의한 손해배상을 청구할 수 있다(대판 1994.1.14. 93다28515).
④ 형사보상의 청구는 무죄재판이 확정된 때로부터 1년 이내에 하도록 한 것은 형사보상청구권을 침해하는 것이다. (헌재 2010.7.29. 2008헌가4).

13 정답 ②

우리나라가 채택하는 의원내각제 요소는 ㉣, ㉤이다.
㉠ 대통령의 법률안 거부권은 대통령제요소이다.
㉡ 국무총리나 국무위원에 대한 해임건의권은 국회에서 행사할 수 있다.
㉢ 정부의 법률안 제출권을 인정하는 것이 의원내각제 요소에 해당한다.

14 정답 ④

④ 국회의 권한에 해당하는 것은 ㉡, ㉢, ㉣, ㉤이다.
㉠ 감사위원은 감사원장의 제청에 의하여 대통령이 임명한다(헌법 제98조 제3항).
㉡ 감사원장은 국회동의를 얻어서 대통령이 임명한다(헌법 제98조 제2항).
㉢ 헌법 제114조 제2항
㉣ 헌법 제104조 제2항
㉤ 헌법 제111조 제3항

15 정답 ④

④ 감사원장 임명시는 인사청문특별위원회의 인사청문을 실시한 후에 국회본회의에서 인준표결을 거쳐서 대통령이 임명한다.
①, ②, ③은 소관상임위원회에서 인사청문회 실시 후에 대통령이 임명한다.

16 정답 ①

① 국회법에 의해서 농업협동조합중앙회의 임직원은 겸할 수 없다(국회법 제29조 제1항 제2호).
② 출석의무는 국회법상 의무이다.
③ 국회의원은 사립대 이사장이나 한국은행장을 겸직할 수 없다.
④ 국회의원은 국무총리나 국무위원직은 겸직 가능하다.

17 정답 ①

맞는 항목은 ㉢이다.
㉠ ✗ 대통령 피선거권 연령은 헌법 제67조 제4항에 선거일 현재 40세 이상으로 규정하고 있으므로 헌법개정을 통하여 만 35세로 인하해야 한다.
㉡ ✗ 임기만료에 의한 대통령선거는 그 임기만료일 전 70일 이후 첫 번째 수요일에 실시한다(공직선거법 제34조).
㉢ ○ 대통령선거에서 최고득표자가 2인 이상인 경우에는 국회재적의원 과반수가 출석한 공개회의에서 다수표를 얻은 자를 당선자로 한다(헌법 제67조 제2항).
㉣ ✗ 재보궐선거로 당선된 대통령의 임기는 새로이 시작하나 새로이 시작함을 헌법에 규정하고 있는 것은 아니다.
㉤ ✗ 대통령 후보자가 1인일 때에는 그 득표수가 선거권자 총수의 3분의 1 이상이 아니면 대통령으로 당선될 수 없다(헌법 제67조 제3항).

18 정답 ④

대통령의 권한에 해당하는 것은 ㉠, ㉣, ㉤, ㉥이다.
㉡, ㉢ 인사청문특별위원회위원장과 중앙선거관리위원회위원장은 호선에 의해서 선출한다.

19 정답 ①

① 헌법소원의 대상이 되지 않는 것은 ㉤이다.
㉠ 법규명령도 헌법소원심판의 심사대상이 된다(헌재 1999.12.23, 98헌마363).
㉡ 행정규칙이 내부적 효력을 가지는 것은 헌법소원의 대상이 되지 아니한다. 다만, 대외적 구속력이 있는 경우에는 인정된다(헌재 2000.7.20, 99헌마455).
㉢ 대통령선거방송위원회는 공직선거법 규정에 의해 설립되고 공선법에 따른 법적 업무를 수행하는 공권력의 주체이므로, 공영방송 텔레비전을 이용한 후보자 대담·토론회에 참석할 후보자의 선정기준에 관하여, 원내교섭단체 보유 정당의 대통령후보자와 여론조사결과 평균지지율 10% 이상인 대통령후보자를 초청하여 3회에 걸쳐 다자간 합동방송토론회를 개최하기로 정한 결정 및 공표행위는 헌법소원의 대상이 되는 공권력의 행사이다(헌재 1998.8.27, 97헌마372).
㉣ 한일어업조약은 헌법소원대상이 된다(헌재 2001.3.21, 99헌마139).
㉤ 법원의 재판은 원칙적으로 헌법소원의 대상이 될 수 없다. 다만, 헌법재판소의 기속력 있는 위헌결정에 반하여 그 효력을 상실한 법률을 법원이 적용함으로써 국민의 기본권을 침해하는 경우에는 예외적으로 그 재판도 헌법소원심판의 대상이 된다(헌재 2001.2.22, 99헌마461).

20

정답 ③

옳은 것은 ㉠, ㉡, ㉣이다.

- ㉠ ⭕ 헌재 2000.6.29, 99헌마18
- ㉡ ⭕ 위헌법률심판의 제청은 당해사건을 신청한 신청권자는 위헌법률심판사건의 당사자가 될 수 없고, 법원이 재심의 당사자가 된다(헌재 2004.9.23, 2003헌마61).
- ㉢ ❌ 정당해산이나 탄핵심판의 경우에 재심허용 여부에 관한 헌법재판소의 판례가 형성된 바 없다.
- ㉣ ⭕ 헌법재판에 대한 재심이 허용되는 경우에는 재심제기기간은 헌법재판소법에 별도규정이 없는 경우에는 민사소송법 제456조를 준용하며, 재심은 재심 사유를 안 날로부터 30일 이내에 제기하여야 하며 결정확정 후 5년이 지난 때에는 재심청구는 허용되지 아니한다.

제 22 회 동형모의고사

→ 문제편 208p

정답 모아보기

01 ②	02 ①	03 ①	04 ④	05 ②
06 ①	07 ④	08 ①	09 ②	10 ①
11 ④	12 ③	13 ①	14 ④	15 ①
16 ③	17 ③	18 ④	19 ③	20 ②

01 정답 ②

맞은 것은 ㉡, ㉣이다.
- ㉠  헌법개정시는 국회의원선거권자 과반수의 투표와 투표자 과반수의 찬성을 얻어야 함을 헌법에 규정하고 있다(헌법 제130조 제2항).
- ㉡ ⓞ 특정정책을 국민투표에 부치면서 이에 자신의 신임을 결부시키는 대통령의 행위는 위헌적인 행위로서 허용되지 아니한다(헌재 2004.5.14, 2004헌나1).
- ㉢  한정치산자는 국민투표권을 인정하나, 금치산자는 불인정한다.
- ㉣ ⓞ 헌법 제72조의 국민투표에 부쳐질 중요정책인지 여부를 결정하는 것은 대통령의 재량사항이다.

02 정답 ①

① 공무담임권의 보호영역에 해당하지 않는 것은 ㉣이다.
④ 공무담임권의 보호영역에는 일반적으로 공직취임의 기회보장, 신분박탈, 직무의 정지가 포함될 뿐이고 청구인이 주장하는 '승진시험의 응시제한'이나 이를 통한 승진기회의 보장 문제는 공직신분의 유지나 업무수행에는 영향을 주지 않는 단순한 내부 승진인사에 관한 문제에 불과하여 공무담임권의 보호영역에 포함된다고 보기는 어려우므로 결국 이 사건 심판대상 규정은 청구인의 공무담임권을 침해한다고 볼 수 없다(헌재 2007.6.28, 2005헌마1179).

03 정답 ①

① 외국인 산업기술연수생에 대하여 근로기준법상 일부사항만을 보호대상으로 하는 노동부예규도 대외적 구속력을 갖는 공권력 행사로서 기본권 침해의 가능성이 있는 경우에는 헌법소원의 대상이 된다(헌재 2007.8.30, 2004헌마670).
② 국가정보원 2005년도 7급 제한경쟁시험 채용공고 중 남자는 병역필한 자로 규정하는 것은 평등권을 침해하는 것은 아니다(헌재 2007.5.31, 2006헌마627).
③ 법원의 재판을 헌법소원의 대상에서 제외하고 있는 헌법재판소법 제68조 제1항 본문 중 "법원의 재판을 제외하고는" 부분은 헌법에 위배되지 아니한다(헌재 2007.5.31, 2005헌마172).
④ 사법시험에 응시함에 있어 어학과목을 영어로 한정하고 다른 시험에서 일정수준의 합격점수를 얻도록 요구하는 영어대체시험 관련 법령과 35학점 이상의 법학과목을 이수한 자에 한하여 사법시험응시자격을 부여하는 법학과목이수 관련 법령은 헌법에 위배되지 아니한다(헌재 2007.4.26, 2003헌마947).

04 정답 ④

제청하는 임명자는 ㉠, ㉡, ㉢, ㉣이다.
- ㉠, ㉡ 행정각부의 장과 국무위원은 국무총리의 제청으로 대통령이 임명한다(헌법 제94조, 제87조 제1항).
- ㉢ 감사위원은 감사원장의 제청으로 대통령이 임명한다(헌법 제98조 제3항).
- ㉣ 대법관은 대법원장의 제청으로 국회동의를 얻어 대통령이 임명한다(헌법 제104조 제2항).
- ㉤ 중앙선거관리위원회는 대통령이 지명하는 3인, 국회에서 선출하는 3인과 대법원장이 지명하는 3인의 위원으로 구성한다(헌법 제114조 제2항).

05 　　　　　　　　　　　　　정답 ②

② 헌재 1994.12.29, 93헌바21
① 국가배상심의회의·배상결정에 신청인이 동의한 때에는 민사소송법의 규정에 의한 재판상화해가 성립된 것으로 보는 것은 재판청구권을 과도하게 제한하는 것으로 위헌이다(헌재 1995.5.25, 91헌가7).
③ 영조물의 설치·관리상의 하자로 인한 손해배상규정은 국가배상법 제5조에 규정되어 있다.
④ 국가배상법 제9조 규정에 의하면 국가배상청구소송은 배상심의회의 배상신청을 하지 아니하고도 제기할 수 있다.

06 　　　　　　　　　　　　　정답 ①

① 공무원 연금수급권의 구체적인 내용인 수급요건·수급급여금액은 법률에 의해서 비로소 확정된다(헌재 1999.4.29, 97헌마333).
② 인간다운 생활을 할 권리의 주체는 국민이다.
③ 최저 생계비를 하회하는 생계보호급여에 관한 규정은 인간다운 생활을 할 권리를 침해하는 것은 아니다(헌재 1997.5.29, 94헌마33).
④ 국민연금의 가입대상을 만 18세 이상 60세 미만의 국민으로 제한하는 것은 인간다운 생활을 할 권리를 침해하는 것은 아니다(헌재 2001.4.26, 2000헌마390).

07 　　　　　　　　　　　　　정답 ④

④ 대통령의 긴급재정경제명령은 국가긴급권의 일종으로서, 헌법재판소는 헌법의 수호와 국민의 기본권 보장을 사명으로 하는 국가기관이므로 비록 고도의 정치적 결단에 의하여 행해지는 국가작용이라고 할지라도 그것이 국민의 기본권 침해와 직접 관련되는 경우에는 당연히 헌법재판소의 심판대상이 된다(헌재 1996.2.29, 93헌마186).
① 긴급재정경제명령은 정상적인 재정운용·경제운용이 불가능한 중대한 재정·경제상의 위기가 현실적으로 발생한 경우에 발동해야 한다. 공공복지의 증진과 같은 적극적 목적을 위하여는 발할 수 없다. 위기의 직접적 원인의 제거에 필수불가결한 최소의 한도내에서 헌법이 정한 절차에 따라 행사되어야 한다(헌재 1996.2.29, 93헌마186).
② 경비계엄은 대통령이 전시·사변 또는 이에 준하는 국가비상사태 시 사회질서가 교란되어 일반 행정기관만으로는 치안을 확보할 수 없는 경우에 공공의 안녕질서를 유지하기 위하여 선포한다(계엄법 제2조 제3항).
③ 비상계엄이 선포된 때에는 법률이 정하는 바에 의하여 영장제도, 언론·출판·집회·결사의 자유, 정부나 법원의 권한에 관하여 특별한 조치를 할 수 있다(헌법 제77조 제3항). 비상계엄지역에서 계엄사령관은 군사상 필요할 때에는 체포·구금·압수·수색·거주·이전·언론·출판·집회·결사 또는 단체행동에 대하여 특별한 조치를 할 수 있다. 이 경우 계엄사령관은 그 조치내용을 미리 공고하여야 한다(계엄법 제9조 제1항).

08 　　　　　　　　　　　　　정답 ①

맞는 것은 ⓜ이다.
㉠ ❌ 외국인도 지방자치단체의 주민이 될 수 있으나, 입국의 자유는 제한적으로 인정한다.
㉡ ❌ 만 19세 이상의 외국인은 출입국관리법령에 따라 영주의 체류자격 취득일 후 3년이 경과한 경우에는 당해지역의 지방의원과 지방자치단체의장에 대한 주민소환권을 법률상 인정한다.
㉢ ❌ 외국인인 주민은 정당의 당원이 될 수 없다.
㉣ ❌ 조례 제정·개폐 청구권은 법률상 권한이다(지방자치법 제19조 제1항).
㉤ ⭕ 외국인도 사립대학이나 공공기관에 정보공개를 청구할 수 있다(공공기관 정보공개에 관한 법률 제5조 제2항).

09 　　　　　　　　　　　　　정답 ②

② 제3세대 인권규약을 통해서 환경권 보장과 인간존중의 국제화·공동화·연대화를 보장하고 있다.
① 국가인권위원회법에서는 평등을 규정하지 않고 있다(국가인권위원회법 제2조 제1호).
③ 인간존중은 제5차 개헌에서 최초로 헌법에 규정하였다.
④ 국가인권위원회의 조정에 대해서는 헌법재판소 판례가 형성된 바 없다.

10 　　　　　　　　　　　　　정답 ①

위헌 결정은 ㉣이다.
㉠ 합헌(헌재 2023.2.23, 2019헌바43)
㉡ 합헌(헌재 2004.10.28, 2002헌바41)
㉢ 합헌(헌재 2002.2.28, 99헌바117)
㉣ 위헌 – 과외교습을 금지하는 것은 비례성원칙에 위배된다(헌재 2000.4.27, 98헌가161).

ⓜ 합헌(헌재 1997.12.24, 97헌마16)
ⓗ 합헌(헌재 2016.12.29, 2016헌마550)

11 정답 ④

④ 국립대학의 조교수는 정당가입과 정치활동을 인정한다(정당법 제22조 제1항 제1호).
① 헌법 제8조 제3항
② 형의 집행 및 수용자의 처우에 관한 법률 제43조 제4항 단서
③ 헌법 제32조 제6항

12 정답 ③

옳은 것은 ㉠, ㉣, ㉤이다.
㉠ O▶ 대판 1967.7.19, 67도998, 헌재 1996.1.28, 95헌바1
㉡ X▶ 생명권은 상대적 기본권으로 제한 가능하다.
㉢ X▶ 태아는 신체자유의 주체가 될 수 없다.
㉣ O▶ 우리나라는 안락사를 법제상 불인정하고 있다.
㉤ O▶ 헌재 1996.11.28, 95헌바1

13 정답 ①

① O▶ 대판 2004.7.15, 2004도2965
② X▶ 양심실현자유는 양심자유에 포함된다(헌재 2004.8.26, 2002헌가1).
③ X▶ 법인에게 사죄광고를 강요하는 것은 법인의 인격권 침해이다.
④ X▶ '양심에 반하는 법적 의무를 이행하지 아니할 자유', 즉 부작위에 의한 양심실현의 자유를 제한하는 것은 가능하다.

14 정답 ④

④ 헌법 제118조 제1항에 '지방자치단체에 의회를 둔다.'라고 규정하고 있으므로 이는 법률유보사항이 아니다. 지방의회의 조직·권한·의원선거와 지방자치단체의 장의 선임방법 기타 지방자치단체의 조직과 운영에 관한 사항은 법률로 정한다(헌법 제118조 제2항).

15 정답 ①

① 국회의원 징계에 해당하지 않는 것은 ㉣이다.

16 정답 ③

③ 국가안전보장회의는 국무회의의 전심기관이다.
① 국가원로자문회의는 제9차 개헌에서 신설되었다.
② 국가과학기술자문회의는 법률상의 자문기관이다.
④ 국민경제자문회의는 임의적 자문기관으로 둘 수 있다.

17 정답 ③

③ 국무위원은 19인으로 한다(정부조직법 제26조 제1항).
① 국무총리는 국무위원의 해임을 대통령에게 건의할 수 있다(헌법 제87조 제3항).
② 국무회의는 대통령, 국무총리와 15인 이상 30인 이하의 국무위원으로 구성한다.
④ 정부위원은 부령을 발할 수 없다.

18 정답 ④

대법관회의의 의결사항은 ㉠, ㉡, ㉢, ㉤이다.
법원의 예산 편성은 정부가 가지는 권한에 해당한다.

19 정답 ③

③ 대통령과 지방자치단체장은 공직선거법 제9조의 공무원의 정치적 중립성 의무를 지게 된다(헌재 2004.5.14, 2004헌나1).

20 정답 ②

② 모두 옳은 설명이다.
㉠ O▶ 헌법재판소장은 헌법재판소에 재판관 3명으로 구성되는 지정재판부를 두어 헌법소원심판의 사전심사를 담당하게 할 수 있다(헌법재판소법 제72조 제1항).
㉡ O▶ 헌법재판소는 헌법소원심판청구가 부적법한 경우에는 각하결정한다.
㉢ O▶ 헌법재판소법에는 헌법소원에 대한 재심규정이 없으나, 헌법재판소는 판례상 인정하고 있다(헌재 2001.9.27, 2001헌아3).
㉣ O▶ 헌법재판소법 제68조 제1항

참고 〈2014.5.20. 헌법재판소법 개정〉

I. 개정이유 및 주요 내용

위헌인 형벌법규에 대하여 일률적으로 해당 조항의 제정 시점까지 소급효를 인정할 경우, 헌법재판소가 기존에 합헌결정을 하였다가 시대 상황, 국민 법감정 등 사정변경으로 위헌결정을 한 경우에도 종전의 합헌결정에 관계없이 해당 조항의 제정 시점까지 소급하여 효력을 상실하는 문제가 있음. 이에 헌법재판소가 형벌법규에 대하여 위헌결정을 한 경우에 소급하여 그 효력이 상실되는 현행 규정을 유지하면서, 헌법재판소가 이미 합헌으로 결정하였던 경우에는 그 합헌결정 이후에 한하여 소급효가 미치도록 하여 종래의 합헌결정 이전의 확정판결에 대한 무분별한 재심청구를 방지하고 합헌결정에 실린 당대의 법감정과 시대상황에 대한 고려를 존중하고자 하려는 것임.

II. 개정조문

제47조(위헌결정의 효력) ① 법률의 위헌결정은 법원과 그 밖의 국가기관 및 지방자치단체를 기속(羈束)한다.
② 위헌으로 결정된 법률 또는 법률의 조항은 그 결정이 있는 날부터 효력을 상실한다.
③ 제2항에도 불구하고 형벌에 관한 법률 또는 법률의 조항은 소급하여 그 효력을 상실한다. 다만, 해당 법률 또는 법률의 조항에 대하여 종전에 합헌으로 결정한 사건이 있는 경우에는 그 결정이 있는 날의 다음 날로 소급하여 효력을 상실한다.
④ 제3항의 경우에 위헌으로 결정된 법률 또는 법률의 조항에 근거한 유죄의 확정판결에 대하여는 재심을 청구할 수 있다.
⑤ 제4항의 재심에 대하여는 「형사소송법」을 준용한다.

제23회 동형모의고사

→ 문제편 215p

정답 모아보기

01 ②	02 ③	03 ①	04 ③	05 ③
06 ①	07 ③	08 ③	09 ③	10 ②
11 ①	12 ③	13 ④	14 ④	15 ②
16 ④	17 ②	18 ④	19 ④	20 ②

01 정답 ②

② 우리 헌법이 추구하는 통일은 자유민주적 기본질서에 입각한 평화통일이다.
① "북한이탈주민"이란 군사분계선 이북지역(이하 "북한"이라 한다)에 주소, 직계가족, 배우자, 직장 등을 두고 있는 사람으로서 북한을 벗어난 후 외국 국적을 취득하지 아니한 사람을 말한다(북한이탈주민의 보호 및 정착지원에 관한 법률 제2조 제1호).
③ 헌법상 통일관련 조항들로부터 국민개개인의 통일에 대한 기본권, 특히 국가기관에 대하여 통일에 관련된 일정한 행동을 요구할 수 있는 권리가 도출되는 것은 아니다.
④ 외국환거래의 일반당사자가 북한의 주민일 경우, 그는 외국환 거래법의 거주자 또는 비거주자가 아니라 남북한 교류법의 북한 주민에 해당한다(헌재 2005.6.30, 2003헌바114).

02 정답 ③

맞는 항목은 ㉠, ㉡, ㉣이다.
㉠ O→ 헌재 2005.4.28, 2004헌바65
㉡ O→ 헌재 2003.9.25, 2002헌마519
㉢ X→ 형의 집행유예를 받고 그 기간이 종료한 후 1년이 경과하지 아니한 자에 대하여 세무사 자격시험에 응시할 수 없도록 규정하는 것은 직업선택의 자유를 침해하는 것은 아니다(헌재 2002.8.29, 2002헌마160).
㉣ O→ 헌재 2001.9.27, 2000헌마152

03 정답 ①

① 헌재 2003.11.27, 2002헌마193
② 피고인의 동일한 행위에 관하여 외국에서 형사처벌을 과하는 확정판결을 받았다 하더라도, 외국판결이 우리나라에서는 기판력이 없으므로 여기에 일사부재리의 원칙이 적용될 수 없다는 것이 대법원 판례이다(대판 1983.10.25, 83도2366).
③ 금융기관 임직원이 직무와 관련하여 5천만원 이상을 수수한 경우에 죄질관계 없이 무기 또는 10년 이상의 징역에 처하도록 하는 것은 과잉형벌에 해당하는 것으로 헌법에 위배된다(헌재 2006.4.27, 2006헌가5).
④ 묵비권은 민사·행정상의 불이익이 되는 경우에는 인정되지 아니한다.

04 정답 ③

맞는 항목은 ㉠, ㉣, ㉤이다.
㉠ O→ 헌재 2006.6.30, 2004헌마246
㉡ X→ 헌법재판소로부터 정당의 해산을 명하는 결정이 선고된 때에 그 정당은 해산되며, 중앙선거관리위원회의 해산공고는 선언적·확인적 효력을 가질 뿐이다.
㉢ X→ 정당법이 아닌 집회 및 시위에 관한 법률은 제5조 제1항 제1호에 규정되어 있다.
㉣ O→ 헌법재판소법 제57조
㉤ O→ 헌재 2006.3.30, 2004헌마246

05 정답 ③

③ 헌재 2001.10.25, 2000헌마92
① 국회의원지역선거구의 획정에 있어서 인구편차의 기준은 인구편차 상하 33⅓%, 인구비례 2:1을 넘어서지 않아야 한다(헌재 2014.10.30, 2012헌마192).
② 선거구 획정에 있어서는 인구비례의 원칙을 가장 중요하고 기본적인 기준으로 삼아야 한다(헌재 1995.12.27, 95헌마224).
④ 현행 공직선거법상 선거구제도는 비례대표제, 소선거구제, 다수대표제를 채택하고 있다.

06 정답 ①

맞는 것은 ⓒ이다.
- ⊙ ✗ 1789년 프랑스의 인간과 시민의 권리선언에는 적법절차를 미규정하였다.
- ⓒ ○ 영국의 대헌장은 죄형법정주의를 규정하였다.
- ⓒ ✗ 1787년 미국헌법에는 기본권을 미규정하였다.
- ② ✗ 1948년 세계인권선언은 국내법과 동일한 효력이 없다.
- ⓜ ✗ 1776년 미국의 버지니아 권리선언에도 행복추구권을 규정하였다.

07 정답 ①

맞는 항목은 ⓒ이다.
- ⊙ ✗ 6급 이하의 공무원과 초·중·고 교원은 단결권과 단체교섭권은 인정하나, 단체행동권은 불인정한다.
- ⓒ ✗ 군법무관을 중앙인사위원회·소청심사위원회 등에서 배제하는 것은 평등권을 침해하는 것은 아니다(헌재 2007.5.31, 2003헌마422).
- ⓒ ○ 헌재 2008.1.17, 2007헌마700
- ② ✗ 선거활동에 관하여 대통령의 정치활동의 자유와 선거중립의무가 충돌하는 경우에는 후자가 강조되고 우선되어야 한다(헌재 2008.1.17, 2007헌마700).

08 정답 ③

③ 헌재 2003.9.25, 2003헌마106
① 지방의회와 지방자치단체장 간의 명령, 처분이나 의결 내용에 관하여 다툼이 있을 경우에는 대법원에 제소할 수 있다(지방자치법 제189조 제6항).
② 지방의회는 헌법상 필수기관으로 주민투표에 의해서 폐지할 수 없다.
④ 지방의회의원의 피선거권자는 선거일 현재 60일 이상 당해지방자치단체의 관할 구역 안에 주민등록이 되어 있는 18세 이상의 주민이어야 한다.

09 정답 ③

헌법에 의해서 법률에 위임한 것은 ⓒ, ⓒ, ⓜ이다(헌법 제31조 제6항). ⊙, ②은 법률에 위임한 것은 아니다. 대학의 자율성은 법률로 정한다.

10 정답 ②

② 노래연습장 영업권자가 연습장 안에서 주류판매·제공하는 행위, 영업장 안에 보관하거나 고객이 주류를 반입하는 행위를 묵인하는 것을 금지하는 것은 기본권의 과도한 제한이 아니다(헌재 2006.11.30, 2004헌마431).
① 학사학위를 취득한 자에 한하여 법학전문대학원의 입학자격을 부여하는 것은 직업선택의 자유를 침해하는 것은 아니다(헌재 2016.3.31, 2014헌마1046).
③ 외국의학대학을 졸업한 자에게 국내의사시험을 응시하기 위해서는 예비시험을 추가실시토록 하는 것은 직업선택의 자유를 침해하는 것이 아니다(헌재 2003.4.24, 2002헌마61).
④ 특정의료기관이나 특정의료인의 기능, 진료방법에 의한 광고를 금지하는 것은 직업선택과 표현의 자유를 침해하는 것이다(헌재 2005.10.27, 2003헌가3).

11 정답 ①

① 대판 1996.9.6, 96다19246
② 개인의 종교적 신념으로 범인을 은닉하는 경우에는 정당한 행위라고 할 수 없다.
③ 학문·예술·체육·종교·의식·친목·오락·관혼상제·국경행사에 관한 집회에는 신고제, 야간옥외집회금지, 교통소통을 위한 제한규정을 적용하지 아니한다(집회및시위에관한법률 제13조).
④ 오늘날 종교적인 의식 또는 행사가 하나의 사회공동체의 문화적인 현상으로 자리잡고 있으므로, 어떤 의식, 행사, 유형물 등이 비록 종교적인 의식, 행사 또는 상징에서 유래되었다고 하더라도 그것이 이미 우리 사회공동체 구성원들 사이에서 관습화된 문화요소로 인식되고 받아들여질 정도에 이르렀다면, 이는 정교분리원칙이 적용되는 종교의 영역이 아니라 헌법적 보호가치를 지닌 문화의 의미를 갖게 된다. 그러므로 이와 같이 이미 문화적 가치로 성숙한 종교적인 의식, 행사, 유형물에 대한 국가 등의 지원을 일정 범위 내에서 전통문화의 계승·발전이라는 문화국가원리에 부합하며 정교분리원칙에 위배되지 않는다(대판 2009.5.28, 2008두16933).

12 정답 ②

맞는 항목은 ㉡, ㉢이다.

㉠ ❌ 국가공무원법 제66조 제1항의 "노동운동"의 개념은 그 근거가 되는 헌법 제33조 제2항의 취지에 비추어 근로자의 근로조건의 향상을 위한 단결권·단체교섭권·단체행동권 등 이른바 노동3권을 기초로 하여 이에 직접 관련된 행위를 의미하는 것으로 좁게 해석하는 것이 상당하고, 한편 위 법률조항이 그 제정이래 오랫동안 집행되어 오면서 법원도 위 법률조항을 해석·적용함에 있어서 위와 동일한 뜻으로 명백히 한정해석하고 있으므로, 법률에 대한 일반적인 명확성의 원칙은 물론 적법절차나 죄형법정주의의 원칙에서 요구되는 보다 엄격한 의미의 명확성의 원칙에 의한 판단기준에도 위배된다고 할 수 없다(헌재 1992.4.28, 90헌바27).

㉡ ⭕ 헌재 2004.8.26, 2003헌바81

㉢ ⭕ 헌재 2005.11.24, 2004헌가28

㉣ ❌ 어떠한 규정이 부담적 성격을 가지는 경우에는 수익적 성격을 가지는 경우에 비하여 명확성의 원칙이 더욱 엄격하게 요구된다(헌재 1992.2.25, 89헌가104).

13 정답 ④

④ 국회의사당의 경계지점으로부터 100미터 이내의 장소에서 옥외집회 또는 시위를 일률적·전면적으로 금지하고 형사처벌 하는 것은, 목적의 정당성 및 수단의 적합성은 인정되나 침해의 최소성과 법익의 균형성 원칙에 위배되므로 과잉금지원칙을 위반하여 집회의 자유를 침해한다(헌재 2018.5.31, 2013헌바322).

① 나홀로 시위는 집회의 자유가 아닌 언론출판의 자유에서 보호된다.

② 옥외집회 또는 시위는 720시간 전부터 48시간 전에 신고하여야 한다(집회 및 시위에 관한 법률 제6조 제1항).

③ 국가인권위원회의 경계지점으로부터 100m 이내 장소에서의 옥외집회 또는 시위는 금지되지 않는다.

> **참고** 집회 및 시위에 관한 법률 제11조(옥외집회와 시위의 금지 장소)
> 누구든지 다음 각 호의 어느 하나에 해당하는 청사 또는 저택의 경계 지점으로부터 100 미터 이내의 장소에서는 옥외집회 또는 시위를 하여서는 아니 된다.
> 1. 국회의사당. 다만, 다음 각 목의 어느 하나에 해당하는 경우로서 국회의 기능이나 안녕을 침해할 우려가 없다고 인정되는 때에는 그러하지 아니하다.
>   가. 국회의 활동을 방해할 우려가 없는 경우
>   나. 대규모 집회 또는 시위로 확산될 우려가 없는 경우
> 2. 각급 법원, 헌법재판소. 다만, 다음 각 목의 어느 하나에 해당하는 경우로서 각급 법원, 헌법재판소의 기능이나 안녕을 침해할 우려가 없다고 인정되는 때에는 그러하지 아니하다.
>   가. 법관이나 재판관의 직무상 독립이나 구체적 사건의 재판에 영향을 미칠 우려가 없는 경우
>   나. 대규모 집회 또는 시위로 확산될 우려가 없는 경우
> 3. 대통령 관저(官邸), 국회의장 공관, 대법원장 공관, 헌법재판소장 공관
> 4. 국무총리 공관. 다만, 다음 각 목의 어느 하나에 해당하는 경우로서 국무총리 공관의 기능이나 안녕을 침해할 우려가 없다고 인정되는 때에는 그러하지 아니하다.
>   가. 국무총리를 대상으로 하지 아니하는 경우
>   나. 대규모 집회 또는 시위로 확산될 우려가 없는 경우
> 5. 국내 주재 외국의 외교기관이나 외교사절의 숙소. 다만, 다음 각 목의 어느 하나에 해당하는 경우로서 외교기관 또는 외교사절 숙소의 기능이나 안녕을 침해할 우려가 없다고 인정되는 때에는 그러하지 아니하다.
>   가. 해당 외교기관 또는 외교사절의 숙소를 대상으로 하지 아니하는 경우
>   나. 대규모 집회 또는 시위로 확산될 우려가 없는 경우
>   다. 외교기관의 업무가 없는 휴일에 개최하는 경우

14 정답 ④

④ 특별사면은 국회의 동의 없이 대통령이 할 수 있다.
① 계엄선포시는 국회에 통고하여야 한다.
② 국군의 외국에의 파견은 국회동의를 요한다.
③ 긴급재정경제처분권 행사시 국회승인을 요한다.

15 정답 ②

㉠ ⭕ 헌재 1999.7.22, 98헌가5

㉡ ⭕ 헌재 2002.10.31, 99헌바76

㉢ ❌ 국가 또는 지방자치단체는 등록된 소비자 단체의 건전한 육성·발전을 위하여 필요하다고 인정될 때에는 보조금을 지급할 수 있다(소비자기본법 제29조).

㉣ ❌ 소비자 권리는 제3세대 인권규약에 해당하는 것으로 소비자 권리를 국제화·연대화하여 보장한다.

16 정답 ④

④ 헌법 제27조 제2항
① 군용물에 관한 죄는 군사법원에서 재판을 받으나, 군사시설물에 관한 죄는 군사법원에서 재판받지 아니한다.
② 군사법원의 심리는 비공개로 할 수 있으나, 판결은 반드시 공개해야 한다.
③ 군사법원의 법관도 탄핵대상자에 포함된다.

17 정답 ②

옳은 것은 ㉠, ㉢이다.
㉠ ⭕ 로크는 권력분립을 최초로 시민정부에 관한 논문에서 구분하였다.
㉡ ❌ 몽테스키외는 사법권을 권력분립에 포함하였다.
㉢ ⭕ 기관내의 통제는 수평적 통제이다.
㉣ ❌ 행정청이 행정처분 단계에서 당해 처분의 근거가 되는 법률이 위헌이라고 판단하여 그 적용을 거부하는 것은 권력분립의 원칙상 허용될 수 없지만, 행정처분에 대한 소송절차에서는 행정처분의 적법성·정당성뿐만 아니라 그 근거 법률의 헌법적합성까지도 심판대상으로 되는 것이므로, 행정처분에 불복하는 당사자뿐만 아니라 행정처분의 주체인 행정청도 헌법의 최고규범력에 따른 구체적 규범통제를 위하여 근거법률의 위헌 여부에 대한 심판의 제청을 신청할 수 있고 헌법재판소법 제68조 제2항의 헌법소원을 제기할 수 있다고 봄이 상당하다(헌재 2008.4.24, 2004헌바44).
㉤ ❌ 헌법국가는 행정부가 비대화되기 때문에 권력분립은 더욱 약화되고 있다.

18 정답 ④

④ ㉢, ㉣, ㉤, ㉥, ㉦은 소관 상임위원회에서 인사청문회를 실시한다.

참고 국회법 제65조의2(인사청문회) ② 상임위원회는 다른 법률에 따라 다음 각 호의 어느 하나에 해당하는 공직후보자에 대한 인사청문 요청이 있는 경우 인사청문을 실시하기 위하여 각각 인사청문회를 연다.
1. 대통령이 임명하는 헌법재판소 재판관, 중앙선거관리위원회 위원, 국무위원, 방송통신위원회 위원장, 국가정보원장, 공정거래위원회 위원장, 금융위원회 위원장, 국가인권위원회 위원장, 고위공직자범죄수사처장, 국세청장, 검찰총장, 경찰청장, 합동참모의장, 한국은행 총재, 특별감찰관 또는 한국방송공사 사장의 후보자
2. 대통령당선인이 「대통령직 인수에 관한 법률」 제5조 제1항에 따라 지명하는 국무위원 후보자
3. 대법원장이 지명하는 헌법재판소 재판관 또는 중앙선거관리위원회 위원의 후보자

19 정답 ④

옳은 것은 ㉠, ㉡, ㉢, ㉤이다. 법률에 의하여 설치된 시설 또는 시설의 유지·운영은 준예산이 적용된다.
㉠ ⭕ 법률상 지출의무의 이행은 준예산이 적용된다.
㉡ ⭕ 이미 예산으로 승인된 사업의 계속은 준예산이 적용된다.
㉢ ⭕ 헌법에 의하여 설치된 시설 또는 시설의 유지·운영은 준예산이 적용된다.
㉣ ❌ 법령에 의하여 설치된 시설 또는 유지·운영은 준예산이 적용되지 아니한다.
㉤ ⭕ 국가정보원과 국가인권위원회의 유지·운영은 준예산이 적용된다.

20 정답 ②

② 계엄법 제2조 제5항
① 대통령이 계엄을 선포하였을 때에는 지체 없이 국회에 통고하여야 한다.
③ 경비계엄 선포시는 제한할 수 없고 비상계엄 선포시 정부의 권한 영장제도, 법원의 권한, 언론·출판 집회결사의 자유에 대하여 특별한 조치를 할 수 있다.
④ 계엄해제시 군사법원의 연장은 합헌결정을 한 바 있다 (대판 1985.5.28, 81도1045).

제24회 동형모의고사

→ 문제편 223p

정답 모아보기

01 ①	02 ④	03 ④	04 ①	05 ③
06 ④	07 ①	08 ④	09 ②	10 ④
11 ④	12 ②	13 ①	14 ③	15 ④
16 ②	17 ②	18 ②	19 ④	20 ④

01  정답 ①

헌법재판소의 판례입장과 상이한 것은 ⑩이다.
- ㉠ ○ 헌재 2007.5.31, 2005헌마1139
- ㉡ ○ 헌재 2007.7.26, 2006헌마298
- ㉢ ○ 양심의 자유의 경우 비례의 원칙을 통하여 양심의 자유를 공익과 교량하고 공익을 실현하기 위하여 양심을 상대화하는 것은 양심의 자유의 본질과 부합될 수 없다. 양심상의 결정이 법익교량과정에서 공익에 부합하는 상태로 축소되거나 그 내용에 있어서 왜곡·굴절된다면, 이는 이미 '양심'이 아니다. 따라서 양심의 자유의 경우에는 법익교량을 통하여 양심의 자유와 공익을 조화와 균형의 상태로 이루어 양 법익을 함께 실현하는 것이 아니라, 단지 '양심의 자유'와 '공익' 중 양자택일, 즉 양심에 반하는 작위나 부작위를 법질서에 의하여 '강요받는가 아니면 강요받지 않는가'의 문제가 있을 뿐이다(헌재 2004.8.26, 2002헌가1).
- ㉣ ○ 헌재 2005.3.31, 2003헌가20
- ㉤ ✕ BBK특별검사법상 동행명령제는 피해의 최소성과 법익균형성을 침해하는 것으로 위헌이다(헌재 2008.1.10, 2007헌마1468).

02 정답 ④

인민주권론에 관한 설명은 ㉠, ㉡, ㉢, ㉤이다.
- ㉠ ○ 인민주권론은 대표자는 국민의 의사에 따라서 행위하는 것으로 기속위임이다.
- ㉡ ○ 인민주권론은 주권의 주체와 행사자의 관계는 일치되므로 권력통합과 관계된다.
- ㉢ ○ 인민주권론은 직접민주정치와 관련된다.
- ㉣ ✕ 인민주권론은 선거제도에 있어서 보통선거와 평등선거를 채택하는 것이다.
- ㉤ ○ 인민주권론은 직접민주정치와 관련되므로 국민소환·국민투표·국민창안과 관련된다.

03  정답 ④

④ 헌재 2005.6.30, 2003헌마841
① 현행헌법에 따르면 중소기업의 자조조직을 육성하고 소비자보호운동을 보장할 헌법상의 의무가 국가에 부여되어 있다(헌법 제123조 제5항).
② 농지의 임대차와 위탁경영은 법률이 정하는 바에 의하여 인정된다(헌법 제121조).
③ 국가표준제도는 제8차 개헌에서 신설된 규정이다.

04 정답 ①

① 헌재 2000.4.27, 98헌가16
② 모든 문화적 가치에 대한 평가가 전적으로 사회적·개인적 판단에 유보되어야 하는 것은 아니다.
③ 교육을 받을 권리는 우리 헌법이 지향하는 문화국가·민주복지국가의 이념을 실현하는 방법적인 기초이다(헌재 1991.2.11, 90헌마26).
④ 헌법 전문이 아닌 헌법 제9조에 국가는 전통문화의 계승·발전과 민족문화 창달에 노력하여야 한다고 규정되어 있다.

05  정답 ③

옳은 것은 ㉠, ㉡, ㉢이다.
- ㉠ ○ 헌재 2005.6.30, 2004헌바40
- ㉡ ○ 헌재 2005.6.30, 2004헌바40
- ㉢ ○ 헌재 2005.6.30, 2004헌바40
- ㉣ ✕ 체계정당성의 위반을 정당화할 합리적인 사유의 존재에 대하여는 입법재량이 인정된다(헌재 2005.6.30, 2004헌바40).

06 정답 ④

④ 헌재 2006.2.23, 2005헌마268
① 외교관계에 관한 비엔나 협약에 의하여 외국의 대사관저에 대하여 강제집행이 불가능하게 된 경우에 국가가 청구인들에게 손실을 보상하는 법률을 제정하여야 할 의무를 지는 것은 아니다(헌재 1998.5.28, 98헌마441).
② 국제연합의 인권에 관한 세계선언은 일반적으로 승인된 국제법규로서 국내법과 동일한 효력이 없다(헌재 1991.7.22, 89헌가106).
③ UN헌장 제4조 제1항에 의하여 국가만이 국제연합에 가입할 수 있으나 국제연합에 가입하였다고 하더라도 다른 가맹국과의 관계에 있어서도 당연히 상호간에 국가승인이 있었다고는 볼 수 없다(헌재 1997.1.16, 92헌바61).

07 정답 ①

① 제도적 보장은 헌법의 특정한 제도를 보장하는 것으로 기존의 제도를 보장하는 것이다.
② 제도보장 그 자체의 침해를 이유로 직접 소송을 제기할 수 없다.
③ 제도의 본질적 내용을 훼손하지 아니하는 범위 내라면 법률로써 그 제도의 내용을 자유로이 형성할 수 있다.
④ 지방자치제도는 최소한 보장의 원칙이 적용되어 지방자치단체장의 계속 재임을 3기로 제한하는 지방자치법 제87조 제1항은 공무담임권을 과도하게 제한하는 것은 아니다(헌재 2006.2.23, 2005헌마403).

08 정답 ④

㉠  후보자 본인이 선거법을 위반하여 100만원 이상의 벌금형이나 징역형 이상을 선고·확정받은 경우에 당해 지역에서는 재선거를 실시한다.
㉡  지역구 국회의원, 지방의회의원의 재보궐선거는 원칙적으로 4월 중 첫 번째 수요일에 실시한다. 지방자치단체장의 재보궐선거는 원칙적으로 4월 중 첫 번째 수요일과 10월 중 첫 번째 수요일에 실시한다.
㉢ 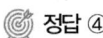 임기 중에 사망하거나 사퇴하면 보궐선거의 사유가 된다.
㉣ 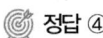 대통령이 궐위된 때 또는 대통령 당선자가 사망하거나 판결 기타 사유로 그 자격을 상실한 때에는 60일 이내에 후임자를 선거한다. 대통령에 대한 탄핵소추 의결은 재·보궐 선거의 사유에 해당하지 않는다.

09 정답 ②

② 주민투표법 제5조 제1항
① 주민소환투표인명부 작성기준일 현재 19세 이상의 외국인으로서 출입국관리법 제10조의 규정에 따른 영주의 체류자격 취득일 후 3년이 경과한 자 중 출입국관리법 제34조의 규정에 따라 당해 지방자치단체 관할구역의 외국인등록대장에 등재된 자는 주민소환투표권이 있다(주민소환에 관한 법률 제3조 제1항 제2호).
③ 지방의회 설치는 헌법규정에 의해서 법률에 유보한 것이 아니다.
④ 지방자치단체의 장이 주민투표부의권을 가진다.

10 정답 ④

옳은 항목은 ㉠, ㉡, ㉣, ㉤이다.
㉠ 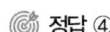 헌법 제89조 제16호
㉡ 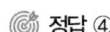 합동참모의장을 임명할 때는 소관 상임위원회에서 인사청문회를 실시하여야 한다.
㉢ ❌ 군사재판권은 군사법원에서 관할한다.
㉣ 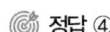 국군은 국민에 대한 봉사자로서 국민에 대하여 책임진다.
㉤ 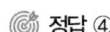 헌재 2002.11.28, 2002헌바45

11 정답 ④

④ 헌재 2009.5.28, 2007헌마369
① 기본권의 양면성 이론에 의하면 사적자치를 제한하는 것으로 국가개입을 인정하는 것이다.
② 부진정기본권은 헌법이 일정한 질서나 제도를 규정함으로써 얻는 이익과 관련되는 것으로 문화시설 이용권이나 독과점 거부권을 들 수 있다.
③ 국회구성권을 헌법소원으로 다툴 수 있는 국민의 기본권으로 인정할 수 없다(헌재 1998.10.29, 96헌마186).

12 정답 ②

옳은 항목은 ㉠, ㉡, ㉣이다.
㉠  행복추구권은 포괄적 기본권에 해당한다.
㉡  헌재 2004.4.29, 2002헌마467
㉢ ❌ 휴식권은 헌법에 미규정되어 있다.
㉣  헌재 2023.2.23, 2021헌마48
㉤ ❌ 일반적 인격권은 인간존중의 내용에 포함된다.

13 정답 ①

옳은 항목은 ㉠, ㉡이다.
- ㉠ ⭕ 헌재 1999.5.27. 98헌바26
- ㉡ ⭕ 헌재 2003.12.18. 2001헌바94
- ㉢ ❌ 숙박업을 하고자 신고를 한 자에 대하여 매년 위생교육을 받도록 한 부분은 평등권과 직업수행의 자유를 침해하지 아니한다(헌재 2006.2.23. 2004헌마597).
- ㉣ ❌ 야간에 흉기 또는 위험한 물건을 휴대하여 상해죄를 범한 자를 5년 이상 유기징역에 처하도록 규정하는 것은 헌법에 위반되지 아니한다(헌재 2006.4.27. 2005헌바36).
- ㉤ ❌ 헌법재판소는 한미범죄인인도조약에 의거하여 범죄인 인도심사를 위하여 미국에서 구금된 기간을 형기에 산입하는 근거조항을 마련하지 아니한 입법부작위에 대한 헌법소원심판청구에 대하여 각하결정하였다(헌재 2006.4.27. 2005헌마968).

14 정답 ③

옳은 것은 ㉠, ㉡, ㉣이다.
- ㉠ 헌재 2011.3.31. 2009헌마617
- ㉡ 헌재 2023.2.23. 2020헌마1736
- ㉢ 비례대표 후보자를 유권자들이 직접 선택할 수 있는 이른바 자유명부식이나 가변명부식과 달리 고정명부식에서는 후보자와 그 순위가 전적으로 정당에 의하여 결정되므로 직접선거의 원칙에 위반되는 것이 아닌지가 문제될 수 있다. 그러나 비례대표후보자명단과 그 순위, 의석배분방식은 선거시에 이미 확정되어 있고, 투표 후 후보자명부의 순위를 변경하는 것과 같은 사후개입은 허용되지 않는다. 그러므로 비록 후보자 각자에 대한 것은 아니지만 선거권자가 종국적인 결정권을 가지고 있으며, 선거결과가 선거행위로 표출된 선거권자의 의사표시에만 달려 있다고 할 수 있다. 따라서 고정명부식을 채택한 것 자체가 직접선거원칙에 위반된다고는 할 수 없다(헌재 2001.7.19. 2000헌마91).
- ㉣ 1인 1표제 하에서의 비례대표후보자명부에 대한 별도의 투표 없이 지역구후보자에 대한 투표를 정당에 대한 투표로 의제하여 비례대표의석을 배분하는 것은 직접선거의 원칙에 반한다(헌재 2001.7.19. 2000헌마91).

15 정답 ④

④ 직업선택의 자유의 단계이론 중 3단계는 위헌성이 가장 농후하며, 객관적인 사유에 의해서 직업결정의 자유를 제한하는 것으로 허가제를 들 수 있다.
①, ② 1단계인 직업수행자유의 제한에 해당한다.
③ 2단계인 주관적 사유에 의한 직업결정자유의 제한에 해당한다.

16 정답 ②

㉣과 ㉤은 헌법상 규칙제정권을 가진다. 지방자치단체는 헌법 제117조 제1항, 헌법재판소는 헌법 제113조 제2항에 의해서 규칙제정권을 가진다.

17 정답 ②

② 옳은 것은 ㉣, ㉥이다
- ㉠ 국가인권위원회법은 대한민국 국민과 대한민국의 영역에 있는 외국인에 대하여 적용한다(국가인권위원회법 제4조).
- ㉡ 국가인권위원회는 법률상 독립된 기구이다(국가인권위원회법 제3조).
- ㉢ 법인, 단체 또는 사인(私人)으로부터 차별행위를 당한 경우에도 조사대상이 된다(국가인권위원회법 제30조 제1항 제2호).
- ㉣ 국가인권위원회법 제2조 제1호
- ㉤ 위원회가 조사하거나 처리한 내용에 관하여 재판이 계속 중인 경우 위원회는 법원 또는 헌법재판소의 요청이 있거나 필요하다고 인정할 때에는 법원의 담당 재판부 또는 헌법재판소에 사실상 및 법률상의 사항에 관하여 의견을 제출할 수 있다(국가인권위원회법 제28조 제2항).
- ㉥ 국가인권위원회법 제30조 제1항

18 정답 ②

옳은 항목은 ㉢, ㉣이다.
- ㉠ ❌ 대통령 당선인은 임기개시 전에 국무총리 및 국무위원 후보자를 지명할 수 있다(대통령직 인수에 관한 법률 제5조).
- ㉡ ❌ 대통령 인수위원회는 임기 개시일 이후 30일 범위까지 존속한다(대통령직 인수에 관한 법률 제6조).
- ㉢ ⭕ 대통령직 인수에 관한 법률 제3조 제1항
- ㉣ ⭕ 공직선거법 제14조 제1항

19   정답 ④

④ 전직대통령 예우에 관한 법률 제7조 제2항 제3호.
① 전직대통령에 대한 연금지급액은 지급 당시의 대통령 보수연액의 95/100 상당액으로 한다(전직대통령 예우에 관한 법률 제4조 제2항).
② 재직 중 탄핵결정을 받아 퇴임한 경우에는 전직대통령으로서의 예우를 하지 않는다(전직대통령 예우에 관한 법률 제7조 제2항 제1호).
③ 전직대통령은 형사상 특권을 불인정한다.

20   정답 ④

보기 중 헌법소원의 대상이 되는 것은 없다.
㉠ 대외적 효력이 없는 단순한 사실행위는 공권력의 행사에 해당하지 아니한다(헌재 2000.6.1, 99헌마538).
㉡ 단순한 일반법규의 해석·적용의 문제는 법원의 전속권한에 해당하는 것으로 원칙적으로 헌법재판소의 심판대상이 될 수 없다(헌재 1992.10.1, 90헌마139).
㉢ 청구인의 권리·의무 관계에 영향을 미치거나 법적 지위에 변동을 초래한 공권력 행사라고 볼 수 없으므로 헌법소원의 대상이 되지 아니한다(헌재 2001.9.27, 2000헌마260).
㉣ 국무회의 의결은 국가기관의 내부적 의사결정 행위에 불과하여 그 자체로 국민에 대하여 직접적인 법률효과를 발생시키는 행위가 아니므로 헌법소원 대상이 될 수 없다(헌재 2003.12.18, 2003헌마225).
㉤ 대통령의 신임여부를 묻는 국민투표실시 연설은 정치적 준비행위 또는 정치적 계획의 표명일 뿐이다(헌재 2003. 11.27, 2003헌마694).

MEMO

MEMO

채한태
명품헌법
최종 동형모의고사

6판 1쇄	2024년 12월 20일
편저자	채한태
발행인	손성은
발행처	메가스터디교육(주)
디자인	메가스터디DES
주소	서울시 서초구 효령로 321(서초동, 덕원빌딩)
전화	02-3498-4202
팩스	02-3498-4344
등록	제 2020-000118 호
ISBN	979-11-6722-961-8　13360
정가	24,000원

이 책에 실린 모든 내용에 대한 저작권은 메가스터디교육(주)에 있으므로 무단으로 전재하거나 복제, 배포할 수 없습니다.
파본이나 잘못된 책은 구입처에서 바꾸어 드립니다.

탁월한 적중률! 합격의 동반자!

채한태
명품헌법